마르크스의 자연 개념

Der Begriff der Natur in der Lehre von Marx:
Mit einem Nachwort zur 5. Auflage von Michael Jeske
by Alfred Schmidt

Erstausgabe Frankfurt am Main-Köln, 1962
1971 überarbeitete und ergänzte Neuausgabe

마르크스의 자연 개념

지은이 알프레트 슈미트
옮긴이 김경수

1판 1쇄 발행 2020년 10월 23일

펴낸곳 두번째테제 | 펴낸이 장원 | 등록 2017년 3월 2일 제2017-000034호
주소 (13290) 경기도 성남시 수정구 수정북로 92, 태평동락커뮤니티 301호
전화 031-754-8804 | 팩스 0303-3441-7392 | 전자우편 secondthesis@gmail.com
페이스북 facebook.com/thesis2 | 블로그 secondthesis.blog.me

ISBN 979-11-90186-08-7 93160

이 도서의 국립중앙도서관 출판예정도서목록(CIP)은 서지정보유통지원시스템 홈페이지(http://seoji.nl.go.kr)와 국가자료공동목록시스템(http://www.nl.go.kr/kolisnet)에서 이용하실 수 있습니다.(CIP제어번호: CIP2020043144)

GOETHE INSTITUT

이 책의 번역은 독일 괴테인스티튜트의 지원을 받았습니다.
The translation of this work was supported by a grant from the Goethe-Institut.

책값은 뒤표지에 있습니다. 잘못된 책은 바꾸어 드립니다.

마르크스의 자연 개념

미카엘 에스케의 5판 후기 수록

Der Begriff der Natur in der Lehre von Marx:

Mit einem Nachwort zur 5. Auflage von Michael Jeske

알프레트 슈미트 지음
김경수 옮김

목차

일러두기

1. 이 책은 독일 CEP Europäische Verlagsanstalt에서 출판한 *Der Begriff der Natur in der Lehre von Marx: Mit einem Nachwort zur 5. Auflage von Michael Jeske*를 완역한 것이다.
2. 주는 모두 각주로 처리했으며, 역자주에는 [역자]로 표기했다. 이외에 역자가 본문에 보충한 부분은 괄호로 삽입하고, -역자로 표시했다.
3. 본문에 나오는 강조 표시는 볼드체로 표기했다.
4. 저서 제목은 『』, 논문 제목과 저서의 편·장 제목은 「」, 신문, 잡지명은 《》로 표기했다.
5. 각주의 서지사항 및 인용 쪽수 표기는 원서상 표기를 따랐다.
6. 외국 인명, 지명은 국립국어원의 외래어 표기법과 용례를 따랐다. 다만 국내에서 이미 굳어진 인명과 지명의 경우 통용되는 표기로 옮겼다. 의미 전달을 위해 필요한 경우 원어나 한자를 병기했다.

1993년 신판 서문
생태학적 유물론에 대하여

> 마르크스는 혁명이 세계사의 기관차라고 말했다. 하지만 그것은 전혀 다를 수도 있다. 어쩌면 혁명이란 이 기차를 타고 가는 인류가 잡아당기는 비상 브레이크일 수 있다.[1]
>
> 발터 벤야민, 「역사의 개념에 관한 테제」 주석

I.

1950년대 후반, 저자*가 박사 학위 논문의 최종 작업에 몰두하고 있을 때에는, 오늘날 과학적 논의뿐만 아니라 일상 정치적 논의들을 지배하고 있는 "환경의식", "성장의 한계", "대안 문명", "신재생에너지 기술", 또는 "생태계의 위기" 따위의 개념들은 아직 미지의 것이었다. 그 당시에도 이미 소박한 진보주의는 명백히 그 신망을 잃고 있었다. 호르크하이머와 아도르노의 『계몽의 변증법』은 (무엇보다도) 기술 진보가 지닌 자연 파괴적인 함축을 가르쳐 주고 있었다. 이에 더해 저자처럼 마르크스와 엥겔스를 보다 깊이 천착했었던 사람은, 그들의 저작 중에서도 산업 체제의 축복에 대한 회의를 알아차릴 수 있었다. 그

1 Walter Benjamin, *Gesammelte Schriften*, hrsg. von Rolf Tiedemann und Hermann Schweppenhäuser, Band I.3, Frankfurt am Main 1980, S. 1232.

* 이 책에서 알프레트 슈미트는 자신을 지칭할 때 저자라는 표현을 쓰고 있다. 번역어도 원문과 같이 이 표현을 유지한다. [역자]

와중에 생태적 문제는 모든 한낱 학술적인 설명을 조롱할 정도의 규모로 확산되고 있었다. 진보에 대한 물음은 오래전부터 인류의 생존 문제가 되었다. 1971년의 본서 2판 부록에서 이미 현재의 징표라고 꼭 집어 이야기했던 "사회에 의한 자연적인 삶의 토대의 파괴"는 소련의 실험이 실패로 돌아간 후에는 더 이상 유일하게 자본주의적 생산양식에서만 그 원인을 찾을 수 없게 되었다. 산업주의로는 그 국가사회주의적 버전마저도 시장경제적 버전 만큼이나 불충분하다는 것이 증명되었다.

성장의 물질적, 사회적 한계는 부르주아 이론가들의 낙관주의를 마르크스주의자들이 가진 것 못지않게 뒤흔들어 놓았다. 마르크스와 그 추종자들에 대해서도 오늘날에 와서는 자본주의적 토대 아래 무제한적인 경제 성장을 옹호했던 자들에게 가해졌던 바로 그 비난이 가해지고 있다. 마르크스주의자들은 지구의 제한성, 생태계의 유한한 감당 능력과 자원 부족을 무시하였기에 전 세계적으로 관찰되는 환경공해에 공동 책임을 져야 한다고 비난받고 있다.[2] 이런 비판은 고전적 마르크스주의가—역사를 형성해 나가는 요인으로서—**생산력들의 성장에** 바로 형이상학적 역할을 부여하기에 당연한 것이다. 사람들은 꽤 자주, 고전적 마르크스주의의 기초를 닦은 자들이 계속되는 진보의 무제한한 잠재력을 그저 단순히 전제하고, 예의 자연 지배의 파멸적인 동학에 스스로를 내맡기는 것 같다는 인상을 받는다. 여기서 베이컨과 데카르트에 의해 방법론적으로 정당화된 이러한 파멸적인 동학은 항상, 인간들에 대한 지배이기도 했다.[3] 다른 면으로, 마르크스와

2 이에 대해서는 다음을 참조하라. Iring Fetscher, *Überlebensbedingungen der Menschheit. Ist der Fortschritt noch zu retten?*, München², 1985, S. 110.

3 이에 대해서는 다음을 참조하라. Alfred Schmidt, *Emanzipatorische Sinnlichkeit. Ludwig Feuerbachs anthropologischer Materialismus*, München³ 1988, S. 32ff.

엥겔스에게서는 꽤 드물기는 하지만 자주 좀 동떨어진 맥락에서 근대의 산업 발전이 지닌 파괴적인 면모에 대한 "생태적" 비판의 단초들이 발견되기도 한다. 자연의 살림살이를 몹시 방해하는 인간의 개입이 적절한지가 그들에게는 예나의 생물학자 헤켈Ernst Haeckel에게서보다 더 문제시되고 있다. 헤켈은 『일반 형태학』(1866)에서 "생태학"이라는 용어를 학문적 토론에 도입한 바 있다. 물론 비판적이면서도 거의 주목받지 못한 저 단초들은 맹목적인 진보 신앙에 젖은 마르크스주의의 잘 닦여진 상투적 사고들을 거의 무력화할 수 없었다. 이와 함께, 마르크스와 엥겔스가 진보의 이념에 대해 결코 굴절 없는 관계를 가진 것은 아니었다는 점을 제시하려고 한다. 엥겔스는 마르크스에게 보내는 한 편지에서 다음과 같이 말하고 있다. 즉, 역사가 마우러는 "어두운 중세 이래로 더 나은 것을 향해 끊임없이 진보해 왔음에 **틀림이 없다**는 계몽주의적 편견에 경의를 표하고 있다. 다시 말해 이 편견은 그가 현실적인 진보의 대립적 성격뿐만 아니라 개별적인 후퇴들을 인지하는 것도 방해하고 있다."[4]

마르크스는 이 사안에 대해 엥겔스와 일치하면서도, 이 문제를 채 일어나지 않은 사회혁명의 보다 포괄적인 관점으로 고찰한다는 점에서 엥겔스를 넘어서고 있다. 마르크스의 진단에 따르면, 이 미완의 사회혁명이 부르주아 시기의 물질적이며 지적인 성과물들을 "섭렵하고 통달하여, 가장 진보한 민족들에게 공동의 통제를 받게 한 뒤에야, 인간의 진보는 쳐 죽임을 당한 자들의 해골로 넥타르를 마시고자 했던 저 혐오스러운 이교도들의 신들과 더 이상 비교되지 않을 것이다."[5]

---

4 Engels an Marx, Brief vom 15. Dezember 1882, in: Marx/Engels, *Ausgewählte Briefe*, Berlin 1953, S. 425. (강조는 엥겔스.)

5 Marx, *Die künftigen Ergebnisse der britischen Herrschaft in Indien*, »New York Daily Tribüne«, Nr. 3840 vom 8. August 1853, in: Ausgewählte Schriften, Band I, Berlin 1964, S. 330.

II.

먼저 부르주아 계급의 발흥과 더불어 나타난 생산력들의 폭등이라는 관점에서 마르크스-엥겔스의 낙관주의를 도드라지게 보여주는 전거들을 생각해 보자. 『공산당 선언』에서는 이렇게 이야기한다. “부르주아 계급들은”, “백년이 채 안 되는 자신들의 계급 지배 가운데 모든 지난 세대 전체보다도 더 커다란 엄청난 대량의 생산력들을 창출해 냈다. 자연력들의 정복, 기계 장치, 산업과 농업에 화학 응용, 증기선 운행, 철도, 전보, 전 대륙의 개간, 강들의 운하화, 하루아침에 뚝딱 만들어진 주민들—그 이전 세기에는, 그런 제반 생산력들이 사회적 노동의 품 안에서 잠들어 있다고 생각했다.”[6] 마르크스와 엥겔스는 자본주의적 세계 시장의 성립과 결부된 세계주의적kosmopolitisch 경향을 축하하고 있다. 즉, “지역적이면서 민족적인 낡은 자족감 대신에 전면적 교류와 국가들 간의 전면적 상호 의존이 들어선다. 그리고 물질적 생산에서처럼, 정신적인 것들에서도… 그렇다. 민족적 일면성은 더욱더 불가능해지며, 많은 민족적이며 지역적인 문학들에서 하나의 세계문학이 형성되어 나온다.”[7]

이러한 승리를 구가하는 역사적 동학에 대응하는 것은, 마르크스가 자신의 주저의 초고 『정치경제학 비판 요강』에서 서술하는 것처럼, “사회의 지절들에 의한… 자연과 사회적 연관의 보편적 전유이다. 때문에 자본의 교화적 영향, 자본에 의한 한 사회적 단계의 생산, 이와는 달리 그 이전의 모든 사회적 단계들은 단지 인류의 **국지적 발전**으로 그리고 **자연 우상숭배**로 나타난다. 자연은… 순수하게 인간들을 위한 대상이요, 단지 유용성과 관련된 어떤 물건이 되고 만다. 다시 말

6 *Manifest der Kommunistischen Partei,* in: ibid., S. 30f.

7 *Ibid.*

해 자연은 독자적 힘/권력으로 인정되지 않으며, 자연의 독자적인 법칙들에 대한 이론적 인식은, 자연을 인간의 욕구들에… 복속시키기 위한… 한낱 술수로서만 나타난다."[8] 과학도 또한 그것의 "담지자/운반자"로 기능하는 "보편적인 유용성의 체계" 말고도 "**그 자체 본래 고차적인 것**, 더 말할 나위 없이 정당한 것"으로 간주된다.[9]

마르크스의 설명은 조금은 기이하게 들린다. 어떻게 보면 냉철하면서도 현실적으로, 또 어떻게 보면 방어적으로. 헤겔과 마찬가지로, 그에게 역사란 직선적으로가 아니라 변증법적으로 진행된다는 생각이 관통하고 있다. 개인들의 희생으로 (유類적인) 전체의 복지를 성취해낸다는 모순을 인류는 벗어던질 수 없다. "연합한 생산자들"[10]이 그들의 역사를 **의식적으로** 만들어 나가지 않는다면, 개별자들에게 직접적으로 도움이 되는 진보는 불가능하다. 마르크스가 부르주아가 이룩한 해방으로 속박에서 풀려난 이 추동력을 (거의) 무조건적으로 환영한다면, 그것은 바로 이 해방이—그는 이를 확신한다—사회주의로 이행하는 물질적 기반을 제공할 뿐만 아니라, 후자가 자본주의 세계의 노동생산성을 현저하게 뛰어넘을 것이라는 것을 보장하기 때문이기도 하다.[11] 먼저 인간들은 확실히 가장 가혹한 궁핍을 뚫고 지나가야만 한다. 고대와 중세와 비교한다면, 현대사회는 "—되기, 즉 변화 생성의 절대적 운동 한복판에"[12] 존재한다고 말할 수 있다. 그러나 이와 결부된 인간의 "창조적 소질"의 "구현 성취"는 다음, 즉 "총체적 소외로서의 보편적 대상화, 그리고 하나의 아주 외적인 목적에 자기 목적

8 Marx, *Grundrisse der Kritik der politischen Ökonomie(Rohentwurf)*, Berlin 1953, S. 313.

9 *Ibid.*

10 Marx, *Das Kapital*, Band III, Berlin 1953, S. 873.

11 다음을 참조하라. Fetscher, l.c., S. 120f.

12 Marx, *Grundrisse*, l.c., S. 387.

을 희생함으로써 모든… 일면적인 목적들을 와해"[13]시킨다는 부정적인 징후 아래 일어난다. 그렇기 때문에 향수에 젖어 행복하게도 "유아적인 옛 세계가 보다 고차적인 것으로" 나타난다. 말하자면 이 옛 세계는 "폐쇄된 형태, 형식과 이미 주어진 제한"[14]을 대변하고 있으며, 다시 말해 발흥하는 세계 시장과 더불어 소멸해 가는 인간적 관계들의 어떤 직접성을 보여준다. 이런 세계 시장은 개인들에게는 그들의 지식과 욕구와는 별개로 관철되어 가는 어떤 **즉물적인** 연관으로서 언제나 강압적으로 등장한다.[15] 그럼에도 현대 사회는 "긴박한 혈연적 특성과 지배와 예속의 관계"[16] 위에 세워진 이 옛 세계의 공동체를 선호한다고 마르크스는 강조한다. 지금도 인간들이 전 세계적인 객관적 연관에 편입되도록 강제되는 것처럼, 객관적 연관도 그 자신의 고유한 산물들이라는 것에는 논란의 여지가 없다. "그것(객관적 연관–역자)은 인류 발전의 특정한 단계의 한 부분이다. 그 연관이 아직 인류에 대립해 존재하는 가운데 나타나는 낯설음과 자립성은, 인류가 사회적 삶의 조건들을 만들어 놓고 삶을 시작했던 것이 아니라 그것들을 여전히 창출해 가고 있다는 것을 확인해 줄 따름이다."[17]

마르크스는 삶의 조건들에서 생산자들에 대해 존재하는 관계들의 저 "낯섦"과 "자립성"이 사회주의 사회에 가서야 비로소 지양될 수 있을 것이라고 말한다. 종래의 역사, 특히나 자본주의의 역사는 "…협소한 생산관계들 내부에 있는 개인들"[18]의 자연발생적인 연관만을 알고

13 *Ibid.*

14 *Ibid.*, S. 387; 388.

15 Cf. *ibid.*, S. 79.

16 *Ibid.*

17 *Ibid.*

18 *Ibid.*

있을 뿐이다. 이에 반해 미래에 가서는 전방위적으로 발전된 개인들이 자신의 사회적 관계들을 그 자신에게 "고유한 공동의 통제"[19] 아래 복속시킨다. "**이런** 개인성들이 가능해지는 능력의 발전도와 보편성은" 그럼에도 "교환가치들이라는 토대 위에서의 생산을 전제로 하는데, 이런 생산은 자신과 타자로부터 개인의 소외의 보편성과 더불어… 그의 관계들과 능력들의 보편성과 전면성을 비로소 생산해낸다."[20]

인류가 자본주의적 생산양식을 넘어서야 한다는 것은 마르크스의 역사철학적 근본 확신이다. 자본주의 생산양식은 "풍부한 개인성의 발전을 위한 물질적 토대들을" 마련한다. 여기서 이런 개인들의 노동은… 더 이상 노동이 아니라 활동 자체의 완전한 발전으로 나타난다. 이런 활동 가운데에서 그 직접적 형태에 머문 자연적 필연성은 소멸된다. 왜냐하면 자연적 욕구 대신에 역사적으로 산출된 것이 들어서기 때문이다.[21] 그럼에도 이런 것에 관해서는 아직 언급할 계제가 아니다. 자신의 삶을 가련하고 공허하다고 느끼는 사람들은 "발전의 이러한 단계들"을 애석해 한다. 이전 단계들에서는 개인이 "그의 관계들의 전체 내용을 아직 완성하지 못한 채, 이 관계들이 그와는 독립적인 사회적인 힘들로 그 자신에 맞서 있기 때문에, 그에게 이전 단계들은 보다 풍요롭게 나타난다. 이리하여 전자의 전 단계의 본원적인 충만을 돌이켜 동경하는 것은 가소롭기 짝이 없고, 예의… 공허함에 머물러야만 한다는 믿음은 우스꽝스럽기만 하다. 앞의 낭만적 관점과의 대립을 부르주아 사회는 조금도 넘어서지 못했으며, 이 때문에 정당화된 대립으로서의 이러한 낭만적 관점은 그 축복받은 종말에 이르기

19 *Ibid.*

20 *Ibid.*, S. 79f.

21 *Ibid.*, S. 231; cf. auch S. 415.–Cf. *zur historischen Notwendigkeit des 'Hindurchgangs' der Menschheit durch die kapitalistische Produktionsweise auch Fetscher*, l.c., S. 115ff.

까지 부르주아 사회와 동행할 것이다."[22]

이런 식으로 마르크스는 분명하게 전前자본주의적 단계를 낭만적으로 미화하고 기성의 것을 정당화하는 실증주의적 경향에 맞서 자신의 구상을 거의 포기하지 않는다. "낭만주의적 관점"이 발전된 자본주의의 물화된 관계들에 대해 언제나 하나의 "정당화된 대립"을 이룬다면, 실증주의적 논증들은 역사적 변증법의 "비종결성"을 거부한다. 이때 역사적 변증법의 비종결성이란, 계속적인 발전의 "한계는 자본 자체에 있음을"[23] 알게 되자마자 곧 이 사회적 생산력들을 막대하게 발전시켜야 한다는 자본의 맡은 바 사명은 완수된 것이라는 인식에서 표현된다.

III.

이제 마르크스와 엥겔스에게서 나온 몇 가지 단서들을 살펴보기로 하자. 오늘날의 관점에서 이것들은 본 학위 논문에서는 그것 자체가 원래 가진 의미에 상응하는 바 만큼 그렇게 강조되지는 않았다. 이 단서들은 생태학적으로 예리하게 벼려진 의식의 단초들을 보여준다. 뿐만 아니라, 전체적으로 보았을 때에도 마르크스-엥겔스의 작업은 무분별한 자연 지배라는 일을 결코 수행하고 있지 않다. 그 반대다. 꽤 일찍부터 마르크스는 자본주의적 경제가 근대에 유포된 자연상像에 부정적 영향을 끼치고 있음을 비판한다. 마르크스가 『유대인 문제에 관하여』에서 말하기를 화폐란, "독자적으로 구축된 모든 사물들의 보편적 **가치**이다. 화폐는 그렇기 때문에 인간 세계와 자연, 그 전체 세계

22 Marx, *Grundrisse*, l.c., S. 80.

23 *Ibid*., S. 231.

에서 그것의 고유한 가치를 탈취한다. …사유재산과 화폐의 지배 아래에서 자연에 관해 획득한 관점은 자연에 대한 현실적인 경멸이요, 실제적인 폄하이다."[24]

이후에 저자가 하는 언급들은 자본주의적 농업과 산업 생산의 황폐한 결말들 뿐만 아니라, 사회주의 사회도 생각해 두어야 할, 자연의 착취 가능성의 **본래적인** 한계와 관련된 것이다. 마르크스는 『자본』 제3권에서 다음과 같이 쓰고 있다. 즉 "노동의 생산성은 자연 조건들에 속박되어 있는데, 이 조건들은–생산성이 사회적 조건들에 의존해 증가하는 것과 같은 관계에서보다 훨씬 자주 비생산적이다. 그렇기 때문에 이런 다양한 영역에서, 이쪽은 진보, 저쪽은 퇴보하는 상호 대립된 운동들이 발생한다. 예를 들어, 삼림지, 석탄 광산 및 철광산 등의 고갈 등, 거의 대부분의 모든 원재료들이 종속되는 사계절의 영향을 생각해 보자."[25] 마르크스는 주저 『자본』 1권 「기계와 대공업」 장에서 산업화된 농업의 주관적이며 객관적으로 파멸적인 결말들을 강조하고 있다. 그는 다음을 보여준다. 즉 자본주의적 생산이 "도시 인구의 과다 성장이 지속됨에 따라 인간과 대지 사이의 물질대사, 즉 인간에 의해 식재료와 의복 재료의 형태로 사용된 대지의 구성 요소들이 대지로 복귀하고, 이리하여 대지의 지속적인 다생산성의 영원한 자연 조건들이 되는 그러한 물질대사는 (교란된다). 자본주의적 생산은 이를 통해 도시 노동자들의 신체적 건강과 농업 노동자들의 정신적 삶을 동시에 파괴한다. 그러나 자본주의적 생산은 이와 함께 단순히 자연발생적으로 성립되어 온 앞에서 이야기한 물질대사의 파괴를 통하여, 물질대사를 **사회적 생산을 규제하는 법칙으로서 완전한 인간적 발**

24 Marx/Engels, *Werke*, Band I, Berlin 1957, S. 375.

25 Marx, *Das Kapital*, Band III, l.c., S. 289.

전에 상응하는 한 형태로 생산하도록 체계적으로 강제한다."[26] 여기서 마르크스는 매우 시사적인 내용을 통찰해낸다. 그는 "**자원 재생**"이라는 문제의식을 목전에 뚜렷이 갖고 있었으며, 이를 통해 역사적 필연성, 인간적 개입을 통해 교란된 **자연적 순환을 의식적으로** 부활시켜야 할 역사적 필연성에 당면해 있었다. 여기서 이 순환은 지금까지는 차라리 우연적으로 또는 인간의 부재로 일어났었다.[27] 이 장의 마지막 즈음해서 마르크스는 그 결과를 다음과 같이 요약하고 있다. "도시 산업에서처럼, 근대 농업에서 상승한 생산력과 노동의 보다 강화된 유연화는 노동력 자체의 황폐화와 병약화를 대가로 얻어 낸 것이다. 그리고 자본주의적 농업에서의 모든 진보는 **노동자를, 대지를 약탈하는** 기술에서의 진보요, 그것의 다생산성의 향상에서 일어나는 모든 진보는 동시에 이러한 다생산성의 지속적인 원천을 황폐화하는 진보이다. …때문에 자본주의적 생산은 기술과 사회적 생산과정의 결합을 오로지 그것이 모든 부의 원천인 **지구와 노동자를** 파괴시켜 나감으로써만 발전시킨다."[28] 마르크스는 다음과 같이 덧붙인다. 이러한 "파괴 과정"은, 미국과 같이 "그 발전의 배경"[29]으로 더욱더 많은 나라들이 대공

---

26 Marx, *Das Kapital*, Band I, Berlin 1955, S. 531. (강조는 저자.)

27 마르크스는 이런 연관으로(앞의 책 S. 532. 참조.) 유스투스 폰 리비히를 논급하고 있다. 리비히의 『농업과 생리학에 적용된 화학』*Die Chemie in ihrer Anwendung auf Agrikultur und Physiologie*(1862)을 마르크스는 "근대 농업의 부정적 측면을… 자연과학적 입장에서" 풀어냈다고 칭찬한다. 이에 대해서는 Fetscher, l.c., S. 137. 참조.

28 Marx, *Das Kapital*, Bd. I, l.c., S. 531f. (강조는 마르크스.) 이에 대해서는 다음과 같이 간결하게 서술하고 있는 『잉여가치론』도 참조하라. 즉, "미래의 선취, 실제 선취는 노동자와 대지에 관련해서만이 아니라, 부의 생산 일반에서도 일어난다. 이전에 일어난 과로와 고갈 때문에 노동자와 대지 사이에서 지출과 수입의 균형의 교란이 발생하고, 이 때문에 미래는 선취되고 파괴된다. 이들 양자에서 그것은 자본주의적 생산 가운데 일어난다."(in: Marx/Engels, *Werke*, Band 26.3, Berlin 1968, S. 303.)

29 Marx, *Das Kapital*, Bd. I, l.c., S. 532.

업을 택해 나갈수록 더욱더 신속하게 진척된다. 비슷하게 마르크스는 이에 관해 『잉여가치론』에서 다음과 같이 이야기한다. 즉, "공업을 농업보다도 급속하게 발전시키는 것은 자본주의 생산의 본성이다. 그것은 대지의 본성으로부터 생겨나는 것이 아니라, 대지가 그의 본성에 실로 적절하게 착취되기 위해서는 다른 사회적 관계들을 필요로 한다는 사실에서 성립한다. 자본주의적 생산은 그 영향이 지력을 소진시키고 그 천혜들을 초토화하고서야 시골로 물러난다."[30]

정치경제학 비판자 마르크스는 인접 영역의 학문적 문헌들도 추적했다. 그는 사회적으로 규정된 자연 관계에 대한 부정적 관점에 대해서 다방면에 박식한 프라스Karl Nikolas Fraas에게 귀중한 자극을 받았다. 특히 프라스의 연구 『시대적으로 본 기후와 식물 세계, 이들의 역사에 대한 논문』(란트슈트, 1847)으로부터 큰 자극을 받았는데, 마르크스는 1868년 초, 엥겔스에게 쓴 한 편지에서 이 책을 읽어 볼 것을 추천했다. 마르크스는 편지에 다음과 같이 썼다. 프라스는 "기후와 식물계가 역사적으로 변화"해 왔음을 입증하고 있다. "그는 다윈에 앞선 다윈주의자로, 종들 자체를 역사적으로 발생시키고 있다. 한편 이와 동시에 그는 농학자이기도 하다. 그는 다음과 같이 주장한다. 즉, 경작과 함께—그 정도에 따라—농부들이 그렇게도 좋아하는 '수분'이 없어지고 (때문에 남쪽의 식물들은 북쪽으로 이동한다.) 결국에 가서는 초원이 형성되기 시작한다. 경작의 최초의 효과는 유용했지만, 결국은 벌목 등으로… 황폐화되었다. 결론은 다음과 같다. 경작이—자연적으로 발달해 갈 뿐 **의식적으로 숙달 지배되지는** 않을 때 (물론 농부가 이를 부르주아로서 수행하는 것은 아니다)—페르시아, 메소포타미아 등등과 그리스라는 황무지를 남겨 놓았다. 이리하여 의도하지는 않았지만 다시

30 Marx/Engels, *Werke*, Band 26.3, l.c., S. 295.

사회주의적 경향을!"[31]

이런 것과 "삼림지의 파괴"[32]는 어떤 연관이 있는데, 프라스에게 고무된 마르크스는 이를 『자본』 2권에서 다음과 같이 언급한다. "(그저 상대적으로 짧은 노동시간만을 포함하고 있는) 긴 생산 시간, 이 때문에, 긴 회전 기간으로 인하여 임업은 별로 좋지 않은 사영 분야요, 시원치 않은 자본주의적 경영 분야가 되고 말았다. 이 분야는 개별 자본가들 대신에 연합한 자본가가 들어설지라도 결국은 본질적으로 사영이다. 경작과 산업 일반의 발전은 옛부터 숲의 파괴에 꽤 영향력을 발휘해 왔고 그것이 보여주는 것은, 이와는 달리 경작과 산업의 발전이 삼림의 보존과 생산을 위해 수행한 것은 극히 미미한 정도일 뿐이라는 사실이다."[33]

엥겔스의 생태학적 통찰들도 프라스의 책을 읽었음을 전제한다. 엥겔스의 통찰은 우선 농촌 지역의 산업화가 진전됨에 따라 생겨나는 문제들과 관련된 것이다. 『반 뒤링』에서 엥겔스는 이에 대해 다음과 같이 말한다. "증기기관의 우선적 필요물, 대공업의 거의 모든 분야의 주요 필수품은 상대적으로 깨끗한 물이다. 그렇지만 공장 도시는 모든 물을 냄새나는 썩은 물로 바꿔 버린다. 이리하여 도시로의 집중이 자본주의적 생산의 근본 조건인 것과 마찬가지로 모든 개별 산업 자본가들은 끊임없이, 자본주의적 생산이 필연적으로 만들어 놓은 대도시에서 떠나 농촌에서 기업 활동을 영위하려 한다. 이런 과정은 랭커셔와 요크셔 구역들에서 하나하나 연구될 수 있을 것이다. 말하자

---

31 Marx, Brief an Engels vom 25. März 1868, in: Marx/Engels, *Werke*, Band 32, Berlin 1965, S. 52f. (강조는 마르크스.)

32 Marx, *Das Kapital*, Bd. II, Berlin 1955, S. 241. 마르크스는 여기서 키르히호프Friedrich Kirchhofs의 『농업 경영학 개론』*Handbuch der landwirtschaftlichen Betriebslehre.*(Dessau, 1852) S. 58.을 논평한다.

33 Marx, *Das Kapital*, Bd. II, l.c., S. 241.

면 자본주의적 대공업은 지속적으로 시골로 달아나 그곳에서 끊임없이 새로운 대도시를 만들어 낸다."[34] 『자본』 1권에서의 마르크스처럼, 엥겔스는 이미 여기서 "잘못된 순환 과정"을 간취하고 있다. 그의 확신에 의하면 이 과정은 오로지 산업이 지닌 "자본주의적 성격"의 "지양"[35]을 통해서만 제거될 수 있다. 오로지 계획경제적으로 조직된 사회에서만이 대지, 물, 공기와 같은 "생산의 요소"[36]들이 지속되고 보존되도록 산업 지역들을 지리학적으로 나눠 놓을 수 있다. 이것들의 현재의 오염은 오로지 "도시와 농촌의 융합"[37]을 통해서만 제거될 수 있을 것이다.

『자연 변증법』에서 엥겔스는 부르주아적 생산양식 (그리고 그것의 사회과학적 표현인 고전파 경제학) 한편과 다른 한편, 그것의 **제국주의적** 실천 (그리고 이데올로기) 사이의 내적인 연관을 폭로한다. 이런 것들에서 자연은 항상, 착취적인 접근의 기층 이상을 넘어서지 못하고 있다. 엥겔스는 다음과 같이 강조한다. "사회에 대해서나 자연에 대해서나 오늘날의 생산양식에서는 우선적으로 가장 손쉽게 손에 넣을 수 있는 제일의 결과만이 고려된다. 그리고 사람들은 보다 후에 나타나는 이를 지향했던 행위들의 여파들이 아주 다른, 대부분 아주 대립된 것들이라는 사실에 놀란다."[38] 다만 "가장 가깝고도 직접적인 노동 이용 효율의 획득"[39]에 관한 것이라면, 장기적으로는 부정적인 반향도 배제할 수 없다. 자연 지배라는 승리는 피루스의 승리(희생이 많은 유명무실한

34 Marx/Engels, *Werke*, Bd. 20, Berlin 1968, S. 275f.

35 *Ibid.*, S. 276.

36 *Ibid.*

37 *Ibid.*

38 *Ibid.*, S. 455.

39 *Ibid.*, S. 454.

승리)임이 확인되었다. 엥겔스는 이를 다음과 같이 엄중하게 지적한다. 즉 "우리 인간이 거둔 자연에 대한 승리에 너무 도취되어서는 안 된다. 자연은 그런 모든 승리마다 우리에게 복수한다. 모든 승리는 일차적으로 우리가 생각했던 그런 결과들을 얻지만, 2차적, 3차적으로 그 승리는 너무나도 자주, 예견하지도 못한 아주 다른, 최초의 결과를 뒤집어 버리는 그런 결말도 배태한다. 경작 가능한 땅을 얻기 위해 메소포타미아, 그리스, 소아시아와 그 외 다른 곳들에서 숲을 뿌리째 뽑아 버렸던 사람들은, 이로 인해 그들의 예의 땅에 지금의 황폐화에 이른 원인을 제공해 주었으리라고는 꿈에도 생각하지 못했을 것이다. 그들의 행위는 숲이 무성한 땅에서 수분 저장소와 그 저장 용기를 박탈해 버린 꼴이 되고 만 것이다. 알프스의 이탈리아 사람들이 산맥 북쪽 비탈에 그렇게 애써 가꿔 왔던 전나무 숲들을 남쪽 비탈에서 마구 써 버렸을 때, 그들은 이로 인해 지역에서 낙농업의 뿌리가 뽑힐 것이라고는 짐작조차 하지 못했다. 더더욱 그들이 생각치 못했던 것은, 이로 인해 그들이 산의 수원지의 물을 거의 일 년 내내 메마르게 했으며, 이를 통해 우기에 넘쳐흐르는 물줄기가 더욱 광포하게 평지로 범람할 수도 있게 되었다는 것이다.[40]

엥겔스는 종래의 역사가 물려준 문명적 유산의 짐을 벗어던지는데 치뤄야 할 시간과 노력에 대해서 어떤 환상도 품고 있지 않았다.[41] 그러나 그는, 미래에 가서는 과학적인 통찰이 "자연의 전통적 과정에 대한 우리의 개입이 빚어낸 보다 상세하고도 광범위한 여파"[42]를 제때 인식할 뿐만 아니라 지배하는 것에 성공하리라고 보았다. 마르크스는 이렇게 생각한다. 확실히 우리는 "길고도 자주 가혹한 경험을 하

40 *Ibid.*, S. 452f; cf. hierzu auch S. 455.

41 *Ibid.*, cf. S. 277.

42 *Ibid.*, S. 453.

고서야… 우리의 생산 활동이 만들어 내는 좀 먼 간접적인 사회적 작용들을 명료히 알 수 있다."[43] 인식만으로는—엥겔스는 이에 대해 다음과 같이 확신한다—자연 지배의 원하지 않았던 부수 효과를 나름대로 "지배하고 통제하기"[44]에 충분하지 않다. 이를 위해서는 "종래 우리의 생산양식과 더불어 우리의 지금 전체 사회질서의 완전한 혁명"[45]이 필요하다.

위에서 언급한 입장에서 알아볼 수 있는 것처럼, 마르크스와 엥겔스는 생태적 문제의 중차대함과 그것들을 해결하기 위한 실제적 조치와 관련해서 같은 의견을 갖고 있었다. 유물론자로서 그들의 입각점은 다음과 같다. 즉 그 안에 인간이 살고 있는 사회적 존재는, 자연이라는 보편적 존재에 편입되어 있으며, 인간들의 존립의 유지는 인간들에게 그 자신의 몰락이라는 형벌을 부과하고 있다. 때문에 마르크스는 다음과 같이 설명한다. 즉, "고도의 경제적 사회구성체의 입장에서는 지구에 대한 개별적 개인들의 사적 소유는, 한 인간의 다른 인간들에 대한 사적 소유가 그러한 것처럼, 정말 황당무계한 것이다. 한 국가, 한 사회 전체조차, 하다못해 모든 동시대 사회들까지 다 포함할지라도, 대지의 개별 소유권자가 될 수는 없다. 이들은 그저 대지의 점유

---

43 *Ibid.*, S. 454. 엥겔스가 고려했던 자연 지배가 미래에도 철저히 관철되리라는 가능성에 대해 막스 아들러Max Adler 같은 후대 마르크스주의자들은 당연하게도 차라리 회의적으로 언급했다. 아들러는 이렇게 말한다. "부르주아 세계를 그들의 정신적 소유권에 대한 주장과 정당화를 위해 사랑하는 것과 같은, 기술적 진보에 대한 흔해 빠진 생각 없는 예찬에 빠지는 것을 경계한다. 여전히 주의해야 할 것은, 소위 지배되지 않은 자연이 통제되고 의도된 자연 작용의 체계에 침입할 가능성이 항상 존속할 뿐만 아니라, 이러한 침입이 성공한 곳에서는 바로 보다 일시적으로 돌파된 커다란 자연 지배의 결과로, 또한 더욱 크고 중요한 정말 파국적인 결과까지도 자주 초래된다는 사실이다." *Natur und Gesellschaft. Soziologie des Marxismus 2*, Wien 1964, S. 81; 83.

44 Marx/Engels, *Werke*, Bd. 20, l.c., S. 454.

45 *Ibid.*

자요, 용익권자일 따름으로, 가정의 좋은 아버지로서 대지를 개선해 후속 세대들에게 유산으로 넘겨주어야 한다."[46]

IV.

책을 집필한 이래 근본적으로 변화된 문제 상황을 살펴볼 때, 저자에게는 그 당시 마르크스의 자연 개념의 서술 근저에 가로놓여 있던 철학적 단초들을 새롭게 고찰해 보는 것이 필요해 보인다. 박사 학위 청구 논문은 (스탈린주의적 이데올로기의 매개되지 않은 객관주의들에 대항하여) 마르크스에게서 독일-이상주의적 유산을 축소하지 않고 그 유효성을 관철시킬 것을 목표로 했다는 점에서 보다 오래된 프랑크푸르트 학파의 정신에 빚지고 있다. 때문에 「포이어바흐에 관한 테제」와 『독일 이데올로기』[47]의 "실천적-비판적" 유물론을 경제 저작들 안에서도 '원용해' 입증할 생각이었다. 때문에 이 저작에서 인간적인 자연 관계/세계 관계를 거의 철저히 노동 이론적, 인식론적인 주체-객체-도식의 관점에서 설명하려는 경향이 생겨났다.[48] 이를 통해—특히 오늘날 등장하고 있는—불균형이 성립되었다. 마르크스의 현실 이해의 정당한 다른 측면을 주제로 다루기는 했지만[49] 그것이 지닌 객관적인 무

46 Marx, *Das Kapital*, Bd. 3, l.c., S. 826.

47 Marx/Engels, *Werke*, Bd. 3, Berlin 1962, S. 5ff.; 42ff.

48 이에 대해서는 특히 3장 C절 역사적 실천으로서의 세계 구조를 보라. 저자는 짧은 논문 「실천」*Praxis*(1973)에서 현실에 대한 "행위론적"Praxeologisch 파악을 좀 더 상세하게 전개시켰다. 다음을 참조하라. Alfred Schmidt, *Kritische Theorie. Humanismus. Aufklärung*, Stuttgart 1981.

49 가장 명료하게는 2장 B절을 참조하라. 여기서 저자는 "인간과 자연의 물질대사"를 상세하게 논의하면서 이 '물질대사'와 자연 전체 안에서 일어나는 복합적인 상호

게는 이에 어울릴 만큼 강조되지는 않았다. 이리하여 "감각적 세계"가 "직접적으로 영원으로부터 주어져 있는 항상 동일한 사물이 아니라, 산업과 사회 상황의 산물이며, 그것도… 하나의 역사적 산물"[50]이라는 것은 진실이며, 이리하여 역으로 "경제적 사회구성체의 발전"[51]을 "자연사적 과정"으로 포착하는 것은 충분히 근거 있는 것이라 할 수 있다.

2장에서 말한 바대로, 모든 "자연의 사회적 매개"는 "사회의 자연적 매개"를 전제한다는 사실을, 오늘날에 와서야 그것이 지닌 함축 전체를 충분히 의식하면서 말할 수 있을 것이다. 『자연 변증법』에서 엥겔스는 다음과 같이 말한다. "매 걸음마다 우리는 다음, 즉 어떤 정복자가 다른 민족을 지배하는 것처럼, 자연 밖에 존재하는 그 누군가처럼 결코 자연을 그렇게 지배할 수는 없으며, 피와 살 그리고 뇌를 가진 우리는 자연에 속하며 자연 안에 존재하고 있으며, 우리의 자연 전체에 대한 지배는, …자연의 법칙을 인식하고 그것을 올바르게 응용하는 것에 있다는 것을 기억하게 될 것이다."[52] 그렇기 때문에 우리는, 사회주의에서 인류가 절대독재자처럼 자연 위에 군림하게 될 것이라는 환상을 가져서는 안 된다. 막스 아들러는 이에 대해 이렇게 지적한다. 즉, 이러한 인류의 위대한 지배는, "사회적 현상들의… 자연종속성"[53]을 제거하지 않는다. 다시 말해 그것은 지배가 관철되는 그 형식만을 바꿀 뿐이다. "자연의 영향"은 역사의 진행 가운데에서도 이전되어 발휘될 수도 있다. "그러나 이러한 이전은 어떤 중지를 의미하는 것이 아니며, 한 번이라도 자연 요소들에 대한 인간의 의존성을 경감

작용들 사이의 연관을 언급한다.

50 Marx/Engels, *Werke*, Bd. 3, l.c., S. 43.

51 Marx, *Das Kapital*, Bd. I, l.c., S. 8.

52 Marx/Engels, *Werke*, Bd. 20, Berlin 1968, S. 453.

53 Max Adler, *Natur und Gesellschaft*, l.c., S. 84.

시켜 준다는 것을 뜻하지 않는다. 그 반대로 마르크스는, 자연력들에 대한 지배가 계속 발전함에 따라, 말하자면 인간과 자연의 접촉의 폭이 넓어지고 인간 자신도 자연을 지배하는 가운데, 그만큼 인간이 한층 더 자연에 종속됨을 지적한다."[54]

그럼에도 인간은 대지에 자신의 도장을 찍을 수 있었다. 「고타강령 비판」에서 다음과 같이 주장할 때, 마르크스는 세계사적 진보의 높이를 알고 있었다. "…부의 원천"이 노동이 되는 경우는 오로지 "인간이… **처음부터** 자연에 대해, 모든 노동수단과 대상들의 제1의 원천에 대해 그 소유자로서 관계하고, 자연을 인간에게 속하는 것으로 취급할 때뿐이다."[55] 이와 걸맞게 『자본』 3권에서도 대지를 "노동의 원초적인 작업장으로, 자연력의 영역으로, 모든 노동 대상의 집합소[56]로 그리고 있다. 마르크스에게서 자연은 그 언제나, 그것을 사회적으로 전유하는 역사적으로 변천해 가는 제반 형식의 지평에서 나타난다.[57] 다만 그것의 고유한 성질에 대해서는 자연이, 사용가치들의 "물질적 기층"으로, "인간의 관여 없이… 존재"[58]한다고 알려져 있다. 본서에서 **유**

---

54 *Ibid.*, S. 83 f.

55 Marx/Engels, *Ausgewählte Schriften*, Bd. II, Berlin 1964, S. 11(강조는 저자).

56 Marx, *Das Kapital*, Bd. III, l.c., S. 879.

57 마르틴 하이데거는 「인본주의에 관한 서간」에서 마르크스의 유물론을 실로 근대 의식의 세계사적 경험의 표현으로 해석하면서, "하찮은 반박"에 맞서 이를 옹호한 바 있다. 하이데거는 다음과 같이 말한다. "유물론의 본질은 모든 것이 오로지 질료일 뿐이라는 주장에 있는 것이 아니라, 모든 존재자들이 노동의 재료로 현상한다는 형이상학적 규정에 있다. 노동의 근대 형이상학적 본질은 헤겔의 『정신현상학』에서는 그 자신을 만들어 나가는 무제약적인 산출 과정으로 생각되고 있는데, 이 본질은 주체성으로서 경험된 저 인간이 수행하는 현실태의 대상화이다. 유물론의 본질은 기술의 본질 안에 감춰져 있다." *Platons Lehre von der Wahrheit. Mit einem Brief über den* »Humanismus«, (Bern 2, 1954, S. 87f.)

58 Marx, *Das Kapital*, Bd. I, l.c., S. 47; cf. auch S. 186.

물론적이라고 해석된 이러한 사태는 그럼에도 이와 동시에 발생한 마르크스 자연관의 **인본주의**에 대해서는 아무 것도 변화시킬 수 없다. 이러한 마르크스의 자연관에는 근대적인, 세계를 형태 변화시키는 주체의 역할이 반영되어 있다.[59]

"세계구성적인" 역사적 실천의 기능을 강조하면서 저자는 이에 따라 마르크스의 자기 이해에 부응할 수 있기를 희망했다. 이 과정에서 그의 자기 이해는 확실히 일관성이 덜한 것으로 드러났다. 이와 같은 비일관성은 특히 마르크스 사유의 "실천적" 현실-연관에 대해서는 유효하다. 『1844년 경제학철학 초고』에서는 이 연관이 「고타강령 비판」과는 다르게 서술되어 있다. 「고타강령 비판」에서 마르크스는 자연의 무제한적 전유라는 오래된 선험적 인식을 확고하게 가지고 있었다.

이미 1971년 후기에 적은 바대로, 여기에서도 최소한 마르크스와 엥겔스가 너무 황급하게 떠나 버렸던, 포이어바흐를 기억하고 넘어가야 할 것이다.[60] 그들이 "직관하는 유물론"[61]의 결함으로 불만을 제기했던 것, 즉 포이어바흐가 사물의 존재Sein를 건드리지 않고 있다는 비판은 오늘날에 와서는 왜곡되지 않은 자연-접근의 하나의 가능성으로 재발견되고 있다. 포이어바흐는 『기독교의 본질』에서 근대 의식을 그리스인들의 그 굉장한 소박성과 맞대결시키고 있다. 이들의 세계에 대한 관계는 이론적이면서도 동시에 미적이다. "왜냐하면 이론적 관점은 원래 미적인 것이며, 미학은 제1철학이기 때문이다."[62]

---

59 다음을 참조하라. Alfred Schmidt, Humanismus als Naturbeherrschung, in: Jörg Zimmermann (Hrsg.), *Das Naturbild des Menschen*, München 1982, S. 301ff.

60 다음을 참조하라. Alfred Schmidt, *Emanzipatorische Sinnlichkeit. Ludwig Feuerbachs anthropologischer Materialismus*, München^3, 1988, S. 46ff.

61 Marx/Engels, *Werke*, Bd. 3, l.c., S. 7.

62 Ludwig Feuerbach, *Gesammelte Werke*, hrsg. von Werner Schuffenhauer, Bd. 5, Berlin 1973, S. 206.

고대인들에게 "세계라는 개념은 우주, 군주, 신성 자체의 개념"[63]이다. 인간과 세계는 조화로운 상태이다. 포이어바흐는 다음과 같이 말한다. "자연은 인간에게 **아름다운** 객체로, 인간에게 자연은 **자연 그 자신의 목적**으로 나타나며, 인간에게 자연은 그 현존의 근거를 자기 자신 안에 갖는다." 인간은 "자연의 근거"로서 "그의 직관 안에서 활동하는 힘"[64]을 정립한다. 이 단계의 인간은 자유로운 활동 공간을 오로지 자신의 환상에 허용한다. 포이어바흐는 다음과 같이 강조한다. 즉, "인간은 여기서, 인간은 자족함으로써, 그가 자신의… 시적인 우주론을 오로지 **자연적인 재료**를 가지고 만듦으로써, 동시에 자연에 평화를 보장해 주며, 또 평화 속에서 존재하게 해 준다."[65] 이와는 달리 근대에서처럼, 인간이 세계를 "실천적인 입장"에서 고찰하여 이조차 이론적 입장으로 고양시켜 버리자마자, "바로 그곳에서 인간은 자연과 분열되며, 거기서 인간은 자연을 그 자신의 이기적인 이해, 자신의 실천적인 이기주의의 **종속적인 시녀**로 만든다."[66]

포이어바흐가 그리스인들이 지녔던 기술 이전의 신비적인 세계상에 기대는 것이 그저 단순한 낭만적 동경들의 발로가 아님은 분명하다. 포이어바흐는 그의 시대에 이미 빈번히 흘러나온 가능성, 즉 자연을 과학의 객체나 원료로서 경험할 뿐만 아니라, 감성적-수용적 의미에서뿐만 아니라 예술가적인 의미에서 "미적으로"도 경험할 가능성을 상기시키고 있다. 전유하는 실천이 사물들에 표현과 언어를 얻게 해 준다는 것이다. 그러나 그것은, 이를 위한 노동과 인식 과정의 주-객 도식과 더불어 정립된 인간과 자연의 분리를 넘어서 있는 그러한

63 *Ibid.*, S. 207.

64 *Ibid.*, S. 206. (강조는 포이어바흐.)

65 *Ibid.*, S. 207. (강조는 포이어바흐.)

66 *Ibid.* (강조는 포이어바흐.)

철학적 단초들을 필요로 한다. 출발점은 자연 전체(그리고 인간의 자연 발생성)이 되어야 할 것이다. 마르크스에 의하면 바로 여기에, 셸링의 "진정한 청년기 사유"[67]가 자리 잡고 있다. 셸링은 1799년 『자연철학 체계의 제1초고』*Ersten Entwurf eines Systems der Naturphilosophie*에서 자연에 "무제약적인 실재", 즉 "자율과 자족 경제"를 인정한다. 셸링은 다음과 같이 말한다. 자연은 "자기 자신으로부터 조직되고 자기 자신을 조직하는 전체"[68]이다.

풍부하게 분류된 보편적인 상호작용의 체계로서 "전체연관"Gesamtzusammenhang[69]인 자연이라는 엥겔스의 테제는 발견론적으로 사용될 수 있다. 이러한 원래적인 자기 소여 안에 스스로를 제시하는 체계 안에서 물질적 생산을 통해 매개된 인간과 자연의 교환은 수없는 상호작용들 중 오로지 **하나**만을 이룰 뿐이다. 이로 인해 종래의 인간적 실천과 역사를 지향하고 있는 사유 단초는 불필요해지지 않고, **상대화된다**. 이제 역사적-변증법적인 것은 "생태학적 유물론"[70]으로 확장된다.

---

67 Marx an Feuerbach, Brief vom 3. Oktober 1843, in: Marx/Engels, *Werke*, Band 27, Berlin 1963, S. 420.

68 *Schellings Werke*, hrsg. von Manfred Schröter, Zweiter Hauptband, München 1927, S. 17.

69 Marx/Engels, *Werke*, Band 20, l.c., S. 307.

70 카를 아메리Carl Amery는 이런 개념을 『정치학으로서의 자연. 인간의 생태학적 기회』*Natur als Politik. Die ökologische Chance des Menschen*(Reinbek bei Hamburg 1976)에서 학문적이며 정치적인 논쟁에 도입했다.(S. 77ff. 참조.) 아메리의 설명에 따르면 마르크스주의적 유물론은 그 유물론이 "정치경제학에서 유래한 주도 관념"을 지향해 왔지만, 이 관념은 이제부터 "이론적이며 실천적"으로 생태학의 주도 관념에 복속되어야 마땅하다는 사실에서 **일관성이 없다.**(S. 184.) 유물론이 지금까지 "세계를 변혁하기"에 만족해 왔다면, 이제 "중요한 것은 그것을 보존하는 것"이다.(S. 185.) 이로부터 다음과 같은 결론을 얻을 수 있다. 즉 아메리가 전통적 마르크스주의의 유토피아적 희망들의 관점으로부터 상당 정도 후퇴할 것을 권유하고 있다는 사실이다. "수미일관된 유물론의 관점"을 아메리는 다음과 같이 표현한다. "대지와의 화해. 그것은 일관된 유물론이 그것에 근거해 성장하고 행위해야 할 필연성이다. 소외의 종말, 인간을 위한 재화의 풍요가 유물론의 목표일 수는 없고, 우선 그리

이 유물론은 생산력들과 생산관계들의 변증법을 포함하면서, 모든 역사의 비역사적인 전제들인, 대지와 인간의 기본적인 변증법에 의해 이것들이 운용됨을 개념파악하고 있다. 이 점에서 세계가 물질적 통일성을 이루고 있다는 생각은 증명된다. 인류가 제한 없는 성장을 포기하고 앞으로 자연의 체계와 보다 잘 어울려서 살 수 있는 방향으로 스스로를 만들어 나갈 수 있다면, 정말로 많은 것들을 이미 얻은 셈이나 마찬가지일 것이다.

1993년 4월 초, 프랑크푸르트 암 마인에서

알프레트 슈미트

고 특히, 모든 물질마다, 모든 비-인간적인 것들마다에 대한 존중에서 얻을 수 있는 어떤 미래의 질서가 목표가 되어야 한다. 확실히, 자연과 인간은 매개되어 있고 인간의 자연에 대한 작용(잘 알려진 "물질적 물질대사")은 사회적으로 일어난다는 마르크스의 명제는 언제나 항상 유효하다. 그렇지만 이것이 사회를 매개자로 내세운다는 과제에 대해서 말하고 있는 것은 아무 것도 없다."(S. 166.)

보충 문헌

Adler, Max: *Natur und Gesellschaft. Soziologie des Marxismus 2*, Wien 1964 (aus dem Nachlaß).

Amery, Carl: *Natur als Politik. Die ökologische Chance des Menschen*, Reinbek bei Hamburg 1976.

Fetscher, Iring: *Überlebensbedingungen der Menschheit. Ist der Fortschritt noch zu retten?* München [2]1985.

Fraas, Carl: *Klima und Pflanzenwelt in der Zeit, ein Beitrag zur Geschichte beider*, Landshut 1847.

Harich, Wolfgang: *Kommunismus ohne Wachstum? Babeuf und der ›Club of Rome‹*, Hamburg 1975.

Holz, Hans Heinz: *Grundsätzliches zu Naturverhältnis und ökologischer Krise*, in: ».... einen großen Hebel der Geschichte«. Zum 100. Todestag von Karl Marx: Aktualität und Wirkung seines Werks, hrsg. vom Institut für Marxistische Studien und Forschungen, Frankfurt am Main 1983.

Ders.: *Historischer Materialismus und ökologische Krise*, in: Dialektik 9, Ökologie – Naturaneignung und Naturtheorie, Köln 1984.

Leiss, William: *The Domination of Nature*, New York 1972.

Liebknecht, Karl: *Studien über die Bewegungsgesetze der gesellschaftlichen Entwicklung*, hrsg. von Ossip K. Flechtheim, Hamburg 1974 (Originalausgabe: München 1922).

Marcuse, Herbert: *Versuch über die Befreiung*, in: Schriften, Band 8, Frankfurt am Main 1984.

Ders.: *Konterrevolution und Revolte*, Frankfurt am Main 1973.

Materialismus und Subjektivität. Aspekte ihres Verhältnisses in der gegenwärtigen Disussion. Ein Gespräch zwischen Alfred Schmidt und Bernard Görling, in: Bernard Görling/ Alfred Lorenzer/Alfred Schmidt, *Der Stachel Freud. Beiträge und Dokumente zur KulturismusKritik*, Frankfurt am Main 1980.

Parsons, Howard L. (ed.): *Marx and Engels on Ecology*, Westport, Conn. 1977.

Schmidt, Alfred: Emanzipatorische Sinnlichkeit. Ludwig Feuerbachs anthropologischer Materialismus, München [3]1988.

Schmidt, Alfred: *Humanismus als Naturbeherrschung*, in: Jörg Zimmermann (Hrsg.), *Das Naturbild des Menschen*, München 1982.

Schmidt, Alfred: *Praxis*, in: Ders., *Kritische Theorie. Humanismus. Aufklärung*, Stuttgart 1981.

Woltmann, Ludwig: *Der historische Materialismus*, Düsseldorf 1900.

인류는 자연의 주인이 되겠지만, 인간은 인간의 노예나 그 자신에 특유한 비열함의 노예가 되고 말 것이다. 과학의 순수한 빛마저도, 오로지 무지라는 어두운 배경 앞에서만 빛을 발할 수 있는 것처럼 보인다. 우리가 만든 모든 고안물들과 우리의 진보의 결과는 물질력들에 정신적 생명을 넘겨주었고, 인간적 실존은 어떤 물질력으로까지 멍청해진 것 같아 보인다.

카를 마르크스

(D. 랴자노프가 발견한 초고에서. "사상가, 인간, 혁명가로서의 카를 마르크스", In: *Karl Marx als Denken, Mensch und Revolutionär*, Wien-Berlin 1928, S. 42)

서문

본 작업은 철학적으로 마르크스를 해석하고자 하는 논문이다. 이 논문의 관심사는 마르크스의 사유에서 단지 주변적인 의미만을 지니고 있는 것처럼 보이는 한 개념, 자연의 개념에 쏠려 있다. 마르크스의 문건에서 자연 "그 자체"Natur an sich에 대한 언급은 극도로 드물다. 그럼에도 그러한 사실은 사회 이론에서 그 의미가 미미하다는 어떠한 판단 기준도 될 수 없으며, 그것은 이 사회 이론이 지닌 특별한 시각 덕분에 생겨난 것이다.

정치경제학 비판으로서 사회 이론은 물질적 재화의 생산과정을 "**노동 과정과 가치 형성 과정의 통일**"[1]로 서술한다. 여기서 사회 이론은 리카도의 경제학에 기대 그 주안점을 상품의 교환가치에 놓는다. 이 교환가치는 추상적-인간 노동의 대상화로서 사회적으로 필연적인 시간의 양으로 표현되는데, 여기에서 모든 자연규정성은 완전하게 결여되어 있다.

상품의 자연 형태, 마르크스가 사용가치라 부른 그것은 가치 형성 과정의 분석에서 다음, 즉 상품이 "교환가치의 물질적 토대요 운반

1 *Das Kapital*, Bd. I., S. 195.

자"[2]인 경우에서만 등장한다. 이에 대해 우선적으로 마르크스 이론에서 철학적인 것을 다루고 있는 여기에서, 생산과정은 특히, 역사적으로 운동하고 있는, 사용가치를 산출하는 노동 과정으로 고찰되어야 할 것이다.

마르크스의 자연 개념을 다른 자연관들과 구분짓는 것은, 그것의 사회적-역사적 성격이다. 마르크스는 "노동수단과 노동 대상의 제일의 원천"[3]인 자연에서 출발한다. 이것이 의미하는 바는, 그가 자연을 처음부터 인간 행동의 측면에서 상대화하여 보고 있다는 것이다. 그 이외의 자연에 대한 모든 언표들은, 그것이 사변적이든 인식론적이든 또는 자연과학적인 종류든 관계없이, 그때마다 이미 인간의 과학 기술적-경제적 전유 방식, 사회적 실천의 총체를 전제한다.

현상하는 자연과 모든 자연 의식이 역사가 진행되는 가운데 점점 더 사회의 객관적 과정 속의 한 기능으로 전락하는 것과 마찬가지로, 마르크스에게서 사회는 역으로 하나의 자연 연관임이 분명히 드러난다. 직접적으로 비판적으로 생각해 보았을 때, 그 자신의 고유한 생산적인 여러 힘들을 지닌 인간들이 언제나 자연의 지배자는 아니라는 의미에서뿐만 아니라, 또한 인간들에게 이런 힘들은 파악되지 않은 사회의 조직된, 확고한 형식으로, 그들의 창조자에게 맞서 그 자신의 본질을 내세우는 그러한 "두 번째 자연"으로 대립적으로 등장한다는 의미에서만이 아니라, 나아가 어떤 세계 전체의 이론이라는 "형이상학적 의미"에서 그렇다.

개념으로 파악되고 지배된 인간의 삶의 과정도 여전히 자연 연관이다. 생산의 온갖 형식들 가운데에서도 인간의 노동력이란 "오로지

---

2 같은 책 S. 194.

3 Marx, Kritik des Gothaer Programms, in: Marx/Engels, *Ausgew. Schriften*, Band II, Berlin 1956, S. 11.

한 자연력의 표현"[4]일 뿐이다. 노동하는 가운데 인간은 "자연물 자체에 하나의 자연력으로서 맞서"[5] 등장한다. "인간은 그 자신의 외부에 있는 자연에 작용하여 자연을 변화시키면서 동시에 그 자신의 자연(본성Natur-역자)을 변화시킨다."[6] 마르크스에게 주체와 객체의 변증법은 자연의 구성 요소들의 변증법이다.

명제 식으로 말하자면, 본서의 내용은 자연과 사회의 상호 침투, 그것이 양 계기를 포괄하는 현실Realität인 자연 내부에서 어떻게 일어나는지, 이를 그 주요 측면에서 서술하려는 시도로 특징지을 수 있겠다. 본 연구를 수행할 때, 접근 가능한 마르크스의 모든 저작을 관련된 원전 텍스트로 사용하였다. 이에 더해 엥겔스의 저작들은, 그것이 마르크스의 입장에서 평가해 보았을 때 비판할 수 없는 한에서, 마르크스의 입장을 보다 명료히 하기 위해 끌어들였다. 이는 특히 자연 변증법 개념에 대한 엥겔스의 관점에 해당된다.

마르크스의 초기 저작들을 다루는 자리에서 저자의 관심사는 다음과 같은 것들이다. 즉, 오늘날 정말 널리 유포된 그릇된 시도 가운데에는 마르크스 본래의 **철학적** 사유를 후자의 텍스트에서만 언급된 것으로, 소위 「파리 초고」의 인간학으로 환원, 축소시키려는 시도가 있다. 본 연구는 이보다는 중기나 성숙한 마르크스의 특정 동기들에 대한 발생론적 연관을 찾아내려는 것이 관심사였다. 마르크스가 철학자들의 전통적 강단 언어를 사용한 곳에서 가장 철학적이었던 것은 아니었다는 생각으로부터, 여기에서는 일상적으로 그 외의 철학적 마르크스 해석들에서 고려하는 것보다 더욱 상당한 정도로, 중기와 후기 마르크스의 정치-경제학적 저작들을 논의에 고려했다. 특히 헤겔과

---

4 같은 책.

5 *Das Kapital*, Bd. I., S. 185.

6 같은 책.

마르크스의 관계를 이해하는 데 극도로 중요한, 그 이래 거의 분석되고 평가되지 않은 채 남아 있는, 『자본』의 『초고』(*Rohentwurf*, 『정치경제학 비판 요강』-역자)를 고려했다.

고려되어야 할 마르크스 관련 문헌들의 범위와는 전혀 별개로, 변증법적 유물론의 자연 개념을 서술하기란 상당히 어렵다. 마르크스에게 모든 사변적 함축들을 다 의식한, 자연에 대한 그러한 체계적 이론은 존재하지 않는다. 그렇기에 마르크스의 사유가 발전하는 주요 국면들로부터, 자주 동떨어져 있는 여러 모티브들을 주제의 중심으로 함께 끌어모으는 일이 중요하다. 이런 모티브들의 특별한 상호연관성에서 기인한 복잡함으로 인해 때때로 반복들과 겹침, 참조 지시 등을 아예 피할 수는 없었기에, 개별 장과 절 등에서 다뤄진 사태들이 제목에서 예고한 바와 항상 완전하게 일치하지는 않을 것이다.

1장
마르크스와 철학적 유물론

A) 마르크스 유물론의 비-존재론적 성격

마르크스의 자연 개념에 대한 물음은 필연적으로 유물론적 역사관과 철학적 유물론의 관계 일반에 대한 물음으로 확장된다. 마르크스에 대한 해석들은 이를 그저 드물고도 불만족스럽게만 다뤄 왔다.[1]

---

1 이에 관해서는 별로 독창적이지는 않지만 현재의 물음과 관련해서 중요한 자우어란트의 다음 작업을 참조하라. Kurt Sauerland, *Der dialektische Materialismus,* 1. Bd., Berlin 1932. 제2차 인터내셔널 전체에서 벌어진 불충분한 마르크스 이해는 본질적으로 다음, 즉 철학적 유물론과 역사 유물론의 연관을 파악하지 못한 점에 그 원인이 있다. 막스 아들러는 『유물론적 역사관에 관한 교과서』*Lehrbuch der materialistischen Geschichtsauffassung,*(Berlin 1930.)에서 마르크스에게 유물론이라는 것이 인식론에서의 관념론과 유물론 사이의 대안과는 전혀 관계없다고 본다. 마흐나 아베나리우스 같은 러시아 추종자들처럼, 아들러는 마르크스의 이론이 별다른 어려움 없이 곁에서 주관적 관념론과 결합될 수 있다고 생각한다. 비슷하게 카우츠키는 『유물론적 역사관』*Materialistische Geschichtsauffassung,* Berlin 1927, 1. Bd., S. 28.에서 거리낌없이 다음과 같이 말한다. "유물론적 역사관과 관계할 경우에만, 철학은 우리의 관심거리이다. 그리고 이런 것은 우리에게는 마흐와 아베나리우스뿐만 아니라, 많은 다른 철학들과도 일치하는 것처럼 보인다." 카를 리프크네히트는 『사회적 발전의 운동 법칙들에 대한 연구』*Studien über die Bewegungsgesetze der gesellschaftlichen Entwicklung,* München 1922, S. 107.에서 유물론적 역사관과 철학적 유물론 사이의 그 어떤 연관도 부정한다. 즉 "유물론적 역사관은 '유물론적'이지 않으며, 어떤 유물론적 실마리를 자신이

엥겔스에 대해서는 그가 보편적-철학적 의미에서 어떤 유물론자이었는지 여부의 문제는 아예 대두될 수조차 없었다. 이에 관해서는 『반뒤링』, 『자연 변증법』 같은 포이어바흐 관련 문헌들이 너무나도 분명하게 이를 배제하고 있다. 마르크스에게서 사태는 좀 다르게 전개된다. 그의 역사-사회 이론에 들어 있으며, 이 이론에 의해 조용히 전제되어 있는 철학적-유물론적 핵심은 그렇게 자주 명백하게 등장하지 않으며, 뽑아내어 일반화하기도 지극히 어렵다. 지금까지 마르크스에 관해 나온 문헌들에서는 대부분 나름의 근거를 갖고 마르크스의 유물론이 무엇보다 역사와 사회에 정향된 이론이며, 철학사적으로 등장한 모든 유물론의 형태들과는 질적으로 구분된다는 것을 강조함으로써, 동시에 마땅히 고려해야 할 마르크스 자신과 고대 유물론자들을 연

갖고 있지 않는 바, 철학적인 의미에서가 아니라 최소한도 본래적인, 기껏해야 천박하게 도덕화한 의미에서의 유물론과 어떤 유사점을 갖고 있다." 같은 책 S. 186도 참조하라. "'유물론적 역사관'도 크게 보면 심리적-지성적인 것이다. 다시 말해, 그것이 본질적이라고 고찰한 요인들은 일반적으로 심리적-지성적이다." 프란츠 메링, 그의 입장은 철학적 관점에서 볼 때 전쟁 이전의 사회민주주의에서 특징적인 것인데, 그는 플레하노프에 기대어 다음과 같이 주장한다. "마르크스와 엥겔스는 그들이 유물론에 인도되어 포이어바흐를 역사적 영역으로 확장하고 심화하지 않았던 한에서, 항상 포이어바흐의 철학적 입장에 머물고 있다. 이런 사태를 분명하고도 확실히 표현해 보면, 그들은 자연과학적 영역에서는 기계론적 유물론자, 사회과학적 영역에서는 역사 유물론자들이다." *Gesammelte Schriften und Aufsätze*, VI, Berlin 1931, S. 337. 참조. 포이어바흐의 철학이 결코 조잡한 기계론Mechanik으로 환원되지 않는다는 것과는 전혀 별개로, 메링은 여기서 바로 신칸트주의적인 방식으로 자연과 역사의 질적 차이를 절대화하고 있다. 그가 볼 때 마르크스 이론은 두 부분으로, 즉 **오로지** 자연과학과 관계하는 철학적인 부분, 다른 하나는 사회와 관계하는 역사과학적인 부분, 이렇게 구성되어 있다. 자비네G. H. Sabine는 최신의 마르크스 연구도 변증법적 유물론에서 자연과학적인 것이 지양되어 있음을 파악하지 못하고 여전히 자연 이론과 역사 이론의 분리에 고착되어 있음을 다음과 같이 뒷받침하고 있다. "마르크스는 헤겔을 따라 변증법을 특히 사회 연구에 적합한 한 방법으로 생각해 왔다. 왜냐하면 그들은, 발전과 성장이 한 중요한 요소인 그런 주체-관련 건을 취급해야만 했기 때문이다. 마르크스는, 물리학이나 화학 같은 무생물계를 다루는 과학들은 돌바크 같은 비변증법적 형태의 유물론에서 충분히 잘 다뤄지고 있다고 생각한다." Sabine, G. H., *A History of Political Theory*, New York, 1953, S. 815. 참조.

결해 주는 그런 계기들을 소홀히 했다. 이와 함께 유물론적 역사관과 철학적 유물론의 연관에 대한 질문은 결코 2차적이거나 단순히 용어적인 관심사가 아니다. 마르크스 그 자신, 게다가 그의 이론을 "유물론적"이라고 묘사하는 것이 부르주아들을 뒤흔들려는 철학적으로는 아무런 의무도 지지 않는 것 이상을 의미한다는 것, 오히려 정확한 의미에서 보면 이런 학설이 유물론적 철학사 안에 들어간다는 것을 마르크스는 알고 있었다. 이리하여 1857년 『정치경제학 비판 서문』에서 마르크스는 진행 중인 작업 기획의 핵심인 다음의 필연성, 즉 국가 형태와 의식 형태가 그때마다의 생산관계와 교류관계에 종속된다는 테제를 "이런 관점의 유물론에 대한 비판들"[2]에 맞서 옹호해야만 하는 필연성을 제시하고 있다. 또한 그뿐만 아니라 이 관계를 명확하게 상세히 설명하지 않은 채로 "자연주의적 유물론과의 관계"[3]를 엄연히 언급하고 있다.

한 이론, 즉 최종심급에서 사회의 역사적 진행을 규정하는 계기는 인간의 직접적인 삶Leben의 생산과 재생산 방식이라는 이론이, 철학적 유물론이라는 것을 어느 정도 전제하고 있느냐는 물음을 제대로 해명하려면, 지금까지는 덜 주목받아 왔던 마르크스의 몇 가지 이론적 발전 국면에 주목해 볼 필요가 있다. 일단 중요한 것은 『신성가족』에서 우리가 마주치는 바와 같은 프랑스 계몽주의자들과 그들에 의해 규정된 유토피아 사회주의 안의 특정 조류들에 대한 마르크스의 평가이다. 여기서 유물론은 두루뭉술하지 않게 "**현실적인 인본주의** 이론으로

2 *Zur Kritik der Politischen Ökonomie*, S. 267. 인용된 마르크스와 엥겔스의 책 제목 전체와 서지학적 자료들은 문헌 색인에서 찾아볼 수 있다. 강조는 다르게 명기하지 않은 한, 모두 인용된 저자들의 것이다.

3 같은 책.

그리고 **코뮤니즘의 논리적** 토대"[4]로 자세히 설명되고 있다. 마르크스는 엘베티우스에게 특별한 가치를 둔다. 엘베티우스에게서 감각주의적인 로크의 인식론이 유물론적 사회 이론으로 이행하는 경향들을 발견할 수 있다. "인간이 감각 세계와 감각 세계에서의 경험으로부터 모든 앎, 지각 등등을 구성한다면, 여기서 중요한 점은, 그가 참된 인간적인 것을 경험적 세계 그 안에서 경험하고, 그것에 익숙해지고, 또 그가 자신을 인간으로 경험하도록 그렇게 경험적 세계를 만들어 놓는다는 것이다. …인간이 여러 상황에 의해서 형성되고 양성된다면, 인간은 상황들을 인간적으로 만들어야 한다. …인간이 본래 사회적이라면, 그렇다면 인간은 자신의 참된 본성을 사회 안에서야 비로소 발전시키거니와, 그의 본성의 힘은 개별 개인의 힘이 아니라 사회의 힘과 비교해 측정해야 한다."[5]

사회주의적 이론이 직접 선취되어 있는 계몽주의의 이러한 사유들과 더불어, 헤겔 체계와 또한 셸링 체계에 대한 동시대의 비판들의 모티브도 청년 마르크스의 발전에서 사소하지 않은 역할을 한다. 그리하여 마르크스는 『헤겔 국법 비판』에서 셸링의 뵈머 수용을 상기시키는 표현으로 가족과 시민사회를 "그것에서 국가의 빛이 점화되어 나오는 어두운 자연 토대"[6]라고 부른다. 잘 알려져 있다시피, 나중에는 포이어바흐의 용어가 보다 중요해진다. 포이어바흐의 용어에 영향

4 *Heilige Familie*, S. 262. 레닌도 마르크스의 역사관에서 프랑스 유물론이 일관되게 심화되어 있음을 인지하고 있다. 다음을 참조하라. *Marx-Engels-Marxismus*, Berlin, 1959, S. 10f. 마르크스와 프랑스 유물론과의 연관에 대한 물음에 관해서는 다음도 참조하라. Roger Garaudy, *Die französischen Quellen des wissenschaft lichen Sozialismus*, Leipzig, 1954. 프랑스 계몽주의로부터 시작해 뷔퐁과 라마르크를 거쳐 "자연사적" 사유의 노선들도 역시 다윈과 마르크스에게까지 이어진다.

5 *Heilige Familie*, S. 261.

6 *Werke*, Bd. I, S. 205.

을 받았지만 아직은 통일되지 않은, 『신성가족』에서 이뤄진 역사 유물론의 최초의 정식화에서는 사회가 때때로 비슷하게 추상적이며 무차별적으로 국가의 "자연 토대"[7]로 언급된다. 사회에서 도출된 형성물들은 포이어바흐에서의 정신과 자연처럼 여기서는 사회와 관계한다. 마르크스에게서 자연주의적 유물론이 올바른 사회 이론을 위한 비밀스러운 전제를 이룬다는 사실은, 마찬가지로 『신성가족』에서 헤겔 좌파에 대해 말하고 있는 다음 대목에서 아주 명료하게 드러난다. "또한 비판적 비판, 그것이 인간의 자연에 대한 이론적 그리고 실천적 태도를, 자연과학과 산업을 역사적 운동으로부터 배제하는 한에서, 역사적 현실 인식에서도 겨우 시원에 도달했을 뿐이라고 생각하는가? 또는 비판적 비판이 예를 들어 어떤 한 시기의 산업을, 생명 자체의 직접적인 생산양식을 인식하지 않았음에도, 이 시기를 정말로 이미 인식했다고 생각하는가? 물론 영성주의적, 신학적인 비판적 비판이 아는 것은 오로지—최소한도 그들의 상상 가운데—역사의 정치적이며, 문학적이며 신학적인 주요 행위와 국가 행위들이다. 비판적 비판이 사유와 감각들, 영혼과 육체, 자기 자신을 세계와 분리하는 것처럼, '비판'은 역사를 자연과학 및 산업과 분리하고, 대지에서의 거친 물질적 생산에서가 아니라 하늘의 흐릿한 구름 무리에서 역사의 탄생처를 본다."[8]

이 자리에서 주목할 만한 것은, 마르크스가 물질적 생산과 자연과학들의 효력을 고려하지 않는 헤겔 좌파들의 잘못된 역사 해석을 단순히 비난하는 것이 아니라, 헤겔 좌파들이 철학적 이상주의자들로서 필연적으로 이러한 역사관에 도달할 수밖에 없다는 것을 보여주려고 한다는 것이다. 사유를 감각과, 영혼을 육체와 분리하는 사람은 또한

---

7 *Heilige Familie*, S. 238.

8 같은 책 S. 285 f.

문화의 내용과 물질적 생산 영역과의 관계를 포착할 수 없을 것이다.

포이어바흐의 인간학적 유물론은 원자의 기계적 운동이 아니라 자연과 인간의 질적인 수다성과 감각적-대상적 본질인 인간과 관련된 것인데, 이는 마르크스의 역사 이론에 "토대"라는 개념을 마련해 준다. 포이어바흐야말로 헤겔적 사변에 대한 그의 유물론적 전도를 통해 관념론에 대한, 헤겔 좌파들에게 특징적인, 단지 이상주의 내부에서의 비판을 넘어선다. 마르크스의 표현을 빌면, 이를 통해서 그는 "술 취한 사변"을 떠나 "술 깬 철학"[9]으로 넘어간다. 「파리 초고」는 포이어바흐의 의미를 단호히 강조한다. "포이어바흐에게서 비로소 실증적 인본주의적 자연주의적 비판이 시작된다. 포이어바흐 저작들의 영향은 소리가 없으면 없을수록, 더욱더 확실하고도 깊고 포괄적이며 보다 지속적이다. 그의 저작들은 헤겔의 『정신현상학』과 『논리의 학』 이후 참된 이론적 혁명을 담고 있는 유일한 작품이다."[10]

관념론에 대한 추상적 안티테제로 포이어바흐는 마르크스가 보기에 새로운 비-관념론적 사유의 단초를 제공한다.[11] 나중에 마르크스에

9 *Heilige Familie*, S. 253.

10 *Nationalökonomie und Philosophie*, S. 134 f.

11 카를 뢰비트는 「루트비히 포이어바흐와 독일 고전철학의 종언」이라는 논문에서 사변적 관념론의 붕괴 이후 포이어바흐의 역할을 상세하게 다루면서 정당하게 다음을 지적한다. 즉, 추상적으로 독일 관념론자들의 사유 업적과 포이어바흐를 비교해 평가한다면, 이는 3월 혁명 이전 시대라는 조건 가운데 일어난 붕괴에 대한 의식으로서의 포이어바흐 철학의 특성에 적합하지 않을 것이다. "포이어바흐와 더불어 이전의 전통이 없는… 철학함의 시대가 시작된다. 이런 철학함은—후진적으로 생각하면—개념적 방법론적 원시성으로의 쇠퇴이며, 전진적으로 보면 그럼에도 실제에서 변화된 이런 세대들의 실존 의식에 따른 철학의 문제 제기를 개편하려는 생산적인 시도이다. In: *Logos*, Bd. XVII, Tübingen 1928, S. 327. 변증법적 유물론의 성립사에서 포이어바흐의 역할을 평가하기 위해서는 다음도 참조하라. Ernst Bloch, *Subjekt-Objekt*, Berlin 1952, S. 378, 384. 여기서는 특히 기계론적 유물론을 넘어서는 포이어바흐의 자연주의적-인간학적 이론이 명료하게 제시된다. 중요한 것은 포이어바흐에 관한 마르크스의 궁극적인 판단인데, 이는 1850년대, 1860년대 동안 이루

의해 다시 수용된 중요한 변증법적 동기가 일시적으로 그에게서도 위축되어 나타나기는 하지만 말이다. 『신성가족』의 많은 곳에서는, 대략 마르크스가 포이어바흐와 함께 변증법을 단지 관념론과 동일시하는 것처럼 보인다. 『독일 이데올로기』, 「포이어바흐에 관한 테제」와 후기 저작 전체에서 마르크스는 그럼에도—포이어바흐의 헤겔 비판에 매개되어—헤겔적 입장으로 되돌아가고 있다.

포이어바흐-마르크스의 관계에 대한 전통적 해석들은 대개 종교와 유심론적 형이상학에 대한 포이어바흐의 무신론적 비판이 어느 정도까지 마르크스의 헤겔 비판을 촉진시켰는지, 또는 어느 정도까지 그것을 가능하게 해 주었는지를 찾아 분석해 내는 것에 국한되어 있다. 거기에서는 포이어바흐의 비판적 동기들이 지닌 자연주의적-인간학적 토대가 훨씬 덜 등장한다. 그 동기가 유물론적 변증법의 성립사에 일상적으로 가정되고 있는 것보다는 훨씬 더 중요함에도 불구하고 말이다. 에리히 티에르[12]는 포이어바흐가 마르크스에게 끼친 영향이, 프랑스 계몽주의와 좌파 헤겔주의적 성경 비판을 잘 아는 이들에게는 일찍이 친숙했던 그의 무신론에 근거하기보다는 그의 자연과 인간에 대한 열정에 기인하고 있음을 지적한 소수의 사람 중 하나다. 마르크스의 자연 개념을 이해하기 위해서는 엥겔스가 자신의 연구서에서 강조한 1841년 작 『기독교의 본질』보다 1842/43년 작 『철학의 개혁을 위한 잠정적 테제』와 『미래 철학의 근본 명제들』이 더 중요하다. 포이

어진 마르크스의 경제 분석과 연관해서 두 번째로 상세하게 자신과 헤겔과의 관계를 표명할 때 형성된다. "헤겔과 비교하면 포이어바흐는 전적으로 빈약하다. 그럼에도 헤겔 **이후** 포이어바흐는 획기적이었다. 왜냐하면 포이어바흐는 기독교적 의식에는 불편하지만 비판의 진보에는 중요한 어떤 지점에 강세를 두고 있기 때문이다. 헤겔은 이것을 하나의 신비적인 흑백화로 만들어 놓았었다. Marx an Schweitzer, Brief vom 24.1.1865. In: *Ausgewählte Briefe*, S. 181.

12 *seine Einleitung zu Nationalökonomie und Philosophie*, S. 25를 참조하라.

어바흐의 헤겔 비판은 모든 관념론적 체계의 난점인, 자연 개념에 자리 잡고 있다. 헤겔에게 자연은 이념에서 파생된 것이다. "자연은 시간적으로 최초의 것이기는 하지만, 절대적 선행자는 이념이다. 이런 절대적 선행자가 최종자요 참된 시원으로, 알파요 오메가이다."[13]

헤겔의 자연철학은 그 자신의 타자태Anderessein 안에 자리 잡고 있는 이념의 과학임이 분명하다. 자연 안에서 이념은 아직 개념으로까지는 정화되지 않은 직접적인 형태로 우리에게 맞선다. 자연은 그것의 무개념성 안에 자리 잡고 있는 그 개념이다. 자연은 헤겔에게는 자기 규정된 존재가 아니라 외화의 계기로, 이 계기는 정신 속에서 남김없이 자신에게로 복귀하기 위하여 추상적-보편적인 것으로서의 이념을 두루 겪어 나간다. 헤겔 철학 일반에서 가장 기묘하고도 문제 많은 이행들 중 하나는 포이어바흐와 마르크스에게서 공히 비판된 것으로, 그것의 결말이 순수 이념인 『논리의 학』으로부터 자연철학으로의 이행, 말하자면 사유로부터 감각적-물질적 존재로의 이행이다. "이념의 절대적 자유는 그렇지만, 이념이… 그 자신의 특수성의 계기, 혹은 최초의 규정 작용과 타자태의 계기를 그 자신이 반사된 빛으로서의 **직접적인 이념**을, **자연**으로서의 스스로를 **자신에게서 떠나보내기로 결정**하는 것에 있다."[14]

말하자면 이념이 자연으로 그 자신이 이행할 때 얼마나 탈변증법화하는지, 어느 정도로 이념, 절대적으로 항상 자기 자신에 머물러 있는 이념이 대상적-물질적 현존재의 세계로 외화하고 산포되기에 이르는지가 헤겔에게 모호하게 남아 있기는 하지만—한 번 이념에서 산출된 자연은 단계적으로 모든 자연 그대로의 규정성들을 지양하고 그 자신의 보다 고차적 진리인 정신으로 이행한다. 이러한 방식, 헤겔이

13 *System der Philosophie*, II, Glockner, Zusatz zu § 248, S. 58.

14 *Encyclopädie der philosophischen Wissenschaften*, Hoffmeister, § 244, S. 201.

자연에서 정신으로의 이행을 서술하는 이러한 방식이 괜히 바로 마르크스에 의해 비판된 비물질적 종말, 즉 『정신현상학』에서 구사된 지知와 그 대상 사이의 변증법의 절대지 단계에서 벌어진 비물질적 종말을 연상시키는 것이 아니다. "우리는 『정신철학』 서문에서 다음의 사실, 즉 어떻게 자연 자체가 그 외면성과 개별화, 그 물질성을 참되지 않은 것으로, 자연 안에 존재하는 개념들에 적합하지 않은 것으로서 지양하고 이를 통해 불멸성에 이르러 정신으로 이행하는지 지적했다."[15]

자연이 점점 더 자신의 피상성을 떨쳐내고 영혼을 만들어 내보이는 한, 헤겔은 자연에서 자연의 비물질적 성격 일반이 추론될 수 있다고 생각했다. "모든 물질적인 것이 자연에서 작용하고 있는 즉자적으로 존재하는 정신을 통해 지양됨으로써, 그리고 이 지양이 **영혼**이라는 실체 안에서 완성됨으로써, 영혼은 **모든** 물질적인 것의 이상성으로, **모든** 불멸성으로 등장하는데, 그래서 물질이라고 불리는 모든 것은—그것이 표상으로는 자립적인 척함에도 불구하고—정신에 비자립적인 것으로서 인식된다."[16]

말했던 것처럼, 이러한 헤겔의 자연철학적 관념론에 대해 포이어바흐는 추상적-반유신론적으로 자신의 자연주의를 대립시킨다. 포이어바흐에게 헤겔의 철학이 철학의 입장에서의 철학이라면, 비철학의 입장에 서 있는 한에서 포이어바흐 자신도 철학자임이 분명하다. 다시 철학으로 끝을 내기 위해 철학에서 시작하는 대신에, 포이어바흐는 철학을 두루 거쳐 비철학에 되돌아가기 위해 비철학에서부터 시작했다. 『철학의 개혁을 위한 잠정적 테제』에서 포이어바흐는 "모든 강

---

15 *System der Philosophie*, III, Glockner, Zusatz zu § 389, S. 54.

16 같은 책 S. 58.

단철학의 부정"[17]이라는 자신의 프로그램의 윤곽을 다음과 같이 기술한다. "철학자는 무릇, 철학하지 **않고** 오히려 철학에 **대항**하며 추상적 사유에 **반대**하는 그런 인간 안의 것, 이리하여 헤겔에서는 그저 **주석**으로 전락해 있는 것을 철학의 주 텍스트 안에 받아들여야만 한다. … 때문에 철학은 그 **자신**이 아니라, 그 자신의 **반명제**Antithese인 **비철학**에서 시작되어야 한다. 사유와는 구별되는 비철학적인, 절대적으로 반스콜라적인 우리 안의 이러한 본질이 바로 **감각주의**Sensualismus라는 원칙이다."[18]

새로운 철학은 그 외의 과학들에는 어떤 특별 역할을 요구하지 않으며, 곧 과학들에게 자연은 전제이다. 마르크스에게서 이러한 사유는 그에 맞게 변모하는 가운데 『자본』에 이르기까지 발견된다. 즉 "모든 과학은 **자연**에 기초해야 한다. 하나의 학설은, 그것의 **자연적 토대**가 발견되지 않는 한, 그저 **가설**일 따름이다."[19]

자연은 자신에 근거하고 있다. 하지만 이성은 자연이 없다면 공허할 것이다. "존재Sein란 자신으로부터, 자신을 통해 존재한다."[20] 자연은 자기원인causa sui이다. 포이어바흐는 무엇보다도, 자연은 절대이념의 외화라는 헤겔의 관점을 비판한다. "자연, 실재가 이념에 의해 정립된 것이라는 헤겔의 가르침은 자연이 오로지 신에 의해서, 물질적 본질이 비물질적인 본질, 즉 추상적인 본질에 의해서 창조되었다는 신학적인 교의의 합리적 표현일 따름이다. 『논리의 학』 끝에 가서 그것은, 제 손으로 그것의 혈통이 신학적인 하늘로부터 유래함을 기록

17 Vorläufige Thesen zur Reform der Philosophie. In: *Kleine philosophische Schriften*, (1842-1845), herausgegeben von M. G. Lange, Leipzig 1950, S. 74.

18 같은 책 S. 67 f.

19 같은 책 S. 77.

20 같은 책 S. 73.

해 보여주기 위해, 절대이념이 애매모호한 '결정'을 하게끔 만든다."[21]

포이어바흐에게서 절대적 주체로부터 사유는, 정신은 다른 자연적 특질들과 더불어 인간의 하나의 특질로 성립된다. 욕구하는 감각적이며 생리학적인 존재인 그런 인간에 관한 과학은 때문에 주체성에 대한 모든 이론의 전제이다. "오로지 인간만이 피히테적 자아의 **근거**요 **지반**이며, 라이프니츠의 모나드의 **근거**요 **지반**이고, 절대자의 **근거**이며 **지반**이다."[22]

고전 독일철학의 출구에서 초경험적인 자아, '의식 일반'은 궁극적으로 유한한 주체들로부터의 추상임이 입증되었다. 이미 칸트의 철학에서부터, 초험적이며 경험적-생리학적인 자아의 관계에 대한 물음은 매우 어렵다. 자신의 프로그램에 따르면 두 자아가 엄밀히 구분됨을 주장해야만 함에도, 이성 비판을 구체적으로 수행하면서, 칸트는 그 차이들이 불투명해지고 서로 뒤섞여짐을 가로막을 수 없었다. 이리하여 이미 그의 초험적 주체는 인간학적으로 착색되고 만다. 포이어바흐에게서, 전체 사유 운동의 최종 국면으로서의 인간은, 바로 경험적이며 자연적인 존재로서 고유한 테마가 된다. "새로운 철학은 자신의 토대로 **자연을 포함하고 있는 인간**을, **유일하면서도 보편적인**, 철학의 **최상의 대상**으로 만들어 놓는다. **이리하여 생리학을** 포함한 **인간학은 보편 과학이 된다.**"[23]

종교 비판에서 종교적인 내용들을 감각적-인간적인 것의 소외로서 개념파악하려는 것과 아주 똑같이 포이어바흐는 절대정신도 유한한 인간 정신의 소외로 이해하고 있다. 이로 인해 헤겔에게서처럼 세계와 유한한 정신의 창조 이전에 논리적 범주가 선재Präexistenz하는 것

21 같은 책 S. 72 f.

22 같은 책 S. 77.

23 Grundsätze der Philosophie der Zukunft, § 54, S. 167. In: *Kleine philosophische Schriften*, a. a. O.

은 지양되고, 논리적 형식들은 소멸하는 인간의 기능들로 설명된다. "형이상학이나 논리학은, 그것이 소위 **주관적 정신**으로부터 **분리**되지 않을 경우에만, 실제적이면서도 내재적인 학문이다. 형이상학은 비교秘敎적인 심리학이다."[24]

절대정신으로부터가 아니라 육체를 지닌 인간으로부터 출발해야만 한다는 사유는 주체성에 관한 마르크스의 이론에서도 상당히 중요하다. 마르크스에게도 다음의 명제는 유효하다. "**이성의 실재, 주체**는 오로지 **인간**일 따름이다. **인간**이 사유하지 **자아**가, 이성이 사유하는 것은 아니다."[25]

헤겔이 개념과 실재의 지양할 수 없는 차이를 인정하기는 했지만, 그 차이는 단순한 사유 규정으로, 주체 측면으로 밀려나면서 다시 무가치해지는데, 그것은 억지로 절대정신이 인간적인 것으로 환원된다는 점에서 입증된다. "현실적인 것"을 빈틈없는 연역을 통해 장악하는 것은 불가능하다. 포이어바흐는 이런 사유를 매우 날카롭게도 다음과 같이 표현하고 있다. "**현실적인 것**은 **사유** 속에서는 **정수가 아니라, 분수들**로만 **표현 가능**하다. 이런 차이는 **정상적인** 것으로—그것은 그 본질이 보편성인 사유의 본성에 근거하고 있으며, 그것의 본질이 개인성인 현실과는 다르다. 그러나 이런 차이가 사유태와 **현실태** 사이의 **형식적인 모순**이 되지 **않는** 것, 이것은 오로지 사유가 직선으로, 그 자신과의 동일성을 유지하는 가운데 진행되는 것이 아니라, 감각적 직관에 의해 중단된다는 사실에 의해서만 저지된다. 오직 **감각적 직관**에 의해 자신을 **규정하면서 성찰하는** 사유만이 **실제적이며 객관적인** 사유이다—**객관적인 진리**의 사유이다."[26]

---

24 Vorläufige Thesen, S. 58.

25 *Grundsätze*, S. 163.

26 같은 책 § 48, S. 159 f.

마르크스는 포이어바흐를 넘어서면서 감각적 직관뿐만 아니라 인간적 실천 전체를 인식 과정에 본질적인 요소로 도입함으로써, 동시에 새로운 철학이 "전체적으로 옛것들"[27]과 구분되어야 한다는 포이어바흐의 요청에 부응한다. 포이어바흐의 전거들이 인간과 자연이 실천의 변증법적 계기임을 입증함으로써 비로소 그들은 그 구체화에 도달한다. 포이어바흐처럼 마르크스도 "외적 자연의 선차성"[28]에 관해 언급한다. 확실히, 모든 선차성은 오로지 매개 안에서만 선차적인 것일 수 있다는 비판적 유보와 함께.

마르크스가 자연을—인간적 행위의 재료로서—주체에 고유하지 않은 것으로, 인간적인 전유 속에서 생겨난 것이 아니며 인간과 단적으로 동일하지 않은 그 어떤 것으로 규정한다면, 그는 이런 인간 외적 현실을 정말로 무매개적인 객관주의의 의미에서가 아니라 존재론적으로 이해하고 있다. 포이어바흐에게서 단순한 자연적인 특질들을 갖춘 유적 존재인 내용 없는 주체성으로서의 인간[29]은, 수동적-직관적이면서

---

27 같은 책 § 65, S. 170.

28 *Deutsche Ideologie*, S. 42. 나아가 *Heilige Familie*, S. 308.도 참조하라. 여기에서 마르크스는 다음과 같이 말한다. 즉, "그의 자연철학과 마찬가지로 헤겔의 역사철학에서는, 아들이 어머니를 낳고, 정신이 자연을, 결과가 원인을 낳는다."

29 이것은 추상적이기만 한 자연주의자 포이어바흐를 키르케고르와 특이하게 상보적 관계로 만들어 놓는다. 포이어바흐도 "실존에서" 사유할 것을 요구한다. *Grundsätze*, S. 164. 참조. 두 사람은 헤겔 관념론 안에 있는 것보다 훨씬 더 추상적인 원칙들의 이름으로 헤겔에게 추상성을 전가한다. 관념론을 비판하는 사유는 그것의 사회사적 전제로부터 반성되지 않은 자연주의적 선차성 테제의 도움으로도, 또 종교적인 내면성으로도 구체적인 매개물 안에 도달하지 못한다. 『헤겔에서 니체로』*Von Hegel zu Nietzsche*, Stuttgart, 1950.에서 카를 뢰비트는 마르크스와 키르케고르 각각을 헤겔 비판가로 분류한다. 한편 실제로 마르크스는 매개하는 사상가로서 키르케고르보다 헤겔과 정말 훨씬 가깝다. 마르크스에게는 헤겔의 매개 이론을 항상 새로운 "직접적인 소여"의 숭배로 단순히 대체해 버리는 것이 중요한 것이 아니라, 변증법의 헤겔적 형태를 넘어 오로지 헤겔에게서 관념론적으로 사유된 매개의 개념을 그것의 관념론적 관점 자체에 대립해 전복시키는 것이 중요했다. 포이어바흐 유물

실천적-활동적이지 않은 죽은 객관성으로서의 자연과는 대립적으로 존재한다. 포이어바흐가 인간과 자연의 통일이라고 기술한 것은 오로지 그에 의해 낭만적으로 미화된 인간의 자연대응성이라는 사실과만 관계할 뿐, 역사적-사회적으로 매개된 산업에서 이뤄지는 자연과의 통일, 모든 단계에서 동일하게 벌어지는 상이성과 낯선 것의 전유요 맞대결인 그런 통일은 아니다. 포이어바흐의 인간은 독자적인 생산력으로 등장하지 않고, 전前인간적인 자연에 구속되어 있다. 육체적 행위가 이런 자연 토대를 의식 초월적인 대항 블록으로 전제하기는 한다. 모든 노동은 하나의 확고한 존재에 대한 노동이다. 그럼에도 이 존재는 주체들과 마주해서는 아무 것도 아닌 것, 해치울 수 있는 어떤 것임이 분명한 것이다. 포이어바흐의 인간에 대한 인간학적 강조는 추상적이다. 그에게 자연 전체는 역사와 소외된 동질적인 기층이다. 이 기층을 주체와 객체의 변증법으로 해소하는 것이 마르크스가 행한 비판의 핵심을 이룬다. 자연은 마르크스에게는 인간적 실천의 계기이며, 동시에 존재하는 것의 총체성이다. 포이어바흐는 무반성적으로 총체성에 고착해 있음으로 하여, 소박실재론적으로 <순수한 자연>[30]이라는 신화

론의 존재론적 성격에 관해서는 다음을 참조하라. Lucien Sebag, Marx, Feuerbach et la critique de la religion. In: *La Nouvelle Critique*, Paris 1955, Nr. 64, S. 32.

30 다음을 참조하라. Henri Lefèbvre, *Le matérialisme dialectique*, Paris, 1949, S. 49. "때문에 포이어바흐의 인간주의는 신화에 근거하고 있다. 그에게 자연과 객체는 영원에서부터 인간과 신비로운 조화를 이루고 있는 것처럼 보인다. 그런데 이 조화는 오로지 철학자들만이 지각할 수 있다. 객체는 직관의 대상과 같이 사회적 행동이나 실천의 산물이 아니다. 포이어바흐의 자연은 처녀림이나 최근 태평양에서 그 모습을 드러낸 환초와 같다." 또한 S. 89를 참조하라. "자연, 그것은 우리에게는 오직 경험과 인간 실천 안의 내용으로서만 존재한다." 포이어바흐의 <순수한 자연>에 대한 비판은 더 계속된다. 르페브르가 올바르게 인용하는 것처럼, 자연이 이미 인간적으로 가공된 것으로서뿐만 아니라 아직 인간적 생산에 관련되지 않은 영역이기도 하다는 사실은—르페브르: 원시림이나 태평양의 환초—오로지 이미 전유된 자연이라는 범주 아래에서만 직관되며 개념파악된다. 시중의 일반적 관점과는 달리 헤겔의 미학에서, 자연미의 지각이 예술미를 미리 전제하고 있다는 것과 아주 똑

에 빠져, 이데올로기적인 방식[31]으로 인간의 직접적 존재를 그 본질과 동일시하였다. 마르크스는 헤겔의 세계정신이 단순히 마치 물질적 세계의 실체이기나 한 것 같은, 그런 형이상학적 원칙에 의해 대체된다고는 생각하지 않았다. 그는 헤겔의 관념론을 포이어바흐처럼 추상적으로 비난하지 않고, 그 안에서 진리가 아직 참되지 않은 형태로 표현되어 있다고 보았다. 관념론은 세계를 주체에 의해 매개된 것으로 올바르게 보았다. 그럼에도 마르크스는, 이런 사유를 그것의 전체 파급 영향 범위에 이르기까지 제대로 파악할 수 있는 것은 오로지 다음을 통해서, 즉 칸트로부터 헤겔에 이르기까지 "생산"이라는 고유한 파토스와 더불어 담보하고 있는 것, 다시 말해 대상적 세계의 생산자는 인

같이 마르크스에게서도 아직 사회적으로 매개되지 않은 자연은 오로지 언젠가는 가능할 가공 가능성이라는 관점 아래에서만 유의미하다.

31 초기 엥겔스는 『독일 이데올로기』 안에 인쇄된 포이어바흐에 관한 단편(S. 598-600.)에서 이런 상황에 특히 주목하고 있다. 이 단편들은 『미래 철학의 근본 명제』 27절과 관련된 것이다. 포이어바흐는 다음과 같이 말한다. "**나의 본질인 것이 나의 존재다.** 고기는 물속에 존재하지만, 여러분은 이런 존재와 그의 본질을 분리할 수 없다. 이미 언어가 존재와 본질을 일치시키고 있다. 오로지 인간의 삶에서만, 그렇지만 그것도 비정상적인, 불행한 경우들에서만 존재와 본질이 분리된다. 다음과 같은 일이 일어난다, 즉 사람들이 자신의 존재, 자신의 본질도 갖는 곳에서가 아니라, 이런 분리 때문에 참되지 않게, 사람들이 실제로 육체를 가지고 존재하는 곳에서 영혼을 지니고 존재하지 못하는 일이 벌어진다. …그러나 모든 본질은—부자연스러운 경우들을 제외하면—그것이 존재하는 곳에 존재하며, 그것이 존재하는 바 바로 그것이다. 다시 말해, 그것의 본질은 그것의 존재와, 그의 존재는 그의 본질과 분리되지 않는다." 이에 엥겔스는 이데올로기 비판적으로 대응한다. "기존의 것에 대한 멋진 찬사. 부자연스러운 경우들, 소수의 비정상적인 경우들을 제외하면, 당신이나 기꺼이 7년 동안 문지기로 지내라, 그리고 광산에서 14시간 동안 혼자 어둠 속에서 지내라. 왜냐하면 당신의 존재는 또한 당신의 본질이기도 하기 때문이다. 하나의 노동 분야에 포섭되는 것이 당신의 <본질>이다." 포이어바흐에게서 헤겔의 풍부한 매개 연관이 하나의 실증적 직접성으로까지 위축됨으로써, 포이어바흐의 소박한 유물론은 소박한 관념론이나 마찬가지로 되고 만다. 이런 포이어바흐의 관념론은 사회적 현실에서는 전혀 존재하지 않는 인간의 현상과 본질의 동일성을 단순한 자연적 소여로 간주하고 있다.

간의 사회적-역사적 삶의 과정이라는 것을 증명함을 통해서라고 생각했다. 근대의 시작과 더불어 인간 외적 자연 존재가 점점 더 사회적 행사, 조직의 계기로 전락되어 간다는 사실은, 철학적으로는 다음, 즉 객관성의 규정들이 결국 완성된 칸트 이후의 사변들로 하나도 남김 없이 사라질 때까지 점점 더 높은 정도로 주체 안으로 이주해 감을 의미한다. 마르크스에 따르면 생산과정은 개별자에 대한 대단한 수준의 경험적 통찰에도 불구하고, 헤겔에게서는 전체적으로 보았을 때 여전히 정신적인 것이다. 포이어바흐는 다음과 같이 말한다. 헤겔의『논리의 학』에서 사유는 "자기 자신과 끊임없이 통일되어 있다. 말하자면 사유의 대상들은 오로지 사유의 규정들일 따름이며, 이 대상들은 순수히 사유 속으로 들어가, 사유 밖에 존재하는 그 어떤 것도 자신을 위해 가지지 않는다."[32] 헤겔에게서 주체와 객체의 모순은 절대자로서의 주체 안에서 지양된다. 변증법적 과정의 개별 단계들에서 비동일성이 계속 추동해 나가는 계기이기는 하더라도, 바로 그렇게 체계의 종말에 가서는 관념론적 동일성이 마침내 승리한다. 역으로 마르크스의 변증법에서는 최종심급에 가서는 비동일자가 관철되는데, 그것도 바로 마르크스가 포이어바흐와는 달리 헤겔 변증법의 의미를 완전히 인정하기 때문이다. "헤겔의 변증법은 모든 변증법의 근본형식이기는 하지만 오로지 그 신비적 형태를 제거하고 난 **후**에 그렇다…."[33]

헤겔 변증법의 **신비적 형태**를 마르크스는 모든 직접태의 매개성이라는, 사유의 관념론적 파악으로 이해한다. 자신에게도 주체와 객체가 **자연**인 한에서, 마르크스는 포이어바흐의 자연일원론을 고수한다. 동시에 마르크스는 그것의 추상적-존재론적 성격을 그가 자연과 모든

32 Feuerbach, *Grundsätze*, § 11, S. 99.

33 Briefe an Kugelmann, Brief vom 6. 3. 1858, S. 57.

자연 의식을 사회의 생활 과정과 관계시킴으로써 극복한다. 매개하는 주체들이 유한한, 시공간적으로 규정된 인간들이며, 그 자신이 이를 통해 매개된 물적인 현실의 한 부분이기 때문에, 직접태의 매개성이라는 사유는 마르크스의 판본에서는 관념론으로 나아가지 않는다. 마르크스에게서 자연이라는 직접성은, 그가 포이어바흐와는 달리 자연을 사회적으로 각인된 것으로 만들어 내기에, 소멸해 가는 가상이 아닌 것으로 나타나며, 그것은 인간과 인간의 의식에 대비해 발생론적 선차성을 지니고 존재한다.

인간은 외부 현실에 독립적이거나 매개되어 있거나 혹은 매개 가능하다. 마르크스는 이 현실을 그에 의해 유사어로 사용된 용어 "물질", "자연", "자연 재료", "자연물", "대지", "노동의 대상적 현존재의 계기들", "대상적" 또는 "물적인 노동 조건들" 등으로 기술하고 있다. 인간들이 이런 현실의 구성 요소를 이루는 한에서, 마르크스의 자연 개념은 현실 전체와 동일하다.[34]

현실 전체라는 자연 개념은 그럼에도 어떤 종결적인 "세계관" 또는 교조적인 형이상학을 지향하는 것이 아니라, 오로지 그 안에서 새로운 유물론이 태동하는 사유 지평을 바꿔 쓴 것일 뿐이다. 이 유물론은 엥겔스의 표현에 따르면, 세계를 그 자신으로부터 설명함을 본질로 한다.[35] 이런 자연 개념은, 마르크스가 신비주의 혹은 이데올로기라고 부른 모든 것들을 이론적 구성에서 배제하기에 충분할 만큼 **교조적**이다. 동시에 그것은 넉넉히 비교조적이며 관대하게 짜여져 있어서 자연이 이제 그 나름으로 하나의 형이상학적인 서품을 획득하거나 궁극적인 존재론적 원칙으로까지 경직되는 것을 피하기에 충분하다. 이 점에서 포이어바흐의 감각주의에 사로잡혀 있는 마르크스는 "모든 과학

34 *Kritik der politischen Ökonomie*, S. 269. 참조.

35 *Dialektik der Natur*, S. 13.

의 토대"[36]인 감각으로부터 출발한다. 그에게 유물론적 이론은 과학적 태도와 전적으로 동일한 것이다. 이런 포괄적인 의미에서 자연은 인식의 유일한 대상이다. 자연은 인간 사회의 제반 형식들을 그 자신에 포함하고 있으며, 역으로 오로지 이런 형식들에 힘입어서만 사변적으로 그리고 현실적으로 출현한다. "유물론적 이론은 오로지 자연에서 **감각적인** 의식과 **감각적인** 욕구라는 이중적인 형태로 출발할 경우에만―이리하여 오로지 과학이 자연으로부터 출발할 경우에만―**현실적인 과학**이다."[37]

때마다 사회적으로 뒤얽혀 있는 그런 감각적 세계와 유한한 인간들은―본질과 현상 동시에―마르크스 이론에서 고려하고 있는 유일한 대상들이다. 마르크스에게는 근본적으로 오로지 "한편으로는 인간과 그의 노동, 다른 편으로는 자연과 그 질료들"[38]만이 존재한다. 인간이 처한 노동 상황의 객관적 논리학으로부터 마르크스는 다른 생활 영역들의 구조를 개념파악하기 위해 노력했다. "기술은 인간과 자연의 적극적인 관계를, 그의 삶의, 따라서 그의 사회적 삶의 관계들과 그것에서 솟아나오는 정신적인 표상들의 직접적인 생산과정을 드러낸다."[39]

때마다 수행하는 자연과의 투쟁의 이미지에 방향을 맞춰, 인간들은 자신의 문화의 여러 영역에서 세계를 해석해낸다. 이 가운데 마르크스에게서나 포이어바흐에게서나 초자연적인 존재 영역들과 관계하는 모든 표상들은 삶에 대한 하나의 부정적 조직화의 표현이다. 역

36 *Nationalökonomie und Philosophie*, S. 194.

37 같은 책. S. 194. 이런 원칙은 후기 마르크스에게도 유효하다. *Das Kapital*, Bd. I, S. 389, Fußnote 89. 참조. 시드니 후크도 저서 『헤겔에서 마르크스까지』*From Hegel to Marx*, N. Y. 1936, S 28에서 마르크스가 유물론을 "과학 방법론의 가장 분명한 표현"으로 이해하고 있다는 견해를 표명한다.

38 *Das Kapital*, Bd. I, S. 192.

39 같은 책 S. 389, Fußnote 89.

사적 운동[40]은 인간과 인간, 인간과 자연 간의 상호적 관계이다. 세계 질료는 주체 및 객체를 포함하고 있기는 하지만, 역사적으로 인간과 자연의 통일에 대립해 그것들의 불화해성, 궁극적으로는 노동의 필연성이 관철되는 것은 본질적인 일이다.

마르크스는 무엇보다도 인간적 실천의 계기로서의 자연에 관심을 갖고 있다. 그렇게 「파리 초고」에서는 대단히 단호하게 다음과 같이 강조하고 있다. "…추상적으로 생각해 인간과 분리된 것에 **고착되어**

40 『독일 이데올로기』에서 마르크스는 포이어바흐에게는 역사적 운동과 자연이 상호 분리되어 있다고 비판한다. "포이어바흐가 유물론자인 한, 그에게 역사는 존재하지 않으며, 그가 역사를 고찰하는 한 그는 유물론자가 아니다."(S. 43) 그렇지만 역사의 고찰 안에 자연이 수용될 때에도, 자연이 역사적 생산의 계기로 등장하는 일은 결코 일어나지 않는다. 특히 몽테스키외 이래 극도로 다양한 "지리학적 환경 이론들"은 널리 알려져 있었던 바, 이 이론들은 자연에서 기계적으로 작용하는 외적 요인들을 보는데, 인간들도 이와 마찬가지로 기계적으로 적응해야만 한다. 플레하노프의 마르크스 해석도 그런 다윈주의적 왜곡에서 완전히 벗어난 것은 아니다. 플레하노프는 『유물론의 역사』*Geschichte des Materialismus,*(Berlin, 1946)에 기고한 논문(S. 135)에서 다음과 같이 설명한다. "자연적 환경의 성격이 사회적 환경의 성격을 규정한다." 헤겔의 『역사에서의 이성』*Vernunft in der Geschichte,*(Hamburg 1955, S. 187)에서조차 "자연 연관"은 단지 "세계사의 지리학적 기초"로 존재하지, 우선적으로 사회적 노동의 대상적인 전제로서 존재하지 않는다. 이는 그 밖의 자연 연관에 아무리 노동 관계가 반영되어 있다 하더라도 그렇다. 엥겔스는 『자연 변증법』(S. 245.)에서 인간적인 주체 요인을 강조함으로써 힘주어 지리학적 환경 이론에 반대한다. "자연주의적 역사관은 예를 들어 다소 간에 드레이퍼Draper와 다른 자연 연구자들에게서처럼, 마치 자연이 전적으로 인간들에게 작용하고, 자연 조건들은 어디에서든 인간의 역사적 발전을 전적으로 제약하는 것처럼 생각하기 때문에 일면적이다. 이 역사관은 인간이 자연에 역작용하며, 자연을 변화시키고, 새로운 생존 조건들을 만들어 왔다는 점을 잊고 있다. 게르만족이 이주해 들어올 당시의 독일의 '자연'에 관해서는 빌어먹게도 남아 있는 것이 거의 없다. 지표, 기후, 식생, 동물계, 인간들 자신은 무한히 변화해 왔고 이 모든 것이 인간 행위를 통해 일어난 반면에, 이 시대에 독일 자연에서 인간의 관여 없이 벌어졌던 변화는 생각해 볼 필요가 없을 만큼 사소하다." 지리학적 환경 이론과 마르크스 역사관의 관계에 대해서는 다음을 참조하라. Leo Kofler, *Zur Geschichte der bürgerlichen Gesellschaft,* Halle 1948, S. 511. 지리학적 소여의 역사 진행에 대한 단순히 간접적인 영향에 대해서는 다음을 참조하라. J. W. Stalin, *Über dialektischen und historischen Materialismus.* In: *Fragen des Leninismus,* Moskau 1947, S. 662 f.

있는 자연 그 자체는, 인간에게는 **아무 것도 아니다.**"[41]

자연이 가공되지 않은 한, 자연은 경제학적으로 무가치하며, 더 정확히 이야기하면, 그것의 실현을 기다리는 단순한 잠재적 가치일 따름이다. "한낱 자연물은, 어떤 인간적 노동이 그 안에 대상화되지 않은 한에서, 그것이 인간 노동과는 독립되어 있는 단순한 질료인 한에서 어떤 가치를 지니지 않는다, 왜냐하면 가치란 오로지 대상화된 노동이기 때문이다…."[42]

그 외에도 마르크스에게서 명확하게 언급되지 않은 몇몇 철학적 동기들은 『신성가족』에서 철학사에 대해 언급한 것에서 찾아볼 수 있다. 마르크스의 유물론이 존재론적으로 이해되어서는 안 된다는 사실에 대해서는 특히, 여기서 우리가 만나는 헤겔 체계의 보편적 특성이 말해 준다. "헤겔에게서 **세 가지** 요소들은 **스피노자의 실체, 피히테의 자기의식, 헤겔의** 필연적이며 모순에 찬 양자의 **통일, 절대정신** 등이다. 첫 번째 요소는 인간과는 **분리**되어 있는 형이상학적으로 희화화된 **자연**이며, 두 번째는 자연과 **분리**되어 있는 형이상학적으로 희화화된 **정신**이고, 세 번째는 형이상학적으로 희화화된 양자의 **통일**로, **실제의 인간**과 실제의 **인류**이다."[43]

마르크스의 전선 배치는 여기서 삼면적이다. 스피노자의 실체 개념에서 그는 인간적으로 매개되지 않은 그러한 자연의 즉자태의 표상과 싸우고 있으며, 피히테의 자기의식, 즉 여기 독일 관념론 일반의 주체 개념에서는 자연에 대비해 의식과 의식 기능의 자립화를 비판하고 있다. 매개하는 주체는 단순히 **정신**이 아니라 생산력으로서의 인간이다. 헤겔의 절대자에게서, 마르크스는 결국 주체와 객체의 통일에서

41 *Nationalökonomie und Philosophie*, S. 264.

42 *Rohentwurf*, S. 271. 이 초고에 대해서 자세하게는 본서 2장 A절을 참조하라.

43 *Heilige Familie*, S. 272.

구체적-역사적으로 산출되지 않고 **형이상학적으로 희화화된** 계기들의 통일을 본다. 자연이 인간과 그럴 수 없는 것처럼 그렇게 역으로 인간과 그의 정신적 업적들도 자연과 분리될 수 없다. 인간의 사유 기능들은 자연사적 산물이다. 마르크스는 사유 과정을 자연과정으로 설명하고 있다. "사유 과정 자체가 그런 관계들에서 성장해 나오고, 그 자체가 **자연과정**이기 때문에, 실제로 개념파악하는 사유도 항상 동일한 것일 수밖에 없다. 그리고 점차 발전이 성숙함에 따라, 이리하여 또한 그것으로 사유하는 저 기관의 성숙에 따라 구분될 수 있다."[44]

유물론에서 통일적 이념을, 역사에서 순수하게 내적인 유물론의 사유상의 발전을 보는 사람은 처음부터 길을 잘못 들어섰다.[45] 모든 유물론 철학에서 고유한 어떤 형식적인 특징들을 제외해 보면 그 방법에서, 그 특별한 관심에서, 일반적으로 그것의 내용적인 특징들에서 볼 때, 유물론이 사회-역사적으로 변하기 쉽다는 사실이 분명하다. 지난 백년간 유물론에 가장 중요했던 것이 그 다음 백년에는 부수적인 것으로 드러날 수 있다. 그러나 변하지 않는 것은 유물론이 모든 철학과 마찬가지로, 인간이 영위하는 삶의 과정에 대한 사유적 관점이라는 것이다. "동일한 정신이 철학적 체계들을 철학자들의 뇌에 구축하고, 철도를 노동자들의 손으로 건설한다. 철학은 세상 밖에 서 있지 않으며, 그렇게 뇌도 인간 밖에 서 있지 않다. 왜냐하면 뇌는 위장에 있지 않기 때문이다. 하지만 철학은 확실히 발로 땅을 디디고 서 있기 전에 먼저 세계 안에 뇌를 가지고 존재한다. 반면 다른 많은 인간 영역에서는 오래 전부터 발로 대지에 뿌리를 내리고 손으로 세계

44 Briefe an Kugelmann, Brief vom 11.7.1868, S. 68.

45 관념론과 유물론의 철학사적 대립에 관해서는 특히 다음을 참조하라. Max Horkheimer, Materialismus und Metaphysik. In: *Zeitschrift für Sozialforschung*, Jahrgang II, Heft I, Leipzig 1933.

의 과실들을 따 먹어 왔다. 그들이 이 세계의 <머리> 혹은 이 세계는 머리의 세계라는 것을 알아차리기 전부터 말이다."[46]

17, 18세기 부르주아 계몽 시대의 유물론이 물리적이거나 생리학적인 규정성을 지닌 물질을 관심 대상으로 삼았다면, 그것의 본질적인 내용이 정치경제학 비판에 있는 그러한 유물론의 형태에서 물질은 가장 넓은 의미로 보아, 사회적 범주로 등장해야만 한다. 소수의 예외들을 제외하면 형이상학적이며 자연과학적인 명제들, 특히 역학의 명제들은 마르크스 이전 유물론 전체에 입각해 있는데, 이 명제들은 결코 근원적인 문제 제기들에 근거하지 않으며, 철저히 파생된 것일 따름이다. 이미 『신성가족』의 철학사적 보론에서, 마르크스는 물리적 유물론이 그것의 관심의 방향에서나 현실에 대한 교조적인 언표들에서나 어떻게 시민 계급들의 사회적 해방이라는 역사적으로 제한된 문제들에 바로 구속되어 있는지를 보여준다. 이렇기에 마르크스에게 유물론의 전통적인 대상들은 그가 유물론을 사회적 기능과 발생 측면에서 개념파악하려 함에 따라 후퇴한다. 모든 유물론 각각의 가장 기초적인 테제들에 해당하는 것이 마르크스에게도 마찬가지로 존재하는데, 이는 확실히 고립된 주장으로서가 아니라 본질적으로 사회의 변증법적 이론 가운데 지양되고 그로부터야 비로소 이해되어야 하는 어떤 것으로 존재한다. 『자본』에서는 종래의 유물론에는 그 이론을 정식화하는 데 있어 역사적인 과정과의 관계가 빠져 있다고 비판한다. "사람들은 **역사적인 과정**을 배제하는 추상적 자연과학적 유물론의 결함을, 그것들의 대변자들이 자신들의 특징들을 감히 넘어서려고 하자마자 곧, 그들의 추상적이며 이데올로기적인 표상들에서부터 이미 알아챈다."[47]

---

46 Marx, Der leitende Artikel in Nr. 179 der Kölnischen Zeitung. (1842) In: Marx/Engels, *Über Religion*, Berlin 1958, S. 22.

47 *Das Kapital*, Bd. I, S. 389, Fußnote 89.

아주 고전적인 방식으로 포이어바흐를 논박한 『독일 이데올로기』에서 마르크스는 어떻게 자연과학이, 유물론적 언표들의 주요 원천이 자연적 현실에 대한 어떠한 직접적 의식도 제공하지 않는지를 보여준다. 왜냐하면 후자에 대한 인간의 관계는 선차적으로 이론적인 것이 아니라, 실천적으로 형태를 변화시키는 것이기 때문이다. 그것의 시야, 방법론, 그때마다 물질이라고 불리는 것에 의하면 자연과학은 사회적으로 결정된다. 같은 시기에 작성된 「포이어바흐에 관한 테제」와 연관해서 이해해야 할, 앞서 언급한 포이어바흐에 대한 논박은 이미 다루었는데, 이는 마르크스의 '직관하는'에서 '새로운'으로의 이행, 즉 변증법적 유물론의 특징들을 가지고 있다. 마르크스는 포이어바흐의 자연에 대한 언표들이 최종적인 소견이 아니라, 자연 자체와 마찬가지로 고도로 매개된 것임을 보여준다. "포이어바흐는 특히 자연과학의 직관에 대해 이야기하는데, 그는 오로지 물리학자나 화학자의 눈에서만 드러나는 비밀들을 언급하고 있다. 그러나 도대체 산업과의 거래 없이 자연과학이 존재할 수 있을까? …가장 단순한 감각적 확신의 대상들조차도 그에게는 오로지 사회적 발전, 산업과 상업적 교류를 통해서야 주어질 수 있다. …이런 <순수한> 자연과학조차도 자신들의 목적을 지닌다. 바로 그것은 자연과학의 재료가 교역과 산업을 통해서, 인간의 감각적 활동을 통해서, 이런 생산이 감각적 세계 전체의 토대를 통해서 얻어지는 것과 같다. 아무리 이런 행동들, 이러한 지속되는 감각적 노동들과 창조 행위들이 지금 존재하는 바 그대로 전체 감각적 세계의 토대일지라도 이러한 일들이 그저 한 해만 중단되는 날이면 포이어바흐는 자연 세계에서 엄청난 변화를 보게 될 뿐만 아니라, 전체 인류 세계와 인간의 고유한 직관 능력, 나아가 그 자신의 실제 존재마저도 곧바로 사라지게 될 것이다."[48]

---

48 *Deutsche Ideologie*, S. 41 f.

마르크스에게 감각적 세계가 "직접적으로 영겁에서부터 존재하는, 항상 동일한 사물이 아니라, 산업과 사회 상황의 산물"[49]이기는 하지만, 이렇게 사회적으로 매개된 세계는 동시에 모든 인간 사회에 역사적으로 선행해 존재하는 자연적 세계이기도 하다. 사회적인 계기들을 제대로 인정하더라도, "외적인 자연의 선차성은 존재하며, 물론 이런 모든 것은 자연발생을 통해 산출된 최초의 인간에게는 적용되지는 않는다. 그러나 이러한 구분(사회에 앞서, 그리고 사회적으로 매개된 자연–저자)이 의미를 지니는 것은, 사람들이 자연과는 구분되는 것으로 인간을 고찰할 때뿐이다. 게다가 이런 인간 역사에 선행해 존재하는 자연은, 정말 포이어바흐가 그 안에 살고 있는 그런 자연이 아니며, 대략 오늘날 새로 생긴 오스트레일리아의 개별 산호섬과 같은 것을 제외하면 어디에도 존재하지 않는, 따라서 포이어바흐에게도 존재하지 않는 그런 자연이 아니다."[50] 여기서 마르크스가 외적 자연이 사회적 매개 요인에 비해 지닌 선차성을, 그리고 이를 통해 자연법칙의 선차성을 포착한 것은 인식론적으로 매우 중요하다. 이에 대해서는 나중에 상세하게 논의할 것이다.

노동하는 주체들이 자연물을 자기 자신과 매개하기 때문에 자연물이 최상위 존재 원리로 언급되지 않는 것은 아니다. 인간들은 물질을 생산할 때 물질 "그 자체"와 아무 관계가 없을 뿐만 아니라 항상 그것의 구체적인, 양적으로 질적으로 규정된 현존 양식과 관계한다. 자연의 보편태, 의식과의 독립성은 오로지 특수태로만 존재한다. 근원질료, 존재자의 근본 원인은 없다. 자연의 인간에 대한 상관성, 자연의 "타자를 위한 존재"에서의 상관성 때문만이 아니라, 자연의 "존재 그 자체"에 물질적 현실은 하나의 존재론적 원리로 적합하지 않다. 변증

49 같은 책 S. 40 f.

50 같은 책 S. 42.

법적 유물론이 "근원 철학"이라고 불리는 것은 헤겔의 변증법적 관념론의 경우보다 훨씬 당연하지 않다. 그것의 구체적인 규정성들과 독립적으로 존재할 수 있는 그런 자립적 실체는 존재하지 않는다. 엥겔스는 『반 뒤링』「메모」에서 물질 개념에 대해 다음과 같이 말한다. "별주. 물질 그 자체는 순수한 사유의 창조물이며 추상이다. 우리는 사물들을 물질이라는 개념 아래 육체적으로 존재하는 것으로 정리함으로써 사물들의 질적인 상이성들에서 눈을 돌린다. 물질 그 자체는 특정된 실존하는 물질들과는 달리, 감각적-실존태가 아니니다."[51]

엥겔스는 『자연 변증법』에서 다시 한 번, 물질의 문제를 상론한다. "물질과 운동은 개별적 질료와 운동 형식들의 연구를 통해서 아는 것과 결코 다르게 인식될 **수**kann 없다. 그리고 우리는 이것들을 인식함으로써 물질과 운동 그 **자체**도 더더욱 잘 알 수 있다."[52]

변증법적 유물론을 체계화하려는 최신 시도는 명백히 물질 개념과 마찬가지로 2차적 우연태의 실질적 담지자라는 개념을 포기한다. 정신과 같이 물질도 **절대적**으로 **근본적**으로, 통일적인 세계의 설명 원칙이 아니다. "형이상학적 유물론과는 달리, 변증법적 유물론은 **궁극적인, 사물의 불변적인 본질**이라는 관념, 모든 실존태가 그것의 궁극적인 속성들과 현상들에 환원될 수 있을 그런 **절대적인 근본 실체**에 관한 관념을 폐기한다. 자연에서 불변하는 것은 아무 것도 없으며, 절대적인 근본 실체는 존재하지 않는다."[53]

---

51 같은 책 S. 42.

52 *Dialektik der Natur*, S. 251.

53 *Grundlagen der marxistischen Philosophie*, Berlin 1959, herausgegeben von F. W. Konstantinow, *Übersetzung aus dem Russischen*, S. 131. 변증법적 유물론에서 물질 개념의 비-존재론적 성격에 관해서는 다음 논문을 참조하라. Götz Redlow G., Lenin über den marxistischen philosophischen Begriff der Materie. In: *Deutsche Zeitschrift für Philosophie*, Berlin 1959, 7. Jahrgang, Heft 2. 변증법적 유물론에 모든 다른 것들이 그것으로 환원되는 궁극적

이러한 물질 개념의 변증법적 파악이 엥겔스와 그를 이어받은 오늘날의 러시아 철학이 하나의 존재론의 위험성을 인식하고, 그것에서 벗어나고 싶어 한다는 것을 입증하고 있다 할지라도, 그러한 파악이 물질 개념을 가지고 우주의 발생 일반을 설명하고자 한다면, 그러한 시도는 거의 성공할 수 없을 것이다. 물질이 포괄적이면서도 형이상학적인 세계 해명에 동원되면 될수록, 그는 원하든 원하지 않든 하나의 보편적인 원리로서의 물질로부터 출발하는 것이지 그것의 구체적인 현존 양식으로부터 출발하는 것은 아니다. 이에 대해서는 엥겔스도 『자연 변증법』의 한 단편에서 지적하고 있다. "목적인-물질과 그것의 내재적인 운동. 이런 물질은 **추상이 아니다.** 이미 태양에 개별적 질료들은 해리되어 있으며, 그 영향들에는 차이가 없다. 그러나 **성운星雲의 가스공**의 경우 모든 질료들은, 서로 분리되어 있기는 하지만, **순수 물질 자체로 용해되어**, 그것의 특별한 속성들에 의해서가 아니라 오로지 물질로서만 작용한다."[54]

마르크스와 더불어 물질적 실재를 오로지 이미 일찍이 사회적으로 매개된 것으로 인정할 때에만 존재론을 비켜 갈 수 있으며, 물질 자체는 추상이며 오로지 물질의 특정한 현존 양식들만이 존재할 수 있다는 엥겔스의 정식화가 정당화된다.

인 존재 원리가 존재할 수 없다는 통찰은 최근에야 겨우 소련에서 인정되었다. 소비에트 철학이 데보린과 그 제자들에 의해 규정된 시기 동안, 그들의 물질관이 얼마나 강력하게 스피노자적인 실체 개념에 의존해 있었는가를 클리네G. L. Kline는 『소비에트 철학에서의 스피노자』*Spinoza in Soviet Philosophy*, London 1952.에서 대단히 명료하게 보여준다. 러시아에서 직접적으로 스탈린 이후 시기는 유물변증법의 실재-존재론적 해석–많은 점에서 하르트만을 연상시킨다–으로 특징지을 수 있다. 러시아에서는 "유물론적 존재론"이라는 용어조차 사용하고 있는데, 이 용어는 아리스토텔레스-토미즘 쪽에서 그전부터 마르크스주의를 특징짓기 위해 사용해 왔다.

54 *Dialektik der Natur*. S. 259.

마르크스의 것과 철학적 유물론 일반의 연관을 이해하기 위해서는 역사와 세계의 의미에 관한 전통적 질문도 매우 중요하다. 우선은 꽤 의심스럽게 들리겠지만, 유물변증법은 비-목적론적이다. 유물변증법에서 역사란 쇼펜하우어에서처럼 하나의 혼란스러운 사실들의 박물관도 아니며, 헤겔에서처럼 통일적이며 정신적인 어떤 의미 연관도 아니다. 마르크스는 역사를 범신론적으로 자립화하지 않는다. 가장 초기에 그의 사유는, 헤겔과 더불어 역사 이전 시대에 있었던 지배와 공포의 불가피한 필연성을 지적하는, 그러한 정당화하는-관념론적 색채를 띠었다. 법칙적으로 교대되는 사회구성체들을 통해 포월적 구조와 같은 그 어떤 것이 인간 역사 안에 들어서기도 하지만, 철저한 "목적론"의 의미에서는 결코 아니다. 전체로서의 세계를 마르크스는 통일적으로 의미를 제공하는 이념에 복속된 것으로 보지 않는다. 그에게는, 헤겔이 "유한하게 목적론적인 입장"[55]이라고 부른 것이 유일하게 존재한다. 즉 "자연적이며 사회적인 세계의 제한된 영역들에 대립하는 유한하며 시공간적으로 조건 지워진 인간의 유한한 목표들, 탁월한 반유토피아적인 사실로서의 죽음은, 의미를 부여하는 모든 형이상학과 모든 변신론의 무력을 입증한다."[56] 현실에 등장하는 모든 목표와 목적들은 변화하는 상황들에 적절하게 행위하는 그런 인간으로 회귀한다. 인간과 분리되어서는 아무런 의미도 없다. 헤겔의 정신Geist 같은 주체가 세속적으로 하나의 무한자로까지 확장되는 경우에만, 그의 목적들은 동시에 세계 자신의 목적일 수 있다. 헤겔에게 "유한한 목적론적 입장"은 제약된 어떤 것, 절대정신으로 지양되어지는 어떤 것으로서 간주된다. 이에 반해 마르크스는 인간들에 의해 정립된 것 이외의 세계 안에서의 어떤 다른 목적들을 알지 못한다. 그렇기에 세

55 *System der Philosophie*, II, a. a. O., § 245, S. 35.

56 Max Horkheimer, *Anfänge der bürgerlichen Geschichtsphilosophie*, Stuttgart 1930, S. 91 f.

계는 인간이 자신들의 생활 관계들을 꾸며 나가면서 실현하기에 이른 것보다 더 많은 의미를 함유할 수 없다. 보다 나은 사회가 도래하더라도 이를 향한 인류의 고통에 찬 도정은 정당화되지 않는다. "역사가 더 나은 사회를 덜 좋은 사회로부터 현실화했다는 것, 역사가 더 나은 사회를 역사의 진행 가운데 실현시킬 수 있다는 것은 하나의 사실이다. 그러나 역사의 도정이 개인들의 고통과 궁핍을 밟고 지나간다는 것 또한 또 다른 사실이다. 이 두 사실 안에는 일련의 설명되어야 하는 연관들이 존재하지만, 정당화될 수 있는 의미들은 없다."[57]

마르크스가 인간들에 선행해 주어져 있는 의미 전체라는 표상으로부터 출발하지 않음으로 인해서, 역사는 계속해서 새롭게 투입되는 개별 과정들의 연속이 되었다. 그것은 오로지 하나의 원리로부터의 빈틈없는 연역이라는 요청을 의식적으로 포기하는, 파편적 세계의 철학에 의해서만 파악될 수 있다. 지금까지의 인간 역사를 개념파악하는 사람은, 결코 세계 일반을 하나의 의미로 포착하지 않았다. 마르크스에게서 헤겔의 『역사에서의 이성』에 나오는 다음의 정식화는 전혀 생각할 수 없다. "우리는 역사에서 하나의 보편적 목적을 찾아내야만 한다. 세계의 궁극 목적일 뿐 주관적 정신이나 기분의 특수한 목적이 아닌, 그런 목적을 우리는 이성을 통해 포착해야만 한다. 이 이성은 특수한 유한한 목적이 아니라 오로지 절대적 목적만을 자신의 관심으로 삼고 있다."[58]

에른스트 블로흐의 여러 관점에서 드러나는 너무나도 형이상학적인 마르크스 이해는 무엇보다도 그가 쓴 문헌들 가운데 되풀이하여 등장하는 테제, 즉 마르크스 철학 안에도 세계의 궁극 목적 같은 어떤 것이 존재하리라는 주장으로 특징지을 수 있다. 그는 자신의 작업 중

57 같은 책 S. 92.

58 *Die Vernunft in der Geschichte*, Hoffmeister, Hamburg 1955, S. 29.

하나[59]에서 아주 헤겔처럼 "변증법적 유물론에게 부여되었다는 그런 세계의 <의미>와 결부하여, 역사의 의미라는 잘 근거 지워진 실제 문제"에 관해 언급하고 있다. 블로흐가 가정하는 마르크스에게서의 세계 의미라는 것이 그의 유토피아 개념에 어떤 귀결을 불러올지 인간과 자연의 관계를 통해 형성된 마르크스의 유토피아를 서술하면서 설명되어야 할 것이다. 여기서는 세계 의미의 문제와 연관하여 또 다른 관점에 주목해야 하겠다. 마르크스는 자신의 무자비한 무신론을 현대 자연과학들의 성과들[60]과 관련해서 혹은 이데올로기 비판적으로 변호한다. 사르트르와 비슷하게 마르크스에게 인간의 자유의 가능성은 오로지 "사물에 내재하는 의미를 제공하는" 그런 신의 비-실존을 통해서만 보장된다. 인간은 본질적으로 확정되어 있지 않다. 그의 본질은 아직 전부 나타나지 않았다. 반대로, 인간들의 힘이 자연에 대비해 그렇게 강력하지 못했던 "전사"前史로 묘사될 수 있는 종래의 역사들에서 인간이라는 존재는 그 자신의 실존을 유지하기 위한 물질적 조건들에 가혹하게 종속되어 있었다. 인류는 본질과 실존의 참된 화해에 오로지 이론적으로 자신을 그 자신의 원인으로 일단 개념파악하는 한에서만 도달한다. 특히 「파리 초고」에서 이를 상론하고 있다. "한 존재Wesen는 제 발로 딛고 서자마자 비로소 자립적인 존재로 여겨진다. 그리고 그가 자신의 현존을 자기 자신에 기인하는 것으로 알자마자 그는 비

59 *Differenzierungen im Begriff Fortschritt*, Berlin 1957, S. 44.

60 이에 대해서는 *Nationalökonomie und Philosophie*, S. 196을 참조하라. 여기서 마르크스는 자연과학적 계몽주의의 의미로 논증하고 있다. "**천지창조**는 **인식**에 의해, 즉 지구의 형성이나 생성을 자기 산출 과정으로 서술하는 그러한 과학으로 인해 엄청난 타격을 받는다. 자연발생론은 창조 이론의 유일한 실제적인 반박이다." *Deutsche Ideologie*, S. 42도 참조하라. 마르크스는 유기적 생명이 비유기적 자연으로부터 산출되었다고 주장한다. 후기 마르크스는 자연과학의 성과들에 주목하며 이를 추적해 나가는데, 더욱 빈번하게 자신의 역사 이론의 자연사적 전제로 다윈의 진화론을 들고 있다.

로소 제 발로 선다. 다른 이의 자비로 사는 인간은 자신을 종속적인 존재로 고찰한다. 그렇지만 나는, 내가 그에게 내 생의 부양을 빚지고 있을 뿐만 아니라, 그가 이에 더해 나의 **생명을 창조**했다면, 그가 내 생명의 **원천**이라면, 나는 완전히 다른 이의 은혜로 살고 있는 셈이다. 그리고 나의 생명은, 그것이 나의 창조가 아니라면, 필연적으로 그 근거를 자신 밖에 가지고 있다."[61]

마르크스는 최초의 인간과 자연의 창조자에 대해 **존재론적으로 제기된** 물음을 "추상의 산물"[62]로 보고 물리친다. "당신이 저 질문을 어떻게 하게 되었는지 자문해 보라. 잘못된 관점이어서 스스로 대답할 수 없는 그런 지점에서 당신의 질문이 생겨난 것은 아닌지 자문해 보라. …당신이 자연과 인간의 창조에 대해 묻는다면, 그렇다면 당신은 이리하여 인간과 자연을 도외시하고 있는 것이다. 그것들을 **현존하지 않는 것**nichtseiend으로 만들어 놓고서는, 당신은 내가 그것들을 **현존하는 것**seiend으로 당신에게 증명하기를 원한다. 나는 이제 당신에게 말한다. 당신의 추상을 포기하라, 그렇게 당신의 질문도 포기하라, 혹 당신이 당신의 그 추상을 고수하고 싶다면, 그렇다면 일관되어라, 그리고 당신이 인간과 자연을 **현존하지 않으며**nichtseiend **사유하는 것**denkend으로 생각한다면, 그렇다면 정말 자연과 인간이기도 한 당신 자신을 현존하지 않는 것nichtseiend이라고 생각하라, 생각하지 마라, 자문하지 마라, 왜냐하면 당신이 생각하고 묻는 순간 당신의 자연과 인간의 존재로부터의 추상은 아무런 의미를 지니지 않기 때문이다."[63]

기묘하게 열정적인, 모든 제1철학과 마르크스의 관계에서 전형적인 이러한 부분은 무엇이 마르크스의 관심사인지를 다시 한 번 명확

61 *Nationalökonomie und Philosophie*, S. 196.

62 같은 책 S. 197.

63 같은 책.

하게 해 준다. 인간과 사회에 앞선 존재, 자연에 정향된 물음들은 **추상적**으로 제기되지 않는다. 그것들은 그때마다 이미 특정 단계의 이론적이며 실천적인 자연의 전유를 전제하고 있다. 소위 절대적이라는 모든 제1의 실체들은 항상 그 자신의 작용에 의해 비로소 산출되었다고 하는 것들을 이미 짊어지고 있는데, 바로 그렇기 때문에 그것은 절대적인 제1자가 아니다. 마르크스에게 인간과 자연의 "발생 행위"[64]에 대한 질문은 그렇기 때문에 형이상학적인 것이라기보다는 하나의 역사적-사회적인 것이다. "사회주의적 인간들에게 **소위 세계사 전체**는 다름아닌 인간 노동에 의한 인간의 산출이요 인간을 위한 자연의 생성이기에, 이리하여 인간은 스스로를 통한 자신의 탄생, 자신의 발생 과정에 관한 생생한 반박할 수 없는 증명을 소지하게 된다. 인간과 자연의 본질성이 인간이 인간에게는 자연의 현존임이, 그리고 인간에게 자연은 인간의 현존임이 실제적 감각적으로 일목요연해짐으로 인해, **소원한** 본질에 대한 질문이나 자연과 인간 너머의 하나의 본질에 대한 질문은—자연과 인간의 비본질성을 자인하는 그런 질문—실제적으로 불가능해졌다."[65]

마르크스의 무신론—근본적으로 보아 이미 "탈무신론적" 의식—은 인간과 자연에 대한 모든 폄하를 비판한다.[66] 관념론에게는 신, 인본주의와 동일한 유물론에게는 인간이 최상의 존재이다. 신의 개념에서 마르크스는 지배의 가장 추상적인 표현을 보고 있는데, 이는 항상 교조적으로 선행해 주어져 있는, 세계의 통일적-정신적 의미 전체와 결부되어 있다. 신이 있다면, 혁명적 인간은 더 이상 고려되지 않는

64 같은 책 S. 198.

65 같은 책.

66 『신성가족』에서 수E. Sue에 대한 비판을 참조하라. *Heiligen Familie*, S. 314. 여기서 마르크스는 기독교가 자연을 "창조를 위해" 천대하는 결함이 있다고 비판한다.

다. 그는 세계의 의미는 아니더라도 그 안에서 모든 각각의 개별자들이 고양되고 존중받는, 그런 의미 충만한 사회적 전체의 생산자이다. 마르크스에게 프로메테우스가 괜히 철학 달력에서 가장 중요한 성자인 것이 아니다. 마르크스는 박사 학위 청구 논문에서 인간적 자기의식은 "최상위의 신성"[67]으로 인정되어야만 한다고 말한다. 이론이 처음부터 사회적 생산에서 일어나는 인간과 자연의 역사적 매개 연관으로부터 출발한다면, 그렇다면 무신론도 더 이상 단순한 "세계관적" 주장이 아니다. "이런 (자연과 인간의–저자) 비본질성의 부정으로서, **무신론**은 어떤 의미를 더 이상 지니지 않는다. 그 이유는 무신론이 **신의 부정**이요, 이런 부정을 통해 **인간의 현존**을 정립하기 때문이다. 그러나 사회주의는 사회주의로서 그런 매개를 더 이상 필요로 하지 않는다. 사회주의는 **본질**인 인간과 자연의 **이론적 실천적 감각적** 의식에서 시작된다."[68]

유물론이 포괄적 세계 해명으로 등장하는 한, 철학사 가운데에서 유물론이 얼마나 문제가 많은지 증명되었다 할지라도, 유물론 고유의 관심은 바로 그것의 가장 중요한 대변자들에게는 우선적으로 형이상학적 테제들을 교조적으로 수집하는 것에 있지 않게 되었다. 그런 것들을 허용하는 곳이라면 그 테제들에서 유물론은 그와 대립하고 있는 관념론적 유래와는 아주 다른 점들을 강조할 것이다. 유물론자에게는, 모든 물질적인 것이 현실적이며 모든 현실적인 것이 물질적이라는 관점으로부터 직접적으로 어떤 윤리적인 원칙들이 귀결되지 않는다. 외적으로는 헤겔 철학에 고유한 것과 같은 신학적이며 형이상학적인 문제 제기와 결부되어 있기는 하지만, 그래도 마르크스의 유물론이, 무엇보다도 전통적으로 형이상학에 귀속되어 있는 중요한 문

67 In: Marx/Engels, *Über Religion*, S. 8.

68 *Nationalökonomie und Philosophie*, S. 198.

제들에 대한 답이 아님은 분명하다. 이 점에서 위대한 백과전서파들과 비슷하게, 마르크스는 형이상학의 궁극적 문제들에 대해서는 대단히 관대하면서도, 마찬가지로 인간의 직접적인 실천으로부터 성립되는 궁핍들에 관련해서는 전혀 양보하지 않는다. 『독일 이데올로기』에는 모제스 헤스에 관한 절이 하나 있다. 거기서 마르크스는 철저히 계몽주의자적 방식으로 관념론자들을 특징짓고 있다. "철학적이든 종교적이든, 낡았든 현대적이든, 모든 관념론자들은 영감, 계시, 구세주, 기적 수행자들을 믿는다. 그리고 이런 믿음이 거친, 종교적인, 혹은 세련된 철학적인 형태를 취하는지는… 순전히 그들의 교양 수준에 달려 있다."[69]

오늘날 동구권의 여러 나라에서 자주 그러고 있는 것처럼, 마르크스의 유물론이 추상적이며 세계관적인 표명들과 관계하는 것이라면, 그것은 앞에서 혹평한 나쁜 관념론과 아무 차이가 없을 것이다. 물질의 추상명사가 아니라, 사회적 실천의 구상명사가 유물론적 이론의 참된 대상이요 출발점이다. 이에 따라 마르크스는 포이어바흐 테제 8번에서 다음과 같이 천명한다. "사회생활은 본질적으로 **실천적**이다. 이론을 신비주의로 잘못되게 이끄는 모든 비밀 종교 의식들은 그것의 합리적 해결을 인간적 실천과 이 실천의 개념파악에서 발견한다."[70]

영혼의 정신적 혹은 물질적 본성에 대한 질문, 그것의 유물론적 답변에서조차 때때로 관념론적인, 사회 안에서 왜곡하는 기능을 가질 수 있는 그런 질문 대신에, 마르크스의 유물론은 먼저 세계에 상존하는 기아와 곤궁의 철폐 가능성을 염려한다. 쾌락에 대한 고대 윤리적 유물론자들의 관점은 관념론자 헤겔과도 과히 멀지 않은데, 마르크스는 이들 유물론자들과 행복주의의 계기를 공유한다. 일단 아무리 유물론

69 *Deutsche Ideologie*, S. 578.

70 Thesen über Feuerbach. In: Marx/Engels, *Über Religion*, S. 56.

이 어떤 인륜적인 태도가 아니며 상스러운 기쁨들의 맹목적인 우상화에 그 본질이 있지 않다고 하더라도, 그것은 확실히 다른 측면에서는 한낱 이론이나 방법론으로 환원되지 않는다. "절대적 이성이 아니라 금기시한 형태에서라도, 유물론자에게는 행복이 문제이다. 쾌락–그리고 너무 자주 외적인 빈곤조차 만족해 하는 소위 내면적 행복과 같은 것–이 관심사가 아니라, 그 안에서 쇠약해진 주체성이 제자리를 찾게 될 그런 객관적 상황이 관심사이다."[71] 그렇기에 엥겔스가 포이어바흐 문건[72]에서, 유물론을 이론으로 이해할 뿐만 아니라 감각적인 향유들과 결합해서 생각하는 소위 "시정인들의 편견"을 조롱했을 때, 묻지 않을 수 없는 것은 그렇다면 자본주의를 넘어서려는 인간들의 엄청난 노력과 이론적 노력들이 쾌락을, 감각적인 행복을 우리에게 가져다주는 것과 관련된 것이 아니어야 한다면, 그것은 무슨 가치를 가진다는 것인가? 엥겔스의 저 표현 속에는 하이네가 이미 일찍이 사회주의 운동에서 진지하게 인지했으며, 후일 인간에게 적대적인 실천의 원인 중 하나가 될 예의 어떤 금욕적인 행태가 숨어 있다. 제대로 된 것이라고는 아무 것도 먹어 보지 못한 사람이라면, 최소한도 "과학적 세계관" 없이 살 수는 없을 것이다.

---

71 Heinz Maus, Materialismus. In: *Zur Klärung der Begriffe*, herausgegeben von Herbert Burgmüller, München 1947, S. 63.

72 *Ludwig Feuerbach und der Ausgang der klassischen deutschen Philosophie*, S. 29. 브레히트는 매우 날카롭게 유물론과의 "독일적인" 관계를 다음과 같이 포착하고 있다. "독일 사람들은 유물론에 별로 소질이 없다. 그들이 유물론을 갖게 되면, 그들은 곧바로 이로부터 하나의 이념을 만들어 낸다. 그렇다면 유물론자는 이 이념들이 물질적 상황들에서 유래하며, 그 역은 아니라고 생각한다. 그리고 나아가 물질은 더 이상 등장하지 않는다. 생각하기에 따라서는, 독일에는 오로지 두 종류의 사람들만이 있다고 할 수도 있을 것이다. 즉 성직자와 성직자의 반대자. 모든 철학적 체계들을 잘 알고 있는 수척하고 창백한 형상의 이 세상(차안)의 대변자, 그리고 모든 종류의 포도주를 잘 알고 있는 살찐 신사인 피안의 대변자." In: *Flüchtlingsgespräche*, Berlin und Frankfurt 1961, S. 20 f.

세계에 사는 어떤 인간도 더 이상 물질적 그리고 지성적인 곤궁에 고통 받지 않아야 함을 목표로 하는 이론적 노력은, 어떤 형이상학적 최종 근거 논증을 필요로 하지 않는다. 비판적 유물론은, 유물론이 "세계의 수수께끼"를 쫓아다니거나 새로운 존재론 풍으로 꾸준히 발본적으로 스스로를 물음에 던지는 등, 그 안에서 단순한 철학함의 전통이 계속되는 것을 거부한다. 그것의 사상적 구조물은 유한한 인간이며, 사회의 특정한 역사적 과제들에서 자라 나온다. 비판적 유물론은 인간이 스스로 버린, 꿰뚫어볼 수 없는 경제적 결정성이라는 새장에서 빠져나오게끔 도와주려고 한다. 유물론적 이론이 가장 섬세한 문화 산물들의 사회적 전제들을 만들어 내려고 한다면, 그렇다면 그 이론은 오늘날 동구권에서 그로부터 만들어 낸, 더도 덜도 아닌 실증적 "세계관"이다. 이 이론은 근본적으로 종래 역사에 대한 유일한 비판적 판단으로, 이 종래의 역사 속에서 인간들은 스스로를 맹목적으로 기계적으로 돌아가는 경제적 동력들의 객체로 타락시켜 왔다. 그렇기에 에른스트 블로흐는 올바르게 다음과 같이 이야기한다. "지금까지 어떤 인간적 삶도 존재하지 않았다. 다만 인간을 휘몰아쳐 노예로, 착취자로 오용해 버리고 마는 경제적 삶만이 존재했을 따름이다."[73] 경제는 이론에 의해서나 사회적 현실 그 자체에 의해서나 대단히 날카롭게 부각되고 있다. 그럼에도 마르크스에게 경제는 노동자 계급과 마찬가지로 하나의 형이상학적 설명 원리가 아니다. 경제는 모든 것을 지

73 Ernst Bloch, *Spuren*, Berlin 1930, S. 39. 이런 해석과 비교할 때 마르크스의 유물론을 악의적인 폭로론으로 해석하는 것은 완전히 그릇된 시도이다. 자이델은 박사 학위 청구 논문, 『생산력들과 계급투쟁』*Produktivkräfte und Klassenkampf*, Heidelberg 1922, S. 25에서 다음과 같이 쓰고 있다. "그의 역사관이 유물론적이라는 예의 기술에는 마르크스의 허무주의적이며 분석적인 '진리 가학증적' 행태가 표현되어 있다. 마르크스는 악마적인 기쁨을 느끼며 모든 이상과 이데올로기를 찢어발기고—마법에서 깨어나기라도 한 듯—이것들을 물질적인 상황들과 유물론적인 이해들로 환원시켰다." 자이델의 테제는 아직도 널리 유포되고 있기에 여기에서 인용했다.

배하는 역할에서 다시 봉사하는 역할로 되돌아가야 한다. 마르크스의 이론을 "유물론적"이라고 하는 것은, 경제의 치명적인 선차성, 인간에게 적대적인 현실로부터 수행된 완전한 추상의 절망적 선차성에 대한 어떤 고백이 결코 아니다. 마르크스의 이론은 결국 인간관계들이 지닌 유령적인 고유의 논리에 주목하게 만들려는 시도이며, 인간들을 상품으로 만들면서 그들이 이미 성숙한 주체들이라는 이데올로기를 함께 제공하는 사이비 자연성에 주목하게 하려는 노력이다.

호르크하이머는 자본주의 생산의 무정부성을 다음과 같이 특징짓는다. "과정은 의식된 의지의 통제 아래가 아닌 자연적 과정으로 진행된다. 보편성의 삶은 개인들과 산업들 그리고 국가들의 혼란스러운 활동성 때문에 맹목적이거나 우연적이며 불편하다."[74]

자본주의 사회는 그 고유한 생활 과정에 의해 지배되기에 그 사회의 합리성은 비합리적, 신화적-운명적 성격을 띤다. 이에 대해서는 탈하이머가 다음과 같이 지적하고 있다. "자본주의 사회는 그 자신의 경제에 대해, 오스트레일리아 원주민들이 번개, 천둥, 비 등에 대해 취했던 것과 같은 태도를 취하고 있다."[75]

사회적으로 올바르게 조직되지 않은 자연 지배는 이것이 그토록 고도로 발전되었다 하더라도 점진적인 자연 파괴일 따름이다. 악의 고발자는 항상, 마치 그가 악을 찬양하거나 전파하고 있는 것처럼 이해되고 있다. 정치경제학 비판자들에게 유물론이 의미하는 바를 완전하게 왜곡하고 훼손한 전형적인 사례가 데메츠의 책, 『마르크스, 엥겔스 그

---

74 Max Horkheimer, Materialismus und Moral. In: *Zeitschrift für Sozialforschung*, Jahrgang II, Heft 2, Leipzig 1933, S. 167.

75 August Thalheimer, *Einführung in den dialektischen Materialismus*, Wien-Berlin 1928, Marxistische Bibliothek, Bd. 14, S. 26.

리고 시인』[76]이다. 데메츠는 마치 마르크스가 자신의 이론이 맞서고 있는 모든 것들을 새로 고안해 내기나 한 것처럼 말한다. 마르크스의 유물론은 데메츠가 생각하는 것처럼 "시인의 형상에서 자유의 요소를 빼앗아 이를 본래 비인격적인 경제적 과정들의 하인으로 비방"[77]하는 것이 아니라 인간들에게 낯선, 그렇기 때문에 통제되지 않은 생산들의 현실적 발전을 경멸한다. 마르크스가 저급한 경제학자이기 때문에, 자신의 글에서 또 프로그램 초안들과 그 비슷한 것들에서, 바로 고행자처럼 주의하고 경계하면서 도덕화하는 관념론적인 모든 언급 방식들을 포기한 것이 아니다. 조르게F. A. Sorge에게 보내는 편지에는 마르크스의 태도에서 특기할 만한 것이 들어 있다. 거기에서 마르크스는 당에 "부패한 정신"이 발흥하고 있음을 한탄하며 미성숙한 대학생들과 너무나도 현명한 박사들의 한무더기 패거리에 관해 다음과 같이 말하고 있다. "이들은 사회주의에 보다 고차적이며, 이상적인 전환점을 제공하고 싶어 한다. 말하자면 유물론적 토대(이를 기반으로 작업하려 한다면, 진지한 객관적인 연구가 필요하다)를 근대 신화학으로, 정의와 자유, 평등과 동포애라는 그들의 여신들로 대체하고 싶어 한다."[78] 바로, 마르크스는 물질적인 문제를 에누리하지 못하게 함으로써, 역사적으로 여전히 도래하지 않고 있는 것을 이미 실현된 것으로 언표하는 이들보다, 관념론적인 말잔치 뒤에 숨겨진 인간적인 핵심을 더 신뢰하였다. 마르크스에게서 정신적 내용들 자체는 이데올로기가 아니지만, 사회적 현실이기를 바라는 그것의 해소되지 않은 환금 요청은 이데올로기이다.

인간 밖에 존재하는 사물 세계인 일차적 자연을 헤겔은 맹목적인

---

76 Peter Demetz, *Marx, Engels und die Dichter*, Stuttgart 1959.

77 같은 책 S. 94.

78 Marx an F. A. Sorge, Brief vom 19. Oktober 1877. In: Marx/Engels, *Ausgewählte Briefe*, S. 364.

개념 없는 사건으로 기술한다. 인간의 세계는 그것이 국가, 법, 사회 그리고 경제의 형태를 띠는 한, 인간에게는 "2차적 자연"[79], 공표된 이성, 객관 정신이다. 마르크스의 분석은 이에 대해 거리를 취하고 있는데, 2차적 자연은 헤겔 자신이 일차적 자연에 적용한 개념들로, 말하자면 그 안에서 맹목적 필연성과 맹목적 우연이 동시에 일어나는 무개념성의 영역으로 기술되어야 했다는 것이다. 헤겔의 2차적 자연은 그 자체로 아직 일차적이다. 인간들은 자연사에서 아직도 벗어나지 못했다.[80] 많은 마르크스 비판가들은 이러한 사실을 마르크스 사회학에서 부적절하게 나타나는 준-자연과학적 방법이라고 설명한다. 이 사회학은 자신의 대상의 "자연적 성질" 때문에 정신과학일 수 없다는 것이다. 마르크스가 지금까지의 사회의 역사를 "자연사적 과정"[81]으로 다룰 때, 그렇다면 그것은 일단 비판적 의미를 갖는다. 즉 "경제 법칙들은 모든… 계획 없고 연관 없는 생산에서, 인간들이 이에 대해 어떤 힘도 발휘하지 못하는 그런 객관적 법칙으로, 이리하여 **자연법칙들의 형식들로** 인간에게 등장한다."[82] 마르크스는 지속되고 있는, **전사前史**에서 얻은 경험들을 다음, 즉 모든 기술적 승리에도 불구하고 근본적으로 보았을 때는 언제나 인간이 아닌 자연이 승리한다는 의미로 이해한다. 사회적으로 충분히 지배되지 않은 것으로 "치밀한 연구를 통해 발전한 근대 산업사회의 기계 장치들 전체는 갈기갈기 찢겨 괴로워하는 자연일 따름이다."[83]

---

79 etwa *Grundlinien der Philosophie des Rechts*, Hoffmeister, Berlin 1956, Einleitung § 4, S. 28. 참조.

80 den Engelsschen Brief vom 29. 3. 1865 an F. A. Lange. In: *Marx/Engels, Ausgewählte Briefe*, S. 202 f. 참조.

81 *Das Kapital*, Bd. I, S. 8.

82 *Anti-Dühring*, S. 447.

83 Max Horkheimer/Theodor W. Adorno, *Dialektik der Aufklärung*, Frankfurt 1969, S. 270.

이런 비판적인 강조를 넘어서 마르크스는 자연사의 개념을 보다 넓은, 전체 현실에까지 확장되는 19세기의 진화론적인 의미로 사용한다. 마르크스는 "추상적 자연과학적 유물론"이 **역사적 과정**[84]을 배제하고 있다고 비난하면서, 사회의 과정뿐만 아니라 자연의 과정도 염두에 두고 있었다.[85]

18세기의 대부분의 기계론적 유물론자들처럼, 자연에서 상호 무관심한 실존들의 물질적 상호 분리를 보고 있는 헤겔 철학에서도 엄격한 의미에서의 자연사는 존재하지 않는다. "특히 소위 **생성**, 예를 들어 식물들과 동물들의 물에서의 생성, 그 다음, 아래에서 상위로 발전되어 나가는 동물 기관들의 성립 등등에서와 같은, 그런 애매한 근본적으로 감각적인 표상들을 사유하는 식의 고찰에서 벗어나야 한다."[86]

이와는 달리 마르크스에게 자연이 형태 형태마다 법칙적으로 생성된다는 것은 하나의 자명한 것이었다. 그의 발전 개념은 헤겔에게서뿐만 아니라, 다윈에게서도 배운 것이다. 이에 대해 엥겔스는 마르크스의 방법에 대해 말하는 『자본』 1권 서평에서 다음과 같이 지적한다. "경제적으로 고찰할 때, 마르크스가 지금 사회가 보다 고차적인 다른 사회 형태를 잉태하고 있음을 입증하려고 노력하는 한, 이 점에서 그는 **다윈**이 자연사적으로 입증했던 그러한 점진적인 변혁 과정을

---

84 Das Kapital, Bd. I, S. 389, Fu note 89.

85 이에 더해 Kurt Sauerland, *Der dialektische Materialismus*, a. a. O., S. 163도 참조하라.

86 *System der Philosophie*, II, a. a. O., Zusatz zu § 249, S. 59. 이와 같은 곳에서는 당연하게도 헤겔과는 달리 무엇이 자연 고찰에서 추상적 관념론으로 간주되고 있는지가 잘 파악된다. 명료해진 것은 지극히 특징적인 무일관성이다. 발전 개념은 삶에서 얻어진 것인데, 헤겔은 이를 정신의 움직임으로 전이한다. 이를 통해 정신에서는 실제 형식논리학과 반성철학에게 특징적인 저 추상성, 건조함과 무생명기가 사라진다. 지극히 역설적으로 자연, 그 이미지에서 헤겔은 개념을 구체화시켰는데, 이 자연은 스스로 하나의 추상태가 되어, 말하자면 자연에 불리하게 보상된 셈이다.

사회 영역에서 법칙으로서 정립하려고 노력하는 것이다."[87]

마르크스가 하나의 **자연사적 과정으로 경제적 사회 구성**[88]의 발전을 파악한다는 사실이 의미하는 바는, 마르크스가 역사적 과정들을 선천적인 구성들이나 심리학적인 설명 원리들에 관여하지 않으면서도 그것의 엄밀한 필연성 측면에서 고찰한다는 것이다. 개인들의 행동 방식들을 그는 객관적 과정의 기능들로 이해한다. 지금까지 역사에서 개인들은 자유로운 주체들로서보다는 **인격화된 경제적 범주들**[89]로 등장해 왔다.

역사 유물론을 이해하는 데 중요한 문헌인 『누가 인민의 벗이며 인민의 벗은 사회민주주의자들과 어떻게 싸우는가?』(1894)에서 레닌은 특히 마르크스의 연구 방법이 지닌 "자연사적" 성격과 다윈의 진화론과 이 연구 방법 간의 관계를 상세히 논의하고 있다. "다윈이 다음 표상, 즉 동물과 식물의 종들이 전혀 상호 결합되어 있지 않으며, 우연히 생겨나지도 않았으며, '신에 의해 창조'되어 불변적이라는 표상에 종말을 고한 것처럼, 또한 그가 종들의 가변성과 그것들 간의 연속성을 규명하여 최초로 생물학을 전적으로 학문적인 토대 위에 세워 놓았던 것처럼, 그렇게 마르크스는 그 나름으로 사회가, 당국(혹은 사회나 정부라고 해도 마찬가지다)의 의지에 따라 임의의 변화가 시도될 수 있는, 우연적으로 생겨나 변화하는 개인들의 기계적 집합체라는 표상에 종말을 고했다. 또 그는 경제적 사회구성체의 개념을 그때마다의 생산관계들의 총체로 확정하고, 그러한 구성체들의 발전이 자연사적 과정이라고 주장함으로써 최초로 사회학을 학문적 토대 위에 세워 놓았

87 Marx/Engels, *Kleine ökonomische Schriften*, S. 301.

88 *Das Kapital*, Bd. I, S. 8.

89 같은 책.

다."[90]

사회와 진보에 대한 모든 이성적 추론 일반 대신에 마르크스에게서는 사회, 즉 부르주아-자본주의적 사회에 대한 구체적인 분석이 들어선다. 마르크스의 유물론은 다윈의 이론과 마찬가지로 내용에 대한 총체적 설명이 아니라, 역사적 과정을 사태에 맞게 형이상학적 독단 없이 개념파악하려는 시도이다. "진화론이 결코 종들의 '전체' 발생사를 설명하려는 것이 아니라 이러한 설명 방법들을 과학의 차원에까지 올려놓고자 하는 것처럼, 바로 유물론 또한 결코 역사에서 모든 것을 설명하려 하지 않으며, 다만 『자본』에서 마르크스가 한 표현에 따르자면, 역사를 설명하는 '유일하게 과학적인' 방법을 만들어 내려고 할 뿐이다."[91]

게다가 마르크스는 사회 법칙들의 특수성을 완전히 인정하면서도, 스스로 자신의 이론과 다윈과의 관계를 의식하고 있었다. "**다윈**은 자연적인 기술들의 역사, 즉 동식물들의 삶을 위한 생산 도구들로서의 동식물 기관들의 형성에 관심을 갖고 있었다. 사회에서 인간들의 생산 기관들의 형성사, 각각의 모든 사회 조직들의 물질적 토대의 형성사도 같은 주목을 받을 가치가 있지 않은가? 그리고 그것을 제시하기가 그렇게 손쉽지 않은 이유는, **비코**가 말하듯 인류사가 자연사와 구분되는 것이 다음의 사실, 즉 하나는 우리가 만들고 다른 하나는 만들지 못하기 때문에 그런 것 아닌가?"[92]

아주 비슷하게 『자연 변증법』에서 엥겔스는 자연사를 인간사와 구분한다. "이제 자연 전체도 역사로 융해되어, 역사는 단지 **자기의식적**

---

90 W. I. Lenin, Was sind die ›Volksfreunde‹ und wie kämpfen sie gegen die Sozialdemokraten? In: *Ausgewählte Werke in zwei Bänden*, Bd. I, Stuttgart 1952, S. 94.

91 같은 책 S. 98. 레닌은 여기서 『자본』 1권과 관계한다. *Das Kapital*, Bd. I, S. 389, Fußnote 89.

92 *Das Kapital*, Bd. I, S. 389, Fußnote 89.

인 유기체들의 발전 과정이라는 점에서만 자연사와 다르다."[93] 마르크스에게서 자연사와 인간사는 상이성 속에서 하나의 통일성을 형성한다. 이 가운데 마르크스는 인간사를 순수한 자연사에, 자연사를 인간사에 융해시키지 않는다. 한 면으로, 사회의 역사는 "**자연사**의 **현실적** 부분"[94]이기는 하지만, 자연사 안에서는 인간의 이전 역사에 특징적인 사태가 계속되고 있기에 마르크스는, 그것을 만들어 사용하는 것에서 인간이 본질적으로 동물들과 구별되는 그런 생산 도구들을 "연장된 신체 도구들"[95]이라고 특징짓는다. 동물들과 마찬가지로 인간들은 자신이 처한 환경에 적응해야만 한다. 이에 대해 『계몽의 변증법』에서는 다음과 같이 언급한다. "뇌 기관, 인간의 지성은 지구사의 정상적인 시대를 형성하기에는 말할 것도 없이 충분하다. 자신들의 기계들, 화학품들, 조직력들을 포함하는 인류—그리고 무엇 때문에 우리는 이것들을, 이빨들과 곰의 관계처럼 인류의 것으로 고찰할 수 없을까? 왜냐하면 그것들은 동일한 목적에 이용되며 그저 더 잘 기능할 뿐이기 때문이다—는 이 시대에서 적응의 최신형이다."[96]

이에 대해 다른 면으로 자연과 사회에서의 역사 진행의 특별한 차이가 간과되어서는 안 된다. 이 차이는, 사회다윈주의의 극도로 다양한 변종들에서처럼 자연법칙을 단순히 사회적 관계들로 전이하는 것을 허용하지 않는다. 쿠겔만에 보내는 편지에서 마르크스는 랑게의 시도가 인류사의 풍요함을 추상적-자연과학적 종류로 치부하고 무시한다고 날카롭게 비판한다. "랑게 씨는… 대단한 것을 발견했다. 전체 역사란 오로지 유일한 대大 자연법칙들 아래 포섭된다. 이러한 자연법

93 *Dialektik der Natur*, S. 252.

94 *Nationalökonomie und Philosophie*, S. 194.

95 *Das Kapital*, Bd. I, S. 187.

96 Horkheimer/Adorno, *Dialektik der Aufklärung*, a. a. O., S. 234.

칙은 '생존투쟁'이라는 빈말(다윈의 표현을 이렇게 사용할 때, 이는 단순한 상투어가 되고 만다)일 뿐이며, 이런 빈말의 내용은 맬서스의 인구법칙 혹은 과잉인구법칙이다. 이리하여 '생존투쟁'이 역사적으로 여러 특정한 사회 형태들에서 어떻게 나타나는지를 분석하는 대신에 모든 각각의 구체적인 투쟁을 '생존투쟁'이라는 빈말로, 그리고 이 빈말을 맬서스의 '인구 환상'으로 바꿔 놓는 것 외에는 아무 것도 한 것이 없다."[97]

근본적으로 의식된 주체들에 의해 만들어진 인간사가 전제될 때에만 자연사에 관해서 말할 수 있다. 자연사는 후행적인 연장이며 인간에 의해, **더 이상** 접근 가능하지 **않은** 자연으로 동일한 사회적으로 각인된 범주들을 통해 포착된다. 이 범주들은 **아직-아니**noch-nicht 전유된 자연 영역들에 적용되어야 한다.

바로 다윈주의 관련 논의에서, 자연과 그 역사에 대한 모든 언표들이 얼마나 유별나게 전제가 많은 것들인지가 분명해질 것이다. 마르크스가 사회에 대한 모든 "자연사적인" 고찰 방식에서, 그것을 얼마나 의식하고 있었는지는 엥겔스에게 보내는 편지에 아주 잘 드러나 있다. 마르크스는 다음과 같이 말한다. "다윈이 맹수들과 식물들에게서 영국 사회, 즉 노동 분업, 경쟁, 새로운 시장들의 개척, '발명들'과 맬서스의 '현존을 위한 투쟁'을 하는 영국 사회를 재인식하는 것은 기묘한 일이다. 그것은 홉스의 '만인에 대한 만인의 투쟁'이며, 『정신현상학』에서의 헤겔을 연상시킨다. 거기서 시민사회는 '정신적인 동물의 왕국'으로, 반면 다윈에게서 동물의 왕국은 시민사회로 등장하고 있다…."[98]

마르크스와 한목소리로 엥겔스는 라브로프에게 보내는 한 편지에서 다음처럼 말한다. 즉 "부르주아적 관계들과 그것의 사변적 반영에

97 Marx an Kugelmann, Brief vom 27. 6. 1870. In: *Briefe an Kugelmann*, S. 110 f.

98 Marx an Engels, Brief vom 18. 6. 1862. In: Marx/Engels, *Ausgewählte Briefe*, S. 155.

서 차용하는 특정 이론들은, 그것이 유기적 자연의 발전에 적용된 후, 사회다윈주의자들에 의해 소위 사회의 순수한 자연법칙으로 받아들이도록 강제되었다. 생존을 위한 투쟁이라는 다윈주의적 학설 전체는, 단순히 '만인에 대한 만인의 투쟁'이라는 홉스의 이론과 맬서스의 인구론을 포함하는 부르주아적-경제 이론을 사회로부터 생동하는 자연으로 이전시킨 것이다. 사람들은 이렇게 곡예를 부려 놓은 다음… 동일한 이론들을 유기적 자연에서 다시 역사로 전이시켜 놓고서는, 즉 인간 사회의 영원한 법칙으로서 그 이론의 타당성과 유효성을 입증했다고 주장하고 있다."[99]

마르크스 학파들 내부에서의 사회다윈주의적 역사 고찰 방식은 카우츠키의 저작 『유물론적 역사관』에서 큰 역할을 한다. 인류의 발전사와 인류 이전 발전사의 통일을 절대화하면서 카우츠키는 다음 관점에 도달한다. 즉 "인류의 역사란 오로지 생명체의 역사의 특수한 경우이며, 이들이 가진 고유한 법칙들은 살아 있는 자연의 보편 법칙들과 연관되어 있다."[100] 바로 이 사회의 "고유한 법칙들"을 카우츠키는 무시하고 있다. 마르크스에게 우주적이며 생물학적인 발전사가 그의 역사관에서 단지 "자연과학적 토대"[101]를 이루고, 그것의 주요 적용 영역이 사회의 역사인 반면, 카우츠키는 이 관계를 전복시킨다. 인간의 역사는 자연사의 부록이며, 그것의 운동 법칙들은 생물학적인 발전사의

99 Engels an P. L. Lawrow, Brief vom 12.-17. 11. 1875. In: *Ausgewählte Briefe*, S. 359를 참조하라. 나아가 Engels an F. A. Lange, Brief vom 29. 3. 1865, a. a. O., S. 202. *Dialektik der Natur* S. 23에서 엥겔스는 다윈에 대해 다음과 같이 말한다. "자유 경쟁과 경제학자들이 최상의 역사적 성과물이라고 봉축하는 '생존투쟁'이 **동물 왕국**의 보통 상태임을 입증했을 때, 다윈은 자신이 인류, 특히 그의 동포들을 얼마나 쓰디쓰게 풍자했는지 알지 못했다."

100 Karl Kautsky, *Die materialistische Geschichtsauffassung*, Bd. II, Berlin 1927, S. 630.

101 Marx an Lassalle, Brief vom 16.1.1861. In: *Ausgewählte Briefe*, S. 150.

단순한 현상 형식들이다. 카를 코르쉬Karl Korsch는 광범위한 마르크스 관련 문헌들 가운데에서도 자연과 역사의 복잡다단한 변증법의 이해를 찾아볼 수 있는 소수의 저자들 중 한 사람인데, 그는 분명하게 카우츠키가 행한 마르크스 역사 이론의 왜곡을 비판하고 있다. "자연 혹은 유기적 자연과 그것의 발전사 일반이나 그것의 보편적인 역사적 발전에서 본 인간 사회조차 아니다. 그들(마르크스와 엥겔스–저자)에게는 근대 '시민사회'가, 그로부터 이전의 모든 역사적 사회구성체들을 유물론적으로 파악해야 하는 현실적인 토대이다."[102] 자연사와 인간사의 관계에 대한 질문은 마르크스가 보기에 이데올로기 비판적인 시각을 품고 있다. 사실, 이 질문은 오늘날까지 지배를 변호하는 데 확고한 구성 품목으로, 이를 통해 전쟁, 박해, 위기 등 역사적-사회적으로 제약된 사태들이 불변적인 자연적 사실로 뒤바뀌어 변조되어 버린다. 다음과 같이 말할 때 마르크스는 일단 계급 관계들을 의도하고 있었다. "자연이 한편으로는 화폐 소유자와 상품 소유자들을, 다른 편으로는 한낱 그 자신의 노동력들의 소유자들을 산출하는 것은 아니다. 이런 관계는 **자연사적**이거나 모든 역사 시기에 공통이라는 **사회적**인 것이 아니다. 그것은 명백히 그 자체로 선행하는 역사적 발전의 결과요, 많은 경제적 변혁들의 산물이며, 사회적 생산의 보다 오래된 일련의 구성체들의 몰락의 산물이다."[103]

마르크스는 정신적 본성이나 인간의 생물학적-물질적 본성의 불변적이며 경직된 소여를 인정하지 않는다. 『독일 이데올로기』에서의 막스 슈티르너에 대한 비판에서 마르크스는 다음과 같이 언급한다. "산초가 지금까지 개인들과 그들의 관계들의 불구화 모두를, 이런 이

102 Karl Korsch, *Die materialistische Geschichtsauffassung*, Leipzig 1929, S. 34. 또한 동일한 저자의 탁월한 다음 저작도 참조하라. *Marxismus und Philosophie*, Leipzig 1930, S. 135 ff.

103 *Das Kapital*, Bd. I, S. 177.

념들의 성립에 대해서는 전혀 생각하지도 않고 학교 교장의 고착된 이념으로부터 설명하는 것처럼, 슈티르너는 이런 불구화를 이제 산출이라는 단순한 자연과정으로부터 설명하고 있다. 그는 지극히 조금이라도 다음, 즉 어린아이들의 발전 능력은 부모의 발전에 달려 있으며, 이런 모든 불구화는 지금까지의 사회적 관계들 아래에서 발생했으며, 이와 아주 똑같이 역사적으로 다시 폐절될 수 있다는 것을 생각하지 않고 있다. 인종의 차이 등과 같은 자연발생적인 종의 상이성들, 이에 대해서 산초는 전혀 말하지 않고 있는데, 이는 역사적으로 제거될 수 있으며, 제거되어야 한다."[104]

여기에서 다뤄진 자연과 역사의 관계에 대한 질문은 결국 방법론적-과학 이론적 측면도 가지고 있다. 딜타이와 신칸트주의의 남서독일학파 이래, 역사적인 과학들과 자연과학을 원칙적으로 서로 다른 연구 방식으로 분류하는 것이 보통이 되었다. 딜타이가 인과적으로 "설명하는" 자연과학에 고유한 방법과 직관적으로 "이해하는" 역사적인 정신과학들의 방법을 구분했다면, 빈델반트와 리케르트는 현실을 더욱 발본적으로 둘로 완전히 분리된 영역들로 잘라 버렸다. 자연은 칸트주의적으로 법칙들 아래 있는 사물들의 현존으로 파악된다. 이것에 자연과학들의 법칙 부여적 성격이 대응한다. 역사란 충만한 양의 가치 연관적인, 근본적으로는 결속되지 않은 "개인적인" 판단들로 구성되는데, 이 판단들은 오로지 기술하는 '개성 기술'의 방법으로만 접근이 가능하며, 이를 통해 그것은 모든 합리적인 분석 너머의 어떤 것이 된다.[105]

---

104 *Deutsche Ideologie*, S. 449.

105 자연과학적 방법과 역사적 방법의 분리의 이데올로기적 계기들에 관해서는 다음을 참조하라. Ernst Bloch, Über Freiheit und objektive Gesetzlichkeit, politisch gefaßt. In: *Deutsche Zeitschrift für Philosophie*, 2. Jahrgang, Heft 4, Berlin 1954, S. 831 f.

마르크스에게는 단순한 자연과 사회 사이에 어떤 분리가 없다. 이로 인해 자연과학과 역사과학 사이에도 어떤 원칙적인 방법론적 차이가 없다. 그리하여 마르크스는 『독일 이데올로기』에서 다음과 같이 쓰고 있다. "우리는 유일한 하나의 과학, 역사과학만을 안다. 역사는 두 측면에서 고찰한다면, 자연의 역사와 인류의 역사로 구분할 수 있다. 그러나 두 측면은 분리될 수 없다. 말하자면 인간이 존속하는 한, 자연의 역사와 인간의 역사는 상호 제약한다."[106]

"자연과 역사의 대립"[107]은 이데올로기 대변자들이 인간과 자연의 생산적 관계를 역사에서 배제함으로서 산출된다. 마르크스는 브루노 바우어에 대해 다음과 같이 이야기한다. 자연과 역사는 "서로 분리된 두 개의 물건"[108]이 아니다. 인간들은 항상 "역사적 자연과 자연적 역사"[109]를 면전에 가지고 있다.

『자본』에서 마르크스가 경제적 사회구성체의 역사적 과정을 하나의 자연사적인 것으로 이야기할 때 그가 너무 "자연주의적"으로 움직이는 것 아니냐는 비난은, 바로 다음의 이유로 적절한 것이 아닐 수 있다. 즉 여기서 바로 그에게서 교의적으로 비판된 테제, 자연 연구자와 역사 연구자 사이에는 원칙적이며 방법론적인 차이가 있다는 주장이 전제되고 있다는 것이다. 과학적 사유는 법칙적 설명으로는 절대적으로 접근 불가능할 그러한 자족적 폐쇄 영역을 인정할 수 없다.

딜타이와 빈델반트-리케르트의 방법론적 이원주의는 이 저자들

---

106 *Deutsche Ideologie*. In: Mega, Bd. V, 1. Abtg., Berlin 1932, S. 567. 이런 텍스트 변화 Textvariante는 보다 접근 가능한 판본(Berlin 1953.)에서 그런 것처럼, 『독일 이데올로기』의 최종 판본에서는 수용되지 않았다.

107 *Deutsche Ideologie*, S. 36.

108 같은 책 S. 41.

109 같은 책.

의 역사에 대한 모든 노력에도 불구하고, 역사와는 소외된 이러한 추상들에 근거하고 있다. 일단 여기서 이 추상들은 확실하게, 이를 통해 임의의 의미 도식, 의미가 다른 검사 결과들에 갖다 붙이는 그런 역사 해석을 조장해서는 안 된다는 부정적인 의미를 담고 있다. 어린아이까지 목욕물과 함께 버려서는 안 된다. 그리고 마치 역사의 도정이 완전히 아무런 구조도 없고, 단지 감정 이입과 자필 기술을 통해서만 접근 가능한 것처럼 보인다.

마르크스는 논평 "도덕화하는 비판과 비판적 도덕"에서 자신의 방법을 이해하는 데 가장 교육적인 방식으로 비변증법적인 대안들을 비판하고 있다. 이 대안들은 우리가 언급했던 경우에서 보았던 것처럼, 자연과 역사를 상호 동화시키거나 그들의 차이를 절대화시키고 있다. "인간 오성이 차이를 볼 수 있게 된 곳에서 통일을 보지 않으며, 통일을 보는 곳에서 차이를 보지 않음은, 건전한 인간 오성의 그 투박함 전체를 나타낸다. 이 인간 오성은 '삶 전체'에서 만들어지며, 어떤 철학적이거나 그 외 연구들에 의해서도 그 자연적 소질들은 불구가 되지 않는다. 오성이 여러 차이가 나는 규정들을 제시한다면, 그것들은 곧바로 인간 오성에게는 암암리에 화석화되며, 인간 오성은 그것의 가장 혐오스러운 궤변을 이 허접한 개념 쓰레기들이 무너져 불타는 것에서 본다."[110]

마르크스에게서 이념들의 연속태 속에 "정신사적으로" 연구되어야 할 순수한 내재성이 존재하지 않는 것과 같이, 자연과학의 인식 대상으로서 역사적으로 변용되지 않은 순수한 그런 자연도 또한 없다. 법칙적인 것과 보편자의 영역인 자연은 그 범위와 성질에 따르면 그때마다 사회적으로 조직된 인간의 목적에 관계한다. 이때 이 목적은

110 Aus: *Franz Mehring, Aus dem literarischen Nachlaß von Karl Marx und Friedrich Engels*, 2. Bd.(Juni 1844–1847), Stuttgart 1920, S. 456.

특정한 역사적 구조로부터 연원한다. 인간의 **역사적 실천**, 그의 신체적 행위는, 더욱더 영향력이 커지고 있는, 분리되어 나타나는 영역들 사이의 중개자이다. 「파리 초고」에서 마르크스는 자연과 역사를 화해시키는 상생주의 안에서의 실천의 역할을 기대하며, 자연과학과 역사과학의 일치를 약속하고 있는데, 여기서 그는 이를 인간 과학이라고 기술하고 있다. "자연과학은 나중에는 인간에 관한 과학을, 인간에 관한 과학이 자연과학에 그렇게 하는 것처럼, 자신 아래 포섭할 것이다. 다시 말해 **하나의** 과학이 성립될 것이다."[111]

하나의 과학, 그들이 서로 다른 가운데 산업의 매개로 "자연의 **사회적** 현실"[112]과 함께 발전해 나가는 인간의 자연적 현실은, 서로 점점 더 잘 순응하여 "**인간에 대한 자연적 과학은 인간적인 자연과학**"[113]과 같은 것이 된다.

B) 자연 변증법의 엥겔스적 형태에 대한 비판에 관하여

마르크스의 자연 개념을 서술하려는 시도는 변증법적-유물론적 자연 이론에 대한 엥겔스 식 접근을 해명하려는 노력을 우회할 수 없다. 엥겔스가 역사 유물론의 엄격한 옹호자로 등장하는 한에서, 그는 현상하는 자연과 모든 자연과학적 철학적인 것들과 관련된 지식이 이미 사회적 실천의 변화 형식들과 관련되어 있다는 것을 의식하고 있었다. 그렇기 때문에 마르크스와 비슷하게 엥겔스도 반복해서 항상 다음을 입증하려고 애썼다. 즉 자연과학은 자신의 작업 재료와 방법과 문제 제기를 따른다면, 그 작업 재료들 안에서 나타난 진보하는 생산

---

111 *Nationalökonomie und Philosophie*, S. 194 f.

112 같은 책 S. 195.

113 같은 책.

력들의 표현이요 이를 움직이는 지렛대라는 것이다.[114]

이어서 살펴볼 것은, 자연과 사회사의 관계에 대한 마르크스의 관점을 넘어가는 그곳에서 엥겔스가 교조적 형이상학으로 후퇴하고 있다는 점이다. 엥겔스에게서는 이 점이 문제인데, 이는 그가 아무리 자연과학을 변증법화하기 위해 제기된 자연철학적 개념 요청을 물리친다 해도 마찬가지이다. 몇몇 비판가들이 그러한 것처럼, 엥겔스의 관점을 즉시 한갓 멍청한 짓으로 치부하고 멀리하는 대신에, 먼저 확실하게 중요한 점은, 그로부터 엥겔스가 이러한 관점에 도달하게 된 문제사적인 상황을 이해하는 일이다. 그렇지만 이를 위해서 이링 페처[115]가 생각하는 것처럼 전체 노동자가 가질 법한, 그 어떤 당의 전략적 혹은 정치적 세계관의 욕구들을 지적하는 것만으로는 충분치 않다. 페처는 엥겔스의 철학적 발전이 지닌 특성을 너무나도 간략하게 다룬다.

고전철학 체계들이 붕괴함과 더불어 한 면으로는 모든 관념론적 문제 설정 각각의 이해와 그와 더불어 변증법이 사라지고, 다른 면으로는 1850년대에는 평면적-기계적인 "부흥 목사 유물론", 자연과학과 철학의 궁극적인 분리의 표현인 이러한 유물론의 영향력이 더욱 커진다. 엥

---

114 이에 대해서는 「노동자 계급의 철학으로부터 노동자 계급의 세계관으로」라는 논문에서 이링 페처가 펼친 문제성 있는 주장, 즉 엥겔스가 "자연과학적 인식 역시 가지는 사회적 제약에 대해서는 주목하지 않은" 것 같다는 주장을 참조하라. In: *Marxismusstudien, Zweite Folge*, herausgegeben von I. Fetscher, Tübingen 1957, S. 42, Fußnote 1. 여기서는 엥겔스 사유의 이러한 측면이 마르크스의 자연 개념을 이해하는 데 원용되고 있다. 지적할 만한 점은, 엥겔스가 사회적으로 매개된 것과 교조적-형이상학적 자연 개념을 무관계하게 병치하고 있다는 점이다.

115 *Marxismusstudien*, S. 41. 1876-1878년 사이에 성립된 『반 뒤링』이 그런 외적인 당의 정치 상황들에 기인하기는 한다. 하지만 엥겔스는 1858년 이래 자연과학을 변증법적으로 깊이 통찰하려는 시도에 몰두해 있었다. 마르크스에게 보내는 1858년 7월 14일 자 편지에서 엥겔스는 헤겔의 『자연철학』을 보내 달라고 부탁하면서 다음과 같이 언급한다. "그가 **오늘날** 자연철학을 썼다면, 그에게서 사태들이 모든 면에서 상반되게 흘러갔을 것이라는 점만은 확실하다." In: *Ausgewählte Briefe*, S. 130.

겔스에게는 유물론적이기는 하지만 동시에 단순히 변증법의 결과물 이전으로 후퇴하지 않는 자연 개념틀이 문제였다. 『반 뒤링』에서 엥겔스는 다음과 같이 썼다. "마르크스와 나는, 의식된 변증법을 독일 관념론적 철학으로부터 자연과 역사의 유물론적 관점으로 넘어가 이를 구원한 거의 유일한 사람이었을 것이다."[116]

이러한 "넘어가 구원함"은, 『독일 이데올로기』와 「포이어바흐에 관한 테제」 등 변증법적 유물론의 참된 출생 문서로 종결되는 헤겔과의 첫 번째 맞대결과 관련될 뿐만 아니라, 나아가 엥겔스에게서나 마르크스에게서나 1858년에 시작되는 두 번째 **헤겔 전유**[117]와 관련된다.[118]

---

116 *Anti-Dühring*, S. 10.

117 중기나 후기 마르크스에게서의 두 번째 헤겔 전유의 의미가 대부분의 해석에서는 간과되고 있다. 마찬가지로 이러한 해석들은 그의 실증과학으로의 전환이 철학을 본질적 계기로서 배제하지도 않으며, 그 반대도 참이라는 것을 전체적으로 유념하지 않고 있다. 마르크스에게는 과학의 개념에 대해서나 철학의 개념에 대해서나 관계가 굴절되어 있다. "사물들의 기만하는 가상들만을 포착하는"(*Lohn, Preis und Profit*, S. 71. In: *Ökonomische Aufsätze*, Singen o. J.) 그러한 "일상적인 경험"의 질서 가운데 지쳐 떨어진 개념 없는 경험론에 맞서, 마르크스는 헤겔적-철학적 방식으로 개념적 노동의 역할을 강조한다. 헤겔적인 것을 포함해 정신화된 모든 종류의 형이상학에 대립해, 마르크스는 다른 면으로 경험적-자연사적 전거들을 인용하기를 주저하지 않는다. 변증법적 유물론은 과학도, 실증적인 사실의 집대성도, 사실적인 것의 사변적인 고공 비행이라는 의미에서의 철학도 아니다. 그렇기 때문에 페처가 과학과 결부된 엥겔스의 사유를 그저 한낱 전적으로 철학적인 것으로서의 마르크스의 것과 대립시키는 것은 잘못이다. 페처는 청년 마르크스에게서 발견되는 "철학의 실현을 통한 철학의 지양"이라는 프로그램에 머물러 있다. 그리고 페처는 이 프로그램을 "노동자 계급의 철학"과, 엥겔스가 1870년대와 1880년대 동안 완성했다고 하는 "노동자 계급의 세계관"(*Marxismusstudien*, S. 26-60.)과 대립시킨다. 페처가 후기 엥겔스의 이론들 안에 마르크스적 단초들의 문제성 있는 "세계관적" 확장이 들어 있음을 알아차린 것은 옳다. 하지만 동시에, 페처는 중기나 후기 마르크스의 문헌들, 즉 『자본』과 『정치경제학 비판 요강』이 그것이 지닌 철학적 내용에 따르면 소외의 동기들을 때때로 재수용하는 것보다 훨씬 의미 있다는 사실, 또한 그것들 안에 부분적으로는 암묵적으로, 또한 부분적으로는 명백하게 언급된 유물론적 철학이 숨겨져 있다는 사실을 묵과하고 있다.

118 이에 대해서는 마르크스가 엥겔스에게 보낸 1858년 1월 14일 자 편지를 참조하

「포이어바흐에 관한 테제」까지는 마르크스와 엥겔스의 이론적 관점들 사이에 차이를 거의 말할 것이 없다. 1850년대 말 즈음에 부분적으로 이 저자들의 길이 갈라진다. 서로 매우 다른 방식이기는 하지만, 양자는 실증과학으로 방향을 전환한다.

마르크스는 『자본』의 위대한 역사적-경제적 분석에서, 공동으로 작업해 마련한 테제들의 프로그램, 그와 더불어 『독일 이데올로기』에서의 대단히 본질적인 자연과 사회적 실천의 관계에 대한 물음까지 구체화한다. 이는 "비판을 통해 하나의 과학을", 즉 정치경제학을 "그것을 변증법적으로 서술할 수 있도록 비로소 정치하게 표현"[119]함으로써 가능해졌다.

이에 반해 엥겔스는 변증법적 범주들의 도움으로 따끈따끈한 작금의 근대 자연과학의 결과물들을 해석한다. 한편 마르크스는, 그 점에서는 매우 헤겔적으로, 변증법적으로 서술되는 과학을 그것의 지금까지의 상황에 대한 비판으로부터 성립시키고, 때문에 유물론적 변증법을 정치경제학의 내용들로부터 어떤 자리에서도 분리시키지 않는다. 반면 엥겔스의 자연 변증법은 필연적으로, 사태에는 외부적인 고찰 방식이다. 그 사정은 엥겔스가 대략, 그것의 관념론적-사변적 전제들을 전혀 개의치 않고, 헤겔의 범주들을 세포의 생물학적 개념에 적용할 때, 특히 명백해진다. "세포는 헤겔의 즉자태이며, 결국 '이념'은, 그때마다 완성된 유기체가 그것로부터 발전되어 나올 때까지, 그 발

라. 이 편지에서 마르크스는 『자본』의 준비 작업에 대해 알려 주면서 분명하게 헤겔을 언급한다. "내가 우연히—프라이리그라트Freiligrath가 원래 바쿠닌의 것인 헤겔의 책 몇 권을 발견해서 내게 선물로 보내주었네—헤겔의 『논리의 학』을 다시 훑어보았던 것이 그 작업의 **방법** 측면에서 상당히 도움이 되었네. 언젠가 그런 작업들을 할 수 있는 시간이 다시 생기면, 전지 두어 장에, 헤겔이 발견했지만 동시에 수수께끼로 만들어 버린 그 방법에서 **합리적인 것**을 보통 사람들이 접근 가능하도록 만들 대단한 용의가 있네…." In: *Ausgewählte Briefe*, S. 121.

119 Marx an Engels, Brief vom 1. 2. 1858, 같은 책 S. 123.

전에서 정확하게 헤겔의 과정을 두루 거쳐 간다."[120]

여기서는 본질적으로 엥겔스와 마르크스의 자연 개념[121]의 차이를 문제 삼고 있기에, 그것에서 비판의 동기를 얻기 위해 후기 엥겔스의 형이상학적 근본 테제[122]들을 인용하는 것으로 논의를 제한하고자 한다. 다음의 말, 즉 페처[123]가 서술한 것처럼, 엥겔스의 자연론이 "그 당시 일반적으로 널리 퍼져 있던 통속적-유물론적-일원론적 구상들의 세련화"라기보다는 프랑스 계몽주의 유물론의 체계적 형태들을 변

---

120 Engels an Marx, Brief vom 14. 7. 1858. In: *Ausgewählte Briefe*, S. 130.

121 마르크스가 자신의 자연 개념과 엥겔스의 것과의 이러한 차이를 어느 정도 의식하고 있었는지는 그리 깔끔하게 답이 나오지 않는다. 마르크스가 『반 뒤링』의 초고를 잘 알고 있었고, 『자본』 1권 S. 323에서 엥겔스가 매우 강조했던 "양질 전이의 법칙"를 근거로 하고 있는 것은 분명하다. 한편 이 법칙은 엥겔스에게서는 역사와 자연과학에서도 동일하게 입증되는 것으로 인식된다. 마르크스와 엥겔스의 이론적 차이들의 문제에 관해서는 다음을 참조하라. Manfred Friedrich, *Philosophie und Ökonomie beim jungen Marx*, Frankfurter Dissertation, Berlin 1960, S. 159.

122 엥겔스와 레닌을 연결시켜 이에 힘입어 물리학의 최신 연구 수준을 그때마다 철학적으로 소화하려는 동구권의 시도들은 여기서는 논외로 하겠다. 이러한 시도들은 참으로 흥미로운데, 왜냐하면 그것들은 소비에트 철학자들이 자연과학의 경험적 자료에 엄격하게 속박되어 있다는 겉모습 가운데에서도 때때로 셸링-헤겔적인 자연철학 풍으로 수행하는 사변철학적 정식화를 전혀 무서워하지 않는다는 것을 보여주기 때문이다. 헤겔이 행성들의 수를 가지고 한 것처럼, 그들은 경험의 결과물들을 그들의 "세계관적 유물론"이라는 테제와 일치시키려고 엄청나게 노력했다. 이런 경향은 잘 알려진 바와 같이 스탈린 치하에서는 아인슈타인의 상대성 이론을 기괴하게 배척하기에까지 이르렀는데, 그동안 이들은 거기에서는 벗어났다. 자연과학의 **최신 결과물들**이야말로 반성철학적으로 처리된 변증법적 범주들의 도움으로 사람들이 정리하려고 노력하는 대상이다. 동구권의 자연과학이 방법론적으로도 **직접적으로** 엥겔스의 『자연 변증법』과 연결되어 있다는 것에 대해서는 더 말할 필요가 없다. 세갈Jacob Segal의 저서 『생물학에서의 변증법적 방법』*Die dialektische Methode in der Biologie*, Berlin, 1958.처럼, 그와 같은 시도를 한 곳에서 곧바로 눈에 띄는 것은 다음과 같은 것이다. 즉, 이러한 관점의 변증법은 경험적 연구자들에게는 이미 다른 형태로 오래 전부터 잘 알려져 있던 그런 상투어들의 박물관이 되고 만다는 점이다.

123 *Marxismusstudien*, S. 27. 참조.

증법적으로 확장 발전Fortbildung시키려는 노력이라는 것을 우선 말해야겠다. 엥겔스는 포이어바흐 문건에서 분명히 돌바크를 빗대어 우리 시대를 위한 충분한 "자연의 체계"[124]로 포이어바흐의 시도를 언급하고 있다. 더불어 질적-역동적 성격을 지닌 낭만주의적 자연철학이 엥겔스에게는 사소하지 않은 역할을 한다.[125] 바로 지금 현재에 이르기까지 소비에트 유물론에 구속되어 있는 저 형이상학은 『반 뒤링』에서 유래하는 다음 주장들 가운데 존속하고 있다. 1. "세계의… 통일은 그것의 물질성에 있다."[126] 2. "모든 존재의 근본 형태들은 시간과 공간이며, 시간 밖에 있는 존재란 공간 밖에 있는 존재와 마찬가지로 도대체 말도 되지 않는다."[127] 3. "**운동이란 물질의 현존 방식이다.** 운동 없는 물질이란 어디에서고 없으며, 있을 수 없다. 모든 휴지休止, 모든 균형이란 단지 상대적인 것이며, 그 의미를 오로지 이러저러한 특정 운동 형식과의 관계에서만 갖는다."[128]

---

124 *Ludwig Feuerbach und der Ausgang der klassischen deutschen Philosophie*, S. 45. 페처의 견해와는 다르게 엥겔스가 그가 살던 시대의 통속적 지식인들보다 18세기 프랑스 유물론과 훨씬 많은 점을 공유한다는 사실은 다음에서 얻은 것이다. 즉 엥겔스가 이미 1840년대 초에 프랑스 계몽주의에 대해 깊은 관심을 보이고 있었다는 것이다. 그는 여기서 확실히 마르크스와는 다르다. 마르크스는 『신성가족』, S. 261에서 대략 엘베티우스의 유물론과 관련해서, 엘베티우스가 유물론을 "곧바로 사회적 삶과의 연관으로" 포착한다고 칭찬했다. 이에 반해 엥겔스는 훨씬 더 형이상학적 측면에 중점을 둔다. 1844년 엥겔스는 「전진」*Vorwärts*에 간행된 논문 "영국의 상황, I. 당시를 기술하고 있는 모든 비판에서 1800년대"Die Lage Englands, I. Das 18. Jahrhundert bei aller sich damals schon abzeichnenden Kritik에서 유물론을 "18세기 과학의 정점"으로, "자연철학의 최초의 체계"로, "자연과학의 완성"의 성과물로 기술하고 있다. In: Marx-Engels, *Werke*, Bd. I, S. 551.

125 *Marxismusstudien*, S. 27. 참조.

126 같은 책 S. 51.

127 같은 책 S. 61.

128 같은 책 S. 90.

이러한 유물론을 데모크리토스와 돌바크까지의 모든 기계론적 유물론자들과 구분해 주는 것은, 그것의 **비환원적** 성격이다. 세계의 물질적 통일 안에서 엥겔스는 형태들의 차이를 인정한다. 보다 고차적인 물질의 현존 형태와 운동 형태들은 그의 견해에 따르면 보다 하위의 것에서 생겨나지만, 그럼에도 이런 것들과의 단절 없이 환원되지는 않는다. 물질적 운동의 궁극적 근본 형태는 없다. 기계적, 화학적, 생물학적 그리고 심리적 운동 형식들은 **질적으로** 서로 다르지만, 그래도 세계의 한 물질적 본질의 현상 방식들이다. 엥겔스는 변증법의 도움을 받아 보다 하위의 것에서 고차적인 것으로의 진보를 알기 쉽게 만들어 놓으려고 한다. 이를 그는 다음과 같이 정의한다. 즉 "변증법이란 자연, 인간 사회와 사유의 보편적인 운동 법칙들이요 발전 법칙들에 관한 과학이다."[129]

위에서 언급된 세 가지 영역에서 『자연 변증법』, 말하자면 엥겔스의 가장 성숙한 후기의 철학적 작업은 세 가지 변증법적 근본 법칙을 추출해 낼 수 있다고 생각했다. 마찬가지로 이 법칙들은 소비에트 마르크스주의 이론에 수용된다. 1. "양질 전이, 질양 전이의 법칙, 2. 대립들의 상호 침투의 법칙, 3. 부정의 부정 법칙."[130]

정의를 위해 다음, 즉 현재의 동구권 추종자들의 생각과는 다르게 엥겔스가 변증법을 무엇보다도 자연과학자들에게 **직접적인** 연구 방법으로 추천할 생각을 전혀 가지지 않았다는 사실을 적시해 놓아야 하겠다. 근본적으로 보아 그가 품고 있던 생각은 근대 자연과학적 재료들을 백과전서 식으로 가공하는 일이다. "경험적 자연 연구는 엄청

129 *Anti-Dühring*, S. 193.

130 *Dialektik der Natur*, S. 53. "부정의 부정 법칙"은 스탈린 시대 동안 마르크스에게 있는 헤겔주의의 유산으로 악평을 받았다. 그리고 소련 공산당 20차 당 대회 이후에야 다시 "복권"되었다.

난 양의 실증적 지식 재료들을 축적해 놓았고, 그것들을 모든 개별적 연구 영역에서 체계적으로 그리고 그것의 내적 연관에 따라 정리해야 할 필연성은 단적으로 거부할 수 없는 것이 되었다."[131]

자연과 자연과학의 역사와 체계를 하나의 통일로 융합시키려는 생각으로 엥겔스가 초기에 했던 숙고가 다시 수용된다. 그는 이러한 통일의 최초의 모델을 1844년, 18세기에 관해 논한 짧은 논문에 수록한 프랑스 백과전서파 관련 내용에서 드러낸다. "백과전서라는 생각은 18세기에는 특징적이었다. 그것은 다음, 즉 이 모든 과학들을 자신 아래로 결합시키겠다는 그런 의식에 근거하고 있었지만, 아직 그 이행들을 만들 수는 없었고, 때문에 이 과학들을 단지 단순하게 병렬해 놓을 수 있었다."[132]

디드로와 달랑베르가 여전히 베이컨에 기대 과학들을 인식 능력에 따라 분류했다면, 19세기에는 그것들을 사태 연관들에 따라 정리하려는 경향들이 널리 인정을 받는다. 이것은 생시몽과 콩트의 과학위계에서도 그러한데, 이것에 확실히 영향받지 않은 것은 아니지만, 엥겔스는 특히 헤겔에 기댄다. "그의… 요약과 자연과학의 합리적인 분류는 유물론적 허튼소리(뷔흐너Büchner, 포크트Vogt 등등 같은 저자들–저자)를 죄다 모은 것보다 더 위대한 행위이다."[133] 이때 헤겔은 수학에서 역학, 물리학, 화학을 거쳐 생물학에 이르기까지 자연과학들을 물질의 상이한 운동 형식이라는 토대 위에서 분류하려고 노력했다. "하나의 운동 형식이 다른 것으로부터 전개되어 나오는 것처럼, 그렇게 그들의 거울 이미지, 여러 과학들은 하나가 다른 것으로부터 필연

131 같은 책 S. 312.

132 Engels, Die Lage Englands. I. Das 18. Jahrhundert. In: Marx-Engels, *Werke*, Bd. I, S. 551.

133 *Dialektik der Natur*, S. 217.

성을 띄고 생겨나야 한다."[134]

인용된 추상적-형이상학적 테제들과 변증법적 법칙들을 재론해 보면 위에서 말한 대로, 그것들은 기껏해야 자연과학적 연구 결과물들의 해석 가능성, 서술 가능성일 따름이다. 그렇지만 그것들은 형식 논리적으로 정향되어 있으며, 그 대상들의 역사적 매개를 반영하고 있지 않다는 의미에서 비변증법적인, 그러한 자연과학적 방법 자체와 관련된 것들이 결코 아니다.

『자본』에서 마르크스는 과학의 연구 방식과 서술 방식의 관계에 대한 물음에 대해 분명하게 표명한 바 있다. "물론 서술 방식은 형식적으로 연구 방식과 구분되어야만 한다. 연구는 재료를 세부적으로 전유하고, 그것의 여러 전개/발전 형식들을 분석하며 그것의 내적 연결을 찾아내려고 해야 한다. 이런 작업이 완수된 연후에야 실제 운동이 이에 상응하여 서술될 수 있다. 이것이 성공하고 이제 재료의 생명이 이념적으로 반영된다면, 그것은 마치 하나의 초험적인 구성과 관련된 것인 양 보일 것이다."[135]

이제 인간에 의해 만들어진 사회사와 같은 어떤 대상에서 연구 방식과 서술 방식은 그 모든 형식적 상이성들에도 불구하고 내적으로 상호 관련되어 있다. 반면 인간적 실천에서 분리된 자연에 대한 모든 해석은 궁극적으로는 후자와는 무관계한 채로 남아 있어야만 한다.

초기 엥겔스가 『국민경제학 비판 개요』에서 18세기 유물론을 "기독교의 신 대신에 자연을 절대자로서의 인간"[136]과 대립시켜 놓았다고 비판했다면, 바로 그렇게 그 자신의 노년 철학에도 이러한 혹평을 가할 수 있다. 자연과 관련해서 이러한 주장들이 인간의 생동하는 실

134 같은 책 S. 266.

135 *Das Kapital*, Bd. I, S. 17.

136 Umrisse zu einer Kritik der Nationalökonomie. In: *Kleine ökonomische Schriften*, S. 10.

천에 고립되면 될수록, 그 주장들은 포이어바흐 테제들에서 표명했던 비판을 받게 된다. 엥겔스에게서 자연과 인간은 우선적으로 역사적 실천을 매개로 함께 결합되지 않는다. 말하자면 인간은 오로지 진화의 산물로, 자연과정의 수동적 거울로는 나타나지만, 생산력으로는 나타나지 않는다. 유물론적 자연관이, 엥겔스가 포이어바흐 문건에서 말하는 것처럼, "자연이 남의 관여 없이 스스로가 스스로에게 부여한다는 식의 단순한 자연관"[137]에 다름아니라면, 마르크스의 입장과 비교해 보았을 때 그것은 소박실재론으로의 후퇴를 의미한다.[138] 마르크스에게서 감각적 세계 일반과 관련하여 근원적으로 소여된 것과 실천을 통해 매개된 "남의 관여"는 분리되는 것이 아니다. 이를 넘어 그는 다음을 분명히 의식하고 있었다. 즉, 마르크스는 "인간의 관여 없이 자연으로부터 존재하는"[139] 특수한 상품체의 "물질적인 기층"에 관해서는, 오로지 매개하는 모든 유용노동을 **추상해야만** 언급할 수 있다는 분명한 의식을 갖고 있었다.

엥겔스에게 외부 현실이 단순한 **사실들**의 총괄이라는 개념으로 굳어지게 된 것을, 다른 것 가운데에서도 슈미트C. Schmidt에게 보낸 한 편지에서 관념변증법과 유물변증법 간의 차이를 언급하는 시도를 통해 볼 수 있다. 엥겔스는 다음과 같이 이야기한다. "헤겔에게서 변증법의 전도는 다음, 즉 변증법이 '사유의 자기 발전'이어야 하며, 사실들의

137 Engels, *Ludwig Feuerbach*, a. a. O., S. 67.

138 때문에 엥겔스에게 자연은 정확히 헤겔적 의미에서 "개념파악되지 않은" 채 남아 있다. 헤겔이 말하기를, "하나의 대상을 **개념파악함**이란 …다름아니라 대상을 **조건 지워진 것**과 **매개된 것**의 형식으로 파악하는 것이며, 따라서 그 대상이 참된 것, 무한자, 무제약자인 한에서, 대상은 제약된 것과 매개된 것으로 변환되며, 그런 방식으로 참된 것을 사유하면서 파악하는 대신에 참된 것은 오히려 참되지 않은 것으로 길을 잘못 들게 된다." In: *Encyclopädie der philosophischen Wissenschaften im Grundrisse*, a. a. O., § 62, S. 86.

139 *Das Kapital*, Bd. I, S. 47. 또한 2장 A절도 참조하라.

변증법은 그저 그것의 반사광이거나 메아리일 따름인 반면, 우리 머릿속에서 변증법은 정말 자연적이며 인간사적인 세계 안에서 수행되는 변증법적 형식들에 복종하는 사실적인 발전들의 반영일 따름이라는 사정에 근거하고 있다."[140]

엥겔스는 여기서 잠시 다음, 즉 자연적 세계와 인간사적 세계가 두 개의 분리된 영역으로 고찰되지 않을 때에야 비로소 **사실의 변증법** 일반에 이르게 된다는 것을 제대로 알아채지 못하고 있다. 다른 면으로, 마르크스에게서 사유의 운동은 결코 사실들의 단순한 반영에 국한되지 않는다. 의식에 존속하는 관계들의 무비판적인 이중화는 마르크스에게는 바로 이데올로기적인 성격을 갖는다. 본서 3장 C절에서는, 어떻게 마르크스에게서 반영되는 의식이 동시에 인간의 **실천적-비판적**[141] 행동인지를 보여줄 것이다. 본질적인 구성 요소로서 사유는 항상 그에 의해 반영된 실재 안으로 들어간다. 마르크스에 따르면 문화적 내용을 담고 있는 객관적-경제적 변증법은, 그 자체 안에 이미 활동하는 주체의 정신을 포함하고 있다.

마르크스에게 자연과 역사는 풀어낼 수 없을 정도로 서로 뒤얽혀 직조되어 있다. 한편, 엥겔스는 그것들 안에서 유물론적-변증법적 방법의 서로 다른 두 "적용 영역"[142]을 본다. 변증법의 계기들이 구체적-

140 Engels an C. Schmidt, Brief vom 1.11.1891. In: *Ausgewählte Briefe*, S. 525 f.

141 포이어바흐에 관한 테제 1번 참조. In: *Über Religion*, S. 54.

142 이 점에서 오늘날 소비에트 철학은 엥겔스를 추종하고 있다. 이 철학은 스탈린이 『변증법적 유물론과 역사 유물론에 대하여』라는 문헌에서 도입한 변증법적 유물론과 역사 유물론의 경직되고 교조적인 구분을 공유하고 있다. 전자는 오로지 자연과, 후자는 오로지 사회와만 관계한다고 한다. 마치 마르크스에게서 유물론, 바로 유물론이 변증법적이고 또 그 반대도 참이기 때문에 역사적이지 않은 것처럼, 마치 인간의 역사적-사회적 존재가 자연을 계기로서 자신 안에 내포하지 않고, 후자가 역으로 사회적 존재를 포괄하는 것처럼 말이다. 변증법과 관련해 두 가지 서로 다른 연구 분야를 갖고 있는 베르그너Dieter Bergner와 얀Wolfgang Jahn은 다

역사적 내용들과 분리되고 위에서 언급한 『자연 변증법』에서 인용된 실체화된, 실재와는 대립해 있는 "근본 법칙들"로 위축됨으로 인해, 변증법은 마르크스에게서는 극소화되어 있는 것인 세계관, 실증적 세계 원리가 되고 만다.[143]

이미 앞 절에서 엥겔스가 한 면으로는 **물질 자체**가 이성적 존재자라는 것을, 그저 물질의 특정한 현존 방식만이 실존할 뿐이라는 것을 주장하기는 하지만, 다른 면으로 그에게서는, 우주론적 문제가 해명되어야 하는 곳에서 물질이 그것의 피규정성에서가 아니라, 최상의 원리로 등장한다는 것을 설명한 바 있다. 이리하여 엥겔스의 자연 개념은 최종심급에서는 실로 존재론적이다. 일반적으로 변증법적 유물론을 존재론으로 설정하는 경향이 있는 가톨릭적 해석에서조차도, 그들이 엥겔스와 특별한 차이가 있다고 하면서도 변증법적 유물론을 정말로 한번 진지하게 받아들인 곳에서조차도, 마르크스에 관련해서는 그렇게 주장할 수 없다. 야콥 옴므는 『기술적 에로스』에서 마르크스의

음 팜플렛을 서술했다. *Der Kreuzzug der evangelischen Akademien gegen den Marxismus*, Berlin, 1960. 이의 제기할 것 하나 없이 증명 가능한 마르크스와 엥겔스의 자연 개념틀의 이러한 객관적 차이는, 이들에게서는 방법론적 접근 방식의 단순한 상이성으로 증발되어 버린다. "사유의 물질적 토대에 주목할 가능성, 즉 생산력들과 생산관계들의 변증법을 연구하거나 이런 문제의식에서 벗어나 자연에서의 객관 변증법의 문제들에 몰두할 가능성은… 존재한다."(S. 51 f.) 자연 이론에서나 모든 유물론적 형이상학에서나 특징적인 이러한 엥겔스의 추상이 동시에 하나의 변증법의 가능성이 지닌 한계를 보여주고 있다는 사정은 저자들에게는 가려져 있다.

143 이에 대해서는, 현재 소비에트 철학에서 엥겔스의 변증법적 구상이 계승되고 있음과 관련된 마르쿠제의 비판적인 지적도 참조하라. "결과적으로 변증법 '그 자체'를 제시하면서, 소비에트 마르크스주의자들은 고전의 어떤 원칙들에 대한 구체적인 변증법적 분석들을 증류, 정제하여 그것들을 도해해 설명하면서 '비변증법적' 사유와 대결시키는 것 외에는 아무 것도 할 수가 없다." In: *Soviet Marxism*, London 1958, S. 143. 마르크스에게서 변증법적 "법칙들"과 "원칙들"의 추상적 열거가 없는 것은 우연이 아니다. 마르쿠제가 "빈 총"이라고 야유하는 것, 그리고 그가 엥겔스에 맞서 "세계관"이라는 표현을 거의 사용하지 않는 것은 당연하다.

유물론을, 인식론에서 마르크스가 취한 실재론적 입장이 변증법적 방법을 통해 실로 다시 가치를 잃어버린다고 비난하였다. 이는 근본적으로는 주관적 계기, 변혁하는 실천에 반대하는 비난으로, 마르크스가 그것들을 독일 관념론에서 자신의 이론으로 도입했다고 주장한다. 옴므는 철저히 옳다. 그가 말하기를, 마르크스에 따르면 실제 사물들은 인간 의식에 반영되는데, 이것들은 “어떤 식으로도 인간과는 독립적으로 존재하는 자연 그 자신 이상”[144]을 나타낼 수 없다. 마르크스에게서 대상은 인간의 이론적 작용을 통해 정립되지 않지만, 대상적 세계는 피창조성의 성격을 상실하여, 결국에는 사실상 인간 행위의 체현이 되고 만다.

엥겔스의 자연 이해가 지닌 “존재론적” 경향은 위에서 인용한 형이상학적 근본 주장들로부터도 어려움 없이 유추할 수 있다. 이런 주장들은, 앞 절에서 자연과학과 관련해서 보여주려고 한 것처럼, 결코 “근원적” 문제 제기에 근거하고 있지 않으며, 예외없이 역사적-사회적으로 매개되어 있다.

그래서 세계의 통일이 그 물질성 안에 존재한다는 엥겔스의 테제에 대해 일단은 세계의 통일에 대한 질문이 관념론적 철학에 해당하는 것은 아닌지 물어야 하겠다. 칸트에게서 자기의식의 형식적 통일은 현상하는 세계의 통일에 대한 의식을 성립시킨다. 헤겔의 변증법은, 칸트 철학에서 특징적인 인식의 형식과 질료의 완고한 대립을 넘어감으로써, 근본적으로 보아 칸트에게는 이미 전제되어 있는 것, 즉 사회적 노동의 조직적인 체계화하는 역할에 더 근접한다. 자연은, 이 노동 과정이 수행되는 가운데 배치되어, 실로 하나의 통일로, 정신과 동일한 단순한 “지배의 기층/토대”[145]가 되고 만다. 칸트 이후 관념론

144 Jakob Hommes, *Der technische Eros*, Freiburg 1955, S. 80.

145 Horkheimer/Adorno, *Dialektik der Aufklärung*, a. a. O., S. 15.

에서 정신이 하나의 보편적인, 개인적인 자아Ich들에 구속되지 않는 주체가 됨은, 사회적 노동의 합리적, 체계화하는 성격을 낳는다.[146] 사회적 생산에서 추상적-관념론적인 것들의 진리를 인지하는 마르크스에게는 그러한 초개인적인 주체의 표상이 다시 나타난다. 그가 『자본』에서, 스스로를 재생산하는 전체를 **"총노동자"**Gesamtarbeiter[147]로 지칭하면서, 개인의 노동들을 이런 총노동자들의 단순한 기관으로 서술할 때 그렇다.[148]

엥겔스가 생각하듯 아무리 세계의 통일이 확실히 물질성에 있다고 하더라도, 실제적 지배와 "철학과 자연과학의 오랜, 지루한 발전"[149](MEW 20, S. 41)만으로, 세계 통일이라는 개념이 성립되지는 않는다. 따라서 세계의 물질성에 관한 주장은 전혀 긍정적인 것을 의미하지 않는다. 그 말은 자연적 소여의 완전히 물질적인 성격을 언표할 뿐이다. "존재는" 언제나 "가공과 관리 측면에서만 바라보아져 왔다."[150]

---

146 이 점에 대해서는 아도르노를 참조하라. *Aspekten der Hegelschen Philosophie*, Frankfurt 1957, S. 31. 여기서 그는 다음과 같이 말한다. "세계가 하나의 체계를 형성한다면, 그것이 그렇게 된 것은 바로… 사회적 노동의 예외없는 보편성 때문이다."

147 이에 대해서는 다음을 참조하라. *Das Kapital*, Bd. I, S. 533 f.

148 이에 대해서는 특히 본서 3장을 참조하라.

149 *Anti-Dühring*, S. 51.

150 Horkheimer/Adorno, *Dialektik der Aufklärung*, a. a. O., S. 91. 하이데거가 「인본주의에 관한 서간」에서 너무 "값싼 반박들"에 직면하여 마르크스를 다음과 같이, 즉 마르크스의 유물론이 "모든 것이 오로지 물질일 뿐이라는 빈약한 주장보다는 오히려 모든 존재자가 노동의 재료로서 나타나는 그런 형이상학적 규정"에 근거하고 있음을 지적하며 변호하려고 할 때, 여기서 하이데거는 단순한 대안이 문제가 아님을 간과하고 있다. 마르크스 이전 유물론과 역사 유물론의 관계는 더 복잡하다. 마르크스의 유물론은 종래의 유물론을 그저 단순히 대체하지 않는다. 그보다도 그것은 동시에 비판적인 자기반성이다. 그것은 마르크스의 유물론이, "모든 것이 재료Stoff이다"라는 명제가 궁극적 분석에 가서는 모든 것이 오로지 그때마다의 지배적인 실천을 위한 재료일 뿐이라는 것을 보여주기에 그렇다. 인용은 M. Heidegger, *Platons Lehre von der Wahrheit*, Bern 1954, S. 87 f.

모든 자연적 존재의 시간 공간성에 관한 테제와 관련해서는, 시간과 공간이 사물들 없이는 사유될 수 없고, 그 역도 성립하는 것이 올바르기는 하다. 마르크스에게서 자연은 오로지 사회적 노동의 형식들을 통해서만 현상한다. 이 점에 상당한 어려움에 시달리기도 하지만, 이를 넘어서서 뒤르켐 학파는 그 인식의 최고도의 형식적 조건들에도 불구하고, 공간과 시간도 사회적으로 성립해 있음을 증명하려고 노력했다.

물질의 현존 방식으로서의 운동에 관한 테제도 비슷한 사정에 처해 있다. 모든 유물론과 마찬가지로 변증법적 유물론도, 외적인 자연법칙과 운동 형식들이 모든 의식 외부에 독립적으로 존재한다는 것을 인정한다. 이런 즉자태는 그러나 그것이 우리에 대해 존재하는 것Für-uns이 됨으로써만, 즉 자연이 인간적-사회적 목적들에 관련되는 한에서만 그 의미를 지닌다.[151]

선先인간적 그리고 인간 외부적 자연의 영역을 **순수한 객관적** 변증법의 의미로 해석하려는 엥겔스의 시도는 사실, 몇몇 비판가[152]들에 의해 반복해서 강조되어 온, 변증법과 유물론의 부조화에 이를 수밖에 없다. 물질이 변증법적으로 구조화된 것으로 서술된다면 그러한 물질은, 엥겔스와 러시아의 엥겔스 추종자들이 자신들의 관점이 근거

151 이 생각은 3장 A절에서 보다 상세히 서술될 것이다.

152 이에 대해서는 메를로퐁티를 참조하라. 논문 「마르크스주의와 철학」Marxisme et philosophie에서 메를로퐁티는 유물론이 동시에 엄격한 의미에서 변증법적으로도 타당하기 위해서는 어때야 하는지 묻는다. "우리는 때때로 어떻게 유물론이라는 것이 변증법적일 수 있는지, 꼭 집어 말하자면, 어떻게 사태가 변증법이라고 불리는 생산성과 참신함의 원칙을 함유할 수 있는지 궁금히 여겨 왔다." In: *Sens et non-sens*, Paris 1948, S. 228. 엥겔스의 『자연 변증법』에 대한 비판과 관련해서는 사르트르의 날카로운 비판을 참조하라. J.-P. Sartre, Materialisme et revolution. In: *Situations*, I, Paris 1947. 나아가 다음도 참조하라. Iring Fetscher, *Stalin über dialektischen und historischen Materialismus*, Frankfurt 1956, S. 22, S. 38.

해 있다고 생각하는, 그런 정확한 자연과학의 의미에서는 더 이상 물질이 아니다.

블로흐의 철학과 관련한 토론들이 보여주었던 것은, 인간의 사유 활동과 생산과는 독립적으로 수행된다는 자연 변증법의 이념이, 필연적으로 "자연 주체"의 범신론적-물활론적 관점으로 나아갈 수밖에 없다는 점이다. 이로 인해 이 이념이 유물론적 입장에서 떠나게 됨은 말할 것도 없다.[153]

엥겔스에게 본질적인 자연 변증법의 범주들은 질, 양, 척도, 연속성, 후퇴 등인데, 이것들은 전체적으로 헤겔 『논리의 학』의 첫 부분, 존재의 논리학에서 빌려 온 것이다. 이를 헤겔은 「입문」Propädeutik에서는 특별히 "존재론적 논리학"이라고 불렀다.

거기에서 어느 정도 "선先주체적"인 변증법은 다음 때문에 가능하다. 즉 사태가 진행되는 가운데 "존재의 논리학"이 "본질"의 논리학을 통해 그리고 마지막으로 개념의 논리학을 통해 매개됨이 **입증되기** 때

153 이에 대해서는 에른스트 블로흐에 반대해 동구권에서 쓰여진 다음 논문집을 참조하라. *Ernst Blochs Revision des Marxismus*, Berlin, 1957. 이 논문집의 저자들은 블로흐와 대립해 엥겔스의 입장을 적극 활용하려고 한다. 여기서 그들이 완전히 간과하고 있는 것은, 정통 이론에서 블로흐의 "이탈" 가운데 후자는 오로지 보다 수미일관된 모습으로 그들과 마주치게 된다는 사실이다. 블로흐가 특히 비난받고 있는 목적론조차도 그 전형은 엥겔스에게 있다. 엥겔스는 『자연 변증법』에서 헤겔에 반대해 이렇게 강조한다. 헤겔은 이 경우 보다 원시적이기는 하지만 보다 엄격한 유물론자이다. "물질이 사유하는 인간의 뇌를 스스로로부터 발전시켰다는 사실은 그에게는 순수한 우연이다. 그러나 진실로 사유하는 존재로 발전해 나가는 것은 물질의 본성이다. 그렇기 때문에 이것은 또한 필연적으로 항상, 이를 위한 조건이 존재하는 곳에서 일어난다."(S. 221.) 같은 책 S. 259도 참조하라. 여기서 엥겔스는 물질을 "목적인"으로까지 기술하고 있다. 엥겔스의 물질 개념틀은 기계론이나 물활론과는 상당히 거리가 멀다. 그에게서 유기적 생명의 본질에 대한 물음과 관련해 살펴보면, 물질의 비밀스러운 정신화는 블로흐에게서처럼 그렇게 직접적으로 분명하지는 않다. 엥겔스의 물질 개념을 블로흐가 계승 발전시킨 것은 낭만적인 자연 사변이라는 의미로, 이는 이미 근본적으로 엥겔스에게도 유효한 그런 것을 드러내 준다.

문이다. 자연은 정신으로, 객관성은 전적으로 주관성 안으로 이행하는 바, 당연히 이것은 엥겔스의 유물론에서는 허용되지 않는다.[154]

마르크스에게서처럼, 모순의 원동력으로서의 자기를 실현해 나가는 절대 개념이 없어진다면, 그리고 정신Geist의 담지자로서는 유일하게 역사적으로 조건 지워진 인간만이 남아 있다면, 인간에게 외적인 자연의 독자적인 변증법에 대해서는 말할 가치조차 없다. 여기에 변증법을 위해 본질적인 계기들은 모두 혼동되어 있다. 마르크스 연구 가운데에서는 루카치가 『역사와 계급의식』에서 이에 대해 최초로 비판적으로 지적하고 있다. "변증법에 대한 엥겔스의 서술에서 생겨난 오해들은 본질적으로, 엥겔스가–헤겔의 잘못된 예를 따라–변증법적 방법을 자연의 인식에까지 확장한 것에 기인한다. 이 방법에서 실로 변증법의 결정적인 규정들인 주체와 객체의 상호작용, 이론과 실천의 통일, 사유에서의 그들의 변화의 토대로서 범주들의 기층의 역사적인 변화 등등은 자연의 인식에는 존재하지 않는다."[155]

인간 사회에 선행하는 자연은 그와 같은 것들을 상호 외적인 계기들의 극성과 대립들로는 데려가지만, 이는 기껏해야 상호작용일 뿐, 변증법적 모순으로까지는 끌고가지 않는다. 돌바크처럼 엥겔스의 **자연의 체계**도 단순한 상호작용의 체계이다. "**상호작용**은, 우리가 운동하는 물질 전체를 모두 오늘날의 자연과학의 입장에서 관찰할 때 만나게 되는 최초의 것이다."[156]

그러나 상호작용의 범주는 헤겔이 말한 바처럼 "말하자면 개념의

---

154 이에 대해서는 마르쿠제의 헤겔 『논리의 학』에 대한 주석과 그것과 유물론과의 관계를 논한 다음 문헌을 참조하라. In: *Soviet Marxism*, a. a. O., S. 143.

155 Georg Lukács, *Geschichte und Klassenbewußtsein. Studien über marxistische Dialektik*, Berlin 1923, S. 17.

156 *Dialektik der Natur*, S. 246.

문턱에"[157] 멈춰 있다. 즉 그것은 기계적 인과론적 사유와 변증법적-개념파악하는 사유 사이에 존립하고 있다. 자연의 선先변증법적 성격과 엥겔스의 변증법 개념이 상응한다. 엥겔스의 개념은 본래 옛 기계론적 역학과, 헤겔과 마르크스에 존재하는 바와 같은 엄격한 변증법 사이를 변주하고 있다.

자연 자체에는 오로지 변증법을 위한 맹아들만이 배태되어 있기에, 엥겔스에게서 옛 기계론적 유물론을 넘어서는 계기들은 그렇게 제대로 나타나지 않는다. 인식론적으로 엥겔스가 대변하고 있는, 즉 자적으로 이미 비변증법적인 순전한 객관주의에 직면하여 다음 물음, 즉 자연의 운동 법칙이 기계적인 것인지 아니면 변증법적인 종류의 것인지를 묻는 질문은 완전히 부차적인 것임이 분명하다.

그렇다고 해서 여기서 엥겔스의 자연관에 가해진 비판적 고찰들이 자연 변증법 개념을 단적으로 폐기되어야 함을 의미하지는 않는다. 오히려 입증되어야 할 것은, 마르크스의 이론 자체가 엥겔스가 이를 보충해야만 한다고 믿었던 그러한 자연 변증법을 이미 함유하고 있다는 사실이다. 마르크스에게 모든 자연 존재는 그때마다 이미 경제적으로 가공된 것이다. 따라서 **개념파악된** 자연 존재이기에, 마르크스에게 이러한 존재의 변증법적 혹은 비변증법적 구조에 대한 물음은 "실천에서 유리된, …그저 **현학적인** 질문"[158]일 따름이다. 철학적으로나 자연과학적으로나 자연 개념은 사회적 실천이 때마다 자연에 대해 행사하는 것과 분리되지 않는다. 마르크스가 자연 개념과 더불어 때때로 물질 개념을 사용함에도 불구하고, 그의 이론의 **실천적인** 경향은 원래 필연적으로, 이러한 개념 아래 포착되는 현실을 우선 사변적이거나 물리적으로가 아니라 경제적-유물론적으로 규정한다. 이리하여

157 *System der Philosophie*, I, a. a. O., Zusatz zu § 156, S. 346.

158 Zweite These über Feuerbach. In: *Über Religion*, S. 54.

「고타강령 비판」에서는 자연이 "모든 노동수단과 노동 대상들의 제1의 근원"[159]이라고 말한다. 『자본』에서는 자연을 "불변자본의 질료적 실존 형태들"[160]의 토대로 보며, 또한 거기서는 살아 있는 노동인 인간 또한 생산수단의 기부자에 해당하는 것으로 된다.

자연은 다음, 즉 자연이 인간들을 자연 자신에게 "자연력"[161]으로 대립해 등장하는, 변화하면서 의식적으로 행동하는 주체로서 산출함을 통해 변증법적으로 생성된다. 인간에게 노동수단과 노동 대상은 서로 관계한다. 자연은 노동의 주체-객체이다. 이들의 변증법은 다음에 근거한다. 즉 그것은 인간들이 외적 자연에서 단계적으로 그것들의 낯섬과 외면성을 제거해 나가고, 자연을 자신과 매개시키며, 또 합목적적으로 자신을 위해 일하도록 함으로써, 인간들이 그들의 자연(본성)Natur을 변화시키는 것에 근거한다.[162] 인간과 자연의 관계는 인간이 서로 간에 상호적 관계들의 전제가 되기 때문에, 하나의 자연과정으로서의 노동 과정의 변증법은 인간의 역사 일반의 변증법으로까지 확장된다.

---

159 *Kritik des Gothaer Programms*, S. 17.

160 *Das Kapital*, Bd. II, S. 135.

161 *Das Kapital*, Bd. I, S. 185.

162 이에 대해서 특히 위와 같은 곳을 보라. 비슷하게 메를로퐁티도 마르크스를 위해 자연 변증법 개념을 구원하려 했다. 논문 「마르크스주의와 철학」에서 메를로퐁티는 다음과 같이 썼다. "자연이 자연이라면, 그것은 우리에게나 그 자신에게나 외적이라는 것에 있다. 거기에서 변증법을 수행할 수는 있는데, 그렇다고 꼭 필요한 그런 관계나 질을 발견할 수는 없다. 그것이 변증법적이라고 한다면, 그것은 인간들에 의해 인간 행동과 분리될 수 없는 것으로 지각되기 때문이다. 마르크스는 이에 대해 「포이어바흐에 관한 테제」와 『독일 이데올로기』에서 언급한 바 있다." In: *Sens et non-sens*, a. a. O., S. 224. 베커도 박사 학위 논문에서 자연 변증법으로 마르크스의 변증법을 이해하는 것에 대해 언급했다. *Marx' philosophische Entwicklung, sein Verhältnis zu Hegel*, Zürich/New York, 1940, S. 103. 자연 변증법에 대한 마르크스의 관점을 2장 B절에서 보다 상세하게 설명하겠다.

2 장
자연의 사회적 매개와 사회의 자연적 매개

A) 자연과 상품 분석

인간들과 마주하고 있는 재료Material로서의 자연은 인간 활동의 목적이라는 관점에서 볼 때에만 미형성태이다. 마르크스가 물질과 동치하고 있는 자연물Naturstoff 자체는 이미 형성되어 있는 것이다. 그것이 의미하는 바는 자연물이 자연과학에 의해 물질적 생산과 항상 관계를 맺으면서 탐구되는 물리 법칙과 화학 법칙의 지배를 받고 있다는 것이다. '그럼에도 불구하고'가 아닌, 바로 자연 소재 그것이 고유 법칙적으로 존재하기 때문에 인간의 목적들은 자연과정Naturprozess을 매개로 해서 실현된다. 이와 더불어 이런 목적의 내용들은 역사적-사회적으로뿐만 아니라, 바로 물질 자체의 구조를 통해 제한된다. 어떠한, 어느 범위로 물질에 내재하는 가능성들이 실현될 수 있는지는 확실히 물질적 생산력과 지적인 생산력들이 도달한 특정 단계의 기능과 관련된 것이다. 또한 물질의 구조도 결코 영원히 확정되어 있지 않다. 이 개념들은 오히려, 사회적 실천의 역사와 가장 긴밀하게 엮여 있는 자연과학의 역사가 진행되면서 계속 풍부해진다. 이런 이유로 레닌은 변증법적 유물론의 물질 개념을 기계적 유물론의 그것과 대립하여, 이 개념을 역사적으로 규정된 자연과학적 의식 상태에 구속되어 있는 그 어떤 내용적인 언표들에도 의존하지 않은 것으로 만든다. 또한 그는 마르크스처럼, 인간은 그 자신이 어떤 역사적 조건 속에서 생활하든 간에 생존하기 위해 전유해야만 하는 저 지양할 수 없는 사물 세계와 마주하고 있다고 주장한다.

세기가 전환될 무렵 즈음해서 일어난 물리학의 획기적인 새로운 발견과 연관하여 일반적으로 "물질의 소멸"과 "미래의 철학적 유물론의 불가능성"에 관해 언급할 때, 레닌은 『유물론과 경험비판론』에서 철학적 물질 개념은, 물리학자들이 말하는 역사적으로 변천하는 물질의 **구조**에 대한 견해들에 영향을 받지 않는다고 지적했다. "왜냐하면 철학적 유물론은, 우리의 의식 밖에 존재하는 **객관적 실재**라는 그런 물질의 **유일한** '속성'의 인정과 긴밀하게 연관되어 있기 때문이다."[1] 레닌에게 유물론 일반이 아닌, 전통적인 기계론적 형태의 유물론은 더 이상 유효하지 않았다. 수백 년 동안 세계에 대한 총체적 설명이었던 역학은 자연과학적 진보로 인해 인식과 물질적 세계의 단순한 계기로 스스로 전락하여 버렸다. "'물질이 소멸한다'는 것은, 우리가 지금까지 물질이라고 알고 있었던 그 한계들이 사라짐을 의미한다. 우리의 인식이 더욱 깊이 파고들면서, 이전에는 절대적이며, 불변하며 근원적으로 타당한 것으로 여겼던 그런 물질의 속성들(불가침투성, 관성, 질량 등등), 그리고 이제는 상대적인, 그저 몇몇의 물질의 상황들에게만 고유한 것임이 드러나 버린 그런 물질의 속성들이 소멸되었다."[2]

의식 밖에서 의식과는 독립적으로 실존하고 있는 모든 객관적 실재라는 물질의 인식론적 정의는 청년 마르크스가 『신성가족』에서 사

1 W. I. Lenin, *Materialismus und Empiriokritizismus*, Moskau 1947, S. 276.

2 같은 책.

회적 노동의 관점에서 부여한 물질의 규정과도 완벽히 일치한다. "인간은 물질 자체를 만들지는 않았다. 인간은 물질 각각의 모든 생산적 능력조차 오로지 물질을 전제해서만 만들어 낸다."[3]

비슷한 객관적인 시각으로 마르크스는 「파리 초고」에 다음과 같이 쓴다. "인간이 **육체를 가진**, 자연력을 지니고 살아 있는, 현실적이며 감각적이고 대상적인 존재라 함은, 그가 **현실적이고 감각적인 대상들을** 그의 존재, 그의 삶의 표현의 대상으로 갖고 있다는 것이며, 그가 오로지 현실적이며 감각적인 대상들에서 자신의 삶을 표현할 수 있음을 의미한다."[4] "그의 본성Natur을 자신 바깥에 가지지 않는 어떤 존재Wesen란 **자연스러운** 존재가 아니며, 자연의 본질과 아무 관계가 없다."[5]

철두철미 헤겔적인 방식으로 여기서 자연은 **외면성Äußerlichkeit**으로 규정된다. 자연은 본질적으로 사물적 성격을 지닌다. 인간도 자연물이다. 이것은 마르크스가 자신의 발전의 모든 단계에서 포이어바흐를 추종하는 관점으로, 포이어바흐는 이에 대해서 자신에게 제기된 모든 비판에도 불구하고 인간과 자연을 질적으로-대상적으로 개념파악한다는 점에서, 현저하게 기계적이거나 생리학적인 고찰 방식인 전통적인 유물론을 넘어선다. 마르크스가 볼 때 포이어바흐는 **순종 유물론자들**에 비해 "어떻게 인간도 '감각적 대상'인지를 통찰하는"[6] 장점을 갖고 있다. 인간은 노동하는 가운데 자신을 대상화한다. 그러나 이를 통해 자연대상성 자체가 "정립"된 것은 아니다. 매개는 마르크스에게는

---

3 *Heilige Familie*, S. 151. 두 물질 규정이 동일한 사태, 즉 노동 과정과 인식 과정의 통일의 관점이라는 것은 자명하다. 마르크스에게서의 엄격한 대상 이론적 실재론에 관해서는 다음을 참조하라. *Rohentwurf*, S. 384와 S. 388 f.

4 *Nationalökonomie und Philosophie*, S. 249.

5 같은 책 S. 250.

6 *Deutsche Ideologie*, S. 42.

정립 행위와 동일하지 않다.[7] 인간적 존재란 "오로지 **대상들만**을 만들고, 정립한다. **왜냐하면 인간 존재는** 대상들을 통해 정립되었기 때문이며, 그는 본래 자연이기 때문이다. 정립이라는 행위에서는 '순수한 활동'에서 **대상 만들기**가 일어나는 것이 아니라, 그의 **대상적** 생산물이 바로 그의 **대상적 활동**을 확인해 주고, 그의 활동이 하나의 대상적인 자연적 존재의 활동임을 입증해 준다."[8]

그러한 동기는 『자본』에서 다시 수용된다. 노동이 **사물들** 사이에서 벌어지는 과정이라면, 여기에서는 경제적 분석들을 위한 철학적-유물론적 전제가 형성된다. "단순히 노동력의 현존으로 고찰하면, 인간은 여기에서는, 비록 살아 있고 자기의식적이기는 해도, 하나의 자연 대상이요 사물로, 노동 자체는 인간의 힘의 **사물적** 표현이다."[9]

다른 곳에서도 노동력에 관해서 언급하고 있는데, 그것은 "특히 인간 유기체 안으로 옮겨 정립된 자연물"[10]이다. 그 자체가 오로지 자연력의 표현인 노동은 항상, 노동으로 해소되지 않는 그런 기층을 적시하고 있다. 마르크스는 이런 노동의 자연적 기층을 『자본』에서 다시 체계적인 형태로 상세히 서술하는데, 상품의 이중적 성격과 그 안에서 대상화된 노동에 대한 분석이 바로 그것이다. 상품이란 대립적인 규정들의 통일이다. 부르주아 사회의 "세포"[11]로서의 상품은 그 안에 상승한 생산력들 단계에서 나타나는 바와 같은, 자연과 역사적 과정의 관계를 반영한다. 상품은 자연을 "존재 그 자체"로서, 마찬가지로

---

7 그러한 동일성을 마르크스는 열정적인 헤겔의 개념 "화해"Versöhnung에서 인식한다. 후자에서는 사실상 모순태와 긍정적인 피정립태의 매개가 일어난다.

8 *Heilige Familie*, S. 84.

9 *Das Kapital*, Bd. I, S. 211.

10 같은 책 S. 223.

11 W. I. Lenin, *Aus dem philosophischen Nachlaß*, Berlin 1954, S. 287.

"타자를 위한 존재"로서 함유하고 있다.

마르크스에게 교환가치를 정립하는 것으로서의 노동은 추상적-보편적이면서도 동일한 것이고, 사용가치를 정립하는 것으로서의 노동은 구체적-특수하면서도 극도로 상이한 노동 방식들로 구성되어 있다. 한 상품의 교환가치는 절대 어떤 자연물을 내포하고 있지 않다. 그것은 상품의 자연적인 질들과는 무관하다. 그 이유는 소비된 시간으로 측정했기에, 인간 노동 일반의 체화로서의 상품 안에서 소비된 시간으로 측정되었기에, 모든 자연규정성들이 상각되었기 때문이다.[12] 교환가치가 부르주아 생산 형식에 전형적인 "초자연적인 속성"[13]이라면, 사용가치들에서 상품은 "집에서 구운 수제의 자연 형태"[14]로 우리에게 등장한다. 본 연구에서는 과제의 특성상 상품에 특히 관심이 있다. 사용가치들은 특히 목적 지향적 활동에 의해 매개된 특수한 자연물로, 이는 특수한 인간 욕구들을 만족시키는 데 사용된다. 마르크스는 이를 다음과 같이 보다 상세하게 규정한다. "저고리, 아마포 등등의 사용가치들, 간단히 상품체들은 자연물과 노동이라는 **두 가지 요소가 결합한 것**이다. 저고리, 아마포 등에 포함되어 있는 모든 상이한 유용노동들의 총합을 제거하고 보면, 거기에는 인간의 관여 없이 자연에 의해 존재하는 물질적 기층이 항상 남는다."[15]

---

12 이에 관해서는 다음을 참조하라. *Das Kapital*, Bd. I, S. 88. "교환가치는 사물에 사용된 노동을 표현하는 특정한 사회적 작위이기에 그것은 마치 **환시세**와 같이 더 이상 자연물을 함유할 수 없다."

13 같은 책 S. 62.

14 같은 책 S. 52.

15 같은 책 S. 47. 노동의 자연 계기에 관해서는 다음을 참조하라. Kritik des Gothaer Programms, S. 17. 거기서는 자연을 "모든 노동수단과 대상들의 첫 번째 원천"이라고 설명하고 있다. 마르크스는 그 부분에서 노동을 "모든 부와 모든 문화의 근원"이라고 하는, 원래의 강령 초안에 나온 이데올로기적 표현을 올바르게 반박한다. "왜냐하면 노동의 자연제약성으로부터, 자신의 노동력 외에는 다른 아무 것도 소

노동이 형식적인 것der Formale에 관계한다면, 자연물은 재료 측면에서의 **가치형성자**이다. 이미 노동의 성격에 대해 언급된 것에 따르면, 여기서는 자연물과 노동의 분리가 절대적인 것일 수 없다. 개별적인 사용가치에서라면 무엇이 노동에, 따라서 인간에게 귀속되는지, 그리고 무엇이 상품체의 "물질적 기층"으로 본래 주어져naturgegeben 있는지 추상적으로 구분할 수도 있을 것이다. 그러나 경험 세계 전체를 놓고 보면, 여기에서 자연물과 그것이 변화하는 실천적-사회적 방식 사이의 분리는 실제로는 수행될 수 없다. 마르크스의 관점에서 보면 인간과 자연물이 어느 정도의 양적-질적 관계로 노동 산물의 성립에 관여했는지 일반적으로 판정내릴 수 없다. 이런 관계가 형식적으로 고정될 수 없다는 사실은 계기들의 과정을 하나의 변증법적인 것으로 만들어 준다.[16] 한 번 만들어지면, 노동에 자연물을 더해 함께 만들어진 사용가치들의 세계는—인간화된 자연—인간들에게는 마찬가지로 하나의 객체로서, 인간의 손이 채 닿지 않은 채 최초의 직접성을 보존하

유하고 있지 않은 그런 인간은 어떤 사회적, 문화적 상황에서도, 자신을 대상적인 노동 조건들의 소유자로 만든 다른 인간들의 노예일 수밖에 없다는 사실이 추론되어 나오기 때문이다. 그는 오로지 그 소유자들의 허락을 받고서야 일할 수 있으며, 따라서 오로지 그들의 허락을 받아야만 살 수 있기도 하다." 「고타강령 비판」에 자연의 역할에 대한 해석에 관해서는 아도르노의 『헤겔 철학의 관점들』*Aspekte der Hegelschen Philosophie*, a. a. O., S. 28, 그리고 벤야민의 *Schriften*, Bd. 1, Frankfurt 1955, S. 500 f.를 참조하라. 또한 『정치경제학 비판을 위하여』, S. 30에도 노동이 결코 물질적 부의 유일한 원천이 될 수 없다는 생각이 서술되어 있다. "노동이란 물질을 이러저러한 목적을 위해 전유하는 활동이기에, 노동은 그 전제로써 물질을 필요로 한다." 노동이 부의 유일한 원천이라는 생각은 각 유통 영역 모두를 특징짓는 이데올로기적 가상에 해당된다. 유통 영역에서는 생산과정의 모든 요소들이 상품 유통에 기인한다는 기만이 발생하고 있다. "이런 일면적인 관점은 상품 요소들과는 독립적인 생산과정의 요소들을 간과하고 있다." In: *Das Kapital*, Bd. II, S. 94. 여기에서도 마르크스는 사회보다 선행해 주어져 있는 자연물들을 염두에 두고 있다. 「고타강령 비판」, S. 11.

16 이에 대해서는 *Deutsche Ideologie*, S. 41도 참조하라.

고 있는 자연물처럼 인간들에게 독립적인 현존자로서 마주 선다. 지성적이거나 실천적인 인간의 생산력이 자연물에 각인된다고 해서 그것의 의식 독립적인 현존이 그렇게 전적으로 지양되거나 완전히 확증되지는 않는다. 가공된 자연물은 감각적 세계의 구성 요소로 남아 있다. "예를 들어, 나무의 형태는 사람이 그것에서 책상을 만들어 내면, 변화한다. 그럼에도 나무 책상은, 일상적인 감각적 사물이다."[17]

보다 높은 생산과정 단계들에서 자연적인 직접성은—이제는 인간적으로 매개된 것으로서—다시 생산된다. 다음과 같이 말할 때 마르크스는 바로 이러한 연관을 마음속에 두고 있었다. "노동 과정 가운데 노동은 항상, 불안정의 형태에서 존재의 형태로, 운동 형태에서 대상성의 형태로 변환된다."[18] 한 생산 단계에서 직접태는, 다른 단계에서는 매개태이다. "어떤 사용가치가 **생산물**로 노동 과정에서 생겨나려면 다른 사용가치들, 그 이전 노동 과정들의 산물들이 **생산수단**으로서 전자의 사용가치 안에 투입된다. 이것의 산물인 동일한 사용가치가 저 노동의 생산수단이 된다. 때문에 생산물들은 결과물일 뿐만 아니라, 동시에 노동 과정의 **조건**이기도 하다."[19]

노동 과정을 정의해 주는 이러한 "탈대상화로서의 대상화"[20]는 나아가 보다 보편적인 이론적 내용을 지니고 있다. 엥겔스가 『포이어바흐…』에서 한 주장, "세계는 완성된 사물들의 복합체가 아니라, **과정들**의 복합체로 파악되어야 한다"[21]는 주장과는 달리, 마르크스에게서 변증법적인 과정적 사유는 물화된 의식에 대한 어떤 추상적 대안이 될

---

17 *Das Kapital*, Bd. I, S. 76.

18 같은 책 S. 197.

19 같은 책 S. 189.

20 *Nationalökonomie und Philosophie*, S. 243.

21 Engels, *Ludwig Feuerbach und der Ausgang der klassischen deutschen Philosophie*, S. 42.

수 없다. 어떤 오류에 빠져 사물을 형이상학적으로 경직되게 완성되고 불변적인 것으로 보아서는 안 되듯, 그렇게 사물을 간단없이 그것을 매개하는 사회적 과정들의 계기들로 해소해도 안 된다. 그렇게 한다면 그것은 역방향으로 동일한 형이상학적 잘못을 범하는 것이 되리라. 오히려 중요한 것은 사물적인 존재의 직접성과 매개성의 구체적인 변증법을, 그것들을 그때마다 적절한 형태로 펼쳐 내는 일이다.

특히 『자본』 「상품의 물신적 성격과 그 비밀」[22] 절에 대한 여러 고찰들 중에는 잘못된 관념론적 해석들이 들어 있다. 마르크스가 여기서 보여주고 있는 것은 다음, 즉 자본주의적 생산은, 그것이 노동 산물들을 상품으로 이행시킴으로써 근저에 놓여 있는 사회적 관계들에 어떤 "유령적인 대상성"[23]을 제공하는 바, 여기서 노동 산물들의 상품 형태는 "그것의 물질적 본성과 그것에서 유래하는 사물적인 관계들과는 절대적으로 아무런 관련이 없다는 사실이다. 여기서 인간들에게 사물들의 환각적 형식을 띄고 나타나는 것은, 인간들의 특정한 사회적 관계 자체에 다름아니다."[24] 노동 산물들이 상품이 됨으로써 그것들은 더 이상 인간과 자연의 살아 움직이는 교환을 체현하지 않고, 죽은 사물적인 실재로서 등장하며, 인간의 생이 그것에 의해 맹목적 운명에 의한 것처럼 지배되는 그런 객관적 필연성으로 등장한다. 노동 산물들이 상품으로 사회적 변신을 하는 데에서 기인하는 그런 "대상적인 가상"[25]에 기만 당해, 경제학자들은 사태의 본질에 따라 교환가치가 형성될 때 자연이 맡은 역할에 대한 장황하고도 비생산적인 설명들을 해 댔다. 그러는 가운데 사용가치와 교환가치의 실제 관계는 뒤집혔

22 *Das Kapital*, Bd. I, S. 76–89.

23 같은 책 S. 42.

24 같은 책 S. 78.

25 같은 책 S. 88.

다. 허위의식에게 그것은, "사용가치는 사물들에게 그것의 물적인 속성들과는 독립적으로 부여되며, 이에 반해 그 가치는 사물들 그 자체에 부여된 것"[26]으로 나타난다. 상품의 자연규정성은 사회적인 것으로, 상품의 사회적인 것은 그것에 부착되어 있는 자연규정성으로 나타난다. 경제학자들은 "그들이 어설프게나마 사물로 기술했다고 생각했던 것이 바로 사회적 관계로 나타나고, 다음으로 그들이 거의 사회적 관계로 고정시켜 놨던 것들이 다시 사물로 나타나 그들을 우롱할 때"[27] 아연실색한다.

생산은 항상 사회적이다. 항상 생산은 "특정 사회 형태 안에서 그리고 그것을 **매개로 해서** 개인 측면에서 이루어지는 자연의 전유"[28]이다. 그것은 개인들이 일단 서로 독립적으로 그들의 사적인 노동에 규칙적으로 종사할지라도 그렇다. 그들에 의해 산출된 물들의 사용가치는 교환 없이 "사물과 인간 사이의 직접적인 관계에서"[29] 실현된다. 상호 독립적으로 수행되는 사적 노동들의 사회적 성격은 이에 반해 노동 산물들의 교환에서, 즉 사회적 총과정에서 비로소 드러난다. 생산의 본질이 인간들 사이의 개인적인 의존 관계에 존재하는 전前부르주아적 생산 형식들에서는 이러한 관계가 충분히 투명하게 보이기 때문에 "노동들과 생산물들이… 그 현실과 다른 환상적인 형태"[30]를 취하지 못한다. 노동 생산물들은 상품이 되지 않는다. "노동의 자연 형

26 같은 책 S. 89.

27 *Zur Kritik der politischen Ökonomie*, S. 28.

28 같은 책 S. 241. 모든 인간적인 자연의 전유가 지닌 사회적 규정성에 관해서는 다음 글도 참조하라. Lohnarbeit und Kapital. In: *Ökonomische Aufsätze*, S. 27 f.

29 *Das Kapital*, Bd. I, S. 89.

30 같은 책 S. 83

태"[31]가 구체적-특수적이지 추상적-보편적이며 동일하지 않다는 것이 여기서의 사회적 노동의 근본 형태이다.

역사적 관계들이 상품들의 형식에서 사물화된다는 마르크스의 특별한 발견은 다음의 관념론적 오해, 즉 마르크스가 모든 경제적 범주들을 인간들의 관계로 해소하고 있으며, 때문에 세계에 생동하는 물질적 사물들은 존재할 수 없고, 있는 것은 오로지 관계들과 과정들뿐이라는 오해에 봉착할 수 있다.[32] 의심할 바 없이 마르크스가 행한 분석의 주요 동기는, 사물들로까지 경화된 경제적 현실의 표피 뒤에 숨어 있는 본질, 인간들의 사회적 관계들에까지 전진하기 위하여 이 표피를 뚫고 들어가는 것이다. 이미 언급한 것처럼, 그 지점에서 마르크스에게 이러한 관계들은 물론 전혀 궁극적인 것을 의미하지 않는다. 유통 영역들을 떠받치고 있는 생산과정에 대한 분석은, 인간 노동이 전적으로 물질적 부의 유일한 "형성자"는 아니라는 것을 보여준다. 추상-보편 노동의 현존 방식, 그것의 "현상 형태"[33]는 인간적-사회적 규정들로 환원될 수 없는 자연 기층을 전제하고 있다. 모든 사회적 관계들은 자연물들에 의해 매개되며 또 그 역이기도 하다. 항상적으로 그것은 인간들 "서로와 자연"[34]과의 관계들이다.

자연이 형이상학적으로 파악된 "정신"Geist의 계기들로 해소될 수 없듯이, 자연은 그것의 실천적인 전유의 역사적 방식들 안으로 사라지지 않는다. 루카치는 나아가 마르크스 해석사에 의미가 있을 저서 『역사와 계급의식』에서 신헤겔주의적 "현실주의적" 관점에 빠져 있

---

31 같은 책.

32 블로흐의 몇몇 부분이 그렇다. 초기 루카치에게서 많은 영감을 받은 블로흐의 부르주아 "상품 사유"에 대한 비판은 유물론적 입장을 포기하게 되는 위험에 빠진다.

33 *Das Kapital*, Bd. I, S. 64.

34 같은 책 S. 85.

다. 상품물신주의의 철학적 관점에 대한 상세한 설명과 연관해서 보면, 루카치는 마르크스의 자연 개념에 대해 다음과 같이 언급하기에 이른다. "자연이란 사회적 범주이다. 즉 사회적 발전의 특정 단계에서 '자연'으로 유효해진 것으로, 이런 자연과 인간들의 관계가 어떻게 만들어져 있고, 어떤 형태로 자연과 인간 사이의 맞씨름이 일어나는지, 이리하여 자연이 형식과 내용, 범위와 대상성에 따르면 무엇을 의미할지는 항상 사회적으로 조건 지워져 있다."[35]

루카치는 모든 자연 의식과 현상하는 자연 자체는 역사적-사회적으로 조건 지워져 있다고 정당하게 지적한다. 그러나 마르크스에게 자연이 **오로지** 하나의 사회적 범주인 것만은 아니다. 자연은 형식, 내용, 범위 그리고 대상성에 따라 볼 때, 결코 자연 전유의 역사적 과정들로 남아 있는 그런 잔재도 없이 해소되지 않는다. 자연이 하나의 사회적 범주라면 그 역의 명제, 사회가 하나의 자연 범주라는 것도 유효해야 한다. 유물론자 마르크스에게서 자연과 그 법칙들이 모든 인간적 의식 및 의지와 독립적으로 존속함에도 불구하고, 그것에 대한 언표들 일반은 오직 사회적 범주들에 힘입어 작성되고 사용될 수 있다. 자연을 지배하려는 인간적인 노력 없이 자연법칙들의 개념은 생각도 할 수 없다. 자연의 사회적 본질과 그것의 독자성은 통일을 이루며, 이 안에서 주체 측면은 루카치가 자연에 부여한 "산출하는" 역할을 전혀 하지 않는다.[36] 인간 노동에 의해 "걸러진"[37], 스스로 만들어지지 않은 저

35 Georg Lukács, *Geschichte und Klassenbewußtsein. Studien über marxistische Dialektik*, Berlin 1923, S. 240.

36 마렉Siegfried Marek은 저서 『오늘날 철학에서 변증법』*Die Dialektik in der Philosophie der Gegen wart, 1.* Halbband, Tübingen 1929, S. 131에서 루카치가 서술한 마르크스의 자연 개념을 비판한다. 여기서 마렉은 "자연의 존재가 남김없이 사회 생산물로 파악"되어야 하는지 정당하게 묻는다.

37 *Das Kapital*, Bd. I, S. 186.

물질/재료 세계는 마르크스에 의해 그렇게 자주 강조된 "인간의 관여 없이… 존재하는 기층"[38]이다. 때문에 마르크스가 염두에 두고 있는 소외의 이론적, 실천적 지양에서는 헤겔처럼 대상성 자체가 그렇게 문제가 되는 것이 아니라, 그것의 소외된 성격을 지양하는 것이 문제이다.[39] 『정신현상학』에서 헤겔의 정신Geist은 결국 절대지에서 자신이 두루 겪어 온 계기들의 총체성을 반성하는 가운데 남김없이 정신의 외화로부터 자신에게로 복귀하기에 이를 때까지, 그의 발전의 보다 상위의 단계들마다 일단은 정신에 외적인 그러한 대상 형식의 세계를 하나의 가상적인 것으로, 정신 자신에 의해 정립된 것(피정립태)임을 통찰한다. 포이어바흐와 더불어 정신을 오로지 유한하며 덧없는 인간으로 이해하는 마르크스는, 때문에 헤겔의 철학을 그 철학에서는 절대적 자기의식이 모든 대상성의 근간을 이루게 되는, 그런 엄청난 주관주의라고 비판한다.[40] 헤겔의 사변은 인간 존재가 그 자신과는

38 같은 책 S. 47.

39 이에 관해서는 「파리 초고」의 「헤겔 변증법과 철학 일반에 대한 비판」에서 헤겔의 절대지 개념에 대한 마르크스의 비판을 참조하라. 헤겔의 『정신현상학』에 대한 마르크스의 비판과 해석에 관해서는 특히 루카치의 『청년 헤겔』*Der junge Hegel*, Berlin 1954.을 참조하라.

40 확실히 『정신현상학』에서의 엄격한 헤겔에게 얻은 것만은 아닌 비판이다. 자신의 이론을 만들어 가던 시기에 마르크스는 헤겔 관념론 자체보다는 청년헤겔학파의 왜곡과 더 많이 관계하고 있었다. "브루노 바우어와 그의 추종자 및 "진정한 사회주의자들" 같은 이들에게서는, 헤겔의 "정신"을 거의 피히테 식으로 파악된 무한한 자기의식으로 환원시키려는 경향이 입증되고 있다. 그것은 카를 그륀에게서도 그렇다. 『독일 이데올로기』에서 마르크스와 엥겔스는 그륀의 극단적인 주관주의를 비판하는데, S. 495에서는 다음과 같이 이야기하고 있다. "게다가 여기서 우리는 '진정한 사회주의자들'이 '자유로운 활동'을 무엇으로 이해하고 있는지 보고 있다. 우리의 저자는 우리에게 부주의하게도 다음, 즉 그것이 '우리 밖에 있는 사물들에 의해 규정되지 않는' 활동, 즉 순수하고도 절대적인 활동, 다름아닌 활동으로 최종심급에서는 다시 '순수한 사유'라는 환상으로 달려나갈 그런 활동임을 누설하고 있다. 이런 순수한 활동은 자연히, 그것이 물질적 기층과 물질적 결과물을 갖게 되면, 상당히 오염된다." 여기서 비판된 입장이 단순하게 헤겔과 동치될 수 없다는

대립된 방식으로 대상화된다는 것은 문제시 않고,—마르크스는 여기서 노동 생산물과 그 생산자들 사이의 실제적 분리를 생각하고 있다—"그것이(인간적 존재—역자) 추상적 사유와는 달리 그리고 이와 대립하여 자신을 대상화하며, 그것이 피정립태요, 소외를 지양해 가는 존재라고 생각한다."[41]

이와 대립하여 마르크스에게서 소외의 지양은 철학이 아니라, 인간과 자연을 참되게 매개하는 최상의 형태인 사회주의에 존재한다. 그곳에서 이들의 대상성은 단순히 소멸되지 않고, 그것이 인간에게 적절하게 될지라도 여전히 외적인 것, 전유되어야 하는 것으로 남는다. 인간들은 항상 노동해야만 한다. "사용가치들의 형성자로서, **유용**노동으로서 노동은 때문에 모든 사회 형태들과는 독립적인 인간의 실존 조건이며, 인간과 자연 사이의 물질대사를, 즉 인간의 삶을 매개하기 위한 영원한 자연필연성이다."[42]

더욱이 마르크스는 『자본』 **초안**[43]에서 상당한 정도로 철학적 범주

것은 분명하다. 논쟁에서 마르크스가 때때로 헤겔의 관념론을 크게 어려워하지 않고 청년헤겔학파의 것과 한 냄비에 넣어 뒤섞을 때에도, 마르크스는 궁극적으로 객관적 관념론과 주관적 관념론의 변종 사이의 차이들을 실로 의식하고 있었다. 그리하여 그는 『신성가족』 S. 341. 즈음에 다음과 같이 쓴다. "결국 다음은 자명하다. 즉 헤겔의 현상학이 그것의 사변적 원죄에도 불구하고 많은 점에서 인간적 관계들의 현실적 특성들을 가진 그러한 요소들을 제공할 때, 이와는 다르게 브루노와 그 동료들은 내용이라고는 아무 것도 없는 풍자화나 내놓을 따름이었다…."

41 *Nationalökonomie und Philosophie*, S. 241. 또한 S. 244도 참조하라.

42 *Das Kapital*, Bd. I, S. 47.

43 『정치경제학 비판 요강』*Grundrisse der Kritik der politischen Ökonomie*이라는 제목 아래 출간된 『자본』 1권에 대한 예비 작업은 지금까지는 철학적인 마르크스 이해를 위해서 거의 참조되지 않았다. 바로 이 작업에 마르크스의 헤겔과의 관계 그리고 헤겔을 통해 매개된 그와 아리스토텔레스와의 관계의 관점과 관련한 상당히 많은 새로운 자료가 들어 있음에도 불구하고 말이다. 발전사적으로 말해 보면, 이 작업은 「파리 초고」와 후기 마르크스의 완성된 유물론적 경제학 사이의 연결고리이다. 초안에는 부분적으로 단편적인 성격에도 불구하고 의심할 바 없이 철학적으로 가

들을 사용한다. 거기에서 그는 자연 존재의 인간에의 종속과 독립이라는 해체 불가한 연관을 펼쳐 낸다.

인간들은 형태 부여 활동과 합목적적 활동에서 물질적 현존의 자연발생적인, 아직은 추상적인 직접성을 넘어 나간다. 전적으로 헤겔의 의미에서 마르크스는 생산 활동을 동시에 하나의 소비로,[44] 가공된 재료와 활동 자체의 소비로 이해한다. 노동은 직접태의 사유상의 부정일 뿐만 아니라, 육체로 하는 부정이요, 바로 그렇게 부정의 부정인 그러한 부정이다. 그것은 인간들이 이론적-실천적으로 자연물을 두루

장 중요한 마르크스의 표현들이 담겨 있다. 초안은 나아가 『자본』 자체의 최종판으로서 다음을 분명히 하고 있다. 즉 후기 마르크스의 사유도 그 자신이 말하려고 했던 것보다도 훨씬 더 헤겔의 입장들에 의해 규정된다는 사실이다. 초안에 대한 연구는 특히 오늘날 마르크스-연구에 상당히 부담을 주고 있는 그런 신화들을 제거하는 데 기여할 수 있다. 이 신화에 따르면 오로지 "청년 마르크스"의 사유만이 철학적으로 중요하며, 반면 보다 후기의 경제학적인 즉물적 문제 제기는 참된 인본주의의 모든 동인을 생매장시켜 놓았다고 한다. 청년 마르크스와 성숙한 마르크스의 사유 사이에는 절대적 단절이 존재한다는 유지 불가능한 주장의 특징적 예를 다렌도르프는 자신의 박사 학위 청구 논문 「마르크스에 대한 전망」*Marx in Perspektive*, Hannover 1952, S. 165 f.에서 제공하고 있다. 다렌도르프에게 마르크스의 작업은 "전혀 의미 없고 원칙적이지 않은 연관을 통해 연결될 수 있는 두 부분으로" 나뉜다. 다렌도르프는 초기의 "예언적인 역사 구상"과 중기, 후기 마르크스의 "사회과학적인 가설들"을 구분한다. 다렌도르프가 간과하고 있는 점은, 마르크스 변증법의 본질적인 범주들은 바로 후기 저작에서 펼쳐지며, 객관적 해석을 위해 중요한 것은 오로지 다음, 즉 그 범주들을 그 경제학적 변장에서 분리해 내는 일이다. 공식적인 해석은, 마르크스를 외견상으로는 진지하게 받아들이는 듯하면서, 청년 마르크스 이론의 "윤리적 핵심", "실존적 관심"을 주장함으로써, 그것이 동시에 청년 마르크스가 생각했던 것의 실현이라는 관점에서 중요한 자본주의적 생산의 전체 과정의 분석에 대한 조망을 가로막는다.

44 이에 대해서는 *Das Kapital*, Bd. I, S. 191을 참조하라. 소비와 생산의 변증법에 관해서는 특히 *Zur Kritik der politischen Ökonomie*, S. 244–249를 참조하라. 주목할 만한 것은, 마르크스가 소비와 생산의 동일성을 발전시킨 곳에서 인간 외적 자연을 하나의 모델로 사용하고 있다는 사실이다. S. 244에서 그는 다음과 같이 말하고 있다. "소비는 직접적으로 생산이기도 하다. 자연에서 요소와 화학적 물질들을 소비하는 일이 식물들의 생산이듯이 말이다."

경험한 후, 그것의 물질적 대상성을 그때마다 부활시켜 놓는 한에서 그렇다.

생산과정은 추상적인 세 계기를 갖는다. 물질, 그것은 원료와 도구로 구분된다. 그리고 형식, 이것은 노동으로서 재료적 계기들의 재료적 관계 자체를 나타낸다. 가공된 원료뿐만 아니라, 원료에 사용된 도구도 노동을 통해 가능성에서 현실로 변형되며 그것의 재료와의 관계를 통해 소모된다. 노동의 "중립적인 생산물"[45]에서 과정의 세 계기들은 폐절되거나 재생산된다. "전체 과정은 그렇기 때문에 **생산적 소비**로, 즉 **무**로 끝나거나, 대상태das Gegenständliche의 한낱 주관화로 귀결되지도 않고, 그 자체가 다시 하나의 **대상**으로 정립되어 있는 그런 소비로 나타난다. 소비는 재료의 단순한 소비가 아니라, 소비 자체의 소비다. 말하자면 물질/재료적인 것의 지양에서 이런 지양의 지양 그리고 그렇기 때문에 동일한 것의 **정립이다. 형태를 부여하는**(강조는 마르크스 자신의 것–저자) 활동은 대상을 소비하고 자기 자신을 소비한다. 하지만 그것은, 대상을 새로운 대상적 형식으로 정립하기 위해, 오로지 대상의 주어진 형식만을 소비한다. 그리고 그것은 자기 자신을 오로지 활동이라는 주관적 형식으로서만 소비한다. 형태를 부여하는 활동은 대상의 대상적인 것–형식과 무관–그리고 활동의 주체적인 것을 소비하며, 어떤 것을 형태 짓고, 또 다른 것은 물질화한다. 그러나 **생산물**로서는 그렇지만 재생산 과정의 결과물은 **사용가치**다."[46]

노동을 통해 전유된 모든 자연물들은 사용가치들이다. 그러나 모든 사용가치들이 전유된, 즉 인간적으로 매개된 자연물들은 아니다. 공기, 물 따위는 모든 자연과 마찬가지로 인간의 관여 없이 존재한다. 그것들이 지닌 인간에게 유용한 특성은 그럼에도 어떤 노동에 힘입은

---

45 *Rohentwurf*, S. 208.

46 같은 책.

것은 아니다. 일반적으로 노동수단, 생산 도구는 "노동자가 자기와 노동 대상 사이에 끼워 놓은 것, 노동 대상에서 그의 활동의 전도체로서 노동자에게 봉사하는 하나의 물건 혹은 물건들의 복합체"[47]로, 그 자체가 이미 사용가치이며 "자연물과 인간 노동의 결합"[48]이다. 그러나 근원적으로 노동 과정은 오로지 노동의 "일반적인 대상"[49]으로서 대지와 인간 사이에서만 진행되기 때문에, 노동 과정 안에는 항상 생산수단들도 투입된다. 이 생산수단들은 이미 그 자체가 생산물들은 아니며, 따라서 자연물과 인간의 첨가물의 어떤 결합을 나타내지 않는다. 이는 자연이라는 모두가, 사회적 과정들 그때마다의 역사적 틀 안에서야 비로소 의미를 지니게 됨에도 불구하고 그렇다. 생산수단들은 사용가치들을 산출하면서 동시에 교환가치들을 산출하지는 않는다.

모든 노동은 나무를 베고, 광맥에서 광석을 캐는 등 이로써 사물들을 그것과 "지구 전체와의 직접적인 연관에서 해체"[50]하기 시작한다. 인간이 관계해 온 대부분의 노동 대상들은, 그럼에도 선행 노동에 의해서 이미 "걸러져"[51] 있다. 그것들은 "원료"다. 원료들은 이제 "주요재"로서 또는 "보조재"[52]로서 하나의 생산물을 만들어 내는 데 기여할 수 있다. 한 사용가치가 원료나 노동수단 혹은 생산물로 기능할 수 있는지 여부는, 전적으로 그것이 노동 과정에서 수행하는 역할에 달려

47 *Das Kapital*, Bd. I, S. 187. 이에 대해서는 S. 189도 참조하라. 여기서 마르크스는 명백하게 다음과 같이 말한다. "그러나 특히 **노동수단**과 관련해 말하자면, 그것의 엄청난 다수는 아주 피상적으로 볼 때에도 과거 노동의 흔적을 보여주고 있다.

48 같은 책 S. 192.

49 같은 책 S. 186.

50 같은 책.

51 같은 책.

52 같은 책 S. 189.

있다.

사용가치는 부정됨으로써 그 자신의 본래적인 규정에 도달한다. 사용가치는 소비에서 입증된다. 그것이 이미 가공된 물질로서 이후의 생산과정들에 도입된다면, 사용가치는 인간에게는 말하자면 자연의 아직 "참되지 않은 현존"이며, 아직 불충분하게 인간과 매개된 것으로, 인간의 욕구들에 아직 충분히 적절하지 않은 것임이 분명하다. 사용가치 안에 이미 대상화된 사물과 같이 응고된 노동은, 그것이 관여한 물질이 계속 더 가공되어야 한다면 다시 살아 움직인다. 그 가운데 거기서 예전에 매개된 직접성은 스스로를 보다 풍부해진 새로운 사용가치들[53]로, "보다 매개된 직접성"들로 지양하고, 그 안에서 몰락한다. "살아 움직이는 노동은 이런 것들을 포착하여 그것들을 죽음에서 깨워 가능태에서 현실태로 그리고 현실적으로 작용하는 사용가치들로 변화시켜야 한다. 노동의 불이 핥아 노동의 친위대원/몸으로 만들어져 노동 과정 가운데 개념적으로나 전문적으로나 그것의 적절한 기능들로 고양되었다면, 사용가치들은 마찬가지로 소비되었으되, 목적에 부합되는 새로운 사용가치들의, 새로운 산물들의 형성 요소들로서 소비된다. 이 사용가치들은 생필품으로서 개인적인 소비에, 또는 생산수단으로서 새로운 노동 과정에 투입될 수 있다."[54]

개인적 소비가 사용가치를 살아 움직이는 개인의 생활필수품으로써 버린다면, 그 소비는 "노동의, 활동하는 개인의 노동력의 생활필수

53 *Rohentwurf*, S. 267도 참조하라.

54 *Das Kapital*, Bd. I, S. 191. 사용가치들의 그 이상의 가공. 광물, 식물, 동물, 인간 등등 자연의 계속적인 변신–인간 외부 것의 변화의 결과물이요 조건으로서–은 보다 광범위한 시공간으로 확장될 수 있다. 이에 대해서는 S. 189.에는 다음과 같이 서술되어 있다. "인간이 자연 생산물로 간주하고는 하는 동물들과 식물들은 이전 해의 노동의 산물일 수도 있을 뿐만 아니라, 그것들의 지금 형태들에서도 많은 세대들에 걸친 인간의 통제 아래 인간 노동을 매개로 계속되어 온 변신의 산물들이다."

품”[55]으로서 생산적 소비를 써 버린다. 그것의 물적 현존 가운데 과거 노동의 산물들을 사용가치들로 보존하기 위해서는, 그 산물들이 계속 살아 있는 노동과 접촉하고 있어야 하며, 그 산물들이 노동 과정의 결과물이요 실존 조건들로서 노동 과정 안에 “던져져”[56] 있어야 함이 요구된다.

사용가치 안에 숨겨져 있는 가능성들이 개인적 의미에서나 생산적 소비의 의미에서나 모두 실현되지 않는다면, 따라서 사용가치가 인간의 목적들을 위해 사용되지 않는다면, 그것은 “자연적인 물질대사”[57]의 소유가 되고 만다. 모든 폐차장은 마르크스의 사유를 입증한다. 즉 “개인화된 것(말하자면 여기서는 인간적으로 전유된 것–저자)이 자연의 기본 요소로 항상적으로 해소됨은, 후자의 항상적인 개인화처럼 바로 자연과정의 한 계기이다.”[58]

마르크스는 인간적 목적을 위해 부정되지 않은 사용가치의 이런 자연적인 붕괴를 철학적으로 적지 않게 의미가 있는 다른 방식으로 해석하고 있다. 지금까지의 설명에서 우리는 반복해서 다음을 인용해 왔다. 즉 마르크스에게서 사용가치는 두 요소, 즉 자연물과 형태를 부여하는 노동의 결합이라는 것을 말이다. 자연이 “미개발된 잠재력”[59]을 갖고는 있지만, 자연의 고유한 형태들이 인간의 형태 부여 활동에 열려 있기는 하지만, 그래도 마르크스에게서 자연과 물질 개념은 선인간적인 자연 개념을 같이 포함하고 있기 때문에 “반半신화적인 자연

55 같은 책 S. 192.

56 같은 책 S. 191.

57 같은 책.

58 *Rohentwurf*, S. 116.

59 *Das Kapital*, Bd. I, S. 185.

주체"[60]로 변화되지 않는다. 이렇게 해서 마르크스는 주체와 객체의 헤겔적 동일성으로 돌아가 이를 정말 바로 유물론적으로 비판한다. 노동의 주체와 객체를 포함하는 세계 재료, 자연은 동질적인 기층이 아니다. 자연의 비동일성의 계기는, 다른 면으로는 주체와 객체를 결합하기도 하는 바로 노동이라는 토대 위에서 모든 사회적 조건 아래에서도 유지된다. 물리적 자연 자체와 관련해서는, 블로흐처럼 천년왕국설 식으로 정향된 형이상학만이 다음과 같이 말할 수 있을 것이다. 즉 "그것(자연–역자)의 의미 내용은… 시간 속에 아직 출현하지 않았"다든지, 그것은 "아직 유토피아적인 잠재 상태에 있는 인간의 의미 내용과 동등"[61]하다든지 말이다.

여기서 논의된 문제들과 관련해 볼 때, 주체와 객체의 비동일성이 의미하는 바는 다음과 같다. 즉 인간적 형태는 자연물과는 무관하고 외적이며, 그것은 특히 사용가치가 자연적인 몰락을 겪게 될 때 주목할 만하다.

마르크스는 형태와 자연물로서의 재료Stoff의 이런 무관성을 정력적으로 강조한다. 이 가운데 그는 모든 노동의 출발 지점인 재료들의 자연발생적 형성태와 인간적으로 매개된 그것의 형태규정성들과의 차이를 언급하기에 이른다. "단순히 대상화된 노동시간의 물적 현존에서 노동은 사라져 보이지 않고, 그것의 자연적인 실체의 **외적인 형태**로서만 존재한다. 여기서 이 형태는 이 실체 자체에게는 외적이며(예를 들어, 나무에 대해서 책상의 형태, 철에 대해서 실린더) 또한 노동이 단순히 재료적인 것들의 외적인 형태로 존재하는 가운데 이 대상화된 노동시간으로부터 형태에 대한 재료들의 무관성이 전개되어 나온다. 그 형태는 형태를, 예를 들어 나무가 나무로서의 자신의 형태를 얻어 내는

60 Ernst Bloch, *Das Prinzip Hoffnung*, Bd. II, Berlin 1955, S. 244 f. 참조.

61 같은 책 Bd. III, Berlin 1959, S. 391.

것과 같이, 생동하는 내재적 재생산 법칙에 의해 얻어 낸 것이 아니다 (목재는 특정한 형태의 나무로서 자신을 보존한다. 왜냐하면 이런 형태는 목재의 한 형태이기 때문이다. 반면 책상으로서의 형태는 목재에게는 우연적이며, 목재라는 실체의 내재적 형태는 아니다). 그것(형태–역자)은 오로지 재료에 외적인 형태로서만 존재하거나, 혹은 형태는 오로지 **재료적 Stofflich**(강조는 마르크스)으로만 존재한다. 때문에 그 재료에 노정되어 있는 해소, 그것은 형태를 마찬가지로 해소한다."[62]

사용가치가 해소되었기에 재료에 전달된 노동자의 노동량은 소멸된다.

확실히 여기서 문제되는 것은 재료에 대비한 형태의 다름아닌 상대적 무관성이다. 이미 언급한 경우에서, 즉 자연물과 노동으로부터 형성된 한 생산물이 후속 노동 과정들에 병합되는 경우에 얼마만큼, 어떤 노동을 생산물이 자신에 감추고 있는지는 결코 상관없는 것이 아니다. "**대상화된 노동**의 양은 보존된다. 그것은 대상화된 노동의 **질이 이후 노동을 위한 사용가치로** 살아 있는 노동과의 관계를 통해 보존됨으로써 그러하다."[63]

단순한 생산과정 안에서 이미 소비된 노동의 질적인 규정성이 보존되고 있는 것이 그 과정의 특징이라면, 가치 증식 과정에서 이런 보존이 동시에 노동량의 보존임이 입증된다. 살아 있는 노동이 이미 대상화된 것에 새로운 노동량을 추가하기는 한다. 그러나 그것은 이를 통해 대상화된 것이 보존되는, 부가되는 노동량이 아니라 살아 있는 노동으로서의 노동의 질 일반이다. 생산물에 추가된다면, 노동은 산물에 존속하는 형태와 재료의 무관계성을 지양한다. "대상화된 노동은 죽어서 재료에 외적인, 무관심한 형태로 더 이상 존재하지 않는다.

62 *Rohentwurf*, S. 265.

63 같은 책 S. 268.

왜냐하면 노동 자체는 다시 살아 있는 노동의 계기로 투입되기 때문이다. 즉 대상적인 재료 안에서 벌어지는 살아 있는 노동의 자기 자신에 대한 관계로서, 살아 있는 노동의 **대상성**으로서(수단과 객체로서)(살아 있는 노동의 **대상적인** 조건들). 살아 있는 노동이 그렇게 재료에서 노동의 실현을 통해 재료 자체를 변화시킴으로써, 노동의 목적을 통해, 노동의 합목적적 활동을 통해 규정되는 변화—(죽은 대상에서처럼 재료에 외적인 것으로서의 형태의 정립, 기존 재료가 사라져 가는 단순한 가상은 아닌 변화)—를 통해 재료는 특정한 형태로 보존되고, 재료의 형태 변화는 노동의 목적에 복속된다. 노동은 형태를 구성해 나가는 생동하는 불이다. 말하자면 사물들의 소멸성, 시간성이요, 살아 있는 시간을 통한 사물들의 형태화로서 그렇다."[64]

단계를 거듭할 때마다 생산과정에서 가공된 재료는 인간 소비에 보다 유용한 형태를 취하게 된다. 그것은 "그 재료가 최종적으로 다음, 즉 재료가 직접적으로 인간 소비의 대상이 될 수 있고, 이리하여 재료의 소비와 재료의 형태의 지양이 인간적인 향유가 되며, 재료의 변화 자체가 재료의 사용 자체가 되는 그런 형태를 얻게 될 때까지",[65] 계속된다.

재료의 매개의 최상 형식은 동시에 인간을 위한 사용가치로서 그것의 직접적 현존의 최상 형식이기도 하다. 인간 노동이 해낼 수 있는 한, 그것은 자연의 즉자태를 우리를 위한 것Für-uns으로 바꿔 놓는다.

---

64 같은 책 S. 265 f.

65 같은 책 S. 226.

B) 인간과 자연 간의 물질대사의 개념
: 역사적 변증법과 **부정적** 존재론

포이어바흐와 낭만주의에 의해 규정된 「파리 초고」의 마르크스가 노동에서 진보하는 자연의 인간화 과정과 인간의 자연화와 일치하는 그러한 인간화의 과정을, 이리하여 노동에 의해 각인된 역사에서 점점 더 뚜렷하게 산출되는 자연주의=인본주의라는 등식을 보았다면,[66] 이제 훨씬 더 비판적이 된 마르크스는 경제 분석을 행하게 된다. 이 가운데 마르크스는 변화하기는 하지만, 근본적으로는 지양 불가능한 인간의 자연과의 투쟁을 설명한다. 그리고 그는 자연과학적으로 채색된, 하지만 그렇기 때문에 적지않게 사변적인 용어 "물질대사"를 사용한다. 이러한 물질대사는 인간들에 선행하는 자연 법칙들에 구속되어 있다. 자연물에 대한 모든 형태 부여는 물질에 고유한 법칙성에 복종해야만 한다. "인간은 생산에서 오로지 자연 자체, 즉 재료들의 **형태들만을 변화**시키는 방식으로만 행동할 수 있다."[67] 이를 넘어 형태를 부여하는 행위 자체는 자연력들의 뒷받침 없이는 진행될 수 없는데, 마르크스는 활동적 주체들도 이 자연력들에 포함시키는 것을 고려하고 있다.

인간들은 자연재Naturmaterial 안에 "잠자고 있는 잠재력"[68]들을 방출함으로써 이를 "구원"한다. 죽은 즉자태는 살아 있는 대자태Für-uns로 변화하면서, 말하자면 인간들은 자연사에 의해 산출된 대상들의 대열을 연장하고 이 대열을 질적으로 보다 상위의 단계에서 계속 이어 간다. 인간의 노동을 관통해 자연은 자신의 창조 과정을 계속 추진해 간

---

66 *Nationalökonomie und Philosophie*, S. 181.

67 *Das Kapital*, Bd. I, S. 47.

68 같은 책 S. 185.

다. 그렇게 해서 변혁하는 실천은 사회적일 뿐만 아니라, 또한 "우주적인"[69] 의미에 도달한다.

인간 노동을 물질의 법칙성에 따른 물질의 형태 변화[70]로 설명한 곳에서 마르크스는 동시에 매우 보편적인 철학적인 사태를 염두에 두고 있었다. 즉 세계가 특정한 형태들로 운동하는 물질이라는 것이다. 마르크스가 엥겔스와 더불어[71] 이 문제에서 최소한도 추상적으로 일치하고 있다는 사실은 이미 다음, 즉 그가 앞에서 인용한 '인간은 생산에서 오로지 자연 그 자체와 같게만 행동할 수 있으리라'는 관점을 뒷받침하기 위해 1773년 출간된 이탈리아 경제학자 피에트로 베리Pietro Verri의 저작 『정치경제학에 관한 명상』*Meditazioni sulla Economia Politica*를 끌어들이고 있다는 것에서 유추할 수 있다. 베리는 다음과 같이 썼다. "모든 만유의 현상들은 인간의 손에 의해 야기되었든, 물리학의 일반 법칙들에 의해서 야기되었든 간에 실제의 **새로운 창조**가 아니라 **다만**

69 이에 대해서는 다음을 참조하라. Roger Garaudy, *La théorie matérialiste de la connaissance*, Paris 1953, S. 301. 여기서 인간 행위의 "우주적인" 차원이라는 사유는 르네상스 철학자들의 신비로운 연금술에, 근대 자연 지배의 아직 마법적인 배아 형태로까지 거슬러 올라간다. 인간은 세계 안에 배태된 것을 그것의 종말로까지 몰고 간다. 파라셀수스는 다음과 같이 이야기한다. "왜냐하면 자연은 자신들의 일들에서는 그렇게도 섬세하고 예리하기 때문에, 자연은 대단한 기술 없이는 사용될 수 없다. 왜냐하면 자연은 대낮에는 인간의 자리에서 완성된다고 하는 것들은 아무 것도 주지 않기 때문에, 인간이 그것을 완성해야 한다. 이런 완성을 연금술이라 부른다." In: Paracelsus, *seine Weltschau in Worten des Werkes*, herausgegeben von E. Jaeckle, Zürich 1942, S. 83.

70 확실히 인간의 실천은 자연 자신처럼 이뤄진다. 즉 자연물의 형태들을 변화시킨다. 그럼에도 마르크스가 짐작하지 못했던 것은 20세기에 들어와서 자연이 잠재적으로 갖고 있는 에너지들의 영향력이 무한대로까지 확장된다는 생각을 유보해야 한다는 사실이다. 인위적으로 유발된 핵분열은 자연적인 것을 토대로 진행되기는 하지만, 마르크스 입장에서 보면 전혀 새로운 질을 의미한다.

71 그렇게 『포이어바흐…』 S. 24. 옛 유물론 부분에서는 "세계를 하나의 과정으로, 하나의 역사적인 계속적 형성 과정 속에 있는 재료로 포착"할 수 없는 옛 유물론의 무능력을 비난한다.

재료의 **형태 변화일 뿐**이다. **종합과 분리**는 인간 정신이 재생산의 표상의 분석에서 반복해서 발견하는 유일한 요소들이다. 그리고 마찬가지로 가치와… 부의 재생산에서도 마찬가지로 관계한다. 들에서 땅, 공기와 물이 옥수수로 변환될 때, 또는 인간의 손으로 곤충을 골라낸 것이 비단으로 변화하거나, 주머니 시계를 만들려고 몇몇 금속 조각들을 다룰 때에도 그렇다."[72]

그렇게 인간에게 독립적인 자연과정들이 그 본질에 따르자면 물질적-에너지론적 변환이라면, 인간의 생산도 자연 연관에서 벗어날 수 없다. 자연과 사회는 서로 완강히 대립되어 있지 않다. 사회적으로 활동하는 인간은 "자연물 자체에 하나의 자연력으로 마주해 등장한다. 인간의 육체성에 해당하는 자연력들, 팔과 다리, 머리와 손 등을 인간은 자연물을 그 자신의 삶에 쓸 수 있는 형태로 전유하기 위해 사용한다. 그가 이런 운동을 통해 자신 밖의 자연Natur에 작용을 가하고 그것을 변화시키는 동시에 그 자신의 자연/본성Natur을 변화시킨다."[73]

물질대사의 내용은, 자연은 인간화되고, 인간은 자연화된다는 것이다. 그때마다 그 형태는 역사적으로 규정된다. 노동력, 예의 "인간 유기체로 변화된 자연물"[74]은 인간 외부의 자연물들에 작용한다. 자연은 자연으로 에워싸여 있다. 인간들이 그들 존재의 힘들을 가공된 자연물들에 동화시키는 것처럼, 역으로 자연물들은 역사의 운행 과정에서 더욱더 풍부해지는 사용가치들로서 하나의 새로운 사회적 질을 획득한다. 사물들이 인간 욕구들을 만족시키기 위해 질적으로 변화된다

72 Pietro Verri, *in der Ausgabe der italienischen Ökonomen von Custodi*, Parte Moderna, Bd. XV, S. 22. 마르크스는 이를 『자본』에서 인용했다. *Das Kapital*, Bd. I, S. 47 f., Fußnote 13.

73 *Das Kapital*, Bd. I, S. 185.

74 같은 책 S. 233, Fußnote 27.

는 것, 그것을 마르크스는 "자연에 대한 (인간의—저자) 운동"이라는 용어로 표현하고자 했다. 운동이라는 변증법적 사유의 본질적인 범주는 변증법적 유물론에서는 기계적 유물론과는 달리, "단순한 장소 변화가 아니라 그것은 초기계적인 영역들에서의 질적 변화이기도 하다."[75]

전유된 자연물들은 질적으로 인간 행위와 구분되기는 하지만 아직 지배된 것은 아니다. 그러나 동시에 명심해야 할 것은, 가장 창조적인 인간의 발명들은 그 가능성에서 볼 때 자연 토대가 그 안에 감춰져 있음을 적시하고 있다는 사실이다. 오로지 그로부터만 베리가 인용한 "변형", "종합과 분리"가 일어날 수 있으며, 양적인 변화들이 질적인 것으로 나아갈 수 있다. 자연은, "그(노동자—저자)만이 그것을 가지고서, 그 안에서 자신의 노동을 육화할 수 있는 것이며, 또 그러한 것으로 남는다."[76]

물질대사라는 개념으로 마르크스는 인간이 자연과 맺는 관계를 이해하는 데 완전히 새로운 시야를 열어 놓는다. 마르크스는 먼저 자연은 본질적으로 인간적 효용의 관점에서 고찰되어야만 한다는 견해를 소위 베이컨 이래 이러한 측면에서 발달해 온 계몽주의와 공유한다. 전유 개념을 사회적 삶의 과정에 대한 분석을 통해 구체화하면서, 물론 마르크스는 상당한 정도로 모든 부르주아 계몽주의적 자연 이론들을 넘어선다. 계몽주의는 다음을 해낼 수 없었다. 즉 노동을 전유의 수단으로 분석하고 노동으로부터 노동 분업과 그에 의해 만들어진 계급 분리의 필연성으로 나아갈 수 없었으며, "따라서 부르주아 사회 일반의 계급적 성격을 밝혀낼 수 없었다. 이 당시는 부르주아 층이 확고히 자리 잡고 있어서, 그들에 의해 계급 개념이 형성되었다는 점에서 그

75 *Dialektik der Natur*, S. 269.

76 *Das Kapital*, Bd. I, S. 200.

것은 이미 과거의 한 계기가 된 때였다."[77] 그렇게 마르크스의 물질대사 개념 뒤에 실제로 존재하는 것은 계몽주의의 시야에는 전혀 들어오지 않는다. 그들은 자연을 직접적 소여요 이용 가능한 것으로 제안한다. 반면 마르크스는 다음과 같이 주장한다. "원재료는, 단지 그것이 이미 노동에 의해 매개된 변화를 겪었다면, 그 즉시 노동 대상이 된다."[78]

모든 자연이 아무리 사회적으로 매개된다 해도, 물론 역으로도 바로 그렇게 사회는 전체 현실의 구성 요소로서 자연에서 주어진 대로naturhaft 매개된다. 저 연관의 이러한 측면이 마르크스의 비밀스런 자연 사변을 특징짓는다. 역사적으로 교체되는 여러 경제적 사회구성체들은 마찬가지로 자연의 여러 자기 매개 방식이다. 인간과 가공되는 재료로 양분해 보면, 자연은 이런 분리 가운데에서도 항상 자기 자신에 머물러 있다.[79] 인간에게서 자연은 자기의식에 도달하고 인간의 이론적-실천적 활동에 힘입어 자기 자신과 결합한다. 인간에게 낯선 것들과 외적인 것들에 즉한 인간적 행동이 이것들에 대해서는 일단 마찬가지로 낯설고 외적인 것처럼 보임에도 불구하고, 이러한 행동은

---

77 Leo Löwenthal, C. F. Meyers heroische Geschichtsauffassung. In: *Zeitschrift für Sozialforschung*, Jahrgang II, Heft 1, 1933, S. 42. 뢰벤탈은 마르크스 이전에 사회적인 자연 전유에 대해서 적절한 이론이 발전해 나오는 것을 방해한 이러한 역사적 사회적 한계들을 힘주어 지적한다.

78 *Das Kapital*, Bd. I, S. 187.

79 이 자리에서 기억해 두어야 할 것은『자본』1권에 나온 노동 과정에 대한 분석이다. 이 책 S. 185에서 마르크스는 인간이 "자연물에 하나의 자연력으로서 마주해 등장한다"고 이야기한다. 여기서 언급된 "자기의식된 물"로서의 인간과(같은 책, S. 221.) 자연물 사이의 대립은 관념론과 유물론의 인식론적 구분에서는 **상대적**이다. 레닌은『경험비판론』*Empiriokritizismus*, S. 259에서 전적으로 마르크스의 의미에서 다음과 같이 말한다. "절대적 필연성과 이런 상대적 대립의 절대적인 진실성 사이의 한계들은 바로 저 한계들의 인식론적 연구 **방향**을 규정한다. 이런 한계들 밖에서 물질과 정신, 육체적인 것과 정신적인 것의 대립성을 어떤 절대적인 대립성으로 운용한다면, 그것은 엄청난 잘못일 것이다." 마르크스가 고수하는 모든 물적 존재의 의식을 통한 매개 **안에서**, 물적 존재의 선차성은 보존되고 있다.

자연의 한 부분이며, 따라서 자연의 자기 운동인 "인간적 삶의 영원한 자연적 조건"[79a]임을 입증하고 있다.

의미 있게 자연 변증법에 관해 언급하고 있는 곳은 이 부분이 유일하다. 자연 변증법론자 마르크스는 선인간적 자연 존재와 그것의 역사에 관조적으로 머물러 있지 않는다.—이 점에서 엥겔스는 기묘하게도, 그 밖에서는 자신이 그렇게도 날카롭게 비판한 포이어바흐와 상당한 정도로 일치한다—마르크스는 현실을 "객체의 형태 아래"[80]에서만이 아니라, 헤겔을 전적으로 인정하는 가운데에서도 "주체의 형태 아래" 고찰할 뿐 아니라, 또한 계기들 상호 간의 해소불가능성을 고수하고 있다. 이런 해소불가능성에 대한 의식이 일반적으로 마르크스 유물론의 핵심을 이룬다.[81] 헤겔적인 것과는 달리 마르크스의 주체-객체는 결코 전적으로 주체 안으로 흡수되지 않는다. 『자본』에서 동일하게 관철되는 표현, **물질대사**는 마르크스에게는 결국 그 사태에 대한 최선의 정식화로 생각되었던 것 같다.

「파리 초고」에서는 헤겔의 『정신현상학』과 관련하여 자연이 "인간의 **비유기적 신체**로서, 즉 그 자체가 인간 신체가 아닌 한에서 저 자연으로 나타난다."[82] 자연은 인간의 신체로, "인간은 죽지 않기 위해 자연과 영속적인 과정 속에 머물러 있어야만 한다."[83] 살아 있는 자연 안에서 동화의 과정 일반이 비유기체를 유기체로 변화시키는 것처럼, 인간

79a *Das Kapital*, Bd. I, S. 192.

80 Erste These über Feuerbach. In: *Über Religion*, S. 54.

81 변증법적 유물론적 사유의 문제에 대해서는 다음을 참조하라. Th. W. Adorno, *Zur Metakritik der Erkenntnistheorie*, Stuttgart 1956, S. 193. "관념론에 대한 이론적 한계는 존재론적 기층이나 근원어의 규정 내용에 있지 않으며, 일단 존재하는 것의 환원불가능성에 대한 의식에, 지양될 수 없는 차이라는 항상 존재하는 한쪽 극에 있다."

82 다음을 참조하라. *Nationalökonomie und Philosophie*, S. 148.

83 같은 책. 또한 *Dialektik der Natur*, S. 191을 참조하라.

은 노동에서 예의 **비유기적인 신체**를 동화하고, 이를 더욱더 그 자신의 **유기적인** 구성 요소로 만든다. 하지만 이런 것들은 인간에게는 그가 **직접적으로 스스로** 자연에 속하기 때문에, 또 이 자연이 결코 단순히 그의 내면성에 대립해 서 있는 외적 세계가 아니기 때문에 가능하다. "인간의 육체적 그리고 정신적 삶이 자연과 연관되어 있다는 사실은 자연이 그 자체와 연관되어 있다는 것 외에 어떠한 다른 의미도 지니지 않는다. 그 이유는 인간이 자연의 한 부분이기 때문이다."[84]

동물이 대상적 세계를 전유할 때, 이 동물은 자신의 유의 생물학적인 특수성에 구속되어 있기 때문에 이 세계의 특정한 영역들에 매여 있다. 그것은 다음에서 말하는 인간의 보편성을 특징짓고 있다. 즉 인간은 최소한도 잠재적으로라도 전체 자연을 전유할 수 있는데, 그것은 그가 노동하면서 자연을 "그의 비유기적인 신체로 만듦으로써 뿐만 아니라, 자연이 1. 직접적인 생필품인 한에서, 마찬가지로 자연이 2. 물질이요, 그의 생명 활동의 대상이며 도구인 한에서"[85] 그렇다. 노동의 결과물이요 출발점인 자연은 하나의 "비유기체"요 대자적으로 존재하는 대상성이다. 동시에 인간은 동물과는 달리 "그의 산물에 자유롭게 대처한다."[86] 그 까닭은 인간과 자연에 대한 관계는 직접적인 육체적 욕구들의 만족에 국한되지 않기 때문이다. "동물은 그가 속하는 종의 척도와 욕구에 따라 형태를 만들지만, 반면 인간은 모든 종의 척도에 맞춰 생산할 줄 알며 어디서든 내재적인 척도를 대상에 갖다 댈 줄 안다. 그렇기 때문에 인간은 미의 법칙에 따라서도 형태를 만든다."[87]

인간이 자연으로 "먹고산다"는 사실은, 그렇기 때문에 하나의 생

---

84 *Nationalökonomie und Philosophie*, S. 148.

85 같은 책.

86 같은 책 S. 150.

87 같은 책.

물학적인 의미뿐만 아니라 특히 사회적인 의미도 지닌다. 생물학적인 유적 생명은 사회적인 생명 과정 일반을 통해서야 비로소 가능해진다. 『자본』을 위한 『초고』*Rohentwurf*와 그것의 최종본에서 전유하는 재료 세계를 언급할 때 마르크스는 어느 정도는 존재론적 색채를 띈 용어를 사용한다. 이리하여 그는 『초고』에서는 대지를 "실험실"[88], "본원 도구"[89], "생산의 본원 조건"[90]이라고 칭하고, 『자본』에서는 "본원적인 양식 저장고" 그리고 "본원적인 노동수단 창고"[91]라고 부른다. 그와 더불어 『초고』에서는 자연이 인간의 비유기적 신체라는 「파리 초고」의 동기가 주목할 만하게 구체화되어 다시 등장하는데, 그것도 재산의 성립사에 대한 분석에서 나타난다. "프루동 씨가 재산의 **경제 외적** 발생이라고 부른 것은, …개인 노동의 객관적인 조건들과의 전前부르주아적 관계이며, 일단은 **자연적인**-노동의 객관적 조건들-것들과의 관계이다. 왜냐하면, 노동하는 주체가 자연적인 개인들, 자연적인 현존재인 것처럼, 그의 노동의 최초의 객관적 조건은 자연으로, 대지로, 그의 비유기적 신체로 나타나기 때문이다. 다시 말해 노동하는 주체는 유기적 신체일 뿐만 아니라, **주체로서 이러한 비유기적 자연**이기도 하다."[92]

인간이 자신의 육체처럼 자연적 현존재라는 선행 존재에 묶여 있다는 것, 여기서 이는 노동 과정에 대해서는 더 이상 특징적이지 않고, 그것의 전부르주아적 형태들에서 특징적이다. 근본적으로 노예제도와 농노 신분은 노동에 자연적으로 주어진 전제들과 노동 사이의 어떤 분리를 전혀 용납하지 않는다. 두 계기들은 노예 소유자 또는 봉건

---

88 *Rohentwurf*, S. 391. 이미 파라셀수스에게서 찾을 수 있는 자연과정에 대한 표현이다.

89 같은 책 S. 398.

90 같은 책 S. 392.

91 *Das Kapital*, Bd. I, S. 187.

92 *Rohentwurf*, S. 388. 마지막 줄의 강조는 저자의 것.

영주들의 실존을 위한 무차별적인 **자연 토대**로 융합된다. "노예는 자신의 노동의 객관적 조건들과는 어떠한 관계도 없다. 그 **노동** 자체는 노예 형태나 농노 형태나 생산의 **비유기적인 조건으로서** 가축과 나란히, 혹은 대지의 부속물로서 다른 자연 존재 계열에 배치된다. …이러한 **자연적인 실존 조건들**, 여기에 노예 자신은 그 자신의 것인 비유기적 신체처럼 그것과 관계하는데, 이는 그 자체로 이중화되어 있다. 즉 1. 주관적, 2. 객관적 자연의 조건들로 이중화되어 있다. 노예는 스스로를 한 가족, 씨족, 부족 등등의 일원으로 이해한다. 그러한 구성원으로서 그는 특정한 자연/본성과 관계하는데, …그 자신의 비유기적인 현존재로서, 자신의 생산과 재생산의 조건으로서"[93] 관계한다

이런 본원적이면서도 바로 그렇기 때문에 추상적인 인간과 자연의 동일성은, 인간이 자연의 유기적 현존의 한 방식으로서만이 아니라 또한 자연이 역으로 "그 자신의 비유기적 현존"[94]으로 등장하는 데까지 나아간다. 하지만 이런 것은 부르주아 생산 조건들이 성립됨과 함께 그것의 추상적인 반대편, 즉 노동의 객관적인 자연 조건들과 노동의 발본적인 분리로 이행한다. 여러 사용가치의 형태로 이루어진 인간과 자연물의 통일이 또한 아직 부르주아적 관계들 아래 보존되어 있는 한, 마르크스에게 그 통일은 하나의 자명한 것으로 설명을 전혀 필요로 하지 않는 것이다. 바로 그렇기 때문에 이 통일은 "생산의 가장 이질적인 시기들에도 공통적"[95]이다. 정치경제학 비판이 관심을 갖고 설명하고자 하는 것은, 언급된 그리고 부르주아 사회에서만 전형적인 "인간적 현존의 이러한 비유기체적 조건들과 이런 활동적 현존 사이의 **분리**, 그것이 완벽하게 최초로 임노동과 자본의 관계에 정립

93 같은 책 S. 389.

94 같은 책 S. 763.

95 같은 책 S. 389.

된 것과 같은 그런 분리"[96]이다.

자본주의 아래에서 노동자는 생산의 객관적 조건으로 분리된다. 이를 통해 노동자는 후자와 본래적 의미에서 비로소 "관계한다." 이와 같은 것은 단순한 지구 구성 물질의 우연으로, 노예들과 농노들에게서는 그렇지가 않다. 자본가는 노동자를 직접적으로 자연물로서가 아니라 교환을 통해 매개된 추상노동의 운반자로 전유한다. 노동자는 이리하여 "객체 없는, 순수한 주관적인 노동 능력"[97]이 되며, 후자는 "독자적으로 존재하는 가치인"[98] 노동의 소외된 물적 전제들에서 자신의 부정을 본다.

여기에서 마르크스는 문헌에서 많이 논의되어 온 고대-봉건제에서 부르주아 시대까지의 이행의 변증법의 한 중요한 측면을 기술하고 있다. 즉 자연이 농업적으로 전유되었고, 이리하여 인간과는 완전히 독립적인 것인 한에서, 인간은 자연과 추상적으로 동일하며, 인간은 소위 자연적 존재로 함몰된다. 이와는 다르게 인간들이 자연을 하나의 기계 세계로 변화시킴으로써 그것을 전면적으로 기술적-경제적 그리고 과학적으로 지배하는 데 성공하게 되면, 자연은 하나의 추상적인, 인간에게 외적인 즉자태로 굳어진다.[99]

여기서부터는 다른 자리에서 다루게 될 유토피아의 문제를 살펴보아야 하겠다. 올바른 사회란 그 안에서 인간들이 자연과 단순히 통일되거나, 아니면 자연과 급진적으로 단절하는 그런 과정이 아닐 것이다.[100]

---

96 같은 책 S. 397.

97 같은 책.

98 같은 책.

99 이러한 문제에 대해서는 본서 3장을 참조하라.

100 이에 대해서는 4장을 참조하라.

위에서 마르크스가 수행한 임노동과 자본의 분리에 대한 분석이 상품의 교환가치가 지닌 성격을 분석하는 것을 목표로 하고 있으며, 교환가치는 상품의 사용가치에 대해서는 무관심하다는 사실을 언급했었다. 부르주아 생산관계들 아래에서 노동 생산물들의 상품 형태에 관한 이러한 분석의 특별한 사고 방향은 변증법론자 마르크스에게서도 다음의 기묘한 상황에 기인하는 것 같다. 즉 그가 노동 과정을 인간과 자연 사이의 물질대사로 기술하는 곳에서는 어디에서든 그것의 추상적인,—왜냐하면 모든 생산 단계에 대해 적합해야 하는 계기들이기 때문에—"합목적적 활동 또는 노동", "대상", "수단"[101]을 열거하는 데 만족하고 있고, 그때마다의 그것의 역사적 규정성은 도외시하고 있는 듯한 그런 별난 상황으로부터 유래하는 것 같다. 노동이 사용가치의 생산자로 등장하는 한, 노동은 마르크스에게는 "모든 사회 형태에 영향을 받지 않는 인간의 실존 조건으로, 인간과 자연 사이의 물질대사를, 이리하여 인간적 삶을 매개하기 위해서 없어서는 안 될 영원한 자연필연성이다."[102]

마르크스가 다음, 즉 생산이 자본가들을 위해 진행되기 때문에 노동 과정을 "각각의 **특정한 사회적 형태**에 무관하게"[103], "거기서 인간이 자연과 자신 사이의 물질대사를 그 자신의 행위를 통해 매개하고, 조절하며 통제 관리"[104]하는 하나의 과정으로 고찰한다고 하고, 사용가치 생산의 보편적인 본성은 변하지 않는다고 언급했다 하더라도, 그것이 마르크스에게서 "인간과 노동의 가장 보편적인 구조들은 초역사

---

101 *Das Kapital*, Bd. I, S. 186.

102 같은 책 S. 47.

103 같은 책 S. 185.

104 같은 책.

적이며 초시간적이"[105]라는 것을 의미하지 않음은 말할 것도 없다. 하지만 변증법적 유물론을 존재론으로 이해하는 토마스주의자 마르셀 레딩Marcel Reding은 그 자리를 이렇게 해석하고 있다.

역사적 국면의 변천은 노동 과정 계기들의 특성과 결코 그저 무관계하지 않다. 마르크스는 『정치경제학 비판을 위하여』에서 자연의 가공은 모두 오로지 "특정한 사회 형태 안에서 그리고 그것을 매개해서"[106]만 일어난다고 주장하고 있다. 사유는 모든 경제적 구성체에 공통적인 보편적 규정들을 잡아내기는 하지만, "그러나 소위 모든 생산의 보편적인 조건들은 그저 한낱 추상적 계기로서, 그것을 가지고서는 어떤 현실적인 역사적 생산 단계도 파악할 수 없다."[107]

그것이 연구를 위해 만들어진 합목적적인 축약어 이상인 한에서, 보편자는 마르크스에게는 헤겔적인 의미에서 (대상적인 것을 기술하는—역자) 구상명사이다. 그것은 상당한 양의 특수한 규정성들을 자신 안에 숨기고 있다.[108] 마르셀 레딩이 마르크스가 "노동과 노동하는 인간의 구조"[109]를 불변이라고 설명한다고 주장할 때, 레딩은 이로 인해 역사적인 것이라는 마찬가지로 매우 중요한 계기를 잃어버리고 만다. 이 계기가 없다면 그의 진술은 빈약하고 공허하기만 할 것이다. 매우 인상적인 다음의 예를 보면 얼마나 진지하게 마르크스가 인간 자연/본성의 동일성과 비동일성의 역사적 변증법을 받아들이고 있는지 드러날 것이다. 역사는 인간의 생리학적인 구조 안으로 우뚝 치밀고 들어온다. "배고픔은 배고픔이다. 하지만 요리해서 포크와 나이프를 가

---

105 Marcel Reding, *Der politische Atheismus*, Graz 1957, S. 92.

106 *Zur Kritik der politischen Ökonomie*, S. 241.

107 같은 책 S. 242.

108 이에 대해서는 같은 책 S. 237을 참조하라.

109 같은 책 S. 237을 참조하라.

지고 먹는 고기로 진정된 배고픔은, 날고기를 손과 손톱, 그리고 이를 써서 게걸스럽게 먹어치울 때와는 다른 배고픔이다. 소비의 대상뿐만 아니라, 소비 방식도 때문에 생산을 통해 만들어진다. 객관적일 뿐만 아니라, 주관적으로도 그렇다."[110]

인간 자연/본성, 이런 "욕구들과 충동들 전체"[111]는 오직 역사적 과정으로서만 파악되어야 한다. 이 과정 안에는 그 어떤 불변적 가변적 구성 요소가 비매개된 채 이웃해 있는 것이 아니라 특수자가 보편자의 삶을 이룬다.[112] 인간 존재는 그때마다의 특정한 사회 형태에서 유래하며, 그것은 "개별적 개인에 내재해 있는 추상명사가 아니라", "사회적 관계들의 총화"[113]이다.

마르크스는 실증적 존재론자가 아니다. 그리고 앞서 인용한 레딩의 존재론적 오해는 정말 우연이 아니다. 이 오해는 마르크스에게서 때때로 아주 분명하게는 설명되어 있지는 않은 명목론과 개념실재론의 관계에서 비롯되는데, 이 관계는 역사 진행 과정에서 보편과 특수의 법칙성의 관계를 다루는 그의 방식에도 반영되어 있다. 아도르노는 한 논문에서 그렇게 변증법적 이론 자체가 콩트의 사회적 정학과 동학에 대한 구분을 제대로 넘어서지는 못했음을 다음과 같이 지적하고 있다. "그는(마르크스–저자) 사회의 불변적인 자연법칙을 특정한 발

---

110 *Zur Kritik der politischen Ökonomie*, S. 246.

111 *Rohentwurf*, S. 157.

112 인간 본성/자연의 역사적 규정성에 대해서는 마르크스 이해를 위해 매우 중요한 『초고』에 있는 매우 중요한 수많은 부분들도 참조하라. 나아가 다음도 참조하라. Vernon Venable, *Human Nature*: The Marxian View, N. Y. 1945. 이는 자료를 풍부하게 참조한 학위 논문이다. 물론 여기서 「파리 초고」와 『초고』를 고찰하지는 않는다. 충동 구조와 사회사의 관계에 대해서는 블로흐가 정신분석을 마르크스주의적으로 해석하면서 설명하고 있다. In: *Das Prinzip Hoffnung*, Bd. I, Berlin 1954, S. 80 f.

113 포이어바흐에 관한 테제 6번. In: *Über Religion*, S. 55.

전 단계의 특별한 자연법칙에, '사회적 대립들이 좀 더 상/하위로 발전한 정도를 자본주의적 생산의 자연법칙들'에 대치시켜 놓았다."[114]

이에 따르면 마르크스는 사회구성체에 보편적으로 타당한 법칙들과 그것들이 다소간 전개된 현상 형태들을 구분한다. 그는 나아가 보다 단호하게 인간과 자연의 물질대사를 그것의 구체적-역사적 형태들에 맞서 "영원한 자연필연성"[115]이라는 추상적 계기들로 포착한다. 확실히 이 모든 것에서 특수자와 보편자의 변증법이 불충분하게 수행되었다는 등, 이리하여 순수 이론적으로 결정되어야 하는 문제들만이 중요할 수 있다는 것은 아니다. 뿐만 아니라 또한 다음의 사실, 즉 일단 한번 "전사"前史로 이해된 우리의 역사적 현실 자체는 모든 변화에 대해 상대적으로 무관한 영속적인 범주들에 의해 지배되며, 결국 마르크스에 따르면 임노동은 노예제와 예속의 계기를, 마찬가지로 예속과 노예제는 임노동의 계기를 그 자체에 갖고 있다는 사실이 중요할 수 있다. 여기서 차이는, 노동력이 한 번은 직접적으로, 다른 경우는 시장을 거쳐 우회적으로 재생산된다는 사실에 있다. 고대에는 굉장히 잘 보호받는 노예들이 있었다. 그리고 현재 최고도로 발전된 여러 나라에 수준 이하로 사는 이주노동자들이 있다.[116] 인간에 대한 지배가

114 Th. W. Adorno, Über Statik und Dynamik als soziologische Kategorien. In: *Soziologica II, Frankfurter Beiträge zur Soziologie*, Bd. 10, S. 237, Fußnote 21. 다음도 참조하라. Karl Marx, *Das Kapital*, Bd. I, Buch 1, Vorwort zur 1. *Auflage, zitiert nach der von Friedrich Engels herausgegebenen 10.* Auflage, Hamburg 1922, S. IV.

115 *Das Kapital*, Bd. I, S. 47.

116 여기서 흥미로운 것은, 거의 동시대에 진실로 어떤 사회 혁명가적 성향도 의심되지 않았던 쇼펜하우어가 바로 정확히 마르크스처럼 여러 지배 형태들에 동일성의 계기를 진지하게 받아들였다는 사실이다. 쇼펜하우어는 다음과 같이 말하고 있다. "빈곤과 노예제는… 거의 이렇게 말할 수도 있겠는데, 두 가지 형태들, 동일한 사태의 두 이름이라고 말할 수 있다. 그것의 본질은 인간의 힘들이 대부분 그 자신을 위해서가 아니라 타자를 위해 사용된다는 것에 있다. 이로부터 인간에게는 부분적으로 노동에는 과부하가, 또 부분적으로 자신의 욕구들에는 보잘것없

생겨난 것에 대해서는 확실히 어떤 단계의 노동생산성이 결정적이다. "노동자들이 그 자신이나 그의 종을 부양하는 데 필수적인 생필품을 생산하기 위해 자신의 시간 모두를 필요로 한다면, 그에게는 무상으로 제3자를 위해 일할 시간 자체가 없을 것이다. 노동의 어떤 수준의 생산성이 없다면 노동자에게는 그런 자유롭게 처분 가능한 시간마저 없을 것이다. 그런 잉여 시간이 없다면 잉여노동도 없고, 때문에 자본가도 없을 것이며, 그리고 또한 노예주도, 봉건 영주도, 한마디로 말해 대자산가 계급도 없을 것이다."[117]

이렇게 자연발생적으로 나타나는 노동의 생산성과 "신비적인/불분명한 표상들"[118]을 결합하려는 사람들에게 비판적으로 반대하면서 마르크스는 다음을 발전시킨다. 즉 잉여가치는 "자연 토대"를 오직 "매우 보편적인 의미에서" 지닌다. 즉 "절대적인 자연 장애가 그 자신의 생존을 위해 필요한 노동을 자신으로부터 타자에 전가하는 것을 가로막지 않으며, 마찬가지로 예를 들어 절대적인 자연 장애는 사람들이 타자의 고기를 식량으로 사용하는 것(예를 들어 식인종의 존재-역자)을 가로막지 않는다.[119]

는 만족이 생겨난다. 왜냐하면 자연은 인간들에게 그와 같은 것에 적절한 노력을 곁들이면 대지에서 자신을 부양할 것을 얻어 낼 수 있을, 그런 정도의 힘만을 부여했기 때문이다. 그는 힘들의 대단한 잉여를 소지하지 않고 있다. 사람들이 인간 종 현존재의 육체적 유지라는 공동의 짐을 아주 사소하지는 않은 그들의 부분에서 제외한다면, 이로 인해 나머지 사람들이 과도하게 짐을 지게 되고 비참해진다. 이리하여 일단 예의 악, 즉 노예제라는 이름 아래에서든 혹은 노동자 계급의 이름 아래에서든, 언제든 인간 종 대다수를 괴롭혀 왔던 악이 생겨난 것이다. In: *Sämtliche Werke, herausgegeben von Dr. Paul Deussen*, 5. Bd., München 1913, *Parerga und Paralipomena*, 2. Bd., S. 268.

117 *Das Kapital*, Bd. I, S. 536.

118 같은 책 S. 537.

119 같은 책 S. 536 f.

나아가 특별한 자본 관계를 고찰할 때 출발점이 되어야 할 노동의 생산성에 관련해서 말하자면, 이것은 단순히 "자연의 선물이 아니라, 수십만 년을 포괄하는 역사의 선물이다."[120] 그러나, 자연이 부여한 naturgesetzt 노동의 생산성이 인간의 인간에 대한 지배와 마찬가지로 자연이 부여한 원천이 됨을 중지한다면, 또한 역사적으로 유래한 것이 더 이상 계속 "자연발생적"인 것으로까지 지속될 수 없다면, 그렇다면 삶은 그의 가장 보편적인 필연성, 자연과 인간의 물질대사에 의해 규정될 수밖에 없다. 이런 필연성은 마르크스에 따르면, 극복될 것이며 이제 인간들은 오로지 물적인 자연과만 싸우지 더 이상 인간 상호 간에 투쟁하지 않을 것이다. 그러나 이 투쟁이 의미하는 바는, 계급 없는 인류도 그와 궁극적으로는 비동일적임을 그 자신이 스스로 안다는 것이다. 그리하여 역설적으로 노동의 구조의 무시간성을 주장하는 레딩은 여전히 유지 보존된다. 사실, 물론 부정적으로 파악되어야 하는 존재론 같은 것도 있다.[121]

때때로 마르크스는 좀 더 단호한 방식으로 자연 관계들의 모델에서 사회적 과정의 필연성을 분명히 하는 것을 좋아한다. 이에 대한 최상의 예가 여기서 논의된 물질대사 자체의 개념이다. 엥겔스처럼 마르크스는 19세기의 자연과학적 진보와 그것의 철학적 일반화를 사회이론의 계속적 발전의 관점에서 추적한다. 『자본』에 대한 예비 작업은 1850-60년 10년 사이에 이뤄지는데, 이 기간에 독일에서는 자연과학적으로 정향된 뷔흐너, 포크트와 몰레쇼트 등의 유물론이 급속하게 퍼져 나갔다. 이런 상황에서 마르크스는 엥겔스와 똑같이 이런 독단적이며 대부분 거친 기계론적 유물론의 형태에 대해 거듭 극도로 비판

120 같은 책 S. 537.

121 마르크스에서 "부정적 존재론"의 문제에 관해서는 다음을 참조하라. 특히 사회학적 보론에 대해서는 같은 책 S. 30과 본서 4장을 참조하라.

적으로 언급했지만[122], 그렇다고 해서 마르크스가 엥겔스에게 빚지고 있는 어떤 동기가 있다는 것을 배제할 필요는 없다. 때때로 밝힌 소견에서 나오는 것처럼, 마르크스는 유물론적 운동의 대변인 몰레쇼트의 "물질대사"라는 개념을 사용하는 데 익숙해 있었다. 일단 셸링의 자연철학과 헤겔주의의 영향 아래 서서, 오늘날에는 거의 완전히 잊혀진 몰레쇼트는 후일—무엇보다도 포이어바흐와의 친교에 의해—사회적 경향을 지닌 자연 연구가이면서 생리학적 유물론자가 된다. 나중에는 점점 더 결정적으로 자연과학적으로 채색된 유물론으로 기우는 포이어바흐는 자신의 이론 안에서 『미래의 철학』이라는 자신의 청년 프로그램이 수행되어 있음을 인지한다.[123]

그러한 대중적인 저작들로 생각할 수 있는 것들은 1851년 『식물들과 동물들의 물질대사의 생리학』*Physiologie des Stoffwechsels in Pflanzen und Tieren*, 1857년 『생명의 순환 과정』*Der Kreislauf des Lebens*, 1864년 『생명의 통일』*Die Einheit des Lebens* 등이다. 이 문헌들에서 개진된, 풍부한 경험적 자료로 뒷받침된 유물론은, 인간의 생리학적 그림들을 통해 자연을 하나의 커다란 변환 과정과 물질대사 과정으로 묘사하고 있는데, 이 유물론에는 사변적 자취들이 계속 남아 관철되고 있다. 사물들의 모든 존재가 속성을 통해 서술되는 것처럼, 몰레쇼트에게는 단지 이 사물이 다른 것과 관계되어 있음을 통해서는 표명되지 않는 사물의 어

122 이에 대해서는 쿠겔만에게 보내는 편지를 참조하라. 이 편지는 엥겔스와의 서신 교환과 마찬가지로 마르크스가 유물론적-감각론적 생리학자 카바니스Cabanis와 이데올로기 개념을 창시한 트라시de Tracy뿐만 아니라, 1850년대의 유물론 논의를, 부분적으로는 물론 그에 의해 비판된 랑게의 유물론의 역사와 관련된 저서에 의거하여 잘 알고 있었음을 증언하고 있다.

123 이에 대해서는 다음을 참조하라. Die Naturwissenschaft und die Revolution, eine Feuerbachsche Rezension der Moleschottschen Schrift Lehre der Nahrungsmittel, 1850. In: *Karl Grün, Ludwig Feuerbach in seinem Briefwechsel und Nachlaß sowie in seiner philosophischen Charakterentwicklung*. Leipzig und Heidelberg 1874, Bd. II, S. 81.

떤 속성도 존재하지 않는다.[124]

여기서는 그저 『생명의 순환 과정』에서 자신의 물질대사론과 관련된 몰레쇼트의 결정적인 발언들이 인용될 것이다. 물론 이 발언에서 우리는 어느 정도 안전하게 마르크스가 이런 것들을 변형하여 사용하고 있다고 추론할 수 있을 것이다. "인간이 배설한 것은 식물들을 양육한다. 식물들은 공기를 확고한 구성 요소로 변화시키고 동물들을 양육한다. 맹수들은 초식동물들에 의해 생존한다. 초식동물들은 스스로 죽음의 제물이 되고 새로이 배태되는 생명을 식물 세계에 퍼뜨린다. 이런 물질들의 교환에 사람들은 물질대사Stoffwechsel라는 명칭을 부여했다. 당연히 사람들은 그 단어를 아무런 존경의 념 없이 뇌까리지 않는다. 그 이유는 마치 거래에서처럼 영혼은 유통의 영혼이기에, 물질의 영원한 순환은 세계의 영혼이다."[125], "근본 물질들의 운동, 결합과 분리, 섭취와 배설, 이것은 대지 위의 모든 행동들의 핵심 개념이다."[126], "기적은 형태의 변천Wechsel, 즉 형태에서 형태로의 물질의 변천, 지상의 삶의 근원으로서의 물질의 변천, 물질대사Stoffwechsel를 통해 얻어지는 질료의 영원성에 있다."[127], "나는 비밀로 하지 않고 말하겠다. 즉 오늘날의 세계지혜(철학–역자)의 운동의 주축은 물질대사론이다."[128]

이런 표현들에서 실로 흥미로운 것은 그것이 아무리 자연 연관과

---

124 Jacob Moleschott, *Der Kreislauf des Lebens*, Mainz 1857, S. 27 f. 랑게가 보기에 이런 종류의 사유 과정이 몰레쇼트를 '자연철학의 추종자'로 만든다. In: *Geschichte des Materialismus*, 2. Buch, Iserlohn 1875, S. 97.

125 Jacob Moleschott, *Der Kreislauf des Lebens*, a. a. O., S. 40 f.

126 같은 책 S. 42.

127 같은 책 S. 86.

128 같은 책 S. 394.

관련된다 할지라도, 물질대사의 개념을 몰레쇼트가 명백하게 사회적 유통 영역의 모델에서 얻어 냈다는 것이다.[129] 다른 면에서 그 표현들은 마르크스가 『자본』에서 베리의 저서 『정치경제학에 관한 명상』에 공감하면서 인용한 곳을 연상케 한다. 이곳에서는 마찬가지로 "온 우주의 모든 현상들은 '물질들의 형태 변화', '결합과 분리'에 근거하고 있음"이 언급된다.[130] 마르크스가 물질대사 개념에 관해 거듭해서 "영원한 자연필연성"[131]이라고 이야기할 때, 결국 가장 중요한 측면으로 마르크스는 이 점에서 몰레쇼트를 따르면서 물질대사 개념에 이미 언급된 어느 정도는 "존재론적인" 위엄을 부여하고 있다.

나아가 마르크스의 물질대사 개념을 이해하려면 셸링 철학의 숨겨진 유물론적 요소들을 동원해야 한다. 마르크스가 이것들을 잘 알고 있었음을 1843년에 포이어바흐에게 쓴 한 편지[132]에서 볼 수 있다. 이 편지에서 마르크스는 셸링의 자연철학을 "올바른 청년기 사유들"로 후기의 "긍정" 철학과 분리하면서, 포이어바흐에게 이에 비판적으

129 이에 대해서는 이 장에서 또 다른 연관으로 다시 다룰 것이다. 화학자 유스투스 폰 리비히, 마르크스는 그의 관점에도 마찬가지로 영향을 받았는데, 이에 대해서는 예를 들어 *Das Kapital*, Bd. I, S. 532.을 참조하라. 리비히는 『화학 서한집』 *Chemische Breife*, Heidelberg, 1851.에서 자연적인 물질대사를 국가체의 그것과 비교하고 있다. 이 책 S. 622를 참조하라.

130 *Das Kapital*, Bd. I, S. 49 f., Fußnote 13.을 참조하라.

131 같은 책 S. 47.

132 Marx an Feuerbach, Brief vom 30. X.1843. In: Karl Grün, *Ludwig Feuerbach. ..*,a. a. O., S. 360 f.를 참조하라. 마르크스와 셸링의 관계에 관해서는 플레하노프의 책 『마르크스주의의 근본 문제』를 보라. *Grundproblemedes Marxismus*, Berlin 1958, S. 15. 이 책에서는 셸링의 "올바른 청년기 사유"가 유물론적인 일원론의 의미로 이해되고 있다. 루카치는 『청년 헤겔』에서 자연철학적인 쉘링의 반낭만주의적인, 실로 자명한 유물론적인 적용을 상론하고 있다. 이런 적용은 예를 들어 1799년의 하인츠 비더포르스트Heinz Widerporst의 에피쿠로스의 신앙고백을 다룬 기묘한 반종교적인 시에서도 나타나고 있다. In: *Der junge Hegel*, Berlin 1954, S. 293.

로 접근해 볼 것을 요청한다. 포이어바흐의 자연주의에서 마르크스는 셸링의 자연 사변의 "환상적인 청년의 꿈"[133]이 실현되어 있다고 본다.

몰레쇼트의 순환 과정으로서의 자연 관념은 이미 초기 셸링에게서는 매우 빈번하게 등장한다.[134] 셸링에 의하면, "개인성으로의 최초의 이행은", "물질의 형태화"Formung und Gestaltung[135]이다. 이런 인간적인 특색으로 무의식적으로 자연과정 자체가 나아가고 있다. 셸링에게 이미 비유기적인 물질을 넘어 나아가는 "유기화되는 과정"이 "물질의 무한한 개인화"[136] 안에 존재한다면, 이러한 개인화는 인간 노동에 매개되어 보다 고차적인 단계에서 계속 진행된다. "통속적인 삶에서 스스로 또는 인간의 손에 의해 **형태**가 획득된 모든 것은 개인으로 고찰되거나 다뤄져야 한다."[137]

『초고』에서 마르크스는 전적으로 셸링의 언어를 사용하여 "원소적인 것들의 항상적인 개인화"에 관해 언급한다. 이것은 "개인화된 것이 원소적인 것으로 항상적으로 해소되는 바로 그와 같은 자연과정의 한 계기이기도 하다."[138]

노동 과정은 커다란 자연 연관 속에 들어 있다. 사회와 그때마다 전유된 자연 부분들 사이의 보다 고차적인 통일로서의 자연은 최종심급에서는 모든 인간적 개입에 맞서 자신을 관철해 낸다. 인간적으로

---

133 Karl Grün, *L. Feuerbach*, a. a. O., S. 361을 참조하라.

134 F. W. J. von Schelling, Ideen zu einer Philosophie der Natur, 1797/98. In: *Sämmtliche Werke, 1*. Abt., II. Bd., Stuttgart und Augsburg 1857, S. 54, S. 111을 참조하라. 엥겔스의 『자연 변증법』에서도 "그 안에서 물질이 운동하는… 영원한 순환 과정"에 관해 언급한다. In: *Dialektik der Natur*, S. 27 f.

135 Schelling, *Ideen*, a. a. O., S. 518.

136 같은 책 S. 520.

137 같은 책. S. 518.

138 *Rohentwurf*, S. 116. 참조. 이에 대해서는 본 장의 A절도 참조하라.

침투된 자연물들은 최초의 직접성 안으로 다시 빠져든다. 당연하게도 셸링은, "그것이 인간의 기술에 의해 어떤 특정한 형태를 획득해 왔던 한에서"[139] 어떤 자연 그대로의 물질이라고는 말할 수 없을 것이며, 그것은 파괴될 수 있을 것이라고 말한다. 『독일 이데올로기』 이래 마르크스의 문헌들에서 언급되는 생명 과정의 개념이 셸링과 헤겔에서는 오로지 유기적 자연과만 관계하는 것처럼, 인간의 비유기적 신체로서의 외적 자연의 표상은 그것이 「파리 초고」에서 등장하는 것처럼, 또는 노동 과정을 인간과 자연의 물질대사로 서술하는 것처럼, 『자본』의 예비 작업들과 최종 판본을 지배하는 것처럼, 생리학적인 영역에 속하지 사회적 영역에 속하지는 않는다. 자연과학적 개념들은 생명 과정 안에서—마르크스의 제한된 자연주의적 유물론에서 역사 유물론으로의 이행을 통해 매개되어—사회적 사태를 기술하는데, 이 개념들이 질적으로 새로운 성격만을 획득하는 것은 아니다. 또한 그것의 연원에는 그것들이 동시에 역사적-사회학적 관점에서도 상당한 정도로 각인되어 있다. 한 개인의 존속이 그의 신체 기능과 결부되어 있는 것처럼, 사회에서도 자연과의 중단 없는 생산적 접촉이 지속되어야 한다. 인간들이 자연의 재료들을 빠짐없이 경험해 나가는 것처럼, 사용가치들로서의 자연물들은 인간을 빠짐없이 경험한다. 이는 스스로 한낱 자연으로 다시 변화하기 위해서이다. 마르크스가 물질대사의 개념을 은유적으로뿐만 아니라, **또한** 직접적으로 생리학적인 것으로도 이해했다는 사실은 명백하게 다음, 즉 그가 살던 시대에 자본주의적 생산에서 전형적이었던 도시와 농촌의 급격한 분리에 대한 마르크스의 비판에서 유래한다. 이런 분리에서 마르크스는 "인간과 대지 사이의 물질대사, 말하자면 인간에 의해 식료품과 의복재의 형태로 사용된 대지를 구성하는 요소들의 대지로의 복귀가, 이리하여 지속되는 대지

---

139 Schelling, *Ideen*, a. a. O., S. 519.

의 생산성의 영원한 자연 조건"[140]이 매우 교란되어 있음을 감지하고 있다. 거대한 규모의 군중들이 도시들로 집결함으로 인해 땅에서는 엄청난 양의 거름이 빠져나가며 이와 동시에 도시 주민들의 건강은 위협받았다. 미래 사회를 위해 마르크스는 "보다 고차적인 농업과 산업의 종합"을 염두에 두고 있었다. 이는 확실히 다음, 즉 예의 물질대사가 "체계적으로 사회적 생산을 규제하는 법칙으로서, 전체 인간 발전에 적합한 형태"[141]로 이루어져야 함을 전제로 한다.

또한 다음 사실이 올바르다면,—그리고 이를 앞에서 보여주려고 노력했다—즉 역사 진행의 보편적 그리고 특별한 법칙들에 대한 마르크스의 구분에 서로 무매개적으로 병렬해 존재하는 두 개의 현실 지층이 대응함이 올바르다면, 마르크스에게서는 역사 진행의 형태규정성이 역사적으로 변화함을 인정하는 것과는 별개로 인간과 자연의 물질대사의 **물질적인** 측면이 보다 강화되어 나타난다. 전체 역사를 규정하는 인간의 삶의 생산과 재생산을 위한 철의 강제는 사실, 자연의 완고한 순환 과정에서 나오는 어떤 것을 포함하고 있다.

노동의 주체와 객체는 궁극적으로 자연에 의해 규정Naturbestimt된다. 객관적 측면에 관련해서라면, 인간들은 그에 의해 산출된 대상 형태들의 모든 인위성마다 실로 최소한에서라도 대지, 물, 공기 따위의 근본 재료들에 의존하고 있다.[142] 이를 넘어 사회적 과정들을 이해하는 데 그렇게도 중요한 노동 분업과 같은 현상들도 경제의 내재적인 전개로부터 성립되었을 뿐만 아니라, 선행해 존재하는 자연물들에 의해서도 제약되어 있다. "대지의 절대적인 비옥도가 아니라 그것의 차별화, 대지의 자연적 생산물들의 다양성이 노동의 사회적 분업의 자연

---

140 *Das Kapital*, Bd. I, S. 531.

141 같은 책.

142 이에 대해서는 다음도 참조하라. Ernst Bloch, *Das Prinzip Hoffnung*, Bd. II, a. a. O., S. 239.

적 토대를 형성하며, 이것들은 그 안에서 인간이 거주하는 자연 환경들의 변화를 통해 인간 자신의 욕구들, 능력들, 노동수단과 노동 방식들이 다양화되도록 인간들에게 박차를 가한다."[143]

특히 마르크스는 어떤 지리학적, 기후적 결함을 가지고 있는 지역들이 일단, 인간의 부가 행위 없이도 생필품이 존재하는 풍요로운 곳보다 산업 발전을 더 촉진한다고 강조한다. "너무 사치스러운 자연은 '그를(인간을—저자) 걸음마 줄에 매인 어린아이처럼 손에 묶어 놓는다.' 자연은 그 자체의 발전을 하나의 자연필연성으로 만들지는 않는다. 식물이 무성하게 자라는 열대가 아니라, 온대가 자본의 모국이다."[144]

또한 주체 측면의 역사적 변화에도 자연적 한계들이 그어져 있다. 이미 『독일 이데올로기』에서 마르크스는 개인들의 "신체적 조직"과 "이를 통해 주어진 그것들의 나머지 자연과의 관계"[145]로부터 출발한다. 『자본』은 상당히 상세하게, 어느 정도까지 노동 과정이 인간의 생리학에 구속되어 있느냐는 문제를 다룬다. "…유용노동 또는 생산적 행위들이 얼마나 다양하건 간에, 그것이 **인간적** 유기체의 기능들이며, 그런 모든 기능이 그 내용과 그 형식이 무엇이든 간에 항상, 본질적으로 **인간의** 뇌, 신경, 감각 기관 등등의 **소비**라는 사실이야말로 **생리학적인** 진리이다."[146], "개별 인간은 자신의 근육 운동을 그 자신의 뇌의 통제 아래 두지 않고서는 자연에 영향을 미칠 수 없다. 자연 체계에서 머리와 손이 함께 전체를 이루듯이, 노동 과정은 정신노동과 육체노동을 하나로 만든다."[147]

---

143 *Das Kapital*, Bd. I, S. 539.

144 같은 책 S. 538 f.

145 *Deutsche Ideologie*, S. 16.

146 *Das Kapital*, Bd. I, S. 77.

147 같은 책 S. 533.

노동하는 주체들이 실로 얼마나 자연 체계라는 전제에 구속되어 있는지를 바로 근대 산업이 보여준다. 노동 과정들이 더욱더 "의식적으로 계획적이며 목적하는 바의 효용 효과에 따라 체계적으로 구분된 자연과학의 응용들을"[148] 변화시켜 감으로써, 근대 산업 안에서 노동 과정들은 현저하게 세분화되어 있기는 하다. 하지만 동시에 기술은 "**소수의 거대한 운동의 근본 형태들을** 드러낸다. 이 가운데 인간 신체의 모든 생산적 행위는 사용된 도구들이 엄청나게 다양함에도 불구하고, 기계 장치의 기계에 가장 심각한 고장이 난다고 해서 단순한 기계적 능력들의 항상적인 반복을 오해하지 말라고 기계학에서 말하는 것과 매우 똑같이 관계한다.[149]

마르크스가 여기서 하나의 비역사적 모델, 기계학을 비교를 위해 원용하는 것은 우연이 아니다. 노동 과정의 물질적 측면에 따르자면 노동 과정은 생산 단계들을 근본적으로 서로 분리해 내는 그런 변화에 종속되지 않는다. 이 때문에 마르크스는 명백하게 **무엇**이 아니라, **어떻게** 생산되는지가 생산 단계들 상호 간을 분리한다고 말한다.[150]

마르크스는 물질대사 개념을 가지고 사회적 노동 과정을 자연적 과정의 이미지로 서술한다. 그가 어느 정도까지 가는지[151], 그리고 어느 정도의 권리로 그런 비유를 사용하는지를 여기서 보여주려고 노력할 것이다. 고대 이래 사회적 형성물의 변화가 마키아벨리와 파레토에 이르기까지 자연법칙적 순환의 과정으로 이해된 것처럼, 그렇게

148 같은 책 S. 512.

149 같은 책.

150 같은 책 S. 188.

151 그렇게 마르크스는 기계적 노동수단을 "생산의 골격 체계와 근육 체계"로, 노동대상의 용기用器로 사용되는 그러한 노동수단을 **생산의 혈관계**로 표현하고 있다. 다음을 참조하라. 같은 책 Bd. II, S. 188.

또한 이미 일찍이 자연물의 변화와 상호적인 변환을 사회적 범주들을 매개로 하여 해석하려는 시도가 있었다. 여기서 자주 등장하는 모델이 상품과 화폐, 화폐와 상품의 교환이다. 헤라클레이토스의 변증법으로는 이렇다. "모든 사물들은 불에 대한 교환이며 그리고 모든 사물들에 대한 불의 교환, 마찬가지로 금에 대한 상품들 그리고 상품들에 대한 금의 교환이다."[152]

이와 비슷한 어떤 것을 우리는 마르크스에게서도 마주친다. 그에게 인간과 자연의 물질대사는—자연물들의 변환의 특별한 경우—이렇게 교환의 범주 아래 서술된다. 역으로 그는 교환 과정을 특징짓기 위해 물질대사 개념을 끌어들인다. 직접적인 노동 과정, 인간과 자연의 물질대사에서 **재료적 측면**이 그것의 역사적인 형태규정성에 대해 관철된다. 노동 과정에 근거하는 교환 과정에서는 그것의 재료적 측면에 대해 **역사적 형태규정성**이 관철된다.

상품의 형태 변화에 대한 마르크스의 서술에서는 그것의 사용가치들에 유용한 물질인 자연과 인간 간의 직접적인 생산적 관계도, 모든 사회 형태에 고유한 "인간적 실존의 자연 조건"[153]도 중요하지 않다. 문제는 특별히 부르주아적으로 제약된 환원으로 구체 노동의 여러 형태들을 질적으로 동일한 추상적 인간 노동 일반으로 환원하는 것에 있다. 그것의 주관적 객관적 자연규정성에서가 아니라 그러한 추상적-인간 노동의 "재료"로서 상품은 교환가치이다. 사용가치를 산출해내는 노동 과정의 계기를 고찰할 때 그 안에서 노동 과정이 작동하는 생산관계들의 특성의 묘사는 일단 필요하지 않다. 노동 과정 안에서와는 구분되는 교환 과정 안에 있는 개인들의 사회적 관계를 통해

152 Hermann Diels, *Fragmente der Vorsokratiker*, I, Berlin 1922, 4. Auflage, fr. 90.

153 *Zur Kritik der politischen Ökonomie*, S. 30.

서야 그 경제적 시기의 역사적 특수성이 분명히 나타난다.[154] "상품 교환은 다음 과정, 즉 이 안에서 사회적인 물질대사, 다시 말해 사적 개인들의 특수한 산물들의 교환이 특정한 사회적 생산관계들을 산출하는 과정으로, 이는 개인들과 이러한 물질대사에서 결합된다."[155]

교환 과정에서 사용가치, 즉 인간과 자연의 직접적인 교환의 산물은 "그것의 자연발생적인 현존과의 모든 연관으로부터 분리된 실존, 교환가치나 보편적인 등가물인 실존"[156]으로 이행한다. 이러한 사회적 물질대사를 통해 매개되어 직접성으로 돌아가 다시 사용가치가 되기 위해서이다. 유통에서 소비로 이행됨과 더불어 상품의 사회적 규정성, 상품의 사용가치는 그것의 산출에 필요한 시간량과는 무관하기 때문에 상품의 자연적인 규정성을 위해 말소된다.

154 이에 대해서는 다음을 참조하라. *Das Kapital*, Bd. I, S. 78.

155 *Zur Kritik der politischen Ökonomie*, S. 48.

156 같은 책 S. 88.

3장
사회와 자연의 대결과 인식 과정

A) 자연법칙과 목적론

욕망하는 인간 본성은 물적인 외면성에 의존하고 있다. 마르크스는 지치지 않고, 인간이 자신의 생명을 재생산하려면 자연과의 교환 과정이 중단 없이 지속되어야 한다고 강조한다. 인간들은 "자연물들의 형태들"[1]을 정확하게 알면 알수록, 이것들을 더더욱 자신에게 유용한 방식으로 변화시킨다. 때문에 마르크스에게 인식 과정은 단순한 이론 내적 과정이 아니다. 그것은 삶에 봉사한다. 그것이 삶에서 분리된 자족적인 현존을 갖는다는 생각, 간단히 말해 모든 관조적인 철학에서 마르크스는 인간의 자기 소외의 표현을 인지한다. 자신의 소멸이라는 형벌에 직면해 인간들은 "형태들"Formen[2]에, 즉 자신에 의해

1 *Das Kapital*, Bd. I, S. 76.

2 엥겔스에게는 없지만 후기 마르크스에게서 가공되는 자연물들의 고유한 규정성을 특징짓기 위해 빈번히 사용된 이러한 "형태"라는 개념은 철학사적으로 보았을 때는 아리스토텔레스와 프랜시스 베이컨의 형태론까지 소급된다. 베이컨의 형태론에는 고대의 유산이 현대적 사유와 빈번하게 뒤섞여 있다. 또한 베이컨과 비슷하게 마르크스에게 재료들의 형태화Geformtheit는, 그것이 보편적 법칙들에 종속된다는 것과

가공된 재료들의 법칙들에, 자신을 둘러싸고 있는 자연 현상들의 본질에 정통하지 않으면 안 된다. 모든 자연 지배는 자연적인 연관들과 과정들의 인식을 전제하며, 마찬가지로 그것은, 역으로 세계의 실천적 형태 변화로부터 비로소 성장해 나온다.[3]

인간들이 자연을 자신 측면에서 자연법칙들에 복종함으로써만 지배할 수 있다는 말은, 초기 부르주아적인 과학정신에서는 이미 특징적인 사유이다. 프랜시스 베이컨은 『신기관』*Novum Organon*에 이렇게 썼다. "자연은 복종해야만 부드러워진다."[4] 이미 베이컨에게는 이론적으로 인식된 원인들이 실천적 행위의 규칙으로 변환되어 있다.

부르주아 사회가 좀 더 진일보한 단계에서 헤겔[5]은 인간Homo sapiens을 기술적 인간Homo Faber에 입각해 해석한다. 이미 전前현상학 시기에 그는 물질에 고유한 법칙성과 인간의 목적들 간의 관계에 대해 연구한다. 노동이 이 두 계기를 결합한다.

변증법의 유물론적 판본은 이런 점, 즉 그것이 자연법칙과 목적론의 관계 뒤에서 필연성과 자유의 좀 더 보편적인 관계를 감지한다는 점에서 보면 헤겔에서 만들어진 것이기는 하다. 하지만 그것은 문제의 헤겔적 관점을 넘어서고 있기도 한데, 이는 충동들, 욕구들과 목적들 따위의 자연에 대한 인간적 관심의 종류들 일반이 그때마다 사회적으로 매개된 것이라는 사실을 유물변증법이 입증하고 있는 한에서 그렇다.

사회적으로 매개된 이러한 자연법칙과 목적론의 통일을 이해하기

동일한 의미를 지니고 있다. 베이컨에게처럼 마르크스에게도 자연의 "형태들"에 대한 인식은 다름아닌 그것을 더 낫게 지배하기 위한 수단이다.

3 마르크스는 『자본』 1권에서 자연과학 전체의 발생이 실천적-사회적 요청들에 힘입고 있다고 지적하고 있다. 특히 S. 539, Fußnote 5.

4 Francis Bacon, *Novum Organon*, London 1893, S. 11.

5 헤겔의 실천 개념에 관해서는 다음도 참조하라. Wilhelm R. Beyer, Der Begriff der Praxis bei Hegel. In: *Deutsche Zeitschrift für Philosophie*, Jahrgang VI, Heft 5, Berlin 1958.

위해서는 일단 앞선 장들에서 논의한 것보다 더 상세하게 자연, 물질, 법칙, 운동 그리고 목적과 같은 범주들에 대해 논하는 것이 필요하다.

포이어바흐 비판에서 마르크스가 사회적 생산을 "감각적 세계의 토대"[6]라고 표현하고 있기는 하다. 하지만 마르크스는 동시에 자연의 사회적 매개가 자연의 "선차성"[7]을 지양하지도, 확증하지도 않음을 분명히 한다. 물질은 인간들과 독립적으로 존재한다. 인간들은 모든 "물질의 생산적인 능력을 오로지 물질이라는 전제 아래에서만"[8] 마련한다. 그렇기 때문에 레닌이 "농업 문제와 마르크스-비판가들"이라는 문건에서 자연력을 인간 노동으로 **대체하는** 일이 가능할 것이라는 통속적인 경제적 관념들과 대립해서 다음과 같이 말할 때, 그것은 마르크스의 사유와 상응한다. "자연력들을 인간 노동으로 대체하는 일은 일반적으로 말하자면 미터를 파운드로 대체하는 것만큼이나 가능하지 않다. 산업에서나 농업에서나 인간은 자연력들의 힘을 오로지 인간이 그것의 영향들을 한번 인정했던 한에서 이용할 뿐이며 기계나 도구 등등을 통해 그것들의 이용을 **손쉽게 할** 뿐이다."[9]

모든 인간적-사회적 목표를 설정할 때 고려해야만 하는 자연물에 고유한 법칙들은 변증법적 유물론에 의해서 무시되거나 물신화되지 않는다.[10]

현재 나온 마르크스 문헌 안에서는 자연의 매개 안에서의 자연의 고유 규정성에 대한 물음이 상당한 정도로 불투명하게 다뤄지고 있다.

---

6 *Deutsche Ideologie*, S. 42.

7 같은 책.

8 *Heilige Familie*, S. 151.

9 Lenin, Die Agrarfrage und die ›Marx-Kritiker‹. In: *Sämtliche Werke, IV*, 1. Halbband, Wien-Berlin 1928, S. 221.

10 이에 대해서는 다음을 참조하라. Bloch, *Das Prinzip Hoffnung*, Bd. II, a. a. O., S. 240.

칼베Jean-Yves Clavez는 마르크스가 「파리 초고」에서 한 몇몇 표현들을 절대화한다. 「파리 초고」에서는 인간 실천에 주목하지 않는 종래의 유물론에 대립해 사회적 매개의 계기를 날카롭게 부각시킨다.[11] 그는 『역사와 계급의식』에서의 루카치와 비슷하게 자연을 형식적으로나 내용적으로나 그것의 전유의 사회적 형태들에 동화시키고 있다. 이것을 잘 의식하지 못한 듯, 칼베는 기묘하게 사회학적으로 장식된 "생산관념론"에 도달한다. 이것은 바로 자연법칙들에 대한 물음에서 표현된다. 그는 다음과 같이 쓴다. "인간 없는 자연이란 아무런 의미가 없으며, 운동도 없다. 그것은 카오스, 차별화되어 있지 않은 무차별적 물질일 뿐이므로. 그렇기 때문에 궁극적으로 자연은 무이다."[12]

이 표현과 칼베가 같은 입으로 인간 활동은 오로지 자연물에 고유한 법칙들이라는 테두리 안에서만 수행된다면서 이와 관련해 『자본』에서 특정한 구절들을 인용[13]하는 것은 서로 잘 어울리지 않는다. 비슷하게 모순적인 것이 코티에George M.-M. Cottier의 마르크스 자연 개념 해석이다. 그는 한편으로는 당연히도 자연의 "고유한 자율성"을, 인간의 가능성들을 제약하는 자연의 성격을 강조한다.[14] 코티에에 따르면 자연은 특정한, 개별 물들에게서만 현상하는 것으로 간주된다. 다른 측면에서, 위에서 언급된 발언들과는 전적으로 비매개적으로 그는 자연을 아리스토텔레스적-스콜라적 언어로 "제1물질"materia prima[15]이라고 특징짓는다. 즉 자연을 형태 없는 기층으로, 마르크스가 그렇다고

11 이에 대해서는 대략 다음을 참조하라. *Nationalökonomie und Philosophie*, a. a. O., S. 264.

12 J.-Y. Calvez, *La pensée de Karl Marx*, Paris 1956, S. 380; 또한 S. 378도 참조하라.

13 같은 책 S. 396.

14 Georges M.-M. Cottier, *L'Athéisme du jeune Marx*. Ses origines Hégéliennes, Paris 1959, S. 319.

15 같은 책 S. 321.

인정한 "내재적 형태"[16]가 없는 기층으로 설명한다. 마르크스도 자연에 "잠들어 있는 활력들"[17]을 이야기하기는 한다. 하지만 마르크스는 결코 단순한 가능성들만을 지닌 하나의 존재론적 기층이 아니라, 그 가운데 인간의 목적들에 복속되는 재료들과 같은 인간의 특정한 육체적 에너지들을 염두에 두고 있었다.

칼베에게서 부정된 물질의 자기 운동으로 되돌아가기 위해, 마르크스는 아주 여러 곳에서 오해할 수 없도록 분명하게 이에 대해서 표명하고 있다. 마르크스의 유물론에서 **변증법적인** 것은, 물질에서 모든 고유한 법칙성과 고유한 운동을 전부 다 제거하는 것에 있지 않고 다음의 통찰, 즉 물질의 운동 형태들은 유일하게 매개하는 실천을 두루 거쳐야만 인간들에 의해 인식되고 합목적적으로 전용될 수 있다는 것이다. 인간과 자연 사이의 생산에서 일어나는 변증법적 운동은 헤겔에게서와 같이 유물론 안에 자연법칙들을 배제하지 않고 포함한다. 여기서 마르크스는 이미 자주 인용된 『신성가족』에서 영국-프랑스 유물론을 개괄하면서 아주 전적으로 기계적이지는 않은 베이컨의 물질 개념을 셸링[18]을 연상시키는 식으로, 또 바로 그런 이유 때문에 그 자

16 *Rohentwurf*, S. 265.

17 *Das Kapital*, Bd. I, S. 185. 물질과 존재론의 관계에 대해서는 1장 A절 해당 부분의 서술을 참조하라.

18 많은 형이상학적 극단화 중에서도 블로흐의 변증법적 유물론에 대한 고찰들은 항상 마르크스에서의 자연 사변적-낭만주의적 경향을 당연히도 지적하고 있다. 이런 경향들은 초기 저작들에서뿐만 아니라 특히 본서가 보여주려고 노력하는 것처럼, 후기의 경제 저작들에서도 존재한다. 유물론의 역사에는 두 주요 조류가 병행해서 존재하는데, 이것들은 몇몇 사상가들에게는 서로 교차하기도 한다. 하나는 데모크리토스의 원자론으로부터 르네상스의 물리학을 거쳐 일면적으로 자연과학적으로 정향된 18, 19세기의 유물론으로 진행된다. 다른 하나는 차라리 범신론적인 조류인데, 블로흐는 이를 '아리스토텔레스 좌파'라고 칭한다. 그의 의견에 따르자면 마르크스도 이에 해당된다고 한다. 이 조류는 자연주의적으로 사용된 아베로에스(1126-1198, 서방 이슬람 세계의 대표적인 철학자, 의학자)의 아리스토텔레스의 형

신의 이론을 같이 그려 내는 식으로 특징짓고 있다. "**저 물질이** 타고난 속성들 가운데에서도 **운동**은 첫 번째로 가장 중요한 것으로, **기계적이면서 수학적인** 운동으로서뿐만 아니라, 나아가 **충동, 삶의 정신, 활력**으로서, 물질의—야콥 뵈메의 표현을 쓴다면—**고통**으로서 그렇다. 마지막 것의 가장 원시적인 형태들은 살아 움직이는, 개인화되어 있으면서도 그것에 내재적인, 특별한 차이들을 생산해내는 **본질적 힘들**이다."[19]

더 넓은 의미에서 기계적 유물론의 결과물과 관련해서 말하자면, 마르크스는 일단 나쁜 관념론에서와 마찬가지로 이 유물론과도 거리를 두고 있는데, 이 결과물들은 단순히 비난받지 않고, 사회 이론의 테두리에서 다루어지는 자연 이론의 계기로 저평가된다.[20] 자연에서 소박실재론적 계기의 상대적 진리를 인정함은 그렇기 때문에 칼베가 원하는 것[21]처럼 단순한 기계적 유물론으로 후퇴함을 의미하지 않는다.

일반적으로 유물론이 의미하는 바는, 자연법칙들이 인간의 의식과 의지 외부에 그것들과는 독립하여 존재한다는 것이다. **변증법적** 유물론이 의미하는 바는, 인간들이 이런 법칙성들을 그들의 노동 과정이라는 형태들을 통해서야만 확인할 수 있다는 것이다. 이렇게 이해되어야 하는 독립성과 사회적 제약의 연관을 마르크스는 쿠겔만에게 다음과 같이 편지를 쓸 때에도 생각하고 있었다. "자연법칙들은 어떻게 해도 지양될 수 없다. 역사적으로 서로 다른 여러 상황에서 변화될 수

상-질료 문제로부터 조르다노 브루노와 베이컨,—이들의 이론은 마르크스에 따르면 "전방위적인 발전의 싹들"(*Heilige Familie*, S. 258.)을 안에 감추고 있다—뵈메를 거쳐 끝으로 낭만주의적 자연철학의 숨겨진 유물론적 요소들로 전개된다.

19 *Heilige Familie*, S. 257 f. 마르크스에게서 물질의 운동의 문제에 관해서는 Roger Garaudy, *Perspectives de l'homme*, Paris 1959, S. 88 f. 나아가 *Dialektik der Natur*, S. 269를 참조하라.

20 이에 대해서는 1장 A절을 참조하라.

21 Calvez, 같은 책 S. 378.

있는 것은 오로지 **형태**뿐이며, 이 안에서 예의 법칙들이 관철된다."[22]

사회는 항상 동일한 자연법칙들에 직면해 있는 것처럼 보인다. 그럼에도 그때마다의 사회의 역사적 구조는 인간이 그것들에 노출되는 형태를 규정하고, 또 그것의 작용 방식과 유효 영역과 또한 그것을 그 안에서 통찰하고 사회적으로 유용하게 만들 수 있는 척도 등을 규정한다. 자연의 힘은 전혀 중단되지 않는다. 자연은 오로지 자연법칙들과 화합되어야만 지배된다. "결정론은 숙명론을 전제하지 않을 뿐만 아니라, 그 반대로 이성적인 행위를 위한 토대를 제공한다."[23] 이미 다른 연관에서 했던 것처럼, 마르크스는 다음과 같이 주장한다. 즉 "인간은 자신이 행하는 생산에서 오로지 자연 자체가 하는 것만 할 수 있는데, 말하자면, **재료들의 형태들**을 **변화시키는** 것만 할 수 있다."[24] 엥겔스는 결국 자연법칙들의 문제에서 마찬가지로 헤겔의 규정들을 잘 따르고 있다. 그는 『반 뒤링』에서 다음과 같이 쓰고 있다. "꿈꿨던 자연법칙들로부터의 독립에 자유가 존재하는 것이 아니라, 이러한 법칙들을 인식하는 데에 자유가 있으며, 이로 인해 주어진, 그것을 계획적으로 특정 목적들을 위해 작용하게 만드는 가능성에 자유가 있다."[25]

게다가 헤겔도 따르고 있는 계몽주의 전통 전체와 더불어, 마르크스는 인간 외부의 자연에 대한 어떠한 소박한-목적론적 해석[26]에도 반대하고 있다. 라살레에 보내는 한 편지에서 마르크스는 다윈의 저서 『종의 기원』을 칭찬한다. 즉 그 책에서 "일단 자연과학에서의 '목적

22 Marx an Kugelmann, Brief v. 11.7.1868. In: *Briefe an Kugelmann*, S. 67.

23 Lenin, Der ökonomische Inhalt des Narodnikitums und seine Kritik im Buche des Herrn Struve. In: *Ausgewählte Werke in 12 Bd., Bd. XI*, Moskau 1938, S. 371.

24 *Das Kapital*, Bd. I, S. 47.

25 *Anti-Dühring*, S. 138.

26 볼프의 목적론에 대해서는 엥겔스도 참조하라. *Dialektik der Natur*, S. 12 f.

론'에 치명적 타격이 가해졌을 뿐만 아니라, 그와 같은 것의 합리적 의미가 경험적으로 분해"[27]되어 버렸다는 것이다. 목적론의 "합리적 의미"를 마르크스는 식물 영역과 동물 영역에는 "자연적 기술"[28] 같은 것이 존재한다는 상황으로 이해한다. 마르크스에 따르면, 다윈에게서 "생산 도구들"[29]로서의 식물 기관과 동물 기관은 외부 조건들과의 적응과 교환 과정 속에서 형성된다. 자연과 대비해 합목적적 행위의 "최초의 이와 같은 본능적인 형태들"[30]을 원시 시대 인간들은 아직 넘어서지 못했다. 전체적으로 마르크스는 인간 이전의 자연사 안에 사회적으로 조직된 인간들에 의해 의식적으로 수행된 자연과의 투쟁을 위한 전제가 배태되어 있다고 본다. 헤겔이 또한 모든 가능한 자연 현상들에서 목적 행위적인 창조주의 작용을 상상하는 관점을 "어리석다"고 조롱했을 때[31], 그의 관념론적 철학은 그럼에도 불구하고 "세계 최종 목적"의 이념을 알고 있었다.[32] 첫 장에서 이미 다음과 같이, 즉 바로 그런 최종 목적과 선행해 주어진 세계의 의미의 부정이 마르크스의 이론을 고대 이래 철학적 유물론과 회의주의의 전통 및 넓은 의미에서 모든 반형이상학적, 반합리주의적 철학의 전통과 결합시키는 것임을 강조했다. "세계"는 마르크스에게는 형이상학적으로 파악된 우주가 아니라 본질적으로 "인간의 세계"[33]이다. 그렇기 때문에 좁은 의미의 목적은 항상 인간적 실천의 범주이고, 이를 통해 마르크스는 스스

---

27 Marx an Lassalle, Brief vom 16.1.1861. In: *Marx-Engels, Ausgewählte Briefe*, S. 150.

28 *Das Kapital*, Bd. I, S. 389, Fußnote 89.

29 같은 책.

30 같은 책 S. 185.

31 Hegel, *System der Philosophie, II*, a. a. O., S. 36. 참조.

32 Hegel, *Die Vernunft in der Geschichte*, a. a. O., S. 29. 참조.

33 *Heilige Familie*, S. 11.

로를 유물론적으로 헤겔의 "자연철학"이 "유한한-목적론적 입장"이라고 부른 것으로 제한하고 있다. 헤겔은 다음과 같이 기술한다. "**실천적으로** 인간은 하나의 직접태요 외적인 것인 자연과 관계하는데, 그 자신은 하나의 직접적이며 외적인 것으로서, 이를 통해 감각적 개인으로서, 또한 당연히 자연 대상들에 대립해 **목적**으로 처신하는 그런 감각적 개인으로서 관계한다.[34]

『자본』에서 마르크스는 인간의 "**합목적적 의지**"[35]가 자연을 마주해 어떻게 관철되는지를 상세하게 발전시킨다. "우리는 노동을, **인간에게** 전적으로 속하는 그러한 형식이라고 생각한다. 거미는 직조공의 작업에 가까운 활동들을 수행한다. 그리고 꿀벌은 자신들의 벌집 짓기를 통해 많은 인간 건축가를 부끄럽게 한다. 그러나 처음부터 가장 수준 낮은 건축가도 최상의 벌보다 더 훌륭하게 만드는 것은, 그가 밀랍으로 벌집을 짓기 전에, 그것을 머릿속에서 지어 봤다는 점에서 그런 것이다. 그 과정을 시작할 때 이미 **노동자의 관념** 속에, 이리하여 이미 **이념적으로** 존재했던 결과물이 노동 과정을 마칠 때 산출된다. 노동자가 그저 자연태의 형태 변화만을 **야기하는** 것이 아니다. 그는 자연태에서 동시에 **자신의 목적을** 실현한다. 그는 이 목적을 **알고 있으며**, 그것은 노동자의 행위의 방식을 법칙으로 규정하고, 노동자는 목적에 자신의 의지들을 복속시켜야만 한다."[36]

『정치경제학 비판을 위하여』에서 마르크스는 소비와 생산의 변증법을 설명하면서 비슷한 방식으로 인간의 목적 정립의 선취적 성격을 논한다. "소비는 생산 욕구를 유발하고, 목적으로서 그것은 생산에서 규정하면서 작동하는 그런 대상도 만들어 낸다. 생산이 소비의 대상

---

34 Hegel, *System der Philosophie, II*, a. a. O., § 245, S. 35.

35 *Das Kapital*, Bd. I, S. 186.

36 같은 책.

을 외적으로 제공하는 것이 분명하다면, 이 때문에 마찬가지로 소비가 생산의 대상을 관념적으로, 내적인 이미지로, 욕구와 목적으로 정립함도 분명할 것이다.[37]

노동에서 추구된 목적-내용들은 헤겔과 마르크스에게서는 제한된다. 즉 양자에게서 객관적으로는 사용이 가능한 재료들과 그것의 법칙들에 의해, 주관적으로는 인간의 충동과 욕구 구조를 통해 제한된다. 후자와의 관계에서 마르크스는, 이미 말했던 것처럼, 그가 인간 목적들의 역사적-사회적 뿌리들을 보다 상세하게 규정한다는 점에서, 헤겔을 구체화하면서 넘어서 나간다.

인간이 사고할 때 자신의 활동의 결과물을 선취한다는 것이 의미하는 바는, 헤겔이 말했던 것처럼 "공허한 생각들과 목적들 가운데 떠돌아다니는 것"[38]이 아니라, 자연 대상들의 상태에 대한 일반적인 지식을 이미 포함하고 있다.[39] 선취된 지식은 같은 정도로 이미 수행된 실천적 행위들을 전제하고 있는데, 이 행위로부터 지식이 성립되고, 역으로 지식은 모든 행위의 전제를 형성한다.

인간 행위의 재료 구속성은 절대적인 것이 아니다. 목적을 정립하는 의지는, 한 면으로는 그 스스로는 실로 아무것도 그것에 첨가할 수 없는 오로지 물질에 고유한 법칙들과 조화를 이루어야만 실현될 수 있다. 이것은 올바르기는 하다. 하지만 다른 면에서, 자연물은 그 어떤 조형 가능성을 가지고 있다. 이리하여 그것의 물리적, 화학적 특성이라는 한계 내에서 자연물인 나무는 매우 다양한 사용가치들의 토대를 제공하며, 이와 똑같이 그 반대로 하나의 사용가치를 그 유용성을 고

37 *Zur Kritik der politischen Ökonomie*, S. 246.

38 Hegel, *Phänomenologie des Geistes*, Meiner, Hamburg 1952, S. 287.

39 이에 대해서는 다음을 참조하라. Lenin, *Aus dem philosophischen Nachlaß*, Berlin und Stuttgart 1954, S. 97.

려하지 않고, 극도로 다양한 자연물들에서 생산해내는 것 또한 일정한 범위 안에서는 가능하다.

그 자신의 고유한 규정성이라는 한계 안에서 한 재료는 그것의 인간적인 형태화 방식에 대해서는 무관하다. 그것이 의미하는 바는, 목표 설정이 재료에 종속될 뿐만 아니라 재료도 목표 설정에 종속된다는 것이다. 폴 발레리는 위에서 끌어온 마르크스의 글귀를 적절하게 사용한다. 그는 「디자인 예술가를 위한 소연설」에서, 선취하고 있는 의식과 주어진 재료와의 관계에 대해서 이러한 소견을 밝히고 있다. "인간은 행위한다. 그는 자신의 힘들을 낯선 재료들에 행사하고, 그는 자신의 수행을 그것의 질료적인 토대와 구분하고, 그것에 관해 선명하게 요약된 의식을 갖는다. 그렇기 때문에 그는 이를 빈틈없이 생각할 수 있으며, 그것을 행하기 전에 서로를 맞춰 볼 수 있다. 그는 그것들에 가장 다양한 업적들을 부여하고 그것들을 정말 다양한 재료들과 맞출 수 있다. 그리고 바로 이런 능력, 자신의 의도를 종합하거나 자신의 기획들을 분리된 과정으로 쪼개 넣을 수 있는 능력이 바로 인간이 자신의 지성이라고 부르는 것이다. 그는 자신의 시도의 재료들에 융해되지 않고 이러한 재료들과 자신의 사유 이미지 사이에, 자신의 정신과 그것의 모델 사이를 이리저리 다니면서 모든 순간마다 **자신이 할 수 있는 것**에 대해 스스로 **하고자 하는 것**을, 그리고 **자신이 도달한 것**에 대해, **자신이 할 수 있는 것**을 교환한다."[40]

인간이 신화적인 자연 쇠락 상태에서 빠져나옴으로써 그의 노동은 그것의 "최초의 본능적인 형태"[41]를 벗어던진다. 자연을 소박하게 사용하지 않으며, 오로지 육체 기관들을 통해 매개되는 의식적인 목적 지향적인 생산이 들어선다. 계몽의 진보와 함께 인간과 자연의 근원

40 Paul Valéry, *Über Kunst*, Frankfurt 1959, S. 69.

41 *Das Kapital*, Bd. I, S. 186.

적인 통일은, 자신을 매개된 것으로 다시 산출하기 위해 갈가리 찢어진다. 마르크스는 보다 고차적인 도구를 통해 매개된 이러한 인간과 자연의 통일을 산업이라고 부른다. 마르크스는 도구의 인간학적 역할을 평가하면서 헤겔과 계몽주의에 동의한다. "이미 그 싹에서는 어떤 동물 유에 고유한 것임에도 불구하고, 노동수단의 사용과 창조는 **특별히 인간적인 노동 과정**을 특징지으며, 그렇기 때문에 **프랭클린**은 인간을 **도구를 생산해내는 동물**이라고 정의한다."[42]

헤겔이 표현하듯, 이런 "**도구들의 도구**"[43]인 손으로부터 출발하면서, 인간은 역사 속에서 자신의 육체적 힘들을 강화하려고 노력한다. 도구에서 "자연태das Natürliche는 그 자체가 스스로 행위의 **기관**이 되는데, 이 기관을 인간은 그 자신의 육체 기관들에 첨가하여 자신의 자연적 형상들을 연장한다. 성경에 맞서서."[44]

인공적인 생산 도구들의 발전과 더불어 자연 지배는 외연적, 내포적으로 증가한다. 마르크스는 다음과 같이 말한다. "사물의 상이한 여러 측면들과 그렇기 때문에 다양한 사용 방식들을 발견하는 것은 역사적 행위이다."[45] 원시적인 도구들과 기계들은[46] 인간의 신체 기관들을 모방하고 있다. 그것들은, 인간이 얼마나 원래 자신의 육체성의 이미지를 지향하고 있는지를 보여준다. 나중에 그러한 원시적인 도구에서 벗어나기는 하지만, 블로흐[47]가 매우 훌륭하게 지적하듯 인간이 자신의 형태들을 발전시켜 이를 "탈유기체화"하더라도, 그렇게 인위적

42 같은 책 S. 187 f.

43 *Das Kapital*, Bd. I, S. 186.

44 *Das Kapital*, Bd. I, S. 187.

45 같은 책 S. 39.

46 마르크스에서 도구와 기계들의 관계에 대해서는 다음을 참조하라. 같은 책 S. 388-390.

47 Bloch, *Das Prinzip Hoffnung*, Bd. II, a. a. O., S. 232 f. 참조.

일 때에도 인간의 신체 기관은 문명인들에게도, 원시인들에게 손과 팔이 그렇듯, 여전히 생활 필수적인 것으로 남는다. "그러나 인간이 호흡하는 데 폐를 필요로 하듯, 자연을 생산적으로 소비하려면 그에게는 '인간 손의 한 형상'이 필요하다."[48]

도구는 이미 동화된 자연의 한 부분으로, 그것에 힘입어 진보해 나가면서 객체들은 더욱더 "주관적 활동의 결과물이요 보관 용기"[49]가 되며 보다 광범위한 자연 영역들이 해명된다. 이에 대응하여 기술사도 현저하게 변화된다. "인간 유기체의 난쟁이 도구에서 인간에 의해 창조된 기계 장치의 도구로 그 범위와 수효가 확장되고 있다."[50] 인간의 가장 근본적인 추상들이 노동 과정들과의 연관에서, 즉 도구들의 산출의 연관에서 성립되었다는 것은 거의 의심할 여지가 없다.[51] 헤겔은 지성, 언어 그리고 도구의 역사적인 복합적 관계를 알고 있다. 도구는 인간의 목적들을 노동 대상과 연결시킨다. 그것은 개념적 계기를, 논리적 통일을 인간들의 삶의 양식 안으로 가져온다. 『예나 실재철학』*Jenenser Realphilosophie*에서 헤겔은 다음과 같이 썼다. "**도구**란 실존하는 이성적 중심이요, 실천적 과정의 실존하는 보편성이다. 그것은 수동자das Passive에 대립해서는 활동자das Tätige의 측면에서 현상하며, 노동하는 자의 측면에 따르면 스스로가 수동적이요, 가공된 것에 대해서는 활동적이다."[52]

이를 마르크스는 『자본』의 도구 이론에서 계승한다. 여기서 도구

48 *Das Kapital*, Bd. I, S. 404.

49 *Rohentwurf*, S. 389.

50 *Das Kapital*, Bd. I, S. 405.

51 노동, 언어와 사유의 역사적인 복합적 관계에 관해서는 다음을 참조하라. Béla Fogarasi, *Logik*, Berlin 1955, S. 88–111.

52 Hegel, *Jenenser Realphilosophie*, Leipzig 1932, S. 221.

는 노동자와 노동 대상의 현존하는 물질화된 매개이다. 인간이 "그 자신이 자연물에 하나의 자연력으로서 맞서서 등장"[53]하기 때문에 도구란, 자연물이 그것에 힘입어 자신을 자기 자신과 결합시키는 그러한 것이다.

직접적으로 노동자는 아직 전화되지 않은 자연이나 노동 대상이 아니라, 노동수단과 관계한다. 이는 마르크스에게는 도구와 동일한 것이다. 그는 다음과 같이 정의한다. "노동수단은 하나의 사물이요 또한 노동자가 자신과 노동 대상 사이에 끼워넣은 사물들의 복합체로, 노동자에게는 활동의 **안내자**로서 이 대상들에게 사용되는 것이다. 노동자는 물들의 기계적인, 물리적인, 화학적인 속성들을 이용한다. 그것은 사물들을 권력 수단으로 다른 물들에 **자신의 목적에 맞게** 작용하게 하기 위해서이다."[54]

여기서 마르크스는 직접적으로, 헤겔의 『논리의 학』과 『철학강요』에서 전개된 "이성의 간지"론을 받아들인다. 마르크스가 인용한 부분은 다음과 같다. "이성은 바로 그렇게 노회하면서도 강력하다. 간지는 도대체가 매개하는 행위 안에 존재한다. 이 행위는, 직접적으로 이런 과정에 관여하지 않으면서 그 자신의 본성에 따라 객체를 상호작용하게 하고 또 상호 과업을 완수하게 하며, 말하자면 그것의 목적만을 수행하게 만든다."[55]

---

53 *Das Kapital*, Bd. I, S. 185.

54 같은 책 S. 187. 또한 노동수단으로서 동물의 역사적 역할에 관해서도 같은 곳을 참조하라. 마르크스는 "수단" 개념을 보다 포괄적인 의미로 사용한다. 인간의 목적들을 위한 잠재적인 수단은 우선 물질적인 실재 전체이다. 그러한 것으로서의 물질적 실재는 생산수단이다. 생산수단은 다시 여기서 언급된, 인간에 의해 사용된 노동수단 혹은 생산 도구들 그리고 노동 대상들로 나뉜다. 또한 같은 책 S. 189. 참조.

55 Hegel, *System der Philosophie, I*, a. a. O., § 209, *Zusatz*, S. 420. 마르크스가 유물론적으로 "이성의 간지"를 인간의 노동 상황에 제한하는 반면, 헤겔은 그것의 주요 작용을 세계 전체 및 세계의 발전과 신적인 예견의 관계에서 본다. 그런 까닭에 이성의 간지

우리가 위에서 언급한 마르크스의 도구의 정의, 목적 규정적 노동과 노동 대상의 매개자로서의 도구의 정의를 견지한다면, 노동 과정에서 수행하는 역할에 따라 도구의 세 가지 형태가 구분되어 나온다. 도구는 동일하게 보존될 수 있으며, 질료적으로 노동 산물 안에 융합될 수 있으며, 끝으로 그것은, 노동 산물의 구성 부분이 됨이 없이, 남김없이 소모될 수 있다.

헤겔은 마르크스와는 다르게 노동 과정을 **전적으로** 그것의 추상적인 계기들로 묘사한다. 마르크스가 "처음부터 자본주의적인 생산 시기를 나타내는 특징적인 가면을 쓴"[56] 애덤 스미스를 앞에 두듯, 헤겔은 『논리의 학』에서 도구에 관해 말하고 있다. 헤겔에게서 이 도구는 오로지 가공되어야 하는 객체와는 외적으로 남아 있는 사물로서 노동 산물 자체와는 아무 관계도 없는 그런 사물이다. 도구는 "**외적인 타자**로 그리고 바로 이런 외적 성격을 **통해**" 보존되며, 그러한 까닭에 도구는 **수단**으로서 **보다 고차적인 것**으로, "**외적인** 합목적성"에 봉사하는 **유한한** 목적들로서 존재한다. "쟁기는 직접적인 향유들보다 훨씬 영예로운 것이다. 이 향유들은 쟁기를 통해 준비되며 그것의 목적이다. **도구**는 보존된다. 반면 직접적인 향유들은 사라지고 잊혀진다. 그의 도구들에서 인간은 외적인 자연에 대한 힘들을 소유한다. 그것은 인간이 자신의 목적들에 따라 오히려 자연에 복속될 때에도 그렇다."[57]

그것의 역사적 역할을 극히 강조하는 가운데에도 마르크스는 도구에 대해 훨씬 덜 격정적이다. 그에게 향유의 소멸성에서 그것에 대립하는 어떤 논증들을 끌어내는 일은 전혀 의미가 없었다. 마르크스는 헤겔처럼 도구를 그것의 도움으로 산출된 직접적인 사용가치들에

는 역사 구성에도 또한 중요한 역할을 한다.

56 *Das Kapital*, Bd. II, S. 391.

57 Hegel, *Wissenschaft der Logik*, II, Leipzig 195 1, S. 398.

맞서 물신화하는 것을 경계한다. 헤겔의 표현은 그 안에서 인간들이 점점 더 자신들의 고삐 풀린 생산력들의 장식물이 되는 상황을 전제하고 있다. 그럼에도 그의 표현에서, 대다수의 도구들은 그것들을 사용할 때 그대로 남아 있으며, 그들의 생산물에 낯설게 제3자fremd로 남아 있음은 사실이다. 이에 대해 마르크스는 다음과 같이 말한다. "본래적인 노동수단들, 고정자본의 질료적 운반자들은 오로지 생산적으로만 소모되고 개인적 소비까지는 가지 않는다. 왜냐하면 그것들은 생산물이나 사용가치 안에 들어가지 않으며, 이들을 만들어 내는 것을 돕고, 오히려 그것에 대해서 자신들의 자립적인 형태를 완전한 마모에 이르기까지 보존하기 때문이다."[58]

도구 자체는 이미 생산물이며, **그 자체로도** 이미 그것에 의해 산출되는 "주체태das Subjektive와 객체태das Objektive의 **통일**"[59]—이 통일에 전체 자연이 결국 이르러야 한다—이기 때문에, 도구는 노동 가운데에서도 그렇게 소모되어 질료적으로 생산물 안에 융합된다. 마르크스는 여기서 특히 화학적 생산을 생각하고 있는데, 이런 식의 생산에서는 원료에 첨가제를 부가하는 바, "염소를 표백되지 않은 아마포에, 석탄을 철에, 안료를 양모에 넣는 것처럼 그 안에서 질료적 변화를 유발하기 위해서이다."[60]

도구 일반처럼, 그러한 **질료들도** 인간적 목적들과 노동 재료를 매개한다. 그럼에도 "사용된 원재료들의 어떤 것도 생산물의 실체로 다시 **나타나지** 않는다."[61] 노동수단과 노동 대상은 여기서 상호 이행한다. 좁은 의미에서 보조재는, 마르크스에게서 직접적으로 재료에 사용

58 *Das Kapital*, Bd. II, S. 153.

59 Hegel, *System der Philosophie, I*, a. a. O., § 210, S. 420 f.

60 *Das Kapital*, Bd. I, S. 190.

61 같은 책.

되지 않으며 생산물과 직접 관계하지 않는 어떤 것으로, 그것은 "증기 기관에 석탄이, 바퀴에 기름이, 견인마에 건초처럼 **노동수단에 의해 소비(된다)….**"[62]

레닌[63]은 올바르게 헤겔이 도구의 역할을 노동 과정에 대해서뿐만 아니라 인식 과정에 대해서도 강조함으로써 역사 유물론의 선구자가 되었음을 지적하고 있다. 헤겔이 전체적으로 보아 자유와 필연성의 문제의 전前변증법적 관점들에 존재하는 형이상학적 경직을 극복한 것처럼, 그렇게 헤겔은 목적론과 자연인과성 간의 물화된 대립을 유동화한다. 마르크스에게 인간의 간지가 인간에 의해 노동수단으로 사용된 사물들의 "기계적, 물리적, 화학적 속성들"을 "다른 사물들에 대한 권력 수단으로서, **그의 목적에 적절하게** 작용하게 만드는 것"[64]에 있다면, 이런 사유는 『논리의 학』의 기계론-화학론-목적론의 범주들의 관계에 대한 헤겔의 설명들을 토대로 하는 것이다. 그것들은 유물변증법을 이해하는 데 매우 중요하다.

기계론과 화학론은 객관성의 범주들로, 헤겔은 이를 자연필연성[65]으로 파악하였다. 그 이유는 양자가 "**대자적으로 존재하는 개념**"[66]인 목적에 대해서, 개념이 외면성 안으로 침잠해 있다는 특징을 지니기 때문이다. 기계론의 테제가 자연체가 모든 차이에도 불구하고 상호 간에 무관하고 추상적-외적으로 상대하고 있다는 하나의 공통점을 갖는다는 사실에 의거해 존립하고 있다면, 헤겔은 화학론에서 이를 화학의 대상 영역으로 어느 정도 폭넓게 파악하면서 다음과 같이 강조한다.

---

62 같은 책.

63 Lenin, *Aus dem philosophischen Nachlaß*, a. a. O., S. 109.

64 *Das Kapital*, Bd. I, S. 187.

65 Hegel, *Wissenschaft der Logik*, a. a. O., S. 385. 참조.

66 Hegel, *System der Philosophie, I*, a. a. O., § 204, S. 413.

즉 화학은 그것들 상호 간의 절대적인 관련성 속에서, 형태들의 변천 속에서 존재하는 바, 여기서는 확실하게 동시에 그것들의 직접적인 자립성이 보존되어 있다. 헤겔은 화학적 과정을 다음과 같이 기술한다. "과정이란 한 형태에서 다른 것으로 오고감인데, 그 가운데 이 형태들은 동시에 여전히 외적으로 남아 있다.—중립적인 산물들에서, 양극단 상호 간에 가졌던 규정하는 속성들은 지양된다."[67]

그 안에서 대립들이 매개되며, 실로 매개 자체 안에 보존되어 있는 이런 화학적 과정이 이미 '본래', 인간의 노동 과정이라는 것, 바로 그러한 상황을 살펴볼 때, 마르크스가 『초고』에서, 사용가치에는 자연물과 인간 노동이 결합되어 있기는 하지만 동시에 그 외적인 상태에 있다는 것을 표현하고자 할 때, 마찬가지로 "중립적인 결과물"[68]이라고 언급한다는 것은 놀랍지 않다. 중립태das Neutrale란 하나의 분리가능태ein Trennbares이다.[69]

유기적 생명[70]이면서 자기의식적으로 활동하는 하나의 주체로서 인간이 출현함과 더불어 비로소 자연은 자기 자신과 자신을 결합시킬 수 있다. 자연이 노동에서 자신으로부터 자신을 밀쳐내기에, 그것은 마르크스가 말한 바처럼 "자연물"에서 그리고 목적을 설정하는 "자연력"인 인간에게서 자신과 마주해 등장한다.[71] 인간의 대자적임

67 같은 책. § 202, S. 412.

68 *Rohentwurf*, S. 208.

69 같은 책을 참조하라. 특히 S. 265.

70 헤겔에 의지해 레닌이 내린 규정이다. "생명=개인적 주체는 객체태와 자신을 차단한다." *Aus dem philosophischen Nachlaß*, S. 125.

71 *Das Kapital*, Bd. I, S. 185. 아도르노가 말한 것처럼(*Aspekte*, a. a. O., S. 29.) 헤겔은 정신을 노동의 한 계기로서가 아니라, 노동을 정신의 한 계기로 설명한다. 그렇기 때문에 헤겔은 또한 마르크스 식으로 목적 관계에서 자연의 자기 매개를 볼 수 없었고, 자연을 "자립적인 자유로운 개념의" 결말로 고찰해야만 했다. 이 개념은 "객관성을

Fürsichsein은 인간의 능력, 즉 자연을 그것의 기계론과 화학론에서 대자적으로 일하게 만들고, 자연을 두루 거쳐서 자신의 목적을 실현시키는 인간의 능력에 있다. 노동의 목적론에서 헤겔은 기계론과 화학론의 보다 고차적인 통일과 "진리"를 인지한다.[72] 그 가운데에서 보다 고차적 단계일지라도, 화학적 과정의 계기들은 다시 복귀한다. 노동자와 노동 대상은 서로 외적이기는 하지만 그래도 도구를 통해 상호관계한다. "목적론적 관계는 추리Schluss다. 그 안에서 주관적 목적이 그 목적에 외적인 객관성과 매(개)사Mitte를 통해 결합되는 그런 추리다. 이 매개사Mitte는 양자의 통일로서, **합목적적인 행위**로서, 그리고 목적 아래 **직접적으로** 정립된 객관성으로서, **수단**이다."[73]

인간의 유한한-목적론적 활동은 자연 연관을 파괴하지 않는다. 그것을 설명하기 위해 자연을 초월하는 그 어떤 원리가 필요하지 않다. (그것이 **역사적** 활동으로서의 자연을 **부정한다고** 해도 말이다.) 자연과 대비해 일단 외래적인 목적들이 자연들에 사용될 뿐만 아니라, 그것들은 그 자체로 자연적인 원인들을 갖고 있다. 메를로퐁티가 말하는 것처럼, 사회에 매개되어 자연물들은 자연을 "넘어서기"transnaturel는 하지

통해 스스로를 자기 자신과 결합한다."(*Logik*, II, a. a. O., S. 390.) 때문에 실현된 목적은 "주체태와 객관태의 통일"이며, 마르크스의 말로 하면, 노동과 자연물의 결합일 뿐만 아니라, 이념의 전 단계로서 이념의 즉자적으로 존재하는 동일성이다.

72 기계론-화학론-목적론의 관계에 대해서는 다음을 참조하라. G. Lukács, *Der junge Hegel*, Berlin 1954, S. 397 f. 나아가 다음도 참조하라. Lenin, *Aus dem philosophischen Nachlaß*, a. a. O., S. 107 f. 여기에서는 지금까지 헤겔-마르크스 관계에서 충분하게 고려되지 않았던 목적 관계가 분명하게 밝혀지고 있다. 레닌은 헤겔 『논리의 학』의 주요 절들을 유물론적-변증법적인 것으로 번역하고 있다. 이 가운데 레닌은 기계적 화학적 법칙들이 "인간의 **합목적적** 행위의 토대"임을 강조하고 있다. 목적에 외적인 기계적 인과성과 화학적 인과성은 동시에 목적 실현의 수단이기도 하다. 목표 설정 행위와 자연법칙은 하나의 객관적인 과정의 두 측면으로서 서로 삼투한다.

73 Hegel, *System der Philosophie, I*, a. a. O., § 206, S. 417 f.

만, "초자연"surnaturel[74]적으로 되지는 않는다.

바로 마르크스처럼 헤겔은 생명의 재생산을 위한 자연 강제 안에 놓여 있는 악무한성을 의식하고 있다. 이리하여 그는 다음과 같이 말한다. "선행해 존재하는 재료에 **외적으로** 정립된 형태는 신분이 된다. 이 신분은 제약된 목적-내용 때문에 말하자면 하나의 우연적 규정이다. 그렇기 때문에 도달한 목적은 그저 하나의 객체일 뿐으로, 그것은 또한 다시 다른 목적들을 위한 수단이나 재료이며 그렇게 **무한정** 계속 진행된다."[75]

노동 생산물, 실현된 목적은 "하나의… 부서진 것이다."[76] 그 안에 정립된 인간과 자연의 화해는 궁극적이지 않다. 대부분의 자연 대상들은 일련의 가공을 온통 받아야만 한다. 일단 노동 과정의 보다 고차적인 국면은 형태화된 재료들이 다시 부적격자 가운데 하나임을 증명한다. 이런 상황을 마르크스는 자신의 노동 분석에서 거듭 강조한다. "**생산수단**으로서 새로운 노동 과정들 안에 그것들이 들어섬으로 인해, 생산물들은 때문에 생산물의 성격을 상실한다. 산물들은 그저 살아 움직이는 노동의 대상적인 요인들로만 기능할 뿐이다."[77]

그것의 형태 변화의 단계들이라는 관점에서 고립적으로 고찰된 자연물이라고 생각된 것은, 사회사에서 인간의 자연의 관계를 단적으로 특징짓는다.

여기서 설명된 노동 상황의 구조, 즉 계기들의 상호 무관성과 상호 관련성의 상호 침투, 또한 인간이 객관적 세계와 그것의 법칙들에 의존해 있음과 변혁적 실천에 대비한 이런 세계의 무망함 등과 같은 구

74 Maurice Merleau-Ponty, *Marxisme et philosophie,* a. a. O., S. 230.

75 Hegel, *System der Philosophie, I,* a. a. O., § 211, S. 421.

76 같은 책.

77 *Das Kapital,* Bd. I, S. 191.

조는 마르크스에게서 인식 능력의 모순에 찬 통일을 반영한다. 이 통일에 대해서는 이어서 설명하려고 한다. 거기서는 어떻게 해서 인식론적 실재론과 (사회적으로 사용된) 주관주의—역사적 실천에 의해 매개된—가 마르크스에게서 상호 침투하는지 밝혀질 것이다.

B) 마르크스에게서 인식론의 개념에 관하여

엄밀한 의미에서 근대 사상가들의 자연 개념을 세밀하게 논의하려는 사람들이라면, 그것의 인식론적 입장을 주제화하는 일을 우회할 수 없다. 자연이 인식론적으로 더욱더 "만들어진 것", 더욱 덜 "주어진 것"으로 나타나는 것은, 중세에서 부르주아 사회로의 경제적 이행을 의미한다. 자연과정에 조직화된 개입들이 광범위해질수록, 객관적인 구조들의 수동적인 모방을 넘어서지 못하는 인식 개념이 불충분함은 더욱더 입증되고 있다.

법칙들 아래 있는 물들의 현존이라는 자연에 대한 칸트의 언명은 주체에 고유한 형태들에 대한 초월철학적 반성을 전제한다. 그런 일반 조건 아래에서야 비로소 질서 잡힌 경험 세계와 같은 그 어떤 것이 성립한다. 초월철학을 관념변증법으로 이행시키는 칸트 이후의 사변에서, 그 어떤 직접태의 주관적-개념적 매개성이라는 사유는 핵심적인 동기가 된다. 마르크스에게서도 이러한 문제의식은, 그에게서 매개자로서 무한한 정신이 아닌 유한한 인간의 역사적 생활 과정이 작동함에도 불구하고, 사라지지 않는다.

지금까지 서술된 것들 가운데에서, 자연과 사회 사이의 역사적 과정의 주요 계기들을 다루는 본 논문은, 벌써 마르크스에게서 인식의 주체와 객체가 상호 분리될 수 없다는 바로 그러한 이유 때문에, 인식론이라는 개념 아래에서 여기저기 생겨나는 여러 문제들을 다루지 않으면 안 되었다.

이제부터는 지금까지 언급된 바를 넘어서 **명백하게** 마르크스에게 존재하는 인식론적 입장을 성찰하려고 노력할 것이다. 그것이 더더욱 필연적인 이유는, 사람들이 문헌에서 계속해서 다음과 같은 상당한 정도의 각종 오해들을 만나야 하는 상황이기 때문에 그렇다. 즉 마르크스가 오늘날 동구권에서(구 사회주의권–역자) 나온 대중적인 학술 논문들 속에서 유포된 "반영론"과 단순히 연결된다든지, 관념론에 대한 마르크스의 비판에 의심할 나위 없이 동반되는 철학적 태도 자체에 대한 비판이 마치 마르크스에게 인식론적 문제들에 대한 모든 관심과 이해가 박탈되어 있어야 한다는 식으로 이해된다든지, 끝으로 철학적으로 중요한 마르크스의 언명들이 오로지 전통적 강단철학의 언어로 수행되지 않았기에 주의를 끌지 못한다든지 하는 상황들이 그것이다.

일단 먼저 설명되어야 할 것은, 마르크스 일반에서 인식론을 어떤 의미로 언급할 수 있는지이다. 이것은 특히 비판 이론이 거듭해서 그 어떤 인식론적 "기초를 마련"하기 위해 각고의 노력을 경주해 왔기 때문[78]에 필요하다. 하지만 마르크스는 이를 제공하려고 하지 않았을 뿐만 아니라, 마치 그가 헤겔 체계에서 마주친 것처럼, 철학적 의식이 진보한 수준에 맞춰 이를 제공할 필요도 없었다. 당연하게도 베커는 박사 학위 청구 논문에서 다음에 주목한다. 즉 헤겔적 의미에서 "추상적인", 인식 가능성의 조건들에 대한 비판주의적 물음 제기가 마르크스에게는 헤겔의 칸트 비판에 의해 허약한 것이 되어 버렸다[79]는 것이다.

---

78 그런 "기초"가 마르크스에게서는–여기서는 설명될 수 없는 이유들 때문에–입증될 수 없기에, 오스트리아 마르크스주의는 마르크스를 "소박실재론자"로 오해했으며 이론을 주관적-관념론적으로, 즉 신칸트주의적으로 "개량"하거나 "보충"하려고 노력했다.

79 Konrad Bekker, Marx' philosophische Entwicklung, sein Verhältnis zu Hegel, Dissertation, Zürich–New York, 1940. 특히 S. 48을 참조하라.

마르크스에게서나 헤겔에게서나 인식론의 최상의 형태는 세계사의 철학이다. 인식 과정은 하나의 영원히 고정 가능한 주체와 객체의 관계로 기술되지 않는다. 이론과 실천의 통일론은 고전적 독일철학에, 변화된 형태로는 유물변증법에 고유한 것이다. 그것이 의미하는 바는, 인간이 자연과 벌이는 투쟁의 서로 다른 역사적인 형태들에는 마찬가지로 서로 다른 이론적 반영들이 대응한다는 것이다. 물론 여기서 이 반영들은 동시에 이런 투쟁의 구성적 계기요 표현이기도 하다.

모든 노동 과정의 추상적 계기들, 즉 "**합목적적 활동** 또는 **노동 자체**이며, 노동의 **대상**과 그 **수단**"[80]이 그때마다 역사적으로 새롭게 형태를 취하는, 상이성 가운데 통일을 형성하는 것처럼, 그렇게 감성과 오성, 직관과 개념은 상호 변화하는 상황들 가운데 함께 등장한다. 저 인식 계기들은 다음, 즉 인간들이 서로서로와 물리적 자연에 대한 새로운 생산적 관계들 안으로 등장하는 정도에 따라 변화한다. 생산과정에서 "노동과 그것의 대상적인 현존 계기들—도구와 재료—의 분리가 **지양되는**"[81] 것처럼, 이론적 방법과 사태도 분리되지 않는다.

인식하는 의식은 사회적인 것의 한 형태이며, 심리학과 인간 역사를 떠나 규정되는 것은 아무 것도 없다.[82] 감각적이든 합리적이든 이론적 기능들은 역사의 노동에서 전개되는 인간 본질의 한 관점을 이룬다. 이에 대해 마르크스는 「파리 초고」에서 다음과 같이 언급한다. "어떻게 해서 **산업**의 역사와 생성된 산업의 **대상적** 현존이 **인간의 본질적 힘들이 펼쳐진 책이며**, 감각적으로 눈앞에 놓여 있는 인간 **심리학**인지 사람들은 알고 있다. 이에 대해서는 이 책이, 이리하여 감각적으로

80 *Das Kapital*, Bd. I, S. 186.

81 *Rohentwurf*, S. 269.

82 변증법적 유물론의 주체 개념에 대해서는 다음을 참조하라. G. A. Wetter, *Der dialektische Materialismus*, Freiburg 1952, S. 254.

가장 현재적인, 가장 접근이 쉬운 그런 역사 부분이 어떤 **심리학**에 대해 책장이 덮힌 채로 있다면, 그런 **심리학**은 **현실적인**, 내용이 풍부한, 실질적인 과학이 될 수 없다."[83]

이에 대응해서 마르크스는 포이어바흐와 자신을 구별하면서 감성에 대해 말한다. "오감의 형성은 지금까지 세계사 전체의 노동이다."[84]

합리적 인식의 능력, 이에 관해서 마르크스는 "직관과 표상을 개념으로 가공함"[85]이라고 언급했는데, 이미 앞 절에서 도구의 능력을 설명하면서, 이 능력도 어떤 경직된 의식의 대립이 아니라 역사적으로 대응된 것이며 변화된 것을 나타낸다는 점을 강조했다. 엥겔스는『자연 변증법』에서 사유 능력의 발전에서 드러나는 실천적 자연 지배의 특별한 의미를 역설한다. "자연과학은 철학처럼 인간의 활동이 그의 사유에 대해 미치는 영향을 지금까지 전적으로 무시해 왔다. 그것들은 오로지 한 면으로는 자연만을, 다른 면으로는 사유만을 알고 있다. 그러나 자연 그 자체만이 아닌 바로 **인간에 의한 자연의 변화는**, 인간 사유의 본질적이면서도 가장 핵심적인 토대이며, 인간이 자연을 변화시키는 것을 배우는 그런 관계, 그런 관계에서 그의 지성이 성장한다."[86]

마지막 작업 중 하나인「아돌프 바그너의 정치경제학 교과서에 대한 1879/80년의 비판적인 방주」에서 마르크스는 일종의 개념적 사유의 계보학을 제공한다. 이는 상당한 인식론적 중요성에도 불구하고 지금까지도 제대로 평가받지 못하고 있다. 그렇기 때문에 길기는 하지만 그 주목할 만한 부분을 여기에 소개하겠다. "…전문적인 교사에

---

83 *Nationalökonomie und Philosophie*, a. a. O., S. 192 f.

84 같은 책 S. 190.

85 *Kritik der politischen Ökonomie*, S. 258.

86 *Dialektik der Natur*, S. 245.

게서라면 인간과 자연의 관계는 본래 **실천적인**, 그리하여 행위로 정초된 관계들이 아니라 **이론적인** 관계이다. (그) 인간은 욕구 충족을 위한 수단으로서 **외부 세계의 사물들과 관계한다**. 그러나 인간들은 결코 '이런 외부 세계의 사물들과 이론적 관계를 맺는 것'으로 삶을 시작하지 않는다. 인간은 모든 동물처럼 **먹고, 마시는** 등등으로 삶을 시작한다. 이리하여 관계 '맺고 있'지 않고, **능동적으로 행동하면서** 외부 세계의 어떤 사물들을 행동으로 차지하여 자신의 욕구를 충족시키는 것으로 인간은 삶을 시작한다. (즉 그들은 생산으로 삶을 시작한다.) 이런 과정을 반복하면서 인간의 '욕구들을 만족시키는' 그러한 사물들의 속성은 그들의 뇌에 각인되며, 인간과 동물은 그들의 욕구들을 만족시키기 위해 사용되는 외부 사물들을 모든 다른 것들과 구분하는 법을 '이론적으로' 배운다. 그러는 사이에 그들의 욕구들과 이를 만족시킬 수 있는 행동들이 증가하고 계속 발전한 연후에, 그 발전이 어떤 정도에 이르면 인간은 전 부류에 걸쳐 경험적으로 모든 외부 세계와 구분되는 이러한 사물들을 언어적으로 명명하게 될 것이다. 이것은 필연적으로 등장한다. 왜냐하면 그들은 생산과정에서—즉 이런 사물들의 전유 과정에서—지속적으로 그들 간에 그리고 이런 사물들과 활동적인 접촉을 지속하고 있으며, 또한 바로 이런 사물들을 획득하려고 타자들과 투쟁해야만 하기 때문이다. 그러나 이러한 언어적인 명칭은 표상으로 다음, 즉 오로지 경험에 대한 반복된 확인이 만든 것, 다시 말해, 이미 어떤 사회적 연관 속에서 살고 있는 인간들에 의해—언어 때문에 필연적인 전제—어떤 외적인 사물들이 그들의 욕구들을 만족하기 위해 사용된다는 것을 표상으로 보여준다."[87]

일단 여기서 마르크스는 포이어바흐 테제들 이래 자신의 철학적

87 Randglossen zu Adolph Wagners Lehrbuch der politischen Ökonomie. In: *Marx-Engels, Werke*, Bd. 19, Berlin 1962, S. 362 f.

발전에 상응하는 것처럼 아돌프 바그너에 대해서도 명백히 다음을 주장한다. 즉 인간과 자연의 관계는 그 자체로 추상적으로 고정되어서는 안 되며, 이 관계는 일차적으로는 이론적-관찰하는 것이 아니라 실천적-변형시키는 종류의 것이라는 점이다. 마르크스의 저작 전체에서 이것과 동조하는 사유가 한번이라도 이렇게 단호히 표현된 적이 없다. 또한 이 생각들이 보여주는 것은 마르크스가 결코, 때때로 언급되는 것처럼 비심리학적인 사상가가 아니었다는 사실이다.

생산은 감각적 욕구들에서 발생한다. 그것과 더불어 모든 현존하는 것들의 직접성을 넘어서는 인간적 기능들이 펼쳐진다. 자연은 일단 무차별적이며 카오스적인 외부 질료들의 덩어리로 나타난다. 자연과의 반복되는 접촉에서, 그것은 인간과 동물 모두에 공통적인데, 그들 대상들의 최초의 대략적인 분배가 이를 통해 마련된 쾌와 불쾌의 비율에 따라 생겨난다. 이런 단계의 기본적인 이론적 성과는 차이들을 확립하고, 쾌락 위주의 연합들과 결합되는 그러한 대상들을 나머지 것들에서 구분해 내는 것이다. 경제적으로 진일보한, 그렇게 진일보했기 때문에 조직된 인간 집단들에, 또한 그 안에서 등장하는 대립들에 대해서 보다 고차적인 성과로서 자연 대상들의 명목론적 분류[88]가 지금은 현실적인 지배라는 관점과 대응한다. 특수자는 추상-보편자 아래 포섭된다. 니체에게서처럼, 마르크스에게도 원래 인간의 정신적 활동 뒤에 사물들과 그러한 것들을 상대하는 "힘에의 의지"가 존재한다. 정신은 근원적으로 비어 있다. 정신에 의해 구축된 개념들은 축적된 실천적 경험의 산물이다.[89] 개념들의 가치는 도구적인 것을 넘

---

88 이런 거친 명목론은 경제 분석에서 존재하는 바와 같은 개념실재론과 명목론의 통일과 대립한다. 마르크스에게서 개념의 본질에 관해서는 엥겔스가 카우츠키에게 보낸 1884년 9월 20일 자 편지를 참조하라. In: Marx Engels, *Ausgewählte Briefe*, S. 451.

89 레닌은 철학적 유고에서 아주 비슷하게 논리적 수의 공리적 성격을 축적된 경험에서 도출해내려고 한다. "인간의 실천적 행위는 수십억 번씩, 인간 의식이 여러

어서지 못한다. 그럼에도 이런 관점을 지닌 모든 유물론에서 고수되어야 할 것은, 마르크스가 개념들에서 대상들 자체의 소박실재론적 모사가 아니라 인간과 대상들과의 역사적으로 매개된 관계들의 반영을 인식하고 있다는 것이다.

그 특성과 관계에 따르자면 인식 계기들이 매번 다르게 규정된 역사의 산물임이 드러났다면, 칸트적인 의미에서의 의식의 형태 분석, 즉, **즉물적-내용적인** 문제들과는 유리된 인식에 대한 인식은 더 이상 가능하지 않다. 인식 작용의 도구가 어디에 쓸모가 있는지는 오로지 그것을 구체적-역사적으로 적용함으로써만 판명할 수 있다. 기억해야 할 것은 헤겔 『정신현상학』의 「머리말」Einleitung인데, 이 글은 인식 문제의 역사적인 유동화의 프로그램을 포함하고 있다. 현상하는 지의 역사는 주체와 객체의 가능적 관계들이 지닌 내용적 풍요를 펼쳐 나간다. 이런 헤겔의 사유를 마르크스는 다음의 점에서 계속 발전시켜 나간다. 즉 마르크스가 이미 『정신현상학』에서 중심적인 노동의 개념[90]을 보다 자세히 **구체적-사회적인 것**으로 규정하고, 인식의 주체와 객체의 관계를 헤겔보다 더 직접적으로 노동 상황에서의 주체와 객체의 관계와 결합한 한에서 그렇다.

프랑스에서 이뤄진 최신 연구는 마르크스 사유의 인식론적 측면

가지 논리적 수를 반복하게 만든다. **이를 통해** 이런 수들은 **공리들**의 의미를 획득**할 수 있었다**."(S. 110.) 이런 도출은 뒤르켐의 것과 마찬가지로 다음 점에서, 즉 실천에 대응한다는 논리적 형태들이 이를 통해서 실천에 이르도록 동시에 이미 전제되어 있어야만 한다는 점에서 문제가 된다.

90 마르크스는 「파리 초고」에서 최초로 현상학의 구상과 노동의 개념과의 연관에 주목했다. "헤겔의 **현상학**과 그 최종 결과물의 위대함은—운동하면서 산출하는 원리로서의 부정성의 변증법에서 위대함은—이리하여 우선 다음, 즉 헤겔이 인간의 자기 산출을 하나의 과정으로, 대상화를 탈대상화로, 외화로서 그리고 이런 외화의 지양으로 파악한 것에 있다. 다시 말해 헤겔은 **노동**의 본질을 파악하고 대상적 인간, 현실적이기에 참된 인간을 **그 자신의 노동**의 결과물로 개념파악했다." *Nationalökonomie und Philosophie*, S. 242.

을 특히 상세하게 다루고 있다. 피에르 나비유는 『심리학, 마르크스주의, 유물론』에서 변증법적 유물론에서 인식론의 구체적-역사적 위치를 힘주어 강조하고 있다. "지식의 문제—이 문제가 진정 독립적으로 존재한다면—는 다소간에 잘 정의된 역사적 조건의 전체 틀에서 분리될 수 없다. 구체적, 실천적인 지식 기능의 행사 없는 지식의 '문제'는 없다. 이런 기능 행사는 우연히, 혹은 '그 자체로' 벌어지지는 않는다. 하지만 이는 그것에 형태를 부여하는 상황에서는 일어난다."[91]

레닌은 이미 루카치 이전에 마르크스 『자본』에 있는 철학적 내용들의 문제를 궁리했다. 레닌은 변증법의 헤겔 버전에서나 마르크스 버전에서나 종래 문헌에서 마찬가지로 충분히 고려하지 않았던 인식론적 특징들을 강조한다. "『자본』에서는 한 분과(즉, 정치경제학—저자)에 유물론의 논리학, 변증법과 인식론(세 단어가 필요하지 않다. 그것은 다 하나이며 동일하다.)이 적용되고 있는 바, 이 유물론은 헤겔에게서 가치 있는 모든 것을 전유하고 그런 것을 더욱 발전시킨 것이다.", "변증법이란 바로 (헤겔의 그리고) 마르크스주의의 인식론이다. 바로 사태의 이런 '측면'을 (그것은 한 '측면'이 아니라, 사태의 **본질**이다.) 플레하노프는 등한시했는데, 다른 마르크스주의자들에 대해서는 아예 말할 것도 없다."[92]

마르크스에게서 인식 문제의 내용적인 것을 다루는 후속 절에서는 어떤 식으로 인간의 역사적 실천이 그것의 총체성 가운데 주관적-

---

91 Pierre Naville, *Psychologie, marxisme, matérialisme*, Paris 1948, S. 171. 마르크스에게서 인식의 역사적-실천적 매개에 관해서는 Béla Fogarasi, *Logik* a. a. O., S. 366. 나아가 거의 알려지지 않았지만 막스 라파엘의 중요한 다음 작업도 참조하라. Max Raphael, *Zur Erkenntnistheorie der konkreten Dialektik*, Paris 1934, S. 31.

92 Lenin, *Aus dem philosophischen Nachlaß*, a. a. O., S. 288, S. 249. 특히 S. 126. 참조. 변증법의 인식론적 성격에 대한 불충분한 이해는 다음과 연관이 있다. 즉 플레하노프 같은 저자들에게는 변증법이 거의 항상 일종의 "사례 모음"을 나타낸다는 것이다.

인간적 인식 능력뿐만 아니라 또한 그때마다의 경험 세계라 하는 것의 논리적 통일을 구성하는지를 제시하겠다.

C) 역사적 실천으로서의 세계 구성

칸트로부터 헤겔에까지 이르는 사유 운동에서 발생하는 문제들에 대해서 그들의 관계보다 진정한 마르크스주의와 통속적 마르크스주의를 잘 구분해 주는 것은 아무 것도 없다. 철학 일반에 대한 그토록 비판적인 항변들에도 불구하고, 마르크스는 그의 전체 접근 방법에 따르면 독일 관념론에 깊이 빚지고 있다. 이리하여 포이어바흐 테제들은 종래의 유물론 전체를 다음과 같이 비판한다. 즉 포이어바흐는 현실을 일면적으로, 직관 가운데 주어진 객체로서 파악하였지만, "인간적 감각적 행위로서, 실천으로서, 주관적인 것으로서"[93]는 파악하지는 않았다는 것이다. 한 번 관념론적 철학을 소위 칸트적인 형태로, 즉 직관적으로 주어진 경험 세계가 궁극적인 것이 아니라 그것이 이미 항상, 형태를 구성하고 통일을 촉진하는 주관적 업적들의 결과물임을 밝힌 다음, 마르크스는 다음을 의식하고 있다. 즉 유물론적 비판의 본질이 원시적인 객관주의로 후퇴하지 않으려면, 유물론적 비판은 관념론적 통찰 그 자체를 추상적으로 부정하는 것에 있지 않고 다음, 즉 대상적인 경험 세계와 그에 관한 통일적인 의식이 어떻게 가능할 것인가와 같은 문제에 대해 더 이상 관념론적이지 않은 방식으로 새롭게 파악하는 것이어야 한다.

조직화된 사회적 노동, "실제 주체"[94], 삶의 과정에서 형태를 얻는 "일

93 Erste These über Feuerbach. In: Marx-Engels, *Über Religion*, S. 54.

94 *Kritik der politischen Ökonomie*, S. 258.

반 지성"[95], 개인적인 행동들을 포괄하는 "전체 노동자의 활동"[96] 등은 유물론에 그것이 주체성에 대한 관념론적 개념의 진리임을 입증한다.

주관적 활동 계기의 너무나도 추상적인 파악과 더불어, 이것들이 칸트에서 헤겔까지 더더욱 세계의 사변적인 구성으로 확장되는 것은 마르크스에게는 필연적으로 다음 상황, 즉 종래의 유물론에서도 이미 참된 계기인, 존재와 사물의 구조는 사유로 환원되지 않는다는, 그런 다른 계기가 상실된다는 상황과 결부되어 나타난다. 마르크스 이론에서 유물론적으로 형태화된 세계 구조/체질에 관한 문제는 그것이 실천 개념을 매개로 외부적인 존재에서 관념적인 산출 계기뿐만 아니라 의식 독립성의 계기를 구하려고 시도하는 한에서 다시 나타난다. 그렇기 때문에 마르크스는 관념론적으로 논증하여 옛 유물론을 비판하고, 유물론적으로 논증하여 관념론을 비판한다. 이러한 이중 전선의 고유함을 사르트르는 그의 글 「유물론과 혁명」에서는 물론, 혁명의 시각에서 날카롭게 벼려 낸다. "관념론과 유물론은 비슷하게 현실을 소멸시킨다. 하나는 그것이 사물을 제거하기 때문에, 다른 하나는 그것이 주관성을 제거하기 때문에 그렇다. 현실을 밝혀 내기 위해서 인간은 그것과 맞서 싸워야 한다. 한마디로 혁명적 현실주의는 마찬가지로 세계와 주관성의 존재를 요구한다. 더 낫게 말하면, 그것은 전자와 후자의 상호관계를 요구하며, 어떤 주관성도 그 세계 혹은 한 세계 밖에서는 생각할 수 없으며, 이 세계는 한 주관성의 노력으로는 해명될 수 없을 것이다."[97]

포이어바흐에 대한 비판적인 연구 이전에 마르크스는 이미 인식론적 입장들의 완고한 이원론에 충격을 경험했다. 이 이원론은 데카

95 *Rohentwurf*, S. 594.

96 *Das Kapital*, Bd. I, S. 533 f.

97 Jean-Paul Sartre, Matérialisme et révolution. In: *Situations, I,* Paris 1957, S. 213.

르트 이래 근대적 사유를 지배하고 있었으며 독일철학에 의해 이를 극복하려는 시도가 사변적 토대 위에서 일어나고 있었다. 「파리 초고」에는 다음과 같이 쓰여 있다. “사람들은, 어떻게 주관주의와 객관주의가, 정신주의와 유물론이, 행동과 고통이 사회적 상황에서야 비로소 그것의 대립을, 그리고 따라서 그러한 대립들로서의 그것의 현존을 상실하는지 목도하고 있다. 사람들은 어떻게 **이론적 대립들** 자체의 해결이 **오로지** 실천적인 방식으로만, 오로지 인간의 실천적인 에너지에 의해서만 가능함을… 목도하고 있다.”[98], “우리는, 완수된 자연주의 혹은 인본주의가 어떻게 관념론 및 유물론과 구분되는지, 동시에 그들 양자를 통합하는 진리인지를 알고 있다.”[99]

여기서 마르크스가 여전히 “자연주의” 혹은 “유물론”이라고 칭하고 있는 것은 포이어바흐적인 용어임에도 불구하고 이미 포이어바흐를 훨씬 뛰어넘고 있으며, 이미 유물변증법의 인식론적 핵심을 내포하고 있다. 이 변증법은 포이어바흐 철학의 의미에서는 아닐지라도 “자연주의적”이다. 그 이유는 현실 전체 안에서 자연과 사회의 상호매개를 자연이 감당하고 있기 때문이다. 자신의 필터를 통해 모든 객관성을 가로지르는 사회적 주체는 이런 객관성의 시간-공간적 구성부분이요, 또 그것으로 존재한다. 사회적 실천은 인식 계기들을 통일시키며, 그것들의 상호 이행을 매개한다. 인간들의 이론적 태도는 그들이 처한 노동 상황의 구조에 의해 그때마다 선행해 규정되는 형태들로 수행된다. 노동하면서 그들은 감각주의적 유물론자로서 그리고 동시에 주관적 관념론자로서 처신한다. 왜냐하면 감각적 유물론자들, 그들은 자립적이면서도 다루기 어려운 재료들로부터 자신들을 입증해 보여야 하고, 이 유물론자들은 이런 재료들의 역학적, 물리적, 그리

98 *Nationalökonomie und Philosophie*, S. 191 f.

99 같은 책 S. 248.

고 화학적 속성들에 구속되어 있기 때문이다.[100] 그들의 육체적 활동의 모든 단계는 인간들에게 다음 가르침, 즉 실증주의적-마흐주의자적 언어로 말하자면, 인간들이 현실적인 자연물들, 한낱 단순한 "감각복합체"들과 관계하고 있지 않음을 가르쳐 주고 있기 때문이다.[101] 인간들이 주관적 관념론자로서 행동한다는 말은, 그들이 자연적인 것을 자신들의 목적에 포섭하면서 끊임없이 마르크스의 요청, 즉 목전의 현실의 해석에서 그것의 변혁으로 이행하라는 요청을 따르고 있기 때문이다. "의식은… 객관 세계를 반영할 뿐만 아니라, 그것을 만들기도 한다."[102] 산업으로 넘어가 자연은 무화된다. 헤겔은 『정신현상학』에서 그것의 "즉자태"는 활동적 의식에게 "대립된 현실로서, 공허한 가상으로 전락하고 만다"[103]고 말한다.

설명된 객관주의와 주관주의의 **실천적** 뒤얽힘에서는 헤겔과 마르

---

100 이에 대해서는 다음을 참조하라. *Das Kapital*, Bd. I, S. 187.

101 레닌은 『유물론과 경험비판론』에서 일방적이고 반영실재론적인 방식으로 물질적 존재에서 의식의 독립성의 계기를 강조한다. 이 문건의 소련 공산당사 상의 제약을 오인하는 가운데, 많은 해석자들은 거기서 인식론적 문제들에 대한 변증법적 유물론의 궁극적인 답변을 얻어 낼 수 있을 것이라고 생각한다. 실제로 레닌의 견해는 일단은 마흐와 아베나리우스 그리고 그들의 러시아 추종자들이 지닌 주관적 관념론에 대한 추상적인 반명제를 나타낸다. 이는 포이어바흐의 유물론이 마르크스에 의해 「테제들」에서 헤겔의 절대적 관념론에 대해 추상적으로 머물러 있는 반명제로 이해되고 있는 것과 매우 흡사하다. 레닌이 거듭해서 포이어바흐에 의지하는 것, 그것은 전혀 우연이 아니다. 레닌이 "물질" 혹은 외부 세계는 감각들에 의해 반영되거나 모사된다고 설명할 때, 우리는 포이어바흐의 추상들과 만나게 된다. 현실적인 역사에서 물질과 외부 세계는 항상 사회적 생산관계들의 한 계기이다. 문제성 있는 개념 "모사"를 고수하려면, 현실이 인간의 실천을, 인간 의식이 현실을 그렇게 하는 것과 바로 똑같이 모사한다고 말해야 한다. 레닌의 다른 문건에서는 확실히 『유물론과 경험비판론』에서 나온 것보다도 더욱 변증법적인 입장이 나타나고 있다.

102 Lenin, *Aus dem philosophischen Nachlaß*, a. a. O., S. 134.

103 Hegel, *Phänomenologie des Geistes*, a. a. O., S. 287.

크스의 노동의 변증법을 특징짓는 것처럼 근대 인식론의 근본 입장이 반영되고 있다. 역으로, 그리고 그것은 이런 형태에서는 **오로지** 마르크스에게**만** 고유한 유물론적 사유일진대, 이러한 근본 입장들은 생산의 실천적 단계들과 그것의 역사적인 상호 이행을 반영한다.

인간들이 자신과는 독립적으로 존재하는 재료를 참고한다면, 실제로 감각주의가 주장하는 바처럼 선행해서 감각 속에 존재하는 것은 그의 지성 속에는 아무 것도 없다. 다른 측면에서, 즉 자연의 수동적 전유가 곧바로 그것의 형태 변화를 내포하고 있다는 것은 다음을 증명한다. 즉 헤겔의 감각주의 원칙의 전도, 지성 속에 선행해 있지 않았던 것은 감각 속에는 아무 것도 없다는 그런 명제로의 전도는, 부르주아 시대로의 이행과 더불어 더욱더 대자적 진리를 주장할 수 있음을 증명한다. 인간들은 자신의 목적들을 수동적으로 자연에게 지시 받지 않으며, 처음부터 자연을 목적 아래 포섭한다. "노동 과정의 끝에는 한 결과물이 만들어진다. 이 결과물은 노동을 시작할 때 이미 **노동자의 생각** 속에, 이리하여 이미 **이념적으로** 존재했었다."[104]

마르크스 이전의 유물론자들, 그들의 학설에 따르면 자연 자체는 사회를 통한 그것들의 실용적인 변화와는 분리되어 여러 형태들이 의식 안에서 재반영되는 원천으로 간주되어야 한다. 다음, 즉 이미 가장 단순한 지각 이미지들도 추상을 전제하고 개념적인 요소들을 함유하고 있음을 오인하고 있다는 것이다.[105] 모든 추상이 지각에 그러한 것

104 *Das Kapital*, Bd. I, S. 186.

105 이에 대해서는 다음을 참조하라. M. Horkheimer u. Th. W. Adorno, *Dialektik der Aufklärung*, a. a. O., S. 107 f. 여기서는 지각 심리학적 계기를 지적한다. 호른J. H. Horn은 『반영과 개념』*Widerspiegelung und Begriff*, Berlin, 1958.에서 마르크스주의 문헌에서 항상 인식 관계를 특징지을 때 사용되는 "반영" 개념의 원리적인 해명을 시도한다. 그는 다음을 밝히고 있다. 즉 개개 감각들의 원천은 단지 "자연"이어야만 한다는 것이다. 감각 행위의 단계에서 사회적으로 전유된 것과 아직 전유되지 않은 자연 사이의 차이는 중요하지 않다. "그러나 이미 지각들 안에는 사유적-개념적 요소가

처럼, 현실적으로 혹은 압도적-사유적으로 **가공된** 물들에 관한 모든 지각 자체는 개념적 운용들에 근거하고 있다. 지각 내용에서 단순히 자연, 그리고 인간적 개입으로 소급될 수 있는 것들이 분리될 수 없다. 마르크스의 테제에 잇대어, 즉 심리학은 그것이 산업의 역사와 분리되지 않을 경우에만 풍부한 내용을 가진 과학이 될 수 있으리라는 테제를 받아들여, 심리학자 루빈슈타인은 어떻게 지각 세계 전체와 지각 방식들이 자연 대상들에게 수행되는 인간적인 활동 형태들에 의존하는지를 설명했다. "우리가 특별히 인간의 지각들과 그것들의 역사적인 발전을 고찰한다면, 여기서는 다음, 즉 수용 형식의 행위 형태에 대한 의존성이 특별히 인간적인 지각과 그것의 발전이 사회적 실천의 형태에 의존하고 있음이 드러난다. 사회적 실천은 자연을 변화시키며, 인간화된 자연의 대상적 존재를 낳는다. 이를 통해 그것은 특히 인간적인 지각의 새로운 형태들을 부분적으로 조성하고, 부분적으로는 이것들을 발전시킨다. 특별히 인간적인 지각 형태들은 특별히 인간적인 행위의 전제일 뿐 아니라, 그 산물이기도 하다."[106]

인간들이 자신의 실천에서 자연 존재 자체가 제공하는 직접성에 고착되지 않고, 그것의 보다 더 매개된 산업적 전유로 이행하는 것처럼, 그렇게 인간은 또한 감각들이 제공하는 바와 같은, 감각적-구체적 지에 머물러 있지 않고 보다 심층적인 현실 지층들을 해명하고, 따라서 감각적인 지보다 "더욱 구체적"임을 입증하는 그러한 개념적인 지로 이행한다. 여기서 감각적 지는 그 형태에 따르면 여러 빛깔로 생동하나 이에 반해 내용적으로는 규정들이 빈약하기 때문에 추상적이다. 유물론에서도 개념의 구체성에 관한 헤겔의 통찰은 유효한 바, 이를

함께 포함되어 있다." S. 94. 또한 S. 96 ff.를 참조하라.

106 S. L. Rubinstein, *Grundlagen der allgemeinen Psychologie*, Moskau 1946, Berlin 1948, *Übersetzung aus dem Russischen*, S. 131.

통해 대상에 존재하는 관계들과 법칙성들의 풍요가 드러난다. 물론 본질적인 수정, 즉 개념은 인식하는 유한한 의식에 묶여 있다는 수정을 통해, 바로 그러한 까닭에 개념은 "현실태의 창조주"[107]로 등장할 수 있다. 『정치경제학 비판을 위하여』와 연관된 방법론적 고찰들에서는 헤겔에 맞서 명백하게 다음이 주장된다. 즉 "범주들의 운동"[108]은 이를 재생산하는 현실과 엄격하게 구분되어야만 한다는 것이다. 경제 분석은 일상적 의미에서의 "구체태"와, 실증주의자들이 "사실"이라고 부르는 것의 충만에서 시작한다. 보다 자세히 고찰해 보면, 그럼에도 이러한 사실들은 그것들을 떼어놓고 보면, 순수한 추상들임이 드러난다. 현실적으로 개념파악하는 사유들이 주어진 과정에 대한 많은 추상적 일면적 규정들을 가공함으로써 하나의 구체태가 성립한다. "구체태는 구체적이다. 왜냐하면 그것은 많은 규정들의 통합, 요약이요, 따라서 다양성의 통일이기 때문이다. 때문에 그것은 사유에서 통합 과정으로서, 결과물로서 나타나지 출발점으로 현상하지 않는다. 이는 구체태가 현실적인 출발점이며 때문에 또한 직관과 표상의 출발점임에도 불구하고 사실이다."[109] 그런 한, 그 최초의 직접성은 이로부터 출발해야 하는 저 실증주의적 의미에서의 "구체태"요, 또한 구체태에 대한 이론적인 삼투 후에 그러함이 입증되는 보다 고차적인 질서의 구체태와 동일하다. 그럼에도 마르크스에게는 이로부터 다음, 즉 "개념파악된 세계 자체가 비로소 현실적인 것"[110]임이 도출되지는 않는다. 구체적인 개념의 도정이 개념의 대상을 낳지는 않는다. "헤겔은… 다음과 같은 환상에 빠졌다. 즉 실재태를, 자기 안으로 통합하면서 자기 안에서

107 *Das Kapital*, Bd. I, S. 18.

108 *Kritik der politischen Ökonomie*, S. 258.

109 같은 책. S. 257.

110 같은 책. S. 257 f.

심화시키고 자기 자신으로부터 스스로를 운동시키는 그러한 사유의 결과물로 파악하는 환상에 빠졌다. 반면 추상태로부터 구체태로 상승하는 방법은 오로지 사유를 위한 방법으로, 이 방법은 구체태를 전유하고 그것을 정신적인 구체태로 재생산한다. 하지만 이것은 결코 구체태 자체의 성립 과정은 아니다."[111]

물론 마르크스가 인식 과정이 물질적인 관계들의 재생산뿐만 아니라 그것들의 성격을 상당한 정도로 규정할 수 있음을 마찬가지로 인정하지 않을, 그런 사람은 결코 아니었다. 그것은 사회 이론에 대해서뿐만 아니라 특히, "직접적인 생산력"[112]으로 발전해 나가는 여러 자연과학에 대해서도 타당하다.

르네상스 시기 자연법칙의 인식 시초들이 부르주아 세계의 발생과 결부되어 있다는 것, 이는 우연이 아니다. 생산과정에는 점점 더 높은 수준으로 자연과학적 통찰들이 계획적으로 적용되어 가고 있었다. 그것은 최종적으로는 마르크스가 「초고」에서 말한 바 대로 스스로가 "실험과학"[113]으로 이행한다. 이런 "실험적-과학적" 생산의 특징의 발전과 더불어 개인적 업적들은 더더욱 그 의미가 후퇴한다. "개인적인, 빈털터리가 된 기계 노동자의 세부 솜씨는 과학 앞에서, 또한 기계 시스템에서 체현된 무한한 자연력들과 사회적인 대단위 노동 앞에서는 극히 사소한 부수물로 소멸된다."[114]

역사는 "보편적 사회적 지"[115]와 물질적 생산의 화해를 강요한다. 그

---

111 같은 책.

112 *Rohentwurf*, S. 594.

113 같은 책.

114 *Das Kapital*, Bd. I, S. 445.

115 *Rohentwurf*, S. 594.

것은 인간들의 삶의 과정을 효과적인 "일반 지성의 통제"[116] 아래 두는 것을 거부할 수 없게 만든다.

부르주아 계몽주의와 마르크스는 다음과 같이 일치한다. 즉 실용적인 과제들을 해결하는 것을 지향하지 않는 사유는 괴상한 것이라는 견해가 그것이다. "실천에서 인간은 진리를, 즉 현실과 힘을, 그의 사유의 차안성을 증명해야 한다."[117] 마르크스에게 실천에 들어가는 것들은 하나의 전체로서의 사회의 생활 과정과 그것의 대립들로부터 발생한다는 혁명적인 행위들뿐만이 아니라, 좁은 의미의 산업과 자연과학적 실험 등이다. 산업과 실험은 관리 심급으로서의 인식 과정의 본질적인 계기를 이룬다. "사실들에 대한 가설들의 관계는 결국 학자들의 머릿속에서가 아니라 산업에서 실현된다."[118] 개념적 사유 속에서가 아니라, 그것이 오로지 실험적으로 검증되는 한에서만 하나의 특정한 명제의 진리와 비진리에 대해 판단을 내릴 수 있다. 때문에 마르크스를 이어받아 레닌은 요구한다. "삶과 실천의 관점은 인식 과정의 으뜸가는 근본적인 관점이어야만 한다. …확실히 그 가운데 잊지 말아야 할 것은, 실천이라는 판단 기준이 그 본질에 따르면 결코 그 어떤 인간의 표상을 **전적으로** 진실이라고 확인하거나 반박할 수 있어서는 안 된다는 것이다. 이런 판단 기준도 인간의 인식들이 하나의 절대태로 변화하는 것을 방해하기 위해서는 충분히 '무규정적'이다. 하지만 동시에, 관념론과 불가지론의 모든 변종들에 대항하여 가차 없는 투

---

116 같은 책. 자연과학, 기술사, 물질적 생산의 역사의 관계에 관해서는 코셀의 다음 글을 참조하라. Gerhard Kosel, Produktivkraft, Wissenschaft. 여기서 그는 자연과학의 사회적 제약성뿐만 아니라 역으로 토대 안에 있는 독자적인 생산력으로서의 자연과학의 발전을 추적한다.

117 포이어바흐에 관한 테제 2번. In: Marx-Engels, *Über Religion*, S. 54.

118 Max Horkheimer, Traditionelle und kritische Theorie. In: *Zeitschrift für Sozialforschung, Jahrgang* VI, Heft 2, Paris 1937, S. 252.

쟁을 벌여 나가기에는 또한 충분히 규정적이기도 하다."[119]

보다 상세하게 레닌은 헤겔을 연구하며 마르크스의 실천 개념의 인식론적 측면을 논구한다. 레닌은 그것의 싹들이 이미 헤겔 안에 배태되어 있다고 본다. "이론적 인식은 객체를 그것의 필연성 가운데, 그것의 전면적인 관계들 속에서, 그것의 모순에 찬 운동 가운데 있는 객체를 그 자체로 제공한다. 그러나 인간적인 개념은 이러한 인식의 객관적 진리를 포착하고 이해하며, 개념이 실천이라는 의미에서 '자신에 대해 존재'하게 될 때, 비로소 그것들을 '궁극적으로' 장악한다."[120]

그동안 모든 변증법적 유물론 교과서 류에서 떠돌아다니던 언급 방식, 즉 마르크스에 따르면 역사적 실천은 인식의 토대이며 진리의 판단 기준이라는 말이 순수하게 의미를 보존할 수 있는 경우는 오로지 다음 경우뿐이다. 즉 그것이 먼저 실용적[121]인 것으로 오해되지 않아야 하고, 다음으로는 실천의 인식론적 역할이 어느 정도는 이론에 대해 외부적인 첨가물 수준으로, 후행적으로 사유 내용과 대상의 일치와 불일치를 판정하는 것을 넘어서지 못해서는 결코 안 된다는 점을 잊지 않아야 하며, 또한 실천 일반이 진리의 판단 기준일 수 있는 것은 오로지 실천이–하나의 역사적 전체로서–보통 인간의 경험 대상들을 **구성/조직하고**, 본질적으로 그것의 내적 결합에 참여하기 때문임을 잊지 않아야 한다. 그럴 때에야 의미를 보존할 수 있다.

---

119 Lenin, *Materialismus und Empiriokritizismus*, a. a. O., S. 143.

120 Lenin, *Aus dem philosophischen Nachlaß*, a. a. O., S. 132 f.

121 이에 대해서는 블로흐가 「포이어바흐에 관한 테제」를 해석하면서 지적하고 있다. 다음을 참조하라. *Das Prinzip Hoffnung*, Bd. I, a. a. O., Abschnitt 19. 마르크스는 지배의 존속을 위한 이데올로기의 실용적 유용성에서 바로 그것의 진리성을 유추하지 않는다. 레닌 사후, 또한 물질적 관계들의 압박 아래에서, 동구권에서는 확실히 마르크스의 용어로는 오로지 빈약하게만 합리화될 수 있는, 모든 사유가 "사회주의적 건설"에 복무해야만 한다는 그런 권언이, 상당한 정도로 실천주의적인 이론의 협량화와 모든 자유로운 사유에 대한 정치적인 무고로 발전되었다.

또한 감각적 세계는 항상 산업의 산물이기도 하다. 일상적인 용도의 가장 단순한 대상으로부터 극히 복잡한 기계에 이르기까지 그것(감각적 세계는) 『초고』에서 언급하고 있는 것처럼, "자연적 재료이며, 자연에 대해 행사하는 인간적인 의지의 기관들로, 또는 자연 안에서 수행하는 인간의 활동의 기관들로 변화된다."[122] 주체와 객체의 노동 관계에서 개별적 인간들에 맞서 자립화되는, 확고한 대상적 세계가 유래한다. "노동자 측에서 불안정한 형태로 나타났던 것은 이제 안정된 속성으로서, 존재의 형태로 생산물의 측면에서 나타난다."[123], "사유 객체들과 진실로 구분되는 객체들."[124] 이에 관해서는 포이어바흐와 함께 모든 물리적physikalisch 유물론이 언급하고 있는데, 이러한 객체들 일반이 되는 것은 엄격한 의미에서는 다음처럼, 즉 인간들이 생산적으로, 감각적 세계를 두루 거쳐 객체들에서 "자연발생적인" 속성들을 제거함을 통해서이다.

대상성이 역사적으로 확장되는 인간적 개입의 영역 안에 일어나는 한, 그것은 하나의 종합된 것이다. 이런 영역 안으로 들어오지 않는 한, 그것은 최소한도 사유적으로 선행해서 형성된 것이다. "자연적 대상들 자체가 다뤄지는 곳에서조차, 그것의 자연성은 사회적 세계와의 대조를 통해 규정되거나 그러한 한에서 사회적 세계에 의존한다."[125] 마르크스에게서 대상성의 모델은 개별적 노동 생산물로, 사용가치이다. 사용가치와 같이 대상성은 두 요소들로 구성된다. 즉 "인간의 첨가 없이 자연에서 존재하는""물질적 기층"[126]과 형태를 부여하는 노동

122 *Rohentwurf*, S. 594.

123 *Das Kapital*, Bd. I, S. 189.

124 *Erste These über Feuerbach*, a. a. O., S. 54.

125 Max Horkheimer, *Traditionelle und kritische Theorie*, a. a. O., S. 257.

126 *Das Kapital*, Bd. I, S. 47.

이 그것이다. 외부로부터 마르크스의 역사 이론을 인식론적으로 보충해야만 한다고 믿었던 신칸트주의적 오스트리아 마르크스주의자들이 생각했던 것과는 확실히 다르게, 마르크스와 칸트 사이에는 아직도 지금까지 그렇게 충분하게 고려하지 못한 관계가 존속하고 있다. 바로 칸트에서와 같이 마르크스에게도 현상하는 세계의 형태와 질료는 오로지 추상에서만 분리되지 현실에서는 그렇지 않다. 칸트에게서처럼, 그리고 궁극적으로는 그 때문에 마르크스의 변증법을 설명하기 위해 칸트적인 구성 문제를 참조하는 것은 충분히 의미가 있는 것이다.[127] 마르크스에게서도 형태와 물질은 상호 외적으로 남아 있으며, 그 밖에는 칸트와 매우 다르게 형태와 물질의 상호관계를 규정한다. 칸트가 "초월적인 친화력"이라고 하는 것이 감각적 재료의 주관적인 형태화subjektive Geformtheit와 그것의 카오스적인 성격을 일단 가정한다는 것은, 『자본』의 마르크스에게서는 스스로 이미 형태화된 자연의 사회적 형태화이다. "인간은 생산에서 오로지 자연 자신처럼만 수행할 뿐이다. 즉 **재료들의 형태만을 변화시킬** 뿐이다."[128]

이런 사유를 통해 마르크스는 직접적으로 헤겔과 합류한다. 헤겔은 『법철학』에서 마찬가지로 인간 노동의 관점에서 다음과 같이 쓰고 있다. "그렇지만 항상 물질은 본질적인 형태 없이 존재하지 않으며, 그

127 물론 그것이 가공된 자연물에서 모든 고유한 구조를 박탈해 버리는 한에서, 칸트에 의지하는 구성 이론이라는 의미에서의 마르크스의 유물론은 칼베에 의해 서술되어 있다. *La pensée de Karl Marx*. 칼베에 따르면 이런 유물론의 **변증법적** 성격은 다음과 같다. "전체 경험은 인간과 자연 사이의… 관계로 구성되어 있다. 이 두 개념 사이의 관계가 실재의 전체 운동이다."(S. 378.) 세계 구성의 관념론적 문제에 대한 마르크스주의적 해석에 관해서는 트란 둑 타오의 후설 비판을 참조하라. Tran Duc Thao, *Phénoménologie et matérialisme dialectique*, Editions MinhTan, Paris 1951, S. 228. 마르크스 변증법에서 인식론적 실재론과 주관주의의 매개에 관해서는 다음을 참조하라. Joachim Schumacher, *Die Angst vor dem Chaos*, Paris 1937, S. 75.

128 *Das Kapital*, Bd. I, S. 47.

것은 오직 이를 통해서만 어떤 것이다. 내가 이러한 형태를 전유하면 할수록, 나는 더욱더 많이 물건들을 **현실적으로** 소유하기에 이른다."[129]

칸트와 헤겔 사이의 과정에서 마르크스는 한쪽에 고정하기 매우 어려운 매개 지점을 취한다. 헤겔의 주체와 객체의 동일성에 대한 마르크스의 유물론적 비판은 마르크스를 칸트로 되돌려 보낸다. 이때 마르크스에게서 사유와 비동일적인 존재는 다시 인식할 수 없는 "물자체"로 등장하지 않는다. 칸트가 "초월적 통각" 개념으로, 말하자면 그것이 어떻게 통일적인 경험 세계에 이르는지를 최종적으로 밝히려고 했다면, 마르크스는 칸트의 테제인 주체와 객체의 비동일성을 유지하면서 칸트 이후의, 역사를 배제하지 않는 통찰을 고수하며, 주체와 객체는 상호 변화하는 위치에 들어선다. 이와 같은 것은 여러 상이한 노동 산물들에게서 실현된 주체적인 것과 객체적인 것의 통일이 동시에 버리지 않고 있는 것, 즉 "노동과 자연물 사이의 비율은 매우 다양"[130]하다는 사실과 매우 흡사하다.

전체적으로 다음과 같이 말할 수 있겠다. 즉 객체적인 것의 주체화와 주체적인 것의 객체화라는 역사적-경제적 과정에서, 전前산업적인 관계들 아래에서는 객관적인 자연 계기에 더 많은 비중이 주어진다. 또한 이와는 달리 산업사회라는 조건 아래에서는 자연적 소여의 재료에 대비해서 주관적 개입의 계기가 더욱더 관철될 것이다.

그럼에도 산업적 생산으로의 이행은 주체가 재료에 대해서 새로운 위치를 취한다는 것을 의미할 뿐 아니라, 경제적 이해의 영역 안에 등장하는 이런 재료가 범위와 종류에 따라 변화함을 의미한다. "외적인 자연 조건들은 경제학적으로 보아 두 부류로 크게 분리된다. 즉 토지 비옥도, 수산물이 풍부한 강, 바다 등등의 **생활필수품**에서의 자연

129 Hegel, *Grundlinien der Philosophie des Rechts*, Hoffmeister, Berlin 1956, § 52, S. 63.

130 *Zur Kritik der politischen Ökonomie*, S. 30.

적인 풍요, 그리고 노동수단에서의 자연적인 풍요, 즉 생동하는 물의 낙차, 배가 운행 가능한 하천들, 나무, 금속, 석탄 등등이 그것이다. 초기의 문화들에서는 첫 번째 것이, 좀 더 고차적인 발전 단계에 가서는 자연적인 풍요의 두 번째 종류가 결정적인 역할을 한다."[131]

농업 경제 방식이라는 전제 아래 인간들은 자신에게 직접적으로 생활필수품들에 대한 풍요를 제공해 주는 자연에 대해서 수동적-수용적으로 관계한다. "여기서 대지는 아직 인간과는 독립적인 자연 현존으로 인정되지만, 여전히 자본으로서는, 즉 노동 자체의 한 계기로서는 인정되지 않고 있다. 오히려 노동은 대지의 계기로서 나타난다."[132]

마르크스가 바로 이러한 경제적 사태의 인식론적 내용도 파악하고 있음은 분명 포이어바흐에 관한 첫 번째 테제에서 유추할 수 있다. 여기서 마르크스가 포이어바흐와 종래 유물론자들을 자연을 확고한 소여성으로서, 모사하는 거울로서 인식을 바라본다는 점에서 비판한다면, 그것은 경제학적으로는 다음을 의미한다. 즉 이러한 유물론은 농업 생산에서 산업 생산으로의 역사적 이행을 고려하지 않았고, 대지는 여전히 "인간과는 독립적인 자연 현존으로 인정"되고 있는 그런 사회적 관계들에 주목하고 있다는 것이다. 포이어바흐가 오인하고 있는 것은, 그간 자연이 "전적으로 인간을 위한 대상"[133]이 되었다는 사실이다. 오래 전부터 자연은 "자신과만 관계하는 힘으로 인정"[134]되어 오지 않았다. 근대의 시작과 더불어 자연은 더욱 사회적 활동의 계기

131 *Das Kapital*, Bd. I, S. 537 f.

132 *Nationalökonomie und Philosophie*, S. 174.

133 *Rohentwurf*, S. 313.

134 같은 책. 마르크스가 쓴 단어 "인정"이 헤겔 『정신현상학』에 나온 지배와 예속의 변증법을 연상시키는 것은 우연이 아니다. 『정신현상학』에서 노예는 일단은 "인정하는 의식"으로 등장한다. 인간들이 자연 존재에 대해 산업 기술적인 위력을 획득함으로써 동시에 노예에서 역사적 운명의 주인들로 승격할 가능성은 더 커진다.

로 전락했고, 객관성의 여러 규정들은 단계적으로 주체 안으로 이동해 들어왔다. 데카르트로부터 독일 관념론까지 추상적-논리적으로 이해되었고 비코와 마르크스에게서 발본적 역사적으로 적용된 저 근본 명제, 즉 엄격한 의미에서 오로지 주체들에 의해 "만들어진 것"[135]만이 인식 가능하리라는 명제에는 노동 관계 안에서 벌어지는 이러한 주체 측면으로의 무게중심의 이동이 개념화되어 있다. 사유가 대상적인 세계의 실제적인 생산에서 실현되며, 그것들을 이 세계를 이론적으로 개념파악하기 위해 인간들이 다시 사용한다는 것은 사실, 상당한 정도로 동일한 사유이다. 즉 "인간적 실천 전체는 진리의 판단 기준으로서 뿐만 아니라 인간이 필요로 하는 것과 대상이 맺는 연관의 실천적 결정 인자로서도 대상의 "완벽한 '정의'"[136]와 같이 사용되어야 한다는 것이 변증법에 해당한다는 레닌의 방법론적 귀띔도 이런 맥락에서 이해되어야 한다.

마르크스가 볼 때 세계의 인식 가능성에 관한 질문은 그것이 오로지 인간의 **산물**일 때에만 의미가 있다. 무엇이 자연물인지를 비로소 실제로 알게 되는 때는 우리가 그것을 생산하기 위해 허용된 산업적 그리고 자연과학적-실험적인 행사의 전모를 인식했을 때이다. 이런 생각은 엥겔스에 의해 거듭 시도된 칸트의 **물자체**에 대한 비판에서 상당한 역할을 수행했다. 물자체가 인식될 수 없다는 진술에 대해 엥겔스는 『자연 변증법』에서 다음과 같이 말한다. "그 진술은… 우리의 과학

135 이에 대해서는 다음을 참조하라. Max Horkheimer, *Anfänge der bürgerlichen Geschichtsphilosophie*, a. a. O., S. 97. 근대 인식론에서 주체 개념의 역사 유물론적 해석에 관해서는 특히 다음을 보라. Ernst Bloch, *Das Prinzip Hoffnung*, Bd. I, a. a. O., S. 207. 또한 지금까지 나온 포이어바흐 테제에 대한 가장 치밀한 해석일 다음 부분도 참조하라. 같은 책 S. 270-312.

136 Lenin, *Zwei Arbeiten zur Gewerkschaftsfrage*, Berlin 1957, S. 64. (*Übersetzung aus dem* XXXII. Band der Werke Lenins.)

적인 지식에 한마디도 더 보태지 않는다. 왜냐하면 우리가 그 사물들과 관계할 수 없는 때라면, 그 사물은 우리에게는 존재하지 않는 것이기 때문이다."[137]

유물론적 이론에는 헤겔에게서와 마찬가지로 사물의 즉자태나 대자태 사이, 사회적으로 전유된 영역과 아직 전유되지 않은 자연 영역 사이에 상대적이며 역사적인 한계, 원리적이지 않은 한계가 존속해 있다. 자연 현상들과 함께 인간들은 항상 그 본질도 파악한다. 흄과 칸트의 불가지론에 대해 엥겔스의 『포이어바흐…』는 다음과 같이 이의를 제기한다. "이러한 다른 모든 철학적인 기벽들에 대한 최상의 반박은 실천, 즉 실험과 산업이다. 우리가 자연과정을 그 조건들로부터 생산하고, 게다가 그것을 우리의 목적들에 이용할 수 있게끔 함으로써 우리가 자연과정에 대해서 파악한 것이 올바름을 증명할 수 있다면, 칸트의 파악할 수 없는 **물자체**는 이제 해결된 것이다. 식물과 동물의 신체에서 산출된 화학적 물질들은, 유기화학이 그것들을 하나하나 석출하기 시작했을 때까지 저 '물자체'로 남아 있었다. 이로 인해 '물자체'는 우리를 위한 물ein Ding für uns이 되었다. 이는 예를 들어 꼭두서니에서 얻는 색소, 즉 알리자린(적색 염료), 그것을 우리가 더 이상 들판에서 꼭두서니 뿌리를 키워서 얻어 내는 것이 아니라, 콜타르에서 훨씬 싸고도 손쉽게 생산하는 것이나 같다."[138]

---

137 *Dialektik der Natur*, S. 257.

138 *Ludwig Feuerbach und der Ausgang der klassischen deutschen Philosophie*, S. 19 f. **물자체**와 실천의 문제에 관해서는 엥겔스의 『유토피아로부터 과학으로 사회주의의 발전』 영어판 서문도 참조하라. 관련 논의들에서 유명해진 『포이어바흐…』에 나오는 "알리자린 사례"는, 엥겔스가 철학적으로 부적격함을 증명하고자 할 때면, 늘 조롱의 대상이 되어 왔다. 이미 루카치가 『역사와 계급의식』에서 실제 사태를 오해하여 다음과 같이 썼다. "특히 여기서는 헤겔을 잘 아는 엥겔스에게서 나타난 거의 아연실색할 용어적 부정확함을 바로잡아야 한다. 헤겔에게서 '즉자'(직접적인 것an sich)와 '우리에 대해'für uns는 절대 대립이 아니라, 그 반대로 필연적 상관 개념이

D) 유물변증법의 범주들에 대한 고찰들

자연은 항상 이 역사적 범주들 아래에서 나타나는 바, 이 범주들이 자연의 객관적 구조들과 맺는 관계에 대한 질문은 곧 실천의 인식론적 역할에 관해 묻는 것이다. 일단 구분되어야만 할 것은 어떻든 간에 마르크스에게서 좁은 의미에서의 "자본", "상품", "가치" 등과 같은 경제적 범주들과 "질-양-척도", "본질-가상-현상" 같은 논리적-인식론적 범주들로, 경제 분석에 사용되고 있는 이런 것들은 헤겔의 『논리의 학』에서 연원한다. 부르주아 경제학의 범주들에 관해 마르크스는 다음과 같이 이야기한다. "그것은 사회적으로 타당한, 이리하여 **이렇게 역사적으로 규정된** 사회적 생산양식, 즉 상품 생산의 생산관계를 위한 객관적인 사유 형태들이다."[139]

경제적 범주들이 그것들에 의해 표현된 역사적 관계들이 몰락함과 더불어 그 타당성을 상실[140]하는 반면, 논리적 범주들은 비록 경험적-인간적 전제들에 빚지고는 있지만 보다 보편적이면서도 포괄적인 타당성을 지니고 있다. 그것들은 유類의 역사적인 침전물로 "이념적인 것"인데, 이에 관해서는 『자본』 2판 후기에서 매우 적절하지는 않

다. 어떤 것이 단순히 '즉자적'an sich으로 주어져 있다 함은 헤겔에게는 그것이 단순히 '우리에 대해'für uns 주어져 있다는 뜻이다."(S. 145.) 저 연관으로부터 유추할 수 있는 것처럼, 엥겔스는 비판을 통해 특히 칸트 식 불가지론에 대항한다. 헤겔이 아닌 칸트의 '즉자태', '우리에 대한 것'Für uns의 구분이 논의 대상이다. 엥겔스는 통속적이기는 하지만 올바르게 헤겔의 칸트 비판을 이용한다. 현상들은 본질에 대립될 뿐만 아니라 동시에 본질의 이러한 구체적인 규정성들이기도 하다. 엥겔스의 "물자체"에 대한 비판에 관해서는 베커의 박사 학위 논문을 참조하라. K. Bekker, Marx' philosophische Entwicklung, sein Verhältnis zu Hegel, a. a. O., S. 46 f.

139 *Das Kapital*, Bd. I, S. 81 f.

140 이에 대해서는 『철학의 빈곤』에 나온 마르크스의 프루동 비판도 참조하라. 거기에서는 경제적 범주들의 역사적 상관성이 힘주어 강조되고 있다.

은 표현으로 다음과 같이 나온다. 그것은 "인간 머릿속으로 옮겨지고 umgesetzte 번역된übersetzte된 물질적인 것에 다름아니"[141]라는 것이다. 범주들은 마르크스에게는 생동하는 실천으로부터 성장해 나오는 사유의 단계들이며 이론적인 자연 전유의 교차점들이다.[142] 그것들은 동시에 물질적 현실의 구조들과 그것의 정신적-실천적인 개조의 단계들을 표현한다.

이미 내용과 관련한 사유 태도와 예술적 경향들, 도덕적인 표상들 등등에 대한 분석의 관점에서 역사 유물론이 사회학주의Soziologismus와는 구분된다고 말할 수 있는 것이, 그것이 하나의 정신적인 형상의 사회적 발생과 진리의 요청이 상호 해소되지 않는다는 것을 주장하는 점에서라고 한다면, 이런 사유는 사유 일반의 가장 추상적인 범주적 조건들의 사회적 이해와 관련될 때 훨씬 더 커다란 의미를 획득한다. 아르놀트 하우저가 다음과 같이 말할 때, 그의 견해는 동의를 받아야 할 것이다. 즉 유물론적 역사철학의 의미는 세계의 정신적 전유 형태들이 본래 경제적 구조들에 의해 미리 그려진 궤도 위에서 움직이며

141 *Das Kapital*, Bd. I, S. 18.

142 자신의 유고에서 레닌이 요청한 인식론으로서의 변증법의 완성에 해당하는 것이, 유물론에서 변증법적 범주들의 논리적-역사적 성격을 파악하려는 구 동구권의 최신 노력들이다. 그 가운데 흥미로운 것은, 지금까지 논의에 사용되었던 것보다 훨씬 더 상당한 정도로 마르크스의 텍스트들이 원용되고 있다는 것이다. 연구들은 다음의 올바른 사유들, 즉 마르크스에게서 범주들은 유물론적 "징표"를 가진 단순히 헤겔적인 것이 아니라, 중요한 것은 논리적 범주들이 하나에서 어떻게 물질적인 현실 구조의 계기인 동시에 표현인지를 세부에 이르기까지 추적하는 것으로부터 출발한다. 이에 대해서는 스탈린 이후 시기에 전형적인 로젠탈M. M. Rosental과 슈트락스G. M. Schtraks에 의해 편집된 책 『유물변증법의 범주들』 *Kategorien der materialistischen Dialektik*, Moskau 1956, Berlin 1959.을 참조하라. 이 책에서 범주들은 "근본 개념들"로 정의되는데, 이는 "대상들의 가장 보편적이면서도 본질적인 연관들과 관계들을 반영하고 있다."(S. 15.)

대략 나중에 가서야 관계들에 적용되는 것 따위는 아니라는 점[143]에 있다는 것이다. 그렇지만 그것이 의미하는 바는 더더욱 다음과 같이, 즉 예를 들어 자연에 대한 언표들은 모두 그때마다의 사회질서에 대해 어떤 것을 배반하지는 않는다는 것이다. 이러한 사회질서에서는 객관적 자연 연관 자체가 결코 혹은 거의 생각되지 않고 있는데, 에른스트 블로흐는 『이 시대의 유산』에서 다음과 같이 쓰고 있다. "확실히, 자연 개념도 일차적으로 사회를 표현하는데, 그것도 이 사회에서 현상한다. 즉 사회의 질서와 무질서, 그것의 의존성의 변화하는 형태들 등이 그것이다. 이런 형태들은 자연 개념에서 상부구조적으로 다시 등장한다. 이리하여 자연 그대로의, 마법적인, 질적으로 등급 지워진 것, 마지막으로 기계적인 것들은 대부분 이데올로기로 이해되어야 한다. 기계적인 자연과학은 특히 그 시대 부르주아 사회의 이데올로기, 상품 유통의 이데올로기였다."[144]

또한 마르크스와 엥겔스는 이러한 고찰 방식에서 올바른 것을 대략 다윈주의의 예를 들어 강조했다.[145] 그렇지만 자연이 어떤 특정한 역사를 두루 거쳐야 한다는 이론, 그 이론이 성립된 사회적 실존 조건들의 소멸과 더불어 무력해진다고 말한다면, 이것은 그들에게 가까운 논리는 아닐 것이다.

---

143 Arnold Hauser, *Philosophie der Kunstgeschichte*, München 1958, S. 27. 참조.

144 Ernst Bloch, *Erbschaft dieser Zeit*, Zürich 1935, S. 202. 레닌에게 자연 인식의 객관성과 역사적 제약성은 상호 배제하지 않는다. 『유물론과 경험비판론』에서 레닌은 다음과 같이 말한다. "근대 유물론, 즉 마르크스주의의 입장에서 보면 우리의 인식들이 객관적인, 절대적인 진리에 접근할 때 한계들은 역사적으로 조건 지워져 있다. 그러나 진리 자체의 실존은 **무조건적**이고, 우리가 그것에 가까이 가는 것, 그것도 무조건적이다. …역사적으로 조건 지워져 있는 것은 이미지의 윤곽들이다. 하지만 무조건적인 것은, 이런 이미지가 객관적으로 존재하는 모델을 재현한다는 사실이다."(S. 135.)

145 이에 대해서는 1장 A절을 참조하라.

『자본』에서 마르크스는 때때로 기계론적 사고방식과 매뉴팩처 시기의 관계에 대해 이야기하고는 했다. "동물을 단순한 기계로 정의하는 데카르트는 중세와는 다르게 매뉴팩처 시기의 눈으로 보고 있다. 중세에 동물은 인간의 **조수**로 여겨졌으며, 그런 관점은 후일 다시 폰 할러Herrn v. Haller의 저서 『국가학들의 부흥』에서도 나타난다."[146]

동일한 연관에서 마르크스는 비판적으로 다음과 같이 지적하기도 한다. 즉 "베이컨과 마찬가지로 데카르트도 생산의 변화된 모습과 인간에 의한 자연의 실질적인 지배를 사유 방법의 변화의 결과로 간주"[147]했고, 철학자들에게, 다른 말로 하면 그것의 사회적 토대는 의식되지 못한 채 남아 있었으며, 그렇기에 근대적인 사유 방법은 이데올로기일 뿐이며, 동시에 실제적인 자연의 반영이 아니라는 것은 말할 나위도 없었다.[148]

『자연 변증법』에서 엥겔스는 자연을 설명할 때 가장 중요한 범주인 인과성의 범주를 다룬다. 두 사건이 규칙에 따라 필연적으로 순서대로 일어난다는 관념은 단순히 인간적인 영역에서 차용한 투사가 아니며, 인과법칙은 소박실재론적으로 자연으로부터 단순히 읽어 낼 수 있는 것도 아니다. 인간들이 생산에서 인과 연관들을, 게다가 또한 자

146 *Das Kapital*, Bd. I, S. 408, Fußnote 111.

147 같은 책.

148 마르크스에게 진리가 항상 계기들의 과정이지, **하나의** 추상적인 입장이 아니라는 것은 『초고』에 나오는 상품의 물신적 성격과 관련된 구절에서 매우 잘 유추할 수 있다. "경제학자들의 조야한 유물론은, 인간들의 사회적인 생산관계들과 사태들을 포함하고 있는 규정들을 이러한 관계들 아래 포섭되어 있는 것으로, 사물들의 **자연적인 속성들로** 고찰하는데, 이들 유물론은 마찬가지로 조야한 관념론이요, 따지고 보면 물신주의로, 이는 사물들에게서 사회적인 관계들을 그것에 내재적인 규정들로 보면서 그것들을 신비화한다."(S. 579.) 사물들의 사회적인 성격들이 자연적으로 신비화되어서는 안 되는 것처럼, 역으로 사회적으로 조건 지워진 범주들 아래에서 분석되는 자연적 사태들이 단순하게 사회적인 것으로 해소되어서는 안 된다.

연에서는 존재하지 않는 것들을 산출해 낼 수 있다는 그런 상황은, 엥겔스가 보기에는 인과성의 개념을 객관적인 범주로서 그렇게 상대화하지는 않고 있기에, 그는 이런 객관성을 온전히 승인한다. "우리는 그렇지만, 어떤 운동에 다른 것이 따라 일어난다는 것을 발견할 뿐만 아니라, 그것들이 자연에서 일어나는 조건들을 산출해 냄으로써 우리가 또한 특정한 운동을 만들어 낼 수 있다는 것을 안다. 실로 우리는 자연에서는 전혀 일어나지 않는 운동(산업), 최소한도 이런 방식으로는 일어나지 않는 운동을 산출할 수 있다는 사실을 안다. 그리고 우리가 이런 운동들에 미리 특정한 방향성과 확장성을 부여할 수 있음도 안다. **이를 통해, 인간의 활동**을 통해 **인과성**의 관념이, 하나의 운동이 다른 것의 **원인**인 그런 관념이 근거를 얻는다. 어떤 자연 현상들의 규칙적인 연속만으로도 인과성의 관념을 산출해 낼 수는 있다. 즉 태양과 함께 오는 온기와 빛 등이 그것이다. 그러나 여기에는 어떤 증명도 없으며, 그런 한에서 흄의 회의론이 다음과 같이 말한다 해도 올바르다 할 것이다. 즉 규칙적인 '이것 후에'post hoc가 결코 '그래서 이것' propter hoc을 증명할 수는 없을 것이다. 내가 그것을 이것 후에 **만들** 수 있다면, 그것은 **'그래서 이것'propter hoc**과 동일해질 것이다."[149]

인간들은 실천의 역사적 형태들을 매개로 객관적으로 존속하는 자연법칙들을 개념파악한다.

149 *Dialektik der Natur*, S. 244.

4장
인간과 자연의 관계에서 유토피아에 관하여

언뜻 보아 유토피아 개념을 마르크스의 이론과 연관해서 설명하려고 하는 것은 도대체가 길을 잘못 든 것 같아 보일 것이다. 그의 자기 이해에 따르면 마르크스는 유토피아주의자가 아니다. 마르크스는 사회주의의 유토피아로부터 과학으로의 발전이 완성되었고, 완전한 인간관계에 대한 모든 환상적인 궁리들을 넘어섰다고 생각했다. 일생 동안 마르크스는 유토피아주의자들을 비판했다. 청년기에는 좌파헤겔주의자와 프루동, 오언, 헤스와 그륀 같은 초기 사회주의적 저자들을, 후기에는 콩트의 체계 등을 비판했다.

이런 비판에서 마르크스는 헤겔의 제자임이 분명하다. 여기에서 헤겔은 특히 『법철학』 서문에서 미래의 상황에 대한 그 어떤 선명한 묘사에도 반대하며, 비매개적으로 존재에 대립해 있는 그 어떤 공허한 당위에 대해서도 반대한다.

이제 주목해야만 할 것은, 마르크스가 바로 추상적인 유토피아질을 거부하는 데에서 헤겔과 일치함으로써 사실상 철학사에서 가장 위대한 유토피아주의자가 된 것이다. 바로 헤겔의 제자로서 마르크스는 헤겔에 의해 설정된 한계, 모든 역사적 미래에 마주해 넘어서 있다고 생각된 한계를 넘어서고 있다. 공허한 이상에 반대해 헤겔이 내세운 저 현존하는 것의 개념파악과 분석을 마르크스는 참으로 놓치지 않았다. 그럼에도 소여태(주어진 것–역자)를 진지하게 받아들임은, 바로 이런 소여태의 객관적-역사적 경향에 대해 특정하게 언표하는 것을 배제하지 않는다. 말하자면 그 내용에서 분석된 그리고 변증법적으로 움직인 현실을 지향하며 자체가 이런 현실의 한 계기를 구성하는 그런 이론적 언표 행위를 배제하지 않는다.

이런 의미로 에른스트 블로흐도 마르크스가 동의하지 않는 유토피아 의식을 이해하고 있다. 이 의식은 미래의 인간의 현실을 현존하는 것 내부에 배태되어 있는 실제적 가능성에 따라 선취한다. 『희망의 원리』는 스스로를 유토피아 의식 형성의 하나의 현상학이요 백과사전으로 이해하고 있는데, 블로흐는 이 책에서 마르크스의 사유 자체에서 낯선 유토피아라는 개념을 저 이론을 위해 구원하려고 노력하고 있다. 이를 위해 그는 다음을 적시한다. 즉, 마르크스에게서는 엄밀한 상황 분석과 이를 선취하는 의식이 하나의 역사적 과정의 계기가 되는 반면, 그에 의해 정당하게 비판된 유토피아주의자들은 여전히 추상적으로 남아 있는 바, 그 이유는 그들이 미래를 선명히 묘사하는 것에 머물러, 현실에서 이론적으로 그들의 지금의 모습들을 넘어서 나가는 힘들을 발견하지 못하고 있기 때문이라는 것이다.[1]

일단 어떻든 중요한 것은, 유토피아 문제가 먼저 엥겔스에게서 등장한다는 것이다. 1844년의 『국민경제학 비판 개요』는 그 제목이 누설하는 것처럼 마르크스가 경제적 문제들에 주목하게끔 만들었는데,

---

1 이 장에서 블로흐가 마르크스의 유토피아의 내용이라고 한 것을 모든 점에서 추적하지는 않을 것이다. 이 문제에서 저자는 형식적으로는 블로흐의 마르크스 이해에 의지한다.

이 책에서 엥겔스는 사회주의를 "인류와 자연 및 그 자신과의 화해"[2]라고 말하고 있다.

소위 「파리 초고」에서, 마르크스가 포이어바흐의 헤겔 비판뿐만 아니라 그 당시 포이어바흐주의자였던 엥겔스의 견해를 따르고 있었다는 점에는 의심할 여지가 없다. 「파리 초고」에서 마르크스는 공산주의에 관해 다음과 같이 표명한다. "사유재산의 적극적인 지양으로서, 인간의 자기 소외로서, 그리고 그렇기 때문에 인간에 의한, 인간을 위한 인간적 본질의 현실적 전유로서의 공산주의. 이 때문에 완성된, 의식적이며, 지금까지 발전의 전체 부 안에서 생성된 **사회적인**, 즉 인간적인 인간으로서의 대자적 인간의 복귀. 이런 공산주의는 완성된 자연주의=인본주의, 완성된 인본주의=자연주의로서 존재하며, 그것은 인간과 자연 그리고 인간과의 충돌의 **참된** 해결이며, 실존과 본질, 대상화와 자기 확인, 자유와 필연성, 개인과 유 사이의 반목의 참된 해결이다. 그것은 해결된 역사의 수수께끼이며 스스로가 이런 해결임을 알고 있다."[3]

한 면으로 마르크스의 저작이 상호관계 없는 두 부분으로 나뉘지 않는다는 점을 고수한다면, 마찬가지로 바로 유토피아 문제가 다른 면으로는, 어느 정도나 중기, 후기 마르크스가 「파리 초고」의 추상적이면서도 낭만화된 인간학에 앞서 있는지를 가르쳐 준다. 「파리 초고」가 단편적으로만 남아 있고 마르크스가 살아 있던 시절에 출판되지 않았다는 점은 우연이 아니다. 헤겔과 포이어바흐의 소외 개념을 역사철학적으로 구체화하려는 모든 노력에도 불구하고 마르크스는 여기서 경제사에 대한 보다 정확한 인식이 모자랐기에 "인간"과 "자연"이라는 포이어바흐의 우상들과 완전히 결별할 수 없었다. 마르크스

2 Engels, *Umrisse zu einer Kritik der Nationalökonomie*, S. 17.

3 *Nationalökonomie und Philosophie*, S. 181.

가 인간을 "현실적인, 육체를 가진, 완성된 굳건한 대지 위에 서서 모든 자연력들을 호흡하는"[4] 존재로 상찬할 때, 여기서는 특히 2월 혁명기의 감각주의적인 포이어바흐의 자연 숭배가 배어 나오고 있는데, 이것은 당시의 하이네의 서정시와 거리가 멀지 않다. 그런 문제성 농후한 자연 상찬의 불굴의 분위기처럼, 사람들이 오늘날 마르크스에게서 확정하고 싶어 하는 "인간"[5]에 관한 말들도 곧 다시 그의 문건들에서 사라진다. 마르크스가 『공산당 선언』에 가서는 "소외"와 "인간 본질의 실현"[6]과 같은, 이전에 스스로 「파리 초고」에서 사용했던 표현들을 웃음거리로 삼는다면, 『독일 이데올로기』와 『공산당 선언』에서의 "진정한 사회주의자들"에 대한 비판적인 고찰들은 한 덩어리의 자기비판으로 이해해야 할 것이다. 하지만 마르크스는 이런 것들이 소시민적 저자들의 입에서 이데올로기적 수다가 되어 버리고, 세계의 경험적 연구와 세계 변혁의 지렛대가 되지는 않음을 알자마자, "외화", "소외", "인간의 자기 자신으로의 복귀"[7]와 같은 용어들을 사용하기를 포기한다.

『독일 이데올로기』에서 마르크스와 엥겔스가 포이어바흐에게 강하게 영향을 받은 "진정한 사회주의자들"의 이론에 맞서 싸운 저 지독

---

4 같은 책 S. 248.

5 이미 다른 맥락에서 언급된 페처의 논문을 참조하라. I. Fetscher, Von der Philosophie des Proletariats zur proletarischen Weltanschauung. 여기서 마르크스의 철학은 근본적으로 「파리 초고」와 동치되고 있다. 나아가 다음을 보라. Erwin Metzke, Mensch und Geschichte im ursprünglichen Ansatz des Marxschen Denkens. 양자의 출처는 in: *Marxismusstudien*, 2. Folge, a. a. O., S. 26–60 bzw. S. 1–25.이다. 비판적인 인간학의 의미로 마르크스가 이해되고 있는 것은 티에르와 바인스토크E. Thier u. H. Weinstock가 그렇다. 블로흐도 마르크스를 상당 정도 인간학적으로 이해한다. 이런 종류의 사유들은 계속 열거할 수 있다.

6 *Manifest der kommunistischen Partei*, S. 40.

7 이와 같은 것은, "소외"라는 개념이 『자본』과 『잉여가치론』에서도 충분히 자주 나타나는 것과는 별개로, 마르크스가 자신이 설명한 사회적인 사태들을 더 이상 계속 이론적으로 추적하지 않았다는 것을 결코 의미하지 않는다.

한 날카로움은, 정말로 그들이 이 시점에서 얼마나 포이어바흐의 인간학주의와 소외 개념뿐만 아니라, 그의 자연에의 도취를 넘어서 나아갔는지를 분명 보여주고 있다. 마지막 관점과 관련해서, 여기서는 오로지 『라인 연보』에 발표된 "사회주의적인 초석"의 비판만을 적시해야 하겠다. 여기서 저자들은 다음의 알맹이 없는 "진정한 사회주의자들의 심정의 토로"[8]를 인용하고 있다. "…다채로운 꽃들 …높고도 자랑스러운 떡갈나무 …그것들의 성장과 꽃피움, 그것들의 삶은 그것들의 만족이며 그것들의 행복… 풀밭 위의 끝없는 조그만 동물들의 무리… 숲의 새들… 용감한 어린 꿀벌 떼들… '나는 본다.' ("인간"들은 말한다.) 즉 '이런 동물들이 자신에게 자신들의 삶의 표현들과 향유들 안에 들어 있을, 그 어떤 것도 넘어서는 어떤 다른 행복을 알지도 못하고, 욕망하지도 않는 것'을 본다."[9]

자연에서 다름아닌 "삶, 운동 그리고 행복의 통일"[10]을 보고자 하는 그런 소박한 열광에 맞서, 마르크스와 엥겔스는 또한 마지막 무해함까지도 금지한다. 후에 그들 뒤에 등장하는 다윈처럼, 이미 당시 그들에게서는 헐벗은 생존을 둘러싼 생명체의 무자비한 투쟁들이 **사회적** 범주들 아래 제시되고 있었다. 사회적 갈등들에 대한 그들의 유물론적 이해는 그들에게 유기적 자연 안에서 일어나는 지양될 수 없는 투쟁들에 대한 날카로운 시각을 허락해 준다. 때문에 그들은 물어뜯을 듯한 조롱으로 진정한 사회주의자들의 감정 과잉된 진술들을 보충한다. "'인간은' 예를 들어 식물들과 동물들 사이에서의 가장 치열한 경쟁과 같은, 한 덩어리의 다른 사건들을 자연에서 볼 수 있었다. 즉 예를 들어 식물 영역에서, 자신들의 '크고도 자랑스러운 떡갈나무' 숲에

8 *Deutsche Ideologie*, S. 502.

9 같은 책.

10 같은 책.

서 이러한 크고도 자랑스러운 자본가들은 조그마한 관목 숲의 생육을 방해하고 관목들은 마찬가지로 다음을 외칠지도 모른다. 즉 땅, 물, 공기와 불을 우리는 얻을 수 없다고. 인간은 기생식물들, 식물계의 이데올로기 대변자들을 볼 수 있었고, 나아가 '숲의 새들'과 '끝없는 조그만 동물 무리' 사이, 그의 '초원'의 풀들과 '용감한 어린 꿀벌 떼… 사이의 공공연한 투쟁을 볼 수 있었다."[11]

확실히 마르크스와 엥겔스에게, 이곳에서 자연의 조화로운 통일이라는 진정한 사회주의자들의 주장에 맞서서 다음, 즉 실제로 자연에서는 이러한 통일이 훨씬 덜 조화롭게 진행된다는 그런 매끈한 반명제를 제기해 놓는 것만이 중요한 것은 아니었다. 나아가 마르크스와 엥겔스는 이들에게 그러한 환상의 심리학적이며 이론적인 뿌리를 입증해 보인다. "소박한 철학적 신비화의 견본"[12]은 진정한 사회주의자들이 "경건한 소원의 사유 표현을 자연에 슬쩍 밀어 넣었"[13]기에 생겨났다는 것이다. "진정한 사회주의자는 삶과 행복의 분열이 중지되어야만 한다는 생각에 입각해 있다. 이런 명제들을 위한 증명을 얻어내기 위해 그는 보조물로 자연을 취하고서 다음과 같이 가정한다. 즉 자연에 이러한 분열은 존재하지 않으며, 또한 이로부터 유추해 내기를, 마찬가지로 인간도 하나의 자연체이기에 신체의 보편적인 속성들을 소유하고 있으며, 인간에게 이런 분열은 마찬가지로 존재해서는 안 된다고 생각한다. 훨씬 더 정당하게 홉스는 명제 '만인에 대한 만인의 투쟁'을 자연으로부터 증명할 수 있었으며, 그의 구성에 우리의 진정한 사회주의자가 근거하고 있는 저 헤겔은 자연에서 분열을, 절대 이념의 태만한 시기를 인식하고, 동물을 신의 구체적인 불안이라고까

11 같은 책 S. 502 f.

12 같은 책 S. 504.

13 같은 책.

지 부를 수 있었다."[14]

그것이 "인간"이든 "자연"이든 혹은 "여성"이든, 마르크스가 모든 낭만화된 포이어바흐 숭배로부터 궁극적으로 전향한 일은 1850년 「신라인 신문」에 발표한 다우머의 책, 『신시대의 종교』*Die Religion des neuen Weltalters*에 대한 서평에서 훨씬 단호하게 드러난다. 여기서 마르크스의 분석은 다우머가 지닌, 확실히 고전적인 경우에서의 자연적 파토스가 지닌 이데올로기적인 성격, 즉 어떻게 그것이 직접적인 현재에 이르기까지 그것이 말한 바와는 반대의 것을 변호하고 있는지를 명민하게 통찰하고 있다.

이데올로기 비판적 동기의 중요성 때문에 다우머의 마흐 관련 작업 가운데 몇몇 부분을 여기서 소개해야만 하겠다. 다우머는 다음과 같이 이야기한다. "**자연**과 **여성**은 **인간**과 **남자**와는 달리 참으로 신적인 것이다. 인간적인 것의 자연적인 것으로의, 남성적인 것의 여성적인 것의로의 헌신이야말로 참된, 유일하게 진실된 겸손이요 자기외화이며, 존재하는 최상의, 실로 유일한 미덕이요 경건함이다."[15]

마르크스는 이에 이의를 제기한다. "우리는 여기서, 어떻게 이 궁리 저 궁리 하는 종교 창시자의 알맹탕의 무지가 매우 요란스러운 비겁으로 뒤바뀌는지를 본다. 다우머 씨는 그에게 너무나도 위협적으로 가까이 다가오고 있는 저 역사적인 비극 앞에서 소위 자연으로, 즉 멍청한 전원적 목가로 도피해서는 그 자신의 여성적인 체념을 감추기 위해 여성을 숭배하라고 설교한다. 다우머 씨의 자연 숭배는 게다가 그 나름의 방식을 지니고 있다. 그는 스스로 기독교에 맞서 반동적으로 등장하는 데 성공했다. 그는 옛 전前기독교적 자연 종교를 현대화

14 같은 책.

15 인용은 in: Marx/Engels, *Über Religion*, Rezension von Daumer, *Die Religion des neuen Weltalters*, S. 74 f.

된 형태로 만들어 내려고 노력한다. 이 가운데 그는 이를 확실히 그저 기독교적-게르만적-가부장적인 멍청한 자연 타령으로 만들어 버린다. 이 타령은 예를 들어 다음과 같이 읊조린다.

'달콤한, 신성한 자연,
나를 당신의 길로 가게 해 주오,
나를 당신의 손으로 이끌어 주시오,
걸음마 줄을 묶은 아이처럼!'

'그러한 것은 유행에 뒤떨어져 있다. 하지만 교양이나 진보 그리고 인간의 행복에 보탬이 되기 위해서가 아니다.' 자연 숭배는, 우리가 보는 바처럼, 뻐꾸기가 제 알을 남의 둥지에 낳아 놓는다거나 눈물의 정의가 눈의 표면을 촉촉하게 유지시키는 것이라는 등에 대한 자신의 유치한 찬탄을 알려 주려고나 하는 그런 소도시 시민의 일요일 산책길 따위에나 국한되는 것이다. 근대 산업과 결합하여 자연 전체를 변혁하고 다른 어린아이 짓과 더불어 인간의 자연에 대한 유아적인 태도에 종말을 가져다 준 근대 자연과학에 관해서는 물론 말할 것도 없다. …게다가 소원해 마지않는 것이 있는데, 즉 그 위에서 땡중이나 먹사, 다우머 같은 이들이 똑같이 자라 나오는 그런 바이에른의 굼뜬 농업 경제, 토지를 이제 정말 한 번 현대 농업과 현대 기계들로 갈아엎어 버렸으면 하는 것이다."[16]

마르크스는 여기서, 자연에 대한 인간의 관계의 이데올로기적 왜곡이 두 가지 상보적인 측면을 가지고 있다는 것을 보여주고 있다. 1850년 독일의 후진적 상황 아래 있는 마르크스에게 이는 확실히 더 중요한데, 하나는 자연발생적인 직접성의 천상화는 전자본주의적인

16 같은 책 S. 75.

생산 형태들이 보존하고 싶어 하는 반동적인 기술 적대 관계에 봉사한다는 것이다. 그러나 다른 면으로는, 자연 이데올로기의 이러한 측면은 결과적으로 더 효과적임이 입증되었는데, 이미 자본주의적 생산이 관철되어 왔던 곳에서는 자연이 그것의 더욱더 무분별한 약탈의 관점에서 동식물보호구역으로 상찬되어 왔다. 산업 발전의 파멸적인 변증법의 최신 단계를 개념화한 그러한 이론적 의식의 수준에서, 호르크하이머와 아도르노는 『계몽의 변증법』에서 이에 대해 다음과 같이 언급한다. “자연은, 사회적 지배 장치가 이를 사회에 대해 건강에 좋은 유익한heilsam 대립으로 파악함으로 인해 치유 불능의 쓸모없는 것unheilbar이 되어 비싼 가격으로 팔리고 있다. 나무들은 녹색이며, 하늘은 푸르고 구름이 껴 있다는 등, 이미지상의 확인은 자연을 벌써 공장 굴뚝들과 주유소를 위한 비밀 프로그램으로 만들어 놓고 있다.”[17]

마르크스의 논박은, 앞에서 언급한 대로, 먼저 전자본주의적 생산의 가부장제적 찬미에 맞서 제기되고 있다. 그것은 우선 자본주의적인 기술화의 진보에서 계몽의 진보를 본다. 다른 측면, 억압된 자연의 고양은 이미 역사적 이유들로 인해 마르크스에게는 전 영역에 걸쳐 현재적이지 않다. 그럼에도 그가 이 측면을 그 핵심에서 포착하고 있다는 사실은, 다우머의 여성 숭배에 대한 예리한 비판을 낳는다. “다우머 씨가 여성들의 현재 사회적 지위에 관해 한마디도 하지 않고 있으며, 그 반대로 그저 여성 자체만을 다루고 있다는 것, 그것은 그 자체로 분명하다. 그는 여성들의 부르주아적 곤궁에 대해, 그가 그녀들에게 바치는 공허하고도 신비스러운 빈말 숭배로 그녀들을 위로하려

---

17 Horkheimer/Adorno, *Dialektik der Aufklärung*, a. a. O., S. 157. 후기 자유주의적 시대에서 벌어지는 자연에 대한 직접적인 경제 외적 접근의 보상 이데올로기에 관해서는 특히 뢰벤탈의 다음 논문을 참조하라. Leo Löwenthal, Knut Hamsun. Zur Vorgeschichte der autoritären Ideologie. In: *Zeitschrift für Sozialforschung*, Jahrgang VI, Heft 2, Paris 1937, S. 295–299.

고 노력한다. 이리하여 그는 여성들을, 결혼하면 육아를 해야 하기 때문에 그녀들의 재능들은 결혼과 더불어 끝나며, 60세에 이를 때까지도 어린아이를 돌보는 능력을 소지해야 한다고 달랜다. 다우머 씨는 이것을 '여성적인 것에 대한 남성적인 것의 헌신'이라고 부른다."[18]

참된 인본주의는 그것이 관념론적이든, 유물론적이든 궁극적인 형이상학적 개념들과는 관련이 없다. 그것에 의해 추구된 사회적 해방은 현실적인, 개인적인 인간을 위해 복무한다. 마르크스가 그것과 관련되어 있다는 것, 이에 관해서는 지금까지 출간되지 않았던, 그가 아내에게 보내는 1856년 6월 21일 자 편지가 매우 효과적인 증거를 제공한다. 여기서 마르크스는 다음과 같이 쓰고 있다. "…그러나 사랑, 포이어바흐의 인간, 몰레쇼트의 물질대사, 노동자 계급에 대한 사랑이 아니라, 사랑스러운 이 그리고 특히 당신에 대한 사랑은 이 남편을 다시 남자로 만들어 주는군요…."[19]

중기 및 후기 마르크스는 자본주의적 생산관계들을 역사적으로 분석하면서 포이어바흐의 "참된 인간"에 대한 부담을 벗어던지고, 그 시기의 자연과학적인 유물론자들의 자연 숭배에서도 벗어나며, 또한 구세주로서의 노동자 계급에 대한 모든 형이상학적 미화에서도 벗어난다.[20] 오늘날 문화 담론에서 오래 전부터 상투어가 되어 버린 인간의 자기 소외라는 추상적 이야기 대신에 『자본』에서는 물질에 대한 연구가 들어선다. 오늘날 마르크스의 이론에 대한 특정한 해석 방향[21]

---

18 *Rezension von Daumer*, S. 76.

19 출간은 다음과 같다. Istituto Giangiacomo Feltrinelli in Mailand im Jahrbuch *Annali* 1959, Bd. 1. Zitiert in: WISO, 4. Jahrgang, Heft 24, Köln 1959, S. 1109.

20 이에 대해서는 다음을 참조하라. Ernst Bloch, *Spuren*, a. a. O., S. 38.

21 카를 뢰비트의 책 『세계사와 신성사』*Weltgeschichte und Heilsgeschehen*, Stuttgart 1953, S. 47 ff.에서는 역사 유물론이 다음, 즉 "국민경제학의 언어로 쓰인 예수 수난사"로 환원된다. 성서에서의 예수의 수난, 부르주아의 진보, 사회주의와 그것에 대응하는

에 의해 날조된 천년왕국설과 종말론적 신화에 따라 생각해 보면, 사람들이 마르크스의 인간과 그 자신의 자연 그리고 외적인 자연과의 관계에서 유토피아라고 부르는 것의 내용은 소박하면서도 동시에 대단하다. 소박한 까닭은, 지양할 수 없는 인간의 유한성과 세계 안에서의 그것의 가능성들을 진지하게 취급해야 하기 때문이다. 대단한 까닭은, 형이상학적인 선언 대신에 구체적 자유의 가능성의 조건들에 대한 냉철한 분석이 등장하기 때문이다. 구체적 자유는 마르크스에게는 바로 헤겔을 이어받아 사회적 필연태에 대한 개념파악과 지배 안에 존속한다. 노동자 철학자 요제프 디츠겐Joseph Dietzgen은 마르크스에게 보내는 한 편지에서 유물론적 역사관의 의미를 극도로 정확하게 다음과 같이 정리하고 있다. "당신은 처음으로 분명하고도 반박할 수 없는 과학적 형식으로, 무엇이 지금부터 역사적 발전의 **의식된** 경향이 될 것인지를, 즉 지금까지 사회적 생산과정이라는 맹목적인 자연력이 인간의 의식에 종속됨을 언급하고 있습니다."[22]

우리는 여기서 마르크스 유물론의 관점에서 본서 1장에서 행해진 고찰들로 돌아가야만 한다. 그의 유물론은 비판적이지만 실증적-신앙고백적이지는 않다. 경제적 관계들은 찬미되지 않고, 그 반대로 그것들의 역할이 사람들의 삶 안으로 후퇴해 있는 그런 형상을 지녀야 한다. 인간들은 종래 역사에서, 엥겔스가 말하는 바와 같이, 그 자신의 사회적 힘들에 대한 "제3자의 지배"Fremdherrschaft[23]에 의해 규정되게 된다. 때문에 인간은 엄밀한 의미에서 자연사적 조건들로부터 결코 빠

이론적 태도는 뢰비트에 따르면 구조상 동일하며 그에 의해 비매개된 대립으로 역사적 과정의 순환적인 관점이 되고 만다. 이런 관점에서 마르크스 연구에서 대부분의 인간학화된 방향의 대변자들은 뢰비트를 따른다.

22 Beilage zum Brief an Kugelmann vom 7. 12. 1867. In: *Briefe an Kugelmann*, S. 48.

23 *Anti-Dühring*, S. 395.

져나올 수 없다.[24] 경제적 관계들이 스스로에게 맡겨지는 한, 그것들은 마치 예측 불가능한 자연력들처럼 작용한다. "그러나 한번 그 본성이 개념파악되면, 그것들은 연합된 생산자들의 손 안에서 악마적인 지배자들로부터 자발적인 봉사자로 변모한다."[25] 인간은 자신의 생활연관의 법칙들을 이론적으로 통찰하는 법뿐만 아니라 바로 그렇게 실제적으로 지배하는 법을 배움으로써, "자연사적" 유물론을 지양할 수 있게 되었다. 그 자신의 종래 역사에서 인간은 이 유물론의 희생자가 되어 왔다. 마르크스의 유물론이 인간의 자기 지양을 의도한다는 것, 그것은 수많은 의도적인 오해들에 직면하여 이렇게 충분히 자주 지적될 수 없었다. 이런 문제와 관련하여 마르크스와 엥겔스는 완전히 일치하고 있다. 그리고 (물론) 두 저자 사이에는 차이도 존재하는데, 그것은 그들이 어떤 식으로 부르주아 사회로부터 사회주의 사회로의 이행을 기술하는지를 보다 자세히 고찰해 볼 때에야 나타난다.

마르크스와 비교를 위하여 먼저 엥겔스의 『반 뒤링』에 나오는 유명한 부분을 인용해 보자. 엥겔스는 다음과 같이 쓰고 있다. "사회에 의한 생산수단의 점유 획득과 더불어 상품 생산은 폐절되고 이로 인해 생산자들에 대한 생산물의 지배도 폐절된다. 사회적 생산 안의 무질서는 계획적 의식적 조직에 의해 대체된다. 개별 현존을 둘러싼 투쟁은 중단된다. 이를 통해 비로소 인간은 어떤 의미에서는 궁극적으로 동물의 왕국에서 물러나, 동물적인 현존 조건들에서 참으로 인간적인 것들 안으로 들어선다. 인간을 지금까지 지배했던, 인간을 둘러싸고 있는 생활 조건들의 주변 환경은, 이제는 인간의 지배와 통제 아래 들어선다. 인간은 이제 처음으로 자연의 의식적인, 참된 주인이 되는데, 그것은 인간들이 그 자신의 사회화의 주인이 되기 때문에, 주인

---

24 Th. W. Adorno, Theorie der Halbbildung. In: *Der Monat*, Heft 152, September 1959, S. 31.

25 *Anti-Dühring*, S. 346.

이 됨으로써 그렇게 된다. 그 자신의 사회적 행위의 법칙들은 지금까지는 낯선, 인간을 지배하는 자연법칙들로서 그들에게 대립해 왔는데, 이제는 완전한 전문 지식을 갖춘 인간에 의해 사용되고 이를 통해 지배된다. 인간들 그 자신의 사회화는 그들에게는 지금껏 자연과 역사에 의해 무리하게 강요되어 대립해 있었는데, 지금은 그들 자신의 자유로운 행위가 된다. 지금까지 역사를 지배해 온 객관적인 소원한 힘들은 인간들 자신의 통제 아래 들어선다. 비로소 그로부터 인간들은 자신의 역사를 완전한 의식 자체를 가지고 만들게 되며, 그로부터 비로소 인간 자신에 의해 작동하게 된 사회적 원인들은 현저하게 그리고 점점 더 또한 자신이 원했던 작용들을 하게 된다. 이런 것이 인류의 필연성의 영역에서 자유의 영역으로의 도약이다."[26]

마르크스는 자신의 주요한 경제 저작 가운데 유토피아 문제를 위해서라면 아마도 가장 중요할 부분에서 다음과 같이 표명하는 것 같다. "자유의 영역은 실제로는, 궁핍과 외적인 합목적성에 의해 규정되는 그러한 노동이 중단되는 곳에서야 비로소 시작된다. 그것은 따라서 사태의 본성에 의하면 본래적인 물질적 생산의 영역들 너머에 존재한다. 원시인들이 자신의 욕구를 충족시키기 위해, 자신의 생명을 유지하고 재생산하기 위해 자연과 고투해야만 하는 것처럼, 문명인들도 그것을 해야만 하며, 그것을 모든 사회 형태 안에서 그리고 가능한 모든 생산양식 아래에서 해야만 한다. 그의 발전과 함께 이런 자연필연성의 영역도 확장되는데, 그 이유는 욕구들 때문이다. 하지만 동시에 이것들을 만족시키는 생산력들도 확장된다. 이런 영역에서 자유는 오로지 다음, 즉 사회화된 인간, 연합한 생산자들이 이러한 그들의 자연과의 물질대사를, 하나의 맹목적인 힘으로서의 그것에 지배되지 않고, 그 대신 합리적으로 규제하고, 그들을 공동체적 통제 아래 둠으로

26 같은 책 S. 351.

써만 존속할 수 있다. 말하자면 물질대사를 최소한의 힘을 소비하면서 자신들의 인간적인 본성을 가장 잘 인정하는 가장 적합한 조건들 아래 수행하는 곳에 자유가 존속한다. 그러나 필연성의 영역은 항상 남아 있다. 그것 너머에서야 인간의 힘의 발전이 시작된다. 이 발전은 자체를 자기 목적으로 여기며 자유의 참된 영역, 그것은 그러나 오로지 그 토대로서 필연성의 저 영역 위에서만 꽃필 수 있다. 일일노동시간의 단축이야말로 그 근본 조건이다."[27]

두 저자의 견해는 다음과 같다. 즉 기술적 진보가 인간들의 행복을 위해 효과적인지 아닌지 하는 문제가 결정되어야 한다면, 인간의 행복은 단순히 그들의 기술적인 자연 지배라는 척도에 비례하지 않으며, 바로 자연 지배의 사회적인 조직에 달렸다는 것이다. 반면 엥겔스에게 생산수단의 사회화와 더불어 본래 모든 것이 다 잘 좋아지며, 필연성의 영역에서 자유의 영역으로 비약적인 이행이 설정되어 있다면, 마르크스는 그 보다 훨씬 회의적이고 또한 변증법적인데, 그가 자유의 영역이 필연성의 영역을 단순히 교체하지 않고, 동시에 이를 제거될 수 없는 계기로서 자체 안에 간직한다고 보기 때문이다. 보다 이성적인 삶의 구성 행위는 인간에게 재생산을 위해 필요한 노동시간을 제한하기는 하지만, 결코 노동을 전적으로 폐절할 수는 없다는 점에서 그곳에는 마르크스 유물론의 이중 전선이 반영되어 있다. 마르크스의 유물론은 비지양 가능성 가운데 지양 가능하다. 마르크스는 자유와 필연성을 필연성이라는 토대 위에서 상호 화해시킨다.[28]

---

27 *Das Kapital*, Bd. III, S. 893 f.

28 A. Deborin, Die Dialektik bei Fichte. In: *Marx/Engels-Archiv, herausgegeben von D. Rjazanow, II.* Bd., Frankfurt 1927, S. 51 ff. 노동의 지양 불가능성에 관해서는 나아가 다음을 참조하라. Henri Lefèbvre, *Le matérialisme dialectique*, a. a. O., S. 101. 여기서 노동은 자연의 그 자신과의 투쟁으로 해석된다. 이는 "개인들과 생물학적 유의 모든 투쟁들보다 심원하다."

계급 없는 사회에서 더 이상 인류의 한 부분이 다른 훨씬 더 커다란 부분을 자신과 전유되어야 하는 자연 사이에 수단으로 밀어 넣을 수 없을 때라도, 자연은 극복되어야 하는 블록으로서 연대적이 된 인간들에게 여전히 문제로 남아 있다. 이미 거듭 인용한 바와 같이 마르크스는, 부분적으로는 그에게 가정된, 부분적으로는 그를 오용하는 선동적인 모든 약속들과는 다르게, 『자본』의 아주 다양한 곳에서 노동은 폐절 불가능하다고 주장한다. "노동 과정은… 사용가치들의 생산을 위한 합목적적 행위요, 인간의 욕구들을 위한 자연적인 것의 전유이고, 인간과 자연 사이의 물질대사의 보편적인 조건이며, 인간의 삶의 영원한 자연 조건이고 때문에 이런 삶의 모든 형태와도 독립적이지만, 오히려 인간의 모든 사회 형태에 공통적이다."[29]

때문에 마르크스에게 인간과 자연 사이의 물질대사는 모든 역사적 형태와 독립적이다, 왜냐하면 이 물질대사가 사회의 전-자연사적 관계들로 소급되며, "생명의 표현이요 생명의 증명으로서 도대체가 아직 사회적이지 않은 인간들에게나 그 어떤 사회적으로 규정된 사람들에게나 모두 공통적"[30]이기 때문이다. 마르크스가 『독일 이데올로

29 *Das Kapital*, Bd. I, S. 192. 참조. 또한 *Das Kapital*, Bd. III, S. 884. 참조. 여기서 마르크스가 잉여가치의 여러 부분들이 상호 간 자립화하는 것에 대해서 분석하고, 어떻게 그것들이 삼위일체적 형태로 나타나는가에 대해서 분석하면서 밝히고 있는 것은, 어떻게 부르주아적 생산관계들 아래에서 모든 생산 단계에 전제되어 있는 관계들을 위한 질료적-자연적 계기들이 사회의 특별한 역사적 형태와 일치하는 것**처럼 보이는가**이다. "자본-이윤에서 혹은 더 낫게는 자본-이자, 토지-지대, 노동-임금에서, 가치와 부 일반의 구성 요소가 그것의 원천들과 맺고 있는 연관인 이런 경제학적 삼위일체에서 자본주의적 생산양식의 신비화, 사회적 관계들의 물화, 물질적 생산관계들의 직접적인 동반 성장은 그것의 역사적-사회적 규정성과 더불어 완성된다. 즉 마법화된, 도착되고 전도된 세계가 완성되는데, 거기서는 미스터 자본과 마담 토지가 사회적 성격들로서, 그리고 동시에 직접적으로 단순한 물들로서 그들의 유령을 몰고 다닌다.

30 *Das Kapital*, Bd. III, S. 869.

기』에서 말하는 것처럼, "인간들 상호 간의 물질적 연관"은 항상 존재할 것이며, "(이 연관은–역자) 욕구들과 생산 방식에 의해 제약되며 인간 자신만큼이나 오래되었다. ….. "[31]

주체와 비동일적인 것이 단계적으로 극복된다는 것은 헤겔 변증법과 마찬가지로, 마르크스 변증법에도 해당된다. 점점 더 넓은 자연 영역들이 인간의 통제 아래 들어온다. 그러나 자연물은 헤겔의 이론적-실천적 가공 방식 안으로 결코 기꺼이 동화되지 않는데, 바로 이것이 마르크스를 최종적으로는 실로 종결적-관념론적인 헤겔의 사유와 구별해 준다.

후기 마르크스의 입장에서야 비로소 「파리 초고」에서의 철학이 전체적으로 평가될 수 있다. 어떤 측면에서는 초고 「헤겔 변증법과 철학 일반 비판」이 헤겔 "현상학"을 비판하고는 있지만, "현상학"은 최종심급에 가서는 대상성과 소외를 동치한다. 나아가 비동일태도 단지 개념적으로 포착될 수 있기는 하지만, 즉 이 과정을 통해 비동일태는 오래지 않아 어떤 철저한 개념태가 될 것이지만, 바로 그렇게 마르크스에게서는 비동일적인 것의 발전의 이런 단계에서도 실로 인간과 자연의 동일성의 계기가 관철된다. 여기서는 그저 이미 인용된 표현을 상기해 볼 필요가 있다. 즉, "공산주의란 인간과 자연 사이의 충돌의 **참된** 해소"[32]이며, 또는 다른 장소에서 더욱 명백하게 말하고 있는 바처럼, "자연과 함께하는 완성된 인간의 본질, 자연의 참된 부활, 인간의 실행된 자연주의 그리고 자연의 실행된 인본주의"이다.[33]

후기 마르크스에서야 비동일성의 문제가 매우 진지하게 취급된다. 그에게는 헤겔의 등식 주체=객체가 성립하지도, 그 자신의 등식

31 *Deutsche Ideologie*, S. 26.

32 *Nationalökonomie und Philosophie*, S. 181.

33 같은 책 S. 184.

인본주의=자연주의가 성립하지도 않는다. 인간들은 자신의 생산의 대상들 안에서 결코 전적으로 편안하지 않다. 헤겔이 "현상학"에서 다음과 같이 말할 때, 즉 자기의식에게는 오로지 "거기서 그가 그 자신을 발견하는 그러한 대상만이 **좋으며 즉자적이고**, 그러나 거기서 그 자신의 반대를 '발견하는' 그러한 것은 나쁘며, '좋은 것'das Gute은 대상적인 실재성의 자기의식과의 **동등성**이요, **나쁜 것das Schlechte**은 그것들의 부등성"[34]이라고 할 때, 그렇다면 마르크스의 유토피아에 관해서는 다음과 같이 말할 수 있을 것이다. 즉 유토피아는 철저히 "나쁜 것"에, 인간과 전유되어야 하는 재료와의 부등성에 매달려 있는 것이다.[35] 인간에게 외적인 물질 블록은 계급 없는 사회에서도 그대로 남아 있을 뿐만 아니라, 종래의 사회들보다도 훨씬 나은 조건들 아래 있음에도, 동화되어야 하는 자와 예속되는 자는 그대로 남아 있다. 또한 인간자연Menschennatur은 계속 그 공물을 지불해야만 한다. 이미 학위 논문 시기부터 마르크스에게 인간은 오로지 노동을 통해서만 자기 자신의 의식에 도달한다는 헤겔로부터 유래하는 사상은 친숙한 것이었다. 노동은 그러나 충동의 포기를 전제한다. "인간이 인간으로서 자신이 그러나 자신의 유일한 현실적인 객체가 된다는 것, 이를 위해 인간은 상대적

---

34 Hegel, *Phänomenologie des Geistes*, a. a. O., S. 356.

35 일면적으로 「파리 초고」에 근거하는 디케의 주장, 마르크스가 계급 없는 사회를 "절대적 동일성의 현실"로 생각했다는 테제는 완전히 잘못된 것이다. 『자본』의 마르크스에게 '화해'보다 더 낯선 것은 아무 것도 없다. 하지만 디케는 다음과 같이 말한다. "절대적 동일성 자체는 더 이상 변증법적으로 보이지 않는다. 개별 인간, 사회와 자연의 비동일성은 저 동일성에서 완벽하게 사라진다." In: Gerd Dicke, *Der Identitätsgedanke bei Feuerbach und Marx, Wissenschaftliche Abhandlungen der Arbeitsgemeinschaft für Forschung des Landes Nordrhein-Westfalen*, Bd. 15, Köln und Opladen 1960, S. 196 f. 정확하게 이런 형태의 동일성을 마르크스는 날카롭게 비판하며, 취지에 따라서는 이미 「파리 초고」에서조차 그렇다. 디케는 마르크스가 헤겔이 동일성의 계기를 잘 구성해내지 못했다고 비난한다고 생각하는데, 이는 언급할 가치가 전혀 없다. 그 반대가 맞다.

현존, 욕망의 힘과 단순한 자연의 힘을 자신 안에 찢겨진 채 간직해야만 한다."[36] 마르크스를 프로이트의 실재성 원리 이론과 결합시키는 이런 사유는, 마르크스를 단순히 철학적 낙관주의에 편입시키는 그런 견해와는 달리, 그가 차라리 유럽의 위대한 비관주의 전통에서 한 자리를 주장하고 있음을 증명한다. 계급 대립이 소멸된 후에도 노동 변증법의 질료적인 계기가 지양 불가능하다는 점과 심리학적으로 일정한 정도의 필연적인 단념, 포기의 존속이 상응한다. 넌더리가 나도록 마르크스가 표명한 사유, 어떤 역사적 조건들 가운데 그 자신이 살든 간에 그것과는 관계없이 인간은 항상 자연과 물질대사를 수행해야만 한다는 사유는, 그것의 정확한 대응물을 프로이트의 실재성 원리[37]에서 얻는다.

유물변증법과 심리학은 서로가 서로를 반영하고 있다. 이미 다음의 물음, 즉 마르크스가 물질대사는 그것의 역사적 형태들과는 무관하다고 언급하였기에[38] 그가 혹여 존재론자이지는 않은가라는 물음에 직면하여, 소위 노동 자체 구조의 무역사성은 **역사적으로 매개된 어떤 것**임을 지적한 바 있다. 그런 것처럼 마르쿠제도 그 자체로 정당화된 프로이트에 대한 비판에 이의를 제기한다. 즉 프로이트가 실재성 원

36 Marx, Differenz der demokratischen und epikureischen Naturphilosophie. In: *Mega*, Bd. I, S. 31.

37 이에 대해서는 다음을 참조하라. Herbert Marcuse, *Eros and Civilization*, Boston 1955, S. 35. 여기서 마르크스와 프로이트의 내적인 관계가 명백해진다. "실재성 원리 뒤에는 삶의 궁핍이라는 근본 사실이 존재한다. 이것이 의미하는 바는, 항상적인 자기 규제, 금욕, 지체가 없는 인간적 필요들을 만족시키기 위해서 너무나도 불쌍하게도 생존투쟁이 이 세계 안에서 벌어지고 있다는 것이다. 다른 말로, 만족이 어떻게 가능하든 간에 그것은 **노동**을 필수적인 것으로 만들며, 욕구들을 만족시키기 위한 수단들의 조달을 위해 다소간에 고통스러운 준비와 힘든 작업을 필요로 한다는 것이다."

38 이에 대해서는 2장 B절에 나온 설명을 참조하라.

리의 그때마다의 역사적 제약성을 고려하지 않았다는 비판에 맞서 마르쿠제는 다음과 같이 지적한다. "이런 비평은 타당하기는 하지만, 그 타당성이 프로이트의 일반화가 지닌 진리를 손상시키지는 않는다. 프로이트는, 본능의 억압적인 조직이 문명에서 실재성 원리가 지닌 **모든** 역사적 형태의 근저를 이룬다고 일반화한다."[39]

본질적으로, 조직화된 지배인 진보하고 있는 문명에게, 인간 목적의 단순한 재료로 전락한 자연이 인간에게 복수하는 것은 필연적이다. 즉 이런 인간의 지배는 역으로 오로지 항상 그 자신의 자연을 더욱더 억압함을 통해서야 얻어질 수 있다는 것이 문제이다. 노동에서 자연과 인간의 분열은 쾌락 원칙과 실재성 원칙의 화해 불가능성에서 반영된다. 이 가운데 그럼에도 "모든 문화는 노동에 대한 압박과 충동 포기에 근거한다"[40]는 통찰을 프로이트는 심리학적으로 정초된 사회주의에 대한 모든 회의에도 불구하고 최종심급에서, 마르크스가 그렇게 하듯, 단념하지 않았다. 심리 분석의 비밀스러운 유토피아는 『환상의 미래』에서 암시되어 있는 것처럼, 근본적으로 "안에서 보면" 마르크스적이다. "인간들에게 부과된 충동 희생자의 짐을 최소화하고, 그것을 필연적인 잔재와 화해시키고 이에 대해 배상하는 것에 성공할지, 어느 정도까지 성공할지가 결정적으로 중요하다."[41]

바로 유토피아 문제에서 다시 한 번 매우 분명하게 입증되는 바는, 자연이 마르크스에게서 긍정적인 형이상학적 원리가 아니라는 것이다. 이미 『독일 이데올로기』에서 이에 대해 말하고 있다. 즉 정신은 "물질에 '매여 있는'" "저주 자체"[42]를 안고 있다는 것이다. 인간들이 생

---

39 Marcuse, *Eros and Civilization*, a. a. O., S. 34.

40 S. Freud, Die Zukunft einer Illusion, *Gesammelte Werke*, XIV, London 1948, S. 331.

41 같은 책 S. 328.

42 *Deutsche Ideologie*, S. 27.

리학적인 존재로서 직접적으로 자연과 얽혀 있고 자연 순환의 지절들인 한, 모든 피조물에게 일어나는 것이 그들에게도 일어난다. 다시 말해 그들은 모든 동물들처럼 죽으며 브레히트가 말하는 것과 같이 그 후에는 아무 것도 일어나지 않는다. 인간들이 자신을 주체라고 자연과 분리하는 한, 그들은 자신의 생을 재생산하기 위해 자연과 노동하면서, 부정하고, 맞서 겨뤄야 한다. 이러한 일은 어떤 사회적 형태 아래에서도 충동 포기와 단념을 의미한다. 이리하여 인간의 자연에 대한 관계가 통일의 관점 아래 혹은 다양성이라는 관계 아래 고찰되는지의 여부, 자연의 형이상학화에 관해 고찰되는지의 여부, 그리고 자연의 형이상학화에 내해서는 특히 성숙한 마르크스의 경우에는 말할 필요도 없다.

자연 지배의 결과물은 지금까지의 역사에서조차 다시 자연의 강제로서, 인간에 의해 지배되지 않은 사회적 과정들로서 서술된다. 인류의 제대로 된 조직에서는, 사회적으로 제약된 자연의 구속을 상당 부분 지양할 수 있다. 그것은 엥겔스가 말한 바대로, 인간들이 "그 자신의 사회화의 주인들"[43]이 됨으로써 그렇다. 그렇다면 그럼에도 남아 있는 유물론은 더 이상, "무관심과 경쟁의 부르주아적 유물론은 아니다. 그렇다면, 모든 이데올로기적 확언에도 불구하고 "실천의 본래적 종교였었고 또 종교인 이런 후자의 거친 원자론적 유물론의 전제들은 사라지게 될 것이다."[44]

잔여 유물론은 세계에서 기아의 폐절을 내용으로 가질 뿐만 아니라, 또한 종래 역사에서 문화와 정신이라고 하는 것에 대한 인간의 보다 성실한 태도를 초래할 것이다.

43 *Anti-Dühring*, S. 351.

44 Max Horkheimer, Egoismus und Freiheitsbewegung. In: *Zeitschrift für Sozialforschung*, Jahrgang V, Heft 2, Paris 1936, S. 219.

성숙한 마르크스의 태도는 「파리 초고」에서 미래 사회의 관점을 이야기할 때 바로 마주치는 감정 과잉과 불굴의 실증성과는 아무 관계가 없다. 그의 태도는 차라리 회의적이라고 기술될 수 있을 것이다. 인간은 궁극적으로는 자신을 자연필연성들에서 해방시킬 수 없다. 보다 이성적인 사회에서도 지배된 것으로서 필연성의 영역이 문화 부분들과 비교해 후퇴해야만 할지라도, 마르크스는 다음을 고수한다. 즉 그가 힘써 추구하는 인간적인 관계들의 확립은 "외적인 합목적성"[45]에 의해 규정된 하나의 생의 영역이 다른 영역, 즉 "인간의 힘의 발전이… 자기 목적으로 간주"[46]되는 그런 영역과의 차이를 결코 넘어서지 못할 것이라고 완고히 주장한다. 게다가 생명의 재생산을 위해 요구되는 노동시간이 얼마나 짧든 간에 관계없이 물질적 생산 부문의 저편은 보존된다. 계급 사회의 역사에서 두 삶의 영역 사이의 차이는 경제적 토대와 이데올로기적 상부구조 사이의 차이다. 사회에서 더 이상 계급적이지 않은 조직들도 물질적 생산을 그 토대로 갖는다. 마르크스는 이런 개념을 명백히 유지하고 있다. 경제 외적인 부문인 정신과 문화 등은 직접적인 노동 세계와는 뚜렷이 구분되기는 하지만, 그럼에도 그것들이 지닌 상부구조적 성격을 상실한다.[47]

성년이 된 사회에서 정신은 더 이상 "원시 사회의 의료 주술사, 무당"[48]의 후광을 둘러칠 필요가 없다. 인간에 대한 인간의 지배가 지양되고 그 자리에 들어선 생산과정과 사태에 대한 연대적 관리 감독과

---

45 *Das Kapital*, Bd. III, S. 873.

46 같은 책.

47 마르크스주의적이라고 주장하는 동구권 저자들이 지닌 마르크스의 문제의식에 대한 완전한 몰이해는 소박하게 "사회주의적 이데올로기" 혹은 "사회주의적 상부구조"라고 언급하는 것 이상으로 아무런 생산적인 것도 산출하지 못하고 있다.

48 Horkheimer, *Egoismus und Freiheitsbewegung*, a. a. O., S. 219.

더불어, 마치 정신이 존재론적으로 궁극적이고 절대적인 것이라는 가상을 만들어 내야 할 사회적 필연성은 탈각된다. 계몽된 인간들은 자신에게나 타인에게나 어떤 것을 먼저 해 보일 필요가 없다. 그들의 자연 지배의 역사를 동시에 자연 쇠락[49]으로 통찰함으로써, 그들은 마찬가지로 정신이 그 안에서 수행해 온 역할을 인식하고 있으며, 실로 다양성에 맞서 동일적으로 자기 보존하는 정신이 자연 지배 없이는 생각될 수 없고, 또한 앞으로도 그것을 벗어날 수 없음을 알고 있다. 바로 그 자신을 깨닫지 못한 것으로서의 정신은 맹목적인 자연에 구속된 채로 존속한다. "이 가운데 정신이 자신이 지배자임을 고백하고 자연 안으로 자신을 철수하는 겸양을 통해 정신을 자연의 노예로 만드는 그러한 지배자적인 요청도 융해되어 버린다."[50] 자연으로 화석화된 삶의 과정이 사회화된 인간들이 의식적이며 계획적으로 수행한 행위들로 인해 해소된다면, 허위의식의 방식들은 사라질 것이다. 마르크스는 허위의식의 두 가지 근본 형태, 즉 신화와 이데올로기를 구분한다. 신화는 부정적이며 경제적으로 제약된다. 고대 사회의 미발전된 생산단계들에 채 파악되지 않은 외적 자연들이 대응한다. "모든 신화는 상상 속에서, 상상으로 자연력들을 극복하고 지배하며 형태화한다. 다시 말해 신화는 이와 같은 것들에 대한 현실적인 지배와 함께 소멸한다."[51]

신화에 지배되지 않은 물리적 자연의 강제가 표현되어 있다면, 이데올로기적인 의식 형태들에는 불투명하고 운명적으로 인간을 지배하는 힘들과 마주한 인간관계들의 소외, 그것들의 물화가 반영되어 있다. "인간이 종교에서 그 자신의 머리로 만든 것에 지배되듯이, 그는 자

49 Horkheimer/Adorno, *Dialektik der Aufklärung*, a. a. O., S. 46.

50 같은 책.

51 *Zur Kritik der politischen Ökonomie*, S. 268.

본주의적 생산에서 그 자신의 손이 만든 것에 의해 지배되고 있다."[52]

마르크스는 사회주의적인 사회 건설과 더불어 모든 이데올로기, 특히 종교의 소멸을 기대하고 있다. "현실 세계의 **종교적인** 반영은, 실제적인 심심풀이 공작을 하는 그런 삶의 관계들로 인간들에게 매일매일 투명하게 상호 간의 그리고 자연과의 이성적인 상호관계들이 나타나자마자, 곧 소멸될 수 있을 것이다. 그것이 자유롭게 사회화된 인간의 산물로서 그들의 의식적인 계획적 통제 아래 놓이게 되자마자, 곧 사회적인 삶의 과정, 즉 물질적인 생산과정의 형태화는 단지 그것의 신비적인 연막을 걷어 내게 될 것이다."[53]

인간의 사회적 존재가 그 자신에서 합리적으로 되면서 이런 존재의 사유상의 반영은 그것의 왜곡된 특성들을 상실한다. 그것들이 완전히 사라지면, 사회적 실천은, 그 실천이 원래 생각했던 것을 되찾는다. 종교에서 물화되어 감춰져 있던 소원들은 충족된다. 마르크스는 여기서 조급하게 판단하고 있다. 실현된 유토피아가 비로소 다음을 **실천**으로 보여줄 수 있다. 그에 의해 이데올로기적이라고 비난된 정신적인 형성물들에 거짓된 사회와 더불어 사라지는 가상 이상의 것이 존재하는지, 또는 호교론자들이 하고자 하는 것처럼 종교가 절대적으로 인간의 존재과 함께 정립된 것인지 여부를 말이다. 현실적인 인간적 질서가 아직 만들어지지 않은 한에서, 기독교는, 어떤 신비화된 형태이든 그것을 막론하고, 인간 본질이 그의 종래 역사적 현상 방식에서 완전히 다 드러난 것은 아니라는 그런 기억을, 특히 부정신학의 형태로 유지한다. 기독교는 이를 인간의 운명에 대한 마지막 단언은 아직 내려지지 않았음을 지적하고, 참조함으로써 그렇게 한다.[54]

52 *Das Kapital*, Bd. I, S. 653.

53 같은 책 S. 85.

54 마르크스 무신론의 **내용적인** 문제들에 관해서는 특히 다음을 참조하라. Ernst Bloch,

마르크스의 유토피아가 내포하고 있는 것에 대한 현재의 오해들과 관련해서는 일단 한 번 마르크스에 의해 보다 힘주어 강조된 유물론의 지양 불가능한 측면들을 살펴보는 것, 사회주의 사회가 부정적으로 그것의 역사적 선행자들과 결합되는 것들에 대해서 참조하는 일이 필요해 보인다. 무엇이 이 사회를 선행자들과 긍정적으로 분리하는지를 마르크스는 단지 드물게, 매우 조심스럽고도 암시적으로만 언급하고 있다.[55] 그가 이렇게 한 것은 한 면으로는, 그가 초기 사회주의 전체를 비판하는 것처럼 추상적인 이상한 생각에 빠지지 않기 위해서이며, 다른 한 면으로는, 옛것에서 취한 범주들을 부주의하게 새 사회에 옮겨 적용함으로써 후자의 이미지를 왜곡하지 않기 위해서이다.

마르크스는 방대한 작업에서 미래 사회에 대해 내용적으로 매우 드물게만 의견을 표명하고 있으며, 인간본성Menschennatur의 **전면적** 해방이라는 하나의 동기가 그가 발전하는 모든 단계에서 동일하게 고수되고, 관철되고 있다. 각별히 경제적인 것이 특징인 중기와 후기의 마르크스는 그런 해방의 가능성의 가장 본질적인 조건이 일일노동시간/노동일의 단축임을 알고 있다. 그러나 마르크스는 이미 1847년 『임노동과 자본』에서 다음과 같이 쓰고 있다. "시간은 인간 발전의 공간이다. 임의로 사용할 수 있는 자유시간이 없는 사람, 단순한 수면이나 식사 시간 등등의 물리적인 단절을 제외하면 자신의 삶의 시간 전

Das Prinzip Hoffnung, Bd. III, a. a. O., S. 389–404.

55 틸로 람Thilo Ramm은 논문 「마르크스와 엥겔스의 이론에 따른 미래의 사회질서」Die künftige Gesellschaftsordnung nach der Theorie von Marx und Engels.에서 저자들의 작업들에 최소한도 그 윤곽이라도 얻어 낼 만한 미래 사회상에 대한 모든 체계적 연구가 결여되어 있음을 지적하고 있다. 본 작업의 틀 안에서는 고찰 밖인, 문제의 특히 정치적-법학적 측면을 다루고 있는 치밀한 이 논문은 마찬가지로 다음의 결론. 즉 너무나도 목적론적-종말론적 관점에서 수행된 최근의 마르크스 해석은 직접적으로 **역사적인** 문제의식의 핵심을 지나치고 있다는 결론에 도달한다. In: *Marxismusstudien*, a. a. O., S. 77–119.

체가 자본가를 위한 노동에 요구되는 그런 사람은 짐 나르는 마소만도 못하다."[56]

마르크스에게서 인간적 자유의 문제는 **자유시간**의 문제로 환원된다. 보다 이성적인 사회에서는 이미 언급한 바대로, 경제적, 비경제적인 삶의 부문들의 차이가 전적으로 소멸되지 않는다. 그렇지만 도달한 생산력들의 수준이라는 토대 위에서 인간의 자기 보존에는 그의 전체 시간 중에서도 비교적 더 적은 부분만이 사용될 것이기 때문에, 이런 차이는 계급의 역사에서 특징적인 어떤 절대성과 경직성을 상실한다.[57] 문화는 다음의 경우, 더 이상 물질적인 노동에 대한 전적인 대립이 아니다. 즉 지금까지 인류 대부분에게 유효했던 삶의 시간의 구분, 즉 주요 내용에서의 "소외된 노동"과 부차적 내용에서의 "비노동"으로의 구분이 사라진다면,[58] 또한 인간들이 '모든 삶의 영역'에서 헤겔적인 의미에서 "대자적으로" 활동한다면 말이다. '모든 삶의 영역에서'인 이유는 자연에 의해 설정된 저 필연성의 영역의 존속에 관한 마르크스의 언명, 실제적 노동의 피안에서 오로지 스스로를 자기 목적으로 간주하고 있는 저 "인간적 힘의 발전"[59]만이 참으로 인간적 특성이라고 판결 내리는 것은 아닐 것이기 때문이다. 더 이상 소외되지 않은 노동에서[60] 인간은 그들의 존재가 지닌 힘들의 외화로부터 참으로

56 Lohnarbeit und Kapital. In: *Ökonomische Aufsätze*, S. 87.

57 이에 대해서는 마르쿠제의 다음 논문을 참조하라. Marcuse, H., Trieblehre und Freiheit, In: *Freud in der Gegenwart*, Frankfurt 1957, S. 420.

58 같은 책 S. 409.

59 *Das Kapital*, Bd. III, S. 874.

60 프로이트와 게자 로하임Geza Roheim에 잇대어 마르쿠제는 이렇게까지도 될 수 있을 것이라고 생각한다. 즉 그는 이성적으로 조직된 사회에서라면 노동은 그것의 "원래 리비도적인" 성격을 회복할 수 있을 것이라고 말한다. Marcuse, H., Trieblehre und Freiheit, S. 418. 참조. 이에 대해 마르크스는 노동은 원래 삶의 곤경의 표현이지,

자신으로 복귀하여 자신에 의해 형태가 변화된 외부 세계 안에서 평안해지는 데에 도달하기 때문이다.

남아 있는 필연성의 영역이 인간화된 영역으로서 그것에 근거하고 있는 자유의 영역과 마찬가지로 인간적 자기 발전의 한 부분과 같은 것이 될 수 있다는 사실은 마르크스가 『초고』에서 명료하게 언급한 바 있다. 거기서 마르크스는 노동은 전적으로 저주요, 휴식은 이와는 달리 자유와 동일하다는 애덤 스미스의 견해에 이의를 제기한다. "개인이 '보통 수준의 건강, 힘, 활동, 숙련도, 기민함을 지니고 또한 보통 수준의 노동의 욕구와 휴식 중지에 대한 욕구를 가지고 있다 함은 애덤 스미스에게는 관심 밖의 일인 것 같다. 물론 노동 자체의 척도는, 도달해야 하는 목적과 장애를 통해 외적으로 주어지기에, 목적에 도달하기 위해서는 노동을 통해 이 장애를 극복해야 하는 것처럼 보인다. 그러나 이런 장애들의 극복 그 자체는 자유의 행위요-그리고 나아가 외적인 목적들은 단순히 외적인 자연필연성의 가상을 벗겨 보존하고 있으며 개인 자신이 비로소 설정한 목표들로서 정립된다는 것-이리하여 자기실현, 주체의 대상화이다. 그렇기 때문에 현실적인 자유, 그 행동이 바로 노동임을 애덤 스미스는 거의 짐작하지 못했다. 물론 노예-, 부역-, 임노동 등의 노동의 역사적 형태들에서 노동은 항상 부정적이며, 항상 **외적인 강제 노동**으로 나타나고 이와 달리 비노동은 '자유와 행복'으로 나타난다고 할 때 스미스는 옳다."[61]

인간 힘들의 자유롭고도 재미있는 유희는 아니라고 본다. 또한 마르크스에게 인간화된 소외되지 않은 자유로운 노동은 단순한 오락이 아니다. 『초고』 S. 505에서 그는 자유로운 노동은 재미있는 것이 되어야 한다는 낭만적인 "소박하면서도 바람난 아가씨 같은" 푸리에의 견해를 조롱한다. "정말로 자유로운 노동들, 예를 들어 작곡하기와 같은 것들은 바로 동시에 미칠 것 같은 진지함과 가장 집중적인 노력이기도 하다." 같은 책 S. 599. 거기서 마르크스는 다시 한 번, 노동은 자유로운 사회 속에서는 유희가 된다는 푸리에의 주장에 비판적으로 접근한다.

61 *Rohentwurf*, S. 505.

노동의 본질이 그것의 소외된 형태들이 짐작케 하는 것보다 훨씬 풍부하다는 점을, 보다 이성적인 사회의 **실천**은 입증했어야 했다. 마르크스는 실제적 조건들을 열거한다. 그의 견해에 따르면 이 조건들 아래에서 노동은 "매력적인 일", "개인의 자기 실현"[62], 간단히 말해 자유로운 노동이 될 수 있다. "물질적 생산 노동은 이런 특성을 오로지 다음을 통해 가질 수 있다. 즉 1) 그것의 사회적 성격이 정립되고, 2) 과학적 성격의 노동은 동시에 일반 노동이며, 특정하게 훈련된 자연력으로서 인간의 노력이 아니라 생산과정 가운데 단지 자연적이며 자연발생적인 형태로 나타나는 그런 주체로서의 인간의 노력이며, 이는 모든 자연력들을 규율하는 행위로서 나타난다."[63]

마르크스가 여기서 노동 자체를 비난한 것이 아니라 그것들의 종래 역사적 형태들을 비난한 것이라면, 그는 이때 이미 헤겔에게서 유래하는 통찰, 즉 노동은 고통일 뿐만 아니라 항상 인간-되기를 의미하기도 했다는 그러한 견해를 가지고 있었다.[64] 마르크스는 결코 이를 가지고 자신을 노동과 업적의 예의 통속 형이상학의 사도로 만들지 않는다. 이 형이상학은 지배 목적으로 계속 포고되고 있고 이미 구 사회민주주의에서 제 집을 찾은 바 있다. 이 사회민주주의는 노동을 구세주로 칭송하였으되, 노동이 그때마다 노동자들에게 어떤 영향을 미치는지에 대해서는 오랫동안 묻지 않았다.[65]

62 같은 책.

63 같은 책.

64 노동은 인간이 자연사로부터 사회사로 이행하는 데 원인이요 동시에 작용이기도 하다. *Dialektik der Natur*, S. 179-194에 수록된 엥겔스의 논문 「원숭이의 인간으로의 형성에서 노동의 몫」Anteil der Arbeit an der Menschwerdung des Affen.을 참조하라.

65 전쟁 전 사회민주주의의 통속 마르크스주의적 노동 개념에 대해서는 벤야민이 「역사철학 테제」 11번에서 표명한 멋진 견해를 참조하라. In: *Schriften*, a. a. O., S. 500 f.

"자유로운 인간들의 연합"[66]이라는 마르크스의 노동에 대한 견해는 다음과 같이 정식화할 수 있다. 즉 인간들이 노동에서 지금까지처럼 혹사되어서는 안 되며, 도대체가 노동은 없어질 수 없으며, 그 자리에 오늘날 여가 활동이라 부르는 것이 들어서서도 안 된다. 그 이유는 인간들이 무의미하게 여기는 후자의 활동에서 자신의 시간을 소비하면서도 동시에 노동 세계의 리듬과 그 이데올로기에는 여전히 구속된 채 존재하기 때문이다. 전체적으로 보아 마르크스에게서 자유시간이 오늘날 이해하는 것 같이 단순한 양적 확장이 아닌 것처럼, 이렇게 문화도 마르크스에게는 보다 증강되고 개량된 조건으로 "전 인민"에게 베풀어지는 물적으로 먼저 주어진 재고품이 아니다.[67] "직접적인 노동시간"이 "자유시간과 추상적으로 대립"[68]하기를 그치고서야, 인간적인 질들이 보편적으로 전개될 수 있는데, 그 가운데 이 질들은 그 나름 다시 생산력들의 성장을 촉진하는 데 영향을 미친다. "노동시간의 절약은 동시에 자유시간, 즉 개인의 완전한 발전을 위한 시간이 증가됨을 의미하는데, 이 발전 자체는 다시 최상의 생산력으로서 노동의 생산력에 되작용한다."[69]

이 가운데 생산력들의 발전은 마르크스에게는 결코 자기 목적이 아니다. 최종심급에 가면 노동시간의 절약은 인간의 구조 변화를 야기한다. "여가 시간으로서 또한 보다 고차적인 활동을 위한 시간으로서 자유시간은 그 소유자를 자연히 다른 주체로 변화시키며, 그런 다음에 그 소유자는 이러한 다른 주체로서 또한 직접적인 생산과정에 들

66 *Das Kapital*, Bd. I, S. 84.

67 Max Horkheimer, Egoismus und Freiheitsbewegung. In: *Zeitschrift für Sozialforschung*, a. a. O., S. 219.

68 *Rohentwurf*, S. 599.

69 같은 책.

어선다."[70]

틸로 람은 당연히도 이 새로운 인간의 성립 이론이 마르크스 이론의 가장 내밀한 핵심이라고 말한다.[71] 그것의 사회주의적 개조와 더불어 생산과정은 마르크스에 따르면 "궁핍과 대립성의 형태"[72]를 상실한다. 마찬가지로 이런 개조는 자기 목적이 아니며, 상응하는 높은 수준의 생산력들에서도 집단주의적인 강제 체제가 아닌, 개인들의 현실적인 해방을 향해 나아간다. "개인성들의 자유로운 발전, 그리고 그렇기 때문에 잉여노동을 위한 필요노동시간의 단축이 아니라, 일반적으로 사회의 필요노동을 최소한으로 단축하면, 그러면 이를 위해 자유로워진 시간과 마련된 수단을 이용한 예술적, 과학적 교육 등등의 개인들의 교육이 이런 단축에 상응해 이뤄지게 된다."[73]

특별히 날카롭게 마르크스는 당시 유행하던 국민경제학자들의 주장, 즉 자유경쟁의 폐절, 게다가 자본이 스스로 그 발전 과정에서 이를 필연적으로 수행하거나 준비한다는 자유경쟁의 폐절이 자유 일반의 폐절이라는 주장에 이의를 제기한다. "그렇기 때문에… 자유경쟁을 인간적 자유의 궁극적인 발전으로 고찰하는 황당함, 그리고 자유로운 경쟁의 부정=개인적 자유의 부정이며 이는 개인적 자유에 근거하고 있는 사회적 생산의 부정이라는 등식의 상스러움. 그것은 바로 오로지 자본의 지배라는 고루한 토대 위에서의 자유로운 발전이다. 때문에 이런 방식의 개인적 자유는 동시에 모든 개인적 자유의 완벽한 지양이요 사회적 조건들 아래 개인성을 완전히 종속시키는 것으로, 이

---

70 같은 책.

71 Ramm, T., *Die künftige Gesellschaftsordnung nach der Theorie von Marx und Engels*, a. a. O., S. 102.

72 *Rohentwurf*, S. 593.

73 같은 책.

조건들은 즉물적인 힘들의 형태들을, 실로 초강력한 사태들의—자기 관계하는 개인들 자신으로부터 독립적인 사태들의 형태를 취한다."[74]

마르크스는 창끝을 돌린다. 소위 사회주의에 맞서 보호해야 한다는 자유로운 개인은 종래 역사에서 이데올로기의 대변자들이 선언하는 그런 의미에서는 전혀 존재하지 않았으며, 올바르게 이해된 사회주의의 결과물들이 바로 그것이 될 것이다. "개인들 위에 자립화된 힘으로서의 개인들 상호 간의 사회적 관계, 그것은 이제 자연력이나 우연, 또는 그 외의 임의적인 형태로 생각될 것인데, 그 출발점이 **자유로운**(강조는 마르크스—저자) 사회적 개인이 아닌 그런 것의 필연적 결과물이다."[75]

자유로운 사회적 개인은 오로지 노동 분업이 지양될 경우에만 성립할 수 있다. 마르크스에게서 이 노동 분업은 근본적으로 계급 분리와 동일하다. 『독일 이데올로기』에서 그는 아직 낭만적이게도 이 노동 분업의 완전한 지양 가능성을 믿고 있었다. "즉 노동이 분배되기 시작하자마자, 각자는 곧 특정한 배타적인 행위의 궤도를 갖는 바, 이 궤도는 그에게 밀어닥친 것으로 그는 이로부터 빠져나올 수 없다. 그는 사냥꾼이요 어부이며 혹은 목동, 또는 비판적 비평가로, 그가 삶을 위한 수단을 잃고자 하지 않는다면 그렇게 있어야 한다. 반면 공산 사회, 그곳에서는 모든 사람 각각이 하나의 배타적인 행위 궤도를 갖는 것이 아니라, 각각 임의적인 모든 분야에서 교육을 받을 수 있고, 사회는 보편적인 생산을 규율하며 바로 이를 통해, 각각 사냥꾼, 어부, 목동, 혹은 비판적 비평가가 되지 않고도, 내가 바로 하고 싶은 대로 오늘은 이것을, 내일은 저것을 하고, 아침에는 사냥을, 오후에는 고기를 잡고,

74 같은 책 S. 545.

75 같은 책 S. 111.

저녁에는 목축을 하며, 끼니를 먹은 후에는 비평을 할 수 있게 된다."[76]

이 물음에 대한 그 후의 모든 구체적인 고찰들에서도 마르크스는 산업적 현존 상태 자체에 배태되어 있는, 다소간은 포괄적인 노동 분업의 지양 경향으로부터 출발하고 있다.[77] 기계 장치의 계속적 발전은 마르크스에게는 직접적인 경제적 효율뿐만 아니라, 동시에 노동 과정의 인간화라는 결과를 낳는다. 이리하여 마르크스는 『철학의 빈곤』에서 다음과 같이 쓴다. "기계가 설치된 공장에서 노동 분업의 특징은, 노동이 모든 특별한 성격을 상실한 것에 있다. 그러나 모든 특수한 발전이 중지된 그 순간으로부터 욕구는 보편성에 따라 형성되며, 개인의 전면적인 발전을 향한 노력이 감지된다. 자동화된 공장은 전문가들과 전문가 바보들을 제거한다."[78]

마르크스는 『자본』에서 기술적으로 제약되어 있는 노동 분업의 지양을 상세히 다룬다. 이 가운데 분명해지는 것, 즉 그에게는 기술에 내재하는 특정한 사태가 있는데, 이것들은 그것들의 사회적인 조직과는 상대적으로 무관하다는 사실이다. 기계 생산은 마르크스에게는 그것의 부르주아적 혹은 사회주의적 적용과는 관계없이 언제나 수공업과 공장제 수공업을 넘어서 나가는 진보이다. "그렇게 오래 수공업과 공장제 수공업이 사회적 생산의 일반적인 토대를 이루고 있는 동안, 생산자들의 하나의 배타적인 생산 분야로의 포섭, 그의 업무의 근원적

---

76 *Deutsche Ideologie*, S. 29 f.

77 그렇게 자본주의적 관계들 아래 이뤄진 발명들이 미래 인간의 전방위성을 예고하고 있다. "제화공 양반, 구두 이상을 판단하려 하지 마시오!Ne sutor ultra crepidam! 수공업적 지혜를 넘어서는 것은 아무 것도 하지 말라는 이야기는 시계공 와트가 증기기관을, 이발사 아크라이트가 직조기를, 보석 노동자 풀턴이 증기선을 발명했던 그 순간에 대해서는 아무 것도 모르는 엄청난 어리석음이 되고 말았다." *Das Kapital*, Bd. I, S. 514.

78 *Das Elend der Philosophie*, S. 159.

인 다양성의 파열은 필연적인 발전 계기였다. …여기서 특징적인 것은 다음, 즉 18세기에 이르기까지 특수한 노동조합원Gewerke을 **미스테리**mystery(신비, 수수께끼 등을 뜻함–역자)라고 불렀는데, 그 어둠 속으로는 오로지 경험적으로 그리고 직업적으로 정통한 사람들만이 들어갈 수 있었을 것이라는 사실이다. 거대 산업은 저 베일을 찢어 버린다. 여기서 저 베일은 인간들에게 자신의 사회적 생산과정을 숨기고 다양한 자연발생적 특수한 생산 분야들을 서로서로에 대해 그리고 모든 각각의 분야들에서의 전문가들에게조차 수수께끼로 만들고 있었다. 거대 산업의 원리, 즉 모든 생산과정을 완벽히 그리고 일단 인간 자신의 손에 대한 아무런 고려 없이, 그것을 구성하는 여러 요소들로 해소한다는 그 원칙은 현대 기술과학 전체를 창조했다."[79]

거대 산업은 생산과정들의 다양한 고립된 형태들을 자연과학의 체계적인 적용으로 융해시킨다. 자연에서 산업으로의 지칠 줄 모르는 변형이 사회주의라는 조건들 아래에서도 또한 계속 진행된다는 것을 마르크스는 『초고』에서 힘주어 강조하고 있다. 산업에서 대단위로 실현되는 바와 같이 자연의 인식과 변화의 통일이, 미래에서도 생산과정들을 위해서 더욱 결정적인 것이 된다는 것이다. 마르크스는 생산과정들의 **완전한 과학화**를 꿈꾸고 있다. 이는 노동자의 역할을 점점 더 기술적인 "감시자와 통제자"[80]로 변화시킨다. 그럼에도 이것이 함축하고 있는 것은, 활동적 주체가 **질적으로 새로운 방식**으로 객관 세계에 마주 등장한다는 사실이다. "그것(활동적 주체–역자)은 더 이상 변형된 자연 대상을 객체와 자신 사이에 중간 지절로서 삽입하는 그런 노동자가 아니다. 노동자는 자신과 자신이 지배하고 있는 비유기적인 자연 사이에 하나의 산업적인 것으로 변화시킨 자연과정을 매개물로

79 *Das Kapital*, Bd. I, S. 511 f.

80 *Rohentwurf*, S. 592.

끼워 넣는다. 그는 생산과정의 총대리인으로서가 아니라 생산과정과 더불어 등장한다. 이런 변화에서 그것(활동적 주체–역자)은 인간 자신이 수행하는 직접적인 노동도 아니고 그가 일하는 시간도 아니라, 그 자신의 보편적인 생산력의 전유, 자연의 이해 그리고 사회체로서의 그의 현존을 통한 자연의 지배–한마디로, 생산과 부의 거대한 버팀목으로 나타나는 그런 사회적 개인의 발전이다."[81]

다른 곳에서 마르크스는 생산과정의 과학적 성격을 다음과 같이 기술한다. "생성되는 인간들과 관련해서 본다면, 이것(생산과정의 성격–역자)은 실행, 실험 과학, 물질적으로 창조적이면서 생성된 인간과 연관하여 자신을 대상화하는 과학과 같은 학문 분야로, 이 생성된 인간의 머리에는 사회의 축적된 지가 들어 있다."[82]

마르크스는 다음을 분명히 했다. 즉 그에 의해 요청된, 노동 과정들의 전면적인 과학적인 지배, 기계류의 더욱 고차적인 발전 그리고 이로부터 성립되는 노동시간의 단축은 오로지 사회가 그 사회의 교육체계를 근본으로부터 변혁하고 또한 이런 영역에서도 도달한 정신적 물질적 생산력들의 수준과 사회적 관계들이 일치할 때에야 비로소 가능하다는 것이다. 『자본』에서 이와 관련해 생각해 볼 만한 훌륭한 교육적 고찰 몇몇을 찾아 볼 수 있다. 산업에 의해 산출된 자연의 인식과정과 변화 과정의 통일에는 아이들의 이론적 그리고 실천적 수업이 상응한다. "우리가 세부적으로 **로버트 오언**에게서 추적할 수 있는 것처럼, **공장 체계**로부터 **미래의 교육**이 싹터 나온다. 이 교육은 일정 연령 이상의 모든 어린아이들에게 **생산 노동을 수업 및 체육**과 결합시키는 것인데, 이는 사회적 생산의 증가를 위한 방법일 뿐만 아니라, 전방

81 같은 책 S. 592 f.

82 같은 책 S. 599. f.

위적으로 발전된 인간의 생산을 위한 유일한 방법이기도 하다."[83]

마르크스는 기술전문학교들을 염두에 두고 있는데, 이 학교는 자연과학적 지식들을 전수하고 통용되는 생산 도구들을 사용할 수 있도록 실제적으로 지도해 주는 곳이다.[84] 이를 통해 실로 "변화하는 노동 수요에 대해 인간의 절대적인 가처분성"[85]이 확보되어야 한다는 것이다. 다른 면으로, 그것은 자연스럽게도 마르크스에게는 보다 본질적인 것일진대, "전체 인간이 하나의 세부 작업에 일생 동안 병합"[86]되어 있는 것은 지양되어야 한다는 것이다. 고루한 전문가에서 "전면적으로 발전된 개인"이 생성되어야 한다. "이렇게 된 인간에게는 여러 사회적 기능들이 서로 교체되는 행동 방식들"[87]일 따름이다.

성숙한 마르크스의 노동 분업에 대한 고찰들이 초기 저작들의 관련 모티브들과 연결되기는 한다. 그러나 그것들은 위에 『독일 이데올로기』에서 인용한 부분과 비교하면, 훨씬 더 조심스럽다. 『자본』에서는 보다 이성적으로 조직된 사회에서의 노동 분업의 완전한 지양에 관해서는 더 이상 언급하지 않고 있지만, 그래도 산업 발전에서 저절로 생겨나는 것과 같은 "낡은 노동 분업의 지양"[88]에 관해서는 언급되어 있다. 마르크스에게는 노동 자체와 노동 분업의 특정 방식만이 지양 불가능한 것이 아니다. 노동 산물들이 어떤 상품의 성격을 취하지

---

83 *Das Kapital*, Bd. I, S. 509.

84 같은 책 S. 514. 마르크스와 엥겔스의 교육적 문제들에 대한 견해들은 풍부한 자료와 함께 치밀한 크라프의 학위 논문에서 체계적으로 서술되어 있다. Krapp, G., *Marx und Engels über die Verbindung des Unterrichts mit produktiver Arbeit und die polytechnische Bildung*, Berlin 1958.

85 *Das Kapital*, Bd. I, S. 513.

86 같은 책 S. 509.

87 같은 책 S. 513.

88 같은 책 S. 514.

않을지라도, 특정한 재화를 생산하는 데 **사회적으로 필요한 시간은** 노동과 더불어 표준적으로 계속 존재한다. 마르크스는 이에 관해 『초고』에서 다음과 같이 말한다. "공동 생산을 전제한다면, 시간 규정은 자연히 본질적으로 계속 존재한다. 밀, 가축 등등을 생산하기 위해 사회가 시간을 덜 필요로 하면 할수록, 사회는 더욱더 많은 시간을 다른 생산, 즉 물질적 그리고 정신적 생산을 위해 확보한다. 개별적 개인에게서처럼 사회의 발전, 향유, 그리고 활동의 전면성은 시간 절약에 의존한다. 시간의 경제, 그것으로 결국 모든 경제가 설명된다."[89]

필연적 물질적 실천 너머의 자유의 외연처럼, 그렇게 시간은 역으로 이러한 실천 내부에서 도달 가능한 인간화의 수준을 결정한다. 상품물신주의를 벗어난 사회에서 노동시간으로서의 시간이 갖는 경제적 역할에 대해 『자본』에서는 다음과 같이 언급한다. "노동시간은… 이중적인 역할을 수행한다. 그것의 사회적으로 계획적인 배분은 다양한 욕구들에 대한 다양한 노동 기능들의 적절한 비율을 조정 관리한다. 다른 면으로 노동시간은 동시에 전체 노동과 전체 생산물의 개인적으로 소모할 수 없는 부분에 대한 생산자들의 개인적인 몫으로 사용된다. 그들의 노동과 노동 생산물들에 대한 인간들의 사회적 관계들은 여기서 단순히 생산에서와 마찬가지로 분배에서도 투명해져 있다."[90]

여기서 마르크스가 개별 노동의 양은 노동자에게 흘러가는 향유 수단을 위한 척도로서 사용된다고 말할 때, 그는 공산 사회의 최초의 그리고 보다 낮은 국면을 염두에 두고 있다. 이에 관해 「고타강령 비판」에

89 *Rohentwurf*, S. 89.

90 *Das Kapital*, Bd. I, S. 84. 사회주의적인 생산관계들 아래 가치 법칙의 계속적 작용에 대한 물음에 관해서는 다음을 참조하라. Bd. III, S. 907. 또한 다음을 보라. Kritik des Gothaer Programms, S. 23.

서는 다음과 같이 이야기하고 있다. 그것들은 "모든 관계에서 경제적이며, 인륜적이며, 정신적이고, 그 품 안에서 그것이 연원하는 그런 옛 사회의 배냇적에 고착되어 있다."[91]

사회는 '일하지 않는 자는 먹어서도 안 된다'는 부르주아적 명제를 아직 넘어서지 못했다. 완수된 생산수단의 사회화는 일단 결코, 계속해서 현저하게 소득의 차이가 존속하는 것을 배제하지 않는다. 마르크스는 개인들 사이의 육체적 그리고 정신적 소질의 부등성과 그로부터 생겨나는 수행 능력의 다양성을 불균등한 권리의 전제로서 인정하고 있다. "법은 경제적인 형성물과 이에 의해 제약된 사회의 문화 발전보다 결코 고차적일 수 없다."[92]

그럼에도 보다 고차적인 두 번째 국면에서는 다르다. "공산 사회의 보다 고차적인 국면에서는, 개인들이 노동 분업 아래 노예화된 예속, 따라서 정신적 그리고 육체적 노동의 대립이 사라지고, 그 이후 노동이 삶을 위한 수단일 뿐만 아니라 그 자체로 최초의 삶의 욕구가 되고, 그 이후 개인들의 전면적인 발전과 더불어 생산력들도 성장하고 공동의 상호적인 부의 모든 근원들이 완전히 흘러나온 연후에 비로소 협소한 부르주아적인 법의 지평을 전적으로 넘어설 수 있게 된다. 그러고 나서 사회는 그들의 깃발에 다음을 쓸 수 있게 될 것이다. "모두는 자신의 능력들에 따라, 모두에게는 그의 욕구들에 따라!"[93]

최종심급에 도달한 올바른 사회에서 개별자들의 욕구들이 아니라 육체적 또는 정신적으로 조건 지워진 그들의 노동 능력과 노동 업적이 향유를 위한 척도가 되어서는 안 된다는 생각과 더불어, 마르크스는 『독일 이데올로기』의 모티브를 다시 수용한다. 그에 의해 편집된

91 Kritik des Gothaer Programms, S. 23.

92 같은 책 S. 24.

93 같은 책 S. 24 f.

그리고 추측컨대 모제스 헤스가 편찬한 쿨만Kuhlman을 비판하는 짧은 논문에서 마르크스는 다음과 같이 말하고 있다. "그러나 이제 이를 통해 공산주의가 다른 모든 반동적인 사회주의와 구분되는 가장 본질적인 원리들 가운데 하나는, 인간의 본성/자연에 근거한 다음의 경험적 관점, 즉 [머리]와 지성적 능력들의 차이 일반은 [위장]과 육체적인 욕구들의 차이를 야기하지 않는다는 관점이다. 따라서 우리의 현존하는 관계들에 근거한 잘못된 명제, '모두에게 그의 능력들에 따라'는 그가 보다 좁은 의미에서 향유에 관계하는 한에서 다음 명제, 즉 **욕구에 따라 모두에게**로 변환되어야 한다. 다른 말로 하면, 활동에서, 여러 노동들서의 **다양성**은 **불평등**을, 점유와 향유의 **우선권**을 정당화해 주지 않는다."[94]

「고타강령 비판」에서처럼 여기서도 '노동이 향유의 척도'라는 명제는 부르주아적으로 제한된 것으로, 유일하게 욕구들이 향유에 한계를 설정한다는 다른 명제로 지양된다.

마르크스의 행복설은 모두를 위한 형식적인 평등이 바로 내용적인 불평등을 포함하고 있는 그런 노동시간의 추상적-보편적인 원리로부터 출발하지 않고, 그것의 다양성 가운데 존재하는 직접적인 육체적 정신적 인간 욕구들에서 출발한다. 옛 사회의 불행은 마르크스가 말하는 바처럼, 일반적으로 평등 대신에 바로 불평등법[95]이 들어섬으로써만 제거될 수 있다. 물론 이것이 전제하는 것은, 전체적으로는 충분한 재화들이 존재하고 따라서 다른 사람들에게 그로부터 어떤 손해가 발생하지 않아야 한다는 것이다. 사회적 평등은, 모두를 빗 하나로 빗기듯이 동일하게 취급하는 것을 의미하는 것이 아니라, 바로 부와 개인들의 소원들의 다양성을 충실히 다루는 것이다. 나아가 마르크스

94 *Deutsche Ideologie*, S. 584 f.

95 Kritik des Gothaer Programms, S. 24.

는 항상 인간적 욕구들과 충동 목표들의 사회적 가변성을 지적한다. 그리하여 마르크스는 프루동이 "전체 역사가 오로지 인간 본성의 계속적인 변화임"[96]을 파악하지 못했다고 비판한다.

상품 물신과 이를 통해 소비의 압박에서 벗어나는 사회에서는 어떤 욕망들이 소멸되고 어떤 것이 발전되는지가 추상적으로 결정될 수 없다. 이는 아마도 다른 것 가운데에서도 마르크스, 그가 미래의 **총체적인 인간**에 관해 말하는 저작 어느 곳에서도, 이런 인간의 성적인 행동 방식에 관해서는 상세하게 언급하지 않았던 것을 설명해 준다. 마르크스는 대공업이 "여성들, 양성의 젊은 사람들과 아이들에게 가사 부문을 넘어 사회적으로 조직된 생산과정들에서 부여하는 결정적인 역할들을 통해 가족과 가문 관계의 보다 고차적인 형태들을 위한 새로운 경제적 토대를 나타냄"[97]을 확실히 의식하고 있다. 그가 이전에 포이어바흐의 철학을 당연히도 다음, 즉 포이어바흐의 철학이 인간 공동체를 유적 연관으로 환원하고 있으며, 이런 개념을 실제적으로 파악했다는 점에서 이를 성행위로 환원하고 있지만, 일단 중요한 것은 생산에서의 인간들의 관계라고 비판했다면, 이제 『자본』에서 마르크스는 다음과 같이 고찰한다. 즉 "가족과 가문 관계들의 보다 고차적인 형태"는 경제적인 것을 넘어 정말로 한 번 구체적으로 우리 시야에 들어오게 되었다. 다시 말해 가능한 이러한 보다 고차적인 형태는 전적으로 경제적인 관계들의 인간화라는 관점 아래 들어온 것이다. "기독교적-게르만적 가족 형태를 절대적이라고 생각하는 것은, 그 외에도 고대 로마적 형태, 혹은 고대 그리스적, 또는 근동적 형태들이 서로 간

---

96 『철학의 빈곤』 S. 162. 이에 대해서는 『초고』 S. 134에 나오는 다음 문장을 참조하라. "탐욕은 돈 없이도 존재 가능하다. 부자가 되려는 욕망은 그 자체가 특정한 사회적 발전의 산물이지, **자연적으로** 역사적인 것과 대립하고 있는 것은 아니다."

97 *Das Kapital*, Bd. I, S. 515.

에 역사적인 발전 계열을 형성한다고 하는 것 만큼이나 어리석은 일이다. 마찬가지로 다음도 분명하다. 즉 양성은 물론 극도로 다양한 연령 단계 출신의 개인들로 구성된 노동자들의 결합 방식은, 그들의 자연발생적이며 야만적인 자본주의적인 형태에서라도,—이 형태에서 노동자는 생산과정을 위해 존재하지 생산과정이 노동자를 위해 존재하지는 않는다—파멸과 예속이라는 전염병의 원천은, 상응하는 관계들 가운데에서 역으로 인간적 발전의 원천으로 전환되어야만 한다."[98]

틸로 람은 지극히 당연하게도 매우 엄격한 마르크스의 결혼관에 대해 언급하고 있다. 그의 다음 견해도 찬성할 수 있을 것이다. 즉 "엥겔스의 자유 관념에서는… 마르크스보다 감성과 충동성에 훨씬 더 무거운 비중"을 부여하고 있는데 반해, "마르크스는 이를 인륜적 자기실현이라는 계명을 통해 제한하고 있다"[99]는 것이다. 엥겔스가 저작들에서 서술에 이르기까지 프랑스 계몽주의를 연상케 하는 반면, 마르크스의 태도는 훨씬 더 독일 관념론, 정확히 말해 칸트 윤리학에 어울리며, 도덕 판단들을 표현함에도 그는 그렇게 조심스럽다.

새로운 사회에서 인간들의 도덕적 태도에 대한 물음의 관점에서 볼 때, 마르크스와 엥겔스 사이에는 어떤 차이들이 존재한다. 엥겔스가 『반 뒤링』에서 펼쳐 낸 삶의 프로그램은 인간들에게 "그들의 신체적, 정신적 소질들의 완전히 자유로운 도야와 활동을 보장"[100]한다. 이는 마르크스의 『자본』에서 발전된 총체적 인간의 프로그램과도 거의 차이가 나지 않는다.

---

98 같은 책 S. 515 f. 마르크스는 이런 연관에서(S. 516, Fußnote 312.) 근대 사회를 기술한 사람들에 의해 오래전 실현된 검열 보고서에 등장한 사유를 인용한다. "공장 노동은 가사노동만큼이나 바로 그렇게 깨끗하고 훌륭할 수 있을 것이다. 정말 더욱 더 그럴지도 모른다."

99 Thilo Ramm, 같은 책 S. 109 f.

100 *Anti-Dühring*, S. 350.

『가족, 사유재산, 국가의 기원』(1884)에서 엥겔스는 미래 사회에서 성적 관계의 문제를 다루었는데, 그가 이 문제를 다룬 방식은 마르크스에게 동의를 얻기 거의 힘들었을 것이다. 생산수단에서의 사유재산제의 지양과 더불어 가족은 지금까지의 경제적 기능을 상실한다. 여성의 노예화는 중단된다. 엥겔스에 따르면 남아 있는 것은 일부일처제인데, 그것의 유일한 토대는 상대편의 실제적인 애정이다. 애정이 존재하는 한에서만 결혼은 존속할 수 있다. "사랑에 기초한 결혼이 인륜적이라면, 사랑이 존속하는 결혼만이 인륜적이다. 그러나 개인적인 성애의 폭발의 지속은 사람들마다 매우 상이하며, 특히 남자들에게서 그러한데, 애정의 실제적인 중단, 혹은 새로운 정열적인 사랑에 의거한 그것의 축출은 양자와 사회에는 이혼을 선행으로 만들어 준다. 이것만이 사람들이 불필요한 이혼 재판의 더러움을 뒤집어쓰는 것을 면해 줄 것이다."[101]

이런 종류의 숙고들을 엥겔스도 확실히 넘어서지는 못한다. 경제적 구속을 벗어난 관계들에서 인간들의 여러 관계가 어떻게 형성되어야 할지 등과 같은 사회적 **실천**은 여기서도 유보되어 있다.

마르크스는 모든 인간의 본질적 힘들의 해방이라는 자신의 요청을 부르주아 사회의 이중적 성격에 대한 분석으로부터 도출해낸다. 이런 이중성은 그에게는 다음, 즉 이 사회가 인간들의 훼손뿐만 아니라 그들의 궁극적인 해방의 수단도 산출한다는 것에 있다. "보편적으로 발전된 개인들, 그들의 사회적 관계들은 그들 자신의 공동체적 관계들로서 또한 그들 자신의 공동체적 관리를 받아야 하는데, 이 개인들은 자연의 산물이 아니라, 역사의 산물이다. 이런 **개성**을 가능하게 해 주는 그러한 능력의 발전 정도와 보편성은, 바로 교환가치들이라는 토대 위에서 생산을 전제한다. 이 생산은 보편적으로 개인의 자신

---

101 *Der Ursprung der Familie, des Privateigentums und des Staats*, S. 38.

과 타자로부터의 소외를, 그렇지만 또한 그의 관계들과 능력들의 보편성과 전면성을 비로소 생산해낸다."[102]

『자본』에서 명백히 고수하고 있는 것은, 어떻게 해서 바로 종래 생산양식의 폐절이 동시에 그것의 **지양**을 의미하는지이다. 그것은 생산양식의 단순한 부정이 아니라, 부정의 부정이다. 왜냐하면 그것이 개인적인 재산과 그것과 더불어 자본주의적인 관계들 아래 가능해진 인간적인 질들을 보다 고차적인 단계에서 재생산하기 때문이다. 즉 "자본주의 시대의 성과라는 토대 위에서. 다시 말해 협업과 대지의 공동점유 그리고 노동 자체를 통해 생산된 생산수단의 공동 점유라는 토대 위에서 말이다."[103] 인간들 상호 간과 자연에 대한 보다 이성적인 관계가 지금까지의 발전 전체를 자신 안에 지양해서 가지고 있으리라는 생각은 동시에 명백히 다음을 보여준다. 즉 마르크스가 인간이 자연 체험의 소박한 직접성으로 되돌아갈 수 있으리라고는 생각하지 않았다는 것이다. 헤겔이 이미 조롱했던 저 낭만주의가 가정하는 것처럼[104] 그것이 정말 그렇게 존재했었는지 아닌지, 이 직접성에 관해서는 언제 한 번도 결정된 적이 없다는 것이다. 이에 대해서는 레닌도 비판적인 입장을 표명한 바 있다. "원시인에게 필연적인 것이 자연의 자유로운 선물로 흘러들어 갔다 함은 하나의 단선적인 동화이다. …황금시대는 전혀 존재하지 않았다. 그리고 원시인은 참으로 어려운 생존의 압박 아래, 자연과의 투쟁에서 어려움의 압박 아래 신음했다."[105]

102 *Rohentwurf*, S. 79 f.

103 *Das Kapital*, Bd. I, S. 803.

104 Hegel, *System der Philosophie, III*, Zusatz zu § 405, S. 162 f. a. a. O. 신비적 의식 형태가 **그 자체로** 이미, 이를 통해 의식 형태가 역사적으로 교체되는 그러한 것이라는 증명은 계몽의 변증법의 본질적인 동기를 이룬다.

105 Lenin, *Die Agrarfrage und die 'Marx-Kritiker'*, a. a. O., S. 221.

자연은 인간이 단순히 복귀하고 싶어 하는 하나의 긍정태라기보다는 차라리 지금까지의 역사가 자연의 구속으로부터 얻어 낸 것이다.

확실히, 사람들이 모든 미신을 자연에 대한 직접적인 접근 가능성의 관점에서 멀리 한다면, 또한 자연이 계속 인간의 수단과 재료로서 그의 역사적 자기실현에서 사용된다면, 피할 수 없는 물음인 이 마력이 해체될 수 없는지의 여부는 확실히 미결로 남는다. 언급된 이 마력 아래에서 자연 존재와 우리와 자연 존재에 대한 관계는 하나의 세계 안에 존재하나, 여기서 모든 것은 상품의 성격을 지니며, 그것의 고유한 규정성 측면에서는 어떤 것도 유효한 것은 없고, 그것이 다른 것을 위한 교환 수단이 되는 경우에만 쓸모가 있다. 자연은 근본에서 인간들과 거의 그저 착취 객체로서만 만나기 때문에, 자연의 가격들은 자연이 한번 직접적으로 경제적인 수익의 관점, 예를 들어 관광버스의 관점에서 고찰되지 않는다면, 내놓고 치는 사기질의 이데올로기적 성격을 띄게 된다. 자연이 단순히 원자재로 사용되지 않는다면, 그것에 자연의 찬탄은 더 이상 필요하지 않을 것이다.
현재 상품 사회에서 인간과 자연의 퇴화된 관계에 대해서는 브레히트 말고는 다른 어떤 작가도 진지하게 주의를 기울이지 않고 있다. 칸트의 초험적 주체가 현상들의 세계를 구성하는 것처럼, 후기자본주의 시대에 사회적 삶의 과정은 모든 자연 의식 및 자연 자체를 구성한다.[106] 노동하는 가운데 자연에 맞서 인간들이 개최하는 인위적인 행사들은 그들에게는 자연스러운 행동일 따름이며, 자연적인 것은 경련과 마비, 병리적인 모습조차 띈다. 브레히트의 『달력 이야기』에서 코이너 씨가 다음과 같이 말할 때 이를 의미했다. "우리에게는 자연을 아껴

106 특히 다음을 참조하라. Max Horkheimer und Th. W. Adorno, *Dialektik der Aufklärung Exkurs II.* 이 책 『계몽의 변증법』이 보여주는 것은 총체적인 후기자본주의적 생산의 기능 연관은 반어적으로 칸트의 관념론이 "진리"임을 증명하고 있다는 사실이다.

사용하는 것이 필요하다. 일하지 않고 자연에 머물러 있으면, 사람들은 열병에 걸린 것 같이 손쉽게 병적인 상황에 빠져 버린다."[107]

항상 자연과의 물질대사를 통해 스스로를 부양하면서도 이 물질대사가 자연을 남용하는 일은 하지 않도록 구조화된 사회는 마르크스 인식론에서 현실주의적 계기의 진리를 훨씬 강력하게 부각시킨다. 자연은 **또한** 그 자체로 존재하는 것이며, 인간들의 의도적인 개입과는 독립적으로 존재하는 어떤 것이라는 사실. 말하자면 이미 초월적으로 가공된 것으로 사물을 보는 것이 아니라 마치 그것이 자유롭게 말하도록 놔두는 것 같은 그런 유물론의 진리가 성립될 것이다. 이런 철학적 함축들을 브레히트가 완전히 의식하지 못했다고 해도, 그는 이런 경우에조차 코이너 씨에게 올바른 것을 말하게끔 하고 있다. "자연과의 관계에 대해 질문을 받고 코이너 씨는 말했다. '때때로 집에서 나오면서 나무를 몇 그루 보고 싶을 때가 있습니다. 특히 나무들은 하루 동안의 어떤 시간, 혹은 어떤 특정 계절에 맞는 그때마다 다른 모습들을 하고 있어서 특별한 정도의 현실성에 도달해 있기 때문입니다. 또한 항상 일용품들만을 보는 것, 살지 않아 비어 있고 사용하지 않아 무가치한 그런 집들과 철로만을 보는 것은 도시 안에 사는 우리들을 점차 어리둥절하게 엉클어뜨립니다. 우리의 고유한 사회질서는 우리를, 또한 인간들까지를 정말 그런 일용품들에 포함시켜 버립니다. 그리고 거기에 나무들은 최소한도 가구 목수가 아닌 나에게는 어떤 마음을 안정시켜 주는 자립적인 것을 가지고 있습니다. 나무들은 나와는 전혀 다른 것을 갖고 있으며, 나는 나무들 자신이 가구 목수들을 위해 가치 증식될 수 없는 어떤 것을 자체에 가지고 있기를 희망하기조차 합니다.'"[108]

---

107 Bertolt Brecht, *Kalendergeschichten*, Hamburg 1957, S. 125.

108 같은 책.

여기서 제기된 물음, 어느 정도까지 한 인간적 사회가 또한 인간 외적 자연과도 새로운 관계에 들어설 수 있을 것인가 하는 문제는 마르크스 해석에서 대단히 치열하게 토론되었다. 성숙한 마르크스는 이 점에서도 초기 저작들의 주장들로부터 일정 정도 후퇴한다. 후기 마르크스는 자연 전체의 **부활**에 관해 더 이상 언급하지 않는다. 새로운 사회는 오로지 인간들에게 좋은 것이 되어야 한다. 그것도 분명하게 외부 자연의 희생으로. 새로운 사회는 엄청난 기술적인 수단을 동원해 최소한의 노동과 시간을 소비해 지배되어야 하며, 생각할 수 있는 모든 소비재들의 물질적 기층으로서 모든 인간들에게 봉사해야 한다.

그 이래로 저자들이 자연이 치명적으로 약탈당하고 있다고 불평하는 곳이 한 번 있기는 하지만, 이는 자연 자체를 염려해서가 아니라 경제적 합목적성에 대한 고려에서 나온 것이다. 이리하여 엥겔스는 『자연 변증법』에서 다음과 같이 말하고 있다. "종래의 모든 생산 방식들은 오로지 가장 급박하고 직접적인 노동의 효율을 목표로 해서 발생하였다. 그 이상의, 보다 나중에 가서야 비로소 등장한 점차적인 반복들과 축적을 통해 영향력을 갖게 된 그 결과들은 전적으로 간과된 채 남아 있다."[109]

미래에 자연 착취가 중단되어야 하는 것이 아니라 그것에 대한 인간적 개입들이 합리화되어, 그것들의 미미한 효과들도 관리 가능한 것이 된다는 것이다. 이렇게 해서 정말 자연에 대한 인간의 승리에 대해 자연이 인간에게 복수할 가능성으로 한 걸음 한 걸음 더 다가간다는 것이다.[110]

카우츠키는 『유물론적 역사관』에서 특별히 '사회주의에서 인간 외적 자연이 자기 자신에 도달함'이라는 관점에서 진보에 설정된 한계

---

109 *Dialektik der Natur*, S. 192.

110 같은 책 S. 190을 참조하라.

들을 다룬다. 그는 많은 동식물 종들의 위축과 절멸에 관해 말하는데, 이는 사회주의에 의해서도 제한될 수 있을 뿐 완전히 지양될 수는 없으리라고 본다. "희귀 동식물들의 보호가 사회주의에서 어느 정도까지 이뤄지든 간에 농업의 진보는 많은 수의 희귀종들을 계속 멸종케 할 것이다."[111]

전체적으로 보아 카우츠키가 인간 외적 자연이 미래에 독자적으로 발전할 가능성을 너무 낙관적으로 판단하고 있는 것으로 보인다. 차라리, 미래 사회가 매머드 기계 체계가 되는 것은 아닌지, "계몽의 변증법"이라는 말의 참됨은 인간의 자연화를 포함한다는 청년 마르크스의 저 자연의 인간화보다 "자연 안에 있는 대규모 범죄 집단으로서의 인간 사회"[112]로부터 차라리 더 잘 드러나지 않는지 묻게 된다. 쇼펜하우어 철학의 의미에서 자기와 화해한 인간들은 지금까지보다 더욱 고차적으로, 곤경에 빠진 피조물과 연대하는 법을 배울 수 있을 것이며, 제대로 된 사회에서는 동물 보호가 더 이상 사적인 기벽으로 여겨지지 않을 것이라는 점 등은 기껏해야 막연한 희망으로 남아 있을 뿐이다.[113]

마르크스 관련 문헌들 가운데에서 블로흐의 희망의 철학은 가장 집중적이고 치열하게 청년 마르크스와 초기 사회주의가 모두 제기한 테마, 바로 이성적인 사회라는 조건들 아래에서 인간 외적 자연의 **부활** 문제를 다루고 있다. 블로흐의 물음 제기는 두 가지 서로 결합된 측면을 지니고 있다. 한 측면으로 그것은 인간들이 생산할 때 그들의 새

---

111 Karl Kautsky, *Die materialistische Geschichtsauffassung, II*. Bd. a. a. O., S. 836.

112 Horkheimer/Adorno, *Dialektik der Aufklärung*, a. a. O., S. 271.

113 지배를 벗어난 사회에서 인간과 동물의 관계에 대해서는 다음을 참조하라. Horkheimer, M., *Materialismus und Moral. In: Zeitschrift für Sozialforschung, Jahrgang II*, Heft 2, Paris 1933, S. 184.

로운 객체-연관와 관련된 것이며, 다른 면으로 **자연 주체**의 형이상학적 문제와 그것과 결부된 객관적 자연의 불완전성과 유토피아적 비종결성에 대한 물음이다. 새로운 객체-연관과 관련해서 블로흐는 논문 「정치적 관점에서 본 자유와 객관적 법칙성에 관하여」에서 자연과 사회화된 인류의 관계를 일단 다음과 같이 서술하고 있다. "그(자연)에 대해서 사회주의적으로는 (모든 것에 대해 이윤-주체에 의해 이뤄지는) 맥락 없는 남용도, 소박한 자연 친화도, 또는 주어진 자연 영역들의 신격화 그것도 존재하지 않는다."[114]

부르주아적 기술에서 블로흐는 그 안에 산출된 자연과 인간들의 매개가 "압도적으로 수학적-양적인 것으로서 상대적으로 외적인 것"[115]을 자체에 갖고 있음을 비난하고 있다. 그것은 『희망의 원리』에서 상세하게 서술한 바처럼, "인공적-추상적인 본질의 것"[116]이라고 한다. 이를 통해 블로흐는 특히 인간적 목적과 자연에 고유한 법칙들이 노동 과

---

114 Ernst Bloch, Über Freiheit und objektive Gesetzlichkeit, politisch gefaßt. In: *Deutsche Zeitschrift für Philosophie, II.* Jahrgang, Heft 4, Berlin 1954, S. 818.

115 같은 책 S. 829. 지금까지의 기술에 대한 블로흐의 비판에 대해서는 『주체-객체』를 참조하라. 이 책은 본질적으로 자본주의적 이해가 인간들의 단지 양적인 자연-연관의 존속에 책임이 있다고 보고 있다. "마찬가지로 이런 다른 가능성은 (질적인 자연상의 보다 '폭넓은 물리학'의 가능성은 S. 194. '수학적인 계산에, 최소한도 지금까지 도야된 것에 스스로를 닫아 놓는다.' S. 195.—저자) 일종의 자연의 운용과 계산에 대한 자본주의적 관심과는 어울리지 않는다. 상품에게 오로지 가격만이 중요한 것처럼, 그렇게 자연에서는 양적인 예측 가능성이 중요하지 질적인 내용이 중요하지는 않다", S. 195.

116 Ernst Bloch, *Das Prinzip Hoffnung*, Bd. II, a. a. O., S. 228. 또한 S. 241 f. 기술적으로 매개된 자연과의 관계에 대한 이 비판은 자연의 아직 감춰진 본질에 대한 물음과 결부되는데, 여기서 블로흐는 흥미롭게도 그 외에는 자신이 비판했던 하이데거와 의견이 일치한다. 하이데거는 「인본주의에 관한 서간」에서 "원자 에너지에는 자연의 본질이 함축되어 있다"는 견해를 비판한 뒤 다음을 언급한다. "자연이 인간을 통한 기술적 장악으로 치부해 놓은 그 측면 안에 자신의 본질을 바로 감춰 놓고 있다고 볼 수 있다." In: *Platons Lehre von der Wahrheit*, a. a. O., S. 68.

정에서 절묘하게 맞물리는 현상을 생각하고 있었는데, 이것은 헤겔에 의해 서술되었고 마르크스에 의해서도 그의 경제적 분석들에서 아주 똑같이 이해되고 있는 바이다.[117] 『초고』에서의 한 부분도 마르크스가 노동의 목적론과 자연법칙의 관계라는 관점에서 헤겔과 자신이 일치함을 알고 있음을 보여주고 있다. "자연은… 단지 인간을 위한 대상이요, 단지 유용성과 관련된 물건일 따름이다. 다시 말해 자연은 대자적인 힘으로 인정되지 않는다. 그리고 자연의 독자적인 법칙들에 대한 이론적 인식은, 그저 자연을 소비의 대상으로든 생산의 수단으로서든 인간의 욕구들에 부응하게 만들기 위해 필요한 계략일 따름이다."[118]

후기자본주의적 관계들 아래 본질적인 것이 이런 사태에서 변화될 수 있는지 여부는 매우 불확실하다. 헤겔과 마르크스가 합목적적인 노동 과정을 이것으로 기술했던 바, 인간들이 어떻게 자연의 기만과 사기를 미래에 피할 수 있겠는가? 인간의 역사가 존재하는 한, 필연성의 왕국은 지속된다고 하는 바가 의미하는 것은 바로, 인간이 본질적으로 전유하면서, 개입하면서, 투쟁하면서 자연과 관계할 수밖에 없다는 것이다. 이에 대해서 본 연구는 매우 다양한 연관에서 지적해 왔다. 마르크스가 괜히 생산과정을 거의 항상 그것의 단순하고도 추상적인 계기들이 아니라 그때마다의 역사적 규정성들로 서술한 것이 아니다. "밀을 맛본 것만으로는 누가 그것을 경작했는지 알아차리지 못하는 것처럼, 사람들은 이런 과정에서 어떤 조건들 아래 그것이 일어나는지, 노예감독관의 야만적인 채찍 아래에서인지, 자본가의 근심스러운 눈초리 아래에서인지, 킨키나투스cincinnatus(고대 로마의 정치가, 로마 제국 시기 시민의 덕을 상징하는 전설적인 인물—역자)가 그의 몇 평 안 되는 땅을 경작하면서 일어난 것인지 돌 하나로 야수를 쳐 죽이는 야

117 이에 대해서는 3장 A절을 참조하라.

118 *Rohentwurf*, S. 313.

만인이 한 것인지 알지 못한다."[119]

마르크스가 노동 상황이 전체적으로 모든 역사적 변화 가운데에서도 항상 동일한 계기들임을 보여주고 있다면, 그것은 특히 현대의 기술적으로 매개된 인간과 자연의 관계에서도 유효하다. 아무리 이 관계가 사물들의 즉자태를 대자태로 변환시키려고 노력해도, 바로 그렇게, 인간에 의해 자연물에 각인된 형태들은–자연물에 원래 고유한 것들에 맞서서–궁극적으로는 하나의 외적인 것이요 무관계한 것으로 남아 있다.[120] 또한 매개가 증가함에도 불구하고 자연은, 마르크스가 비코에 이어 말한 바처럼, 완전히 우리가 "만든 것들"이 되지 않는다.[121] 이 점에 관념변증법과 유물변증법을 구분해 주는 가장 본질적인 특징이 표현되어 있다. 다시 말해 마르크스에게서는 참으로 인간적으로 생성된 세계 안에서도 주체와 객체가 완전한 조화에 이르지 않는다. 그것은 블로흐의 동일철학적 희망을 훼손시킨다. 부르주아지와 더불어 성립된 위대한 기술은 그 주요 계기들에서는, 더 이상 부르주아적이지 않은 그것의 사회적 조직들의 형태와도 상대적으로 무관하다. 결코 자본주의적 관심만을 통해 블로흐가 본 "보다 넓은 물리학"[122]의 가능성이 수포로 돌아가게 된 것은 아니다. 블로흐가 비판한 것처럼, 인간들은 계속 기만당하면서 자연에 관계할 뿐만 아니라, 블로흐가 꿈꾸고 있는 비수학적이며 질적인 객체-연관은, 그것들의 거대하게 성장하고 있는 생산력들을 통해서도 거의 실현되지 않고 있다.

그러한 식으로 소박하면서도–양화되고 계산적이 되지 않은 자연관계–연관의 사유에서 구원되어야 할 것은 희망이다. 즉 그것은 인간

119 *Das Kapital*, Bd. I, S. 192.

120 특히 2장 A절, 그리고 *Rohentwurf*, S. 265를 참조하라.

121 *Das Kapital*, Bd. I, S. 389, Fußnote 89.

122 Bloch, *Subjekt–Objekt*, a. a. O., S. 194.

들이 언젠가 그들의 사회 형태를 통해 더 이상 상호 간을 우선적으로 경제적 효율이라는 관점 아래에서 고찰하지 않게 될 때, 또한 외부 사물들에도 그들의 독자성의 어떤 것을, 브레히트가 말하고 있는 바 그들의 "실재성"의 어떤 것을 맡길 수 있으리라는 희망이다. 그런 사회에서 자연물들에 대한 경직된 시선은 이완될 것이며, 스피노자 체계에서 **자연**이라는 단어가 함축하고 있는 고요와 초탈함 같은 어떤 것을 소지하게 될 것이다. 블로흐의 문제 제기의 다른 측면은 다음 점에서 이미 언급된 것들과도 연관이 있다. 즉 추상적-부르주아적 기술이 블로흐가 "구체적인 동맹 기술"[123]이라고 부른 것에 의해 교체된다면, 인간 노동과 결합되는 자연물은, "자연 주체"임이 입증될 수밖에 없다고 그가 생각하는 점에서 그렇다. 즉 "마르크스주의가 노동하는 인간에게서 실제로 생산하는 역사의 주체를 발견했던 것처럼, 마르크스주의가 그것을 사회주의적으로 비로소 완전하게 발견하고 실현시키는 것처럼, 아마도 마르크스주의는 기술에서 또한 미지의, 스스로에게서 아직 분명히 드러나지 않은 자연과정들의 주체를 향해 전진할 것이다. 즉 인간들은 이 주체와, 이 주체는 인간들과, 자기 매개하면서."[124]

언급된 "자연 주체"의 형이상학적인 성격을 블로흐는 보다 상세하게 다음과 같이 규정한다. "…자연에서 역동적인 주체의 개념은 최종 심급에서는 아직 분명히 드러나지 않은, 실재 일반에서의 추동자(가장 내재적인 물질적 동인)… 이다. 이런 층위에 따라서 일반적으로 **존재하는 물질적으로 가장 내재적인 것 안에** 자연의 주체로서 기술된 것의 진리가 들어 있다."[125]

한 면으로는 블로흐의 이런 숙고들에서 어느 만큼이나 르네상스

---

123 Bloch, *Das Prinzip Hoffnung*, Bd. II, a. a. O., S. 259.

124 같은 책 S. 246.

125 같은 책 S. 245 f.

철학, 야콥 뵈메 또는 셸링의 낭만주의적 자연 사변으로 거슬러 올라가든 간에, 이 생각들은 전체적으로 보아 유물론적 입장과는 어울리지 않는다. 이 생각들이 이제 제한적으로 자연과학적으로 기초되었든, 또는 마르크스의 것처럼 변증법적이든 간에 말이다.

의심할 바 없이, 마르크스가 열 번째 테제에서 언급한 "새로운 유물론"[126]은 다음과 같은 점에서 종래 유물론 전체의 역사를 넘어선다. 즉 그것이 자연적 현실을 더 이상 단순히 "**객체**의 형식 아래"[127], 즉 죽은 기계적-물리적 물체의 세계로 고찰하는 것이 아니라 똑같이 주체의 형식 아래, 변혁하는 실천의 관점 아래 고찰하는 것을 가르치는 한에서 그러하다. 여기서 아무리 현실이 단순히 관조적으로 "주어진 것"이기를 중단한다 할지라도, 마찬가지로 그것은 실로, 또한 바로 인간적으로 매개된, 즉자적으로 존재하는 **객관적 세계**로서 존재하게 될 것이다. 노동의 주체와 객체 사이에 지양될 수 없는 경계는 마르크스에게는 동시에 인식의 주체와 객체 사이의 경계이기도 하다.[128]

정확히 이러한 경계들의 동일철학적 소멸은 블로흐가—최소한 가설적으로—전체 현실을 헤겔처럼 자신과 매개하는 절대적 주체로 고찰하려고 할 때, 우리가 그에게서 다시 만나게 되는 그런 것이다. 이런 주체가 하나의 "자연 주체"여야 한다는 것은 여기서 그다지 놀랄 일은 아니며, 관점의 원칙적으로 관념론적인 성격과 비교하면 오로지 용어적인 의미만을 지닐 따름이다. "아직 분명히 드러나지 않은, 실재 안에서의 추동자"라는 말은 이것이 완전히 "물질적-가장 내재적인 것"으로 기술될지라도, 블로흐가 관념론적 신앙, 즉 세계에는 자기 자신

126 포이어바흐에 관한 테제 10번, In: Marx-Engels, *Über Religion*, S. 56.

127 포이어바흐에 관한 테제 1번, In: Marx-Engels, *Über Religion*, S. 54.

128 이에 대해서는 모이젤의 박사 논문을 참조하라. Alfred Meusel, *Untersuchungen über das Erkenntnisobjekt bei Marx*, Jena, 1925, S. 2.

을 낳는 궁극적인 존재 원리가 "근저에" 있다는 믿음에 경의를 보내고 있음을 증명하고 있다. 그러나 그런 원리는 마르크스의 사유 방식에는 전체적으로 낯설다. 마르크스에게 더 나은 인간의 질서는 "세계 과정의 의미 실현"이 아닌 바, 이미 다른 자리에서 밝혔었던 것처럼[129] 이는 블로흐에게서 자주 불거져 나오는 생각이다. 유일하게 자연에서 연원하는 그리고 자연에서 목적론적으로 작용하는 **주체**는 마르크스에게는 인간이며, 이 인간은 하나의 곧 비주체적인 것이며, 외부의 물적 자연에서 노동하여 자신을 입증해야 하는 그런 존재다. 한편, 마르크스가 밝히려고 노력했던 것처럼, 인간의 역사는 질적으로 상이한, 그때마다 체계에 구속되어 있는 법칙성들의 계기적 연속임이 드러나는데, 물리적 자연의 법칙 연관에서는 근본적으로 어떤 변화도 없다. 이를 엥겔스는,–블로흐는 엥겔스를 이런 물음 안에서 은밀하게 비판하고 있다– 매우 올바르게 『자연 변증법』에서 다음과 같이 표현하고 있다. "그것은 그 안에서 물질이 운동하는 영원한 순환 과정이고… 그 안에서 영원히 변화하면서 영원히 운동하는 물질과 법칙들 외에는 어떤 것도 영원하지 않으며, 이 법칙들에 따라 물질이 운동하고 변화한다."[130]

이렇게 마르크스에게서도 고유한 견해, 즉 자연이 그 자신의 법칙에서 어느 정도 **완성되어 존재하는 것**이라는 견해에 맞서 특히 자연 그 자신의 힘들로 야기된 변화들은, 사회적으로 제약된 변화들 그리고 사회 자신의 변화들과 비교해 보면 사소하고, 오랜 시기에 걸쳐 일어나기 때문에, 블로흐는 때때로 스스로 자기 자신에 대해 제기하는 모든 이의에도 불구하고, 자연법칙들의 객관적인 비종결성이라는 사유를 내세운다. 이는 실로 인류의 전사前史에서 그것의 현실적인 역사로

129 1장 A절에서 설명한 마르크스에서 세계의 궁극 목적 개념을 참조하라.

130 *Dialektik der Natur*, S. 27 f.

이행시키는 마르크스에 대한 우주 진화론적 대응이다. “**최종적으로 공표된 자연은 다름아닌 미래의 지평에서 최종적으로 공표된 역사처럼 존재하며**, 오로지 이런 지평을 향해 미래에 훌륭히 기대될 법한 그런 구체적 기술의 매개 범주들이 뻗어나갈 것이다. …자연은 스쳐 지나가는 물건Vorbei이 아니라, **아직 전혀 치워지지 않은 공사장이요 한 번도 제대로 존재해 본 적이 없는 인간의 주택을 위한 한 번도 제대로 존재해 본 적이 없는 건설재이다**.”[131]

블로흐가 이런 유토피아적 잠재태와 비-인간적 자연의 비종결성을 가지고 어디로 나아가려고 하는지 아주 분명치는 않다. 특히 가늠할 수 없는 것은, 마르크스가 얻고자 애쓴 인간과 자연의 물질대사의 좀 더 고차적인 형태가 어느 정도까지 “동결된 자연의 조형력들을 쇄신하여 자유롭게 방출”[132]할 것인가이다. 보다 고차적인 사회를 통한 자연력들의 “쇄신된 자유 방출”에 관해서는 잘 이야기할 수 없다. 그 뒤에 인식되지 않은 양적인 관계들이 감춰져 있는 그런 ‘숨겨진 질’qualitates occultas로는 어떻게 해도 되돌아갈 수 없다. 근대의 물질 생산과 자연과학에 의해 제약된 자연 개념이 전前과학적–질적이며 근본적으로 마법적–물활론적 자연상과 화해하는 것[133], 블로흐가 근대 사회에서 자연이 의미하는 바의 추상성을 비판할 때 스스로 인정하지 않으면서도 꿈꾸었던 것과 같은 그런 것은 성립이 불가능하다. 처음부터 자연에 대한 지배는 그것의 탈격화entqualifizieren와 객체화를 포함하고 있다.

블로흐의 자연 사변은 정말 자신을 바로 변증법적 유물론의 해석

---

131 Bloch, *Das Prinzip Hoffnung*, Bd. II, a. a. O., S. 264.

132 같은 책.

133 블로흐가 보다 풍부한 자연 개념의 문제를 말하려고 할 때 괜히 계속해서 파라셀수스, 뵈메, 바아더Baader와 셸링 같은 저자들을 인용하는 것이 아니다.

으로 이해하는데, 이것이 그것의 형이상학적이며 우주 진화론적인, 마르크스의 자연의 문제의 확장을 통해 마르크스를 넘어갈 뿐만 아니라 전적으로 그로부터 벗어나 버림에도 불구하고[134], 자연 사변은 실로 동시에 마르크스의 자연 개념에서 한 계기를 부각시킨다. 이 계기는 어쨌든 그 이후에 주의를 끌지 못한 것이나 마찬가지로 남아 있다. 마르크스는 사실상 인간들의 사회적인 관계들 안에 들어가 작동하는 자연을 전적으로 양화된 자연과학적 방식으로 이해하지 않는다. 그의 언어들이 아무리 자연과학적 용어로 점철되어 있다 하더라도 그렇다.[135] 자연이 인간적 실천의 범주들 아래 등장한다는 사실이 자연 개념에 피상적인 것은 아니다. 노동에서—마르크스에게는 특히 올바르게 조직된 노동에서—자연은 인간들에게 실험실에서보다 더 차별화된, 말하자면 "보다 더 자연적인" 측면을 보여준다. 여기서 자연은 그것에 제기된 물음을 통해 규정된다. 자연은 당시의 지배적인, 과학적 발전에 의해 규정된, 문제틀Problematik의 산물이다. 작업 재료의 형태로 자연은 그 문제틀에게는 **또한** 질적으로 규정된 것으로서, 그 자신을 전유하는 신체로서 마주해 등장한다. 마르크스에게 자연력들의 나

134 그렇게 블로흐는 "공산주의적인 우주 진화론"에 관해 말하고 있다. 그것은 "**인간과 인간 노동이 자연의 가능적인 주체와 변증법적으로 매개되는 그러한 문제 영역**"이라는 것이다. *Das Prinzip Hoffnung*, Bd. III, a. a. O., S. 272. 성숙한 후기 마르크스와의 차이가 분명히 보인다.

135 그것을 특히 블로흐의 견해를 뒷받침해 주기는 하지만 이상하게도 그에 의해서는 충분히 평가받지 못한 『초고』가 보여주고 있다. 여기서 마르크스는 개념쌍 "형상-질료", "현실성-가능성" 등 그에 의해 높이 평가된 아리스토텔레스의 형이상학에서 차용한 개념의 도움으로 노동에서 주체와 객체의 관계를 포착하려고 노력한다. 직접적으로 마르크스는 확실히 헤겔 논리학의 대응하는 범주들에 기댄다. 이 범주들은 헤겔 자신보다 좀 더 유물론적으로 이해된 것으로, 아리스토텔레스의 철학에서 어슴푸레 그 연원이 드러난다. 이론의 이러한 측면에 관해서는 또한 2장 B절에 있는 마르크스에서의 비밀스러운 자연 사변에 관한 주석들을 참조하라. 마르크스와 아리스토텔레스의 관계에 관해서는 마르셀 레딩의 교육적인 교수 취임 연설을 참조하라. *Thomas Aquin und Karl Marx*, Graz, 1953.

라Reich는 르네상스적인 "시적-감각적 광채"[136]를 내는 어떤 것을 지니고 있는데, 그는 이를 『신성가족』에서 또한 이미 기술과 관련된 베이컨적인 유물론의 물질 개념에서 인지하고 있었다. 그것은 엄청나게 큰, 인간들의 모든 사회적인 현존 조건들 아래에서 그들의 모든 현상 방식들에 선행해 주어져 있는 **재료**일 뿐만 아니라 동시에 하나의 **잠재력**이기도 하다. 여기서 이것의 외연적 및 내포적 현재화는 그때마다 도달한 생산력들의 수준이라는 척도에 따라 일어난다. 자연에는 자연적인 창조 과정을 계속 추동하고 이를 초월하려고 노력하는 그러한 인간의 형태 부여 행위를 위한 어떤 성향이 있다. 벤야민의 말에 따르면, 인간의 행동은 가능태로서 그 품 안에서 잠자고 있는 그런 "창조들"[137]로부터 자연을 해방시키며, 즉자적으로 (그 자체로) 존재하는 자연이 자신을 밖으로 드러내도록 도와준다.

이런 방식의 숙고에서 모든 것은 뉘앙스의 문제이다. 다음 생각은 과장되고 목적론적이기 때문에 틀렸다. 즉, 형태를 부여하는 인간의 행위가 착근되어 있는 재료Stoff의 내적인 성질Angelegtheit이라는 방향의 사유는 틀렸다. 이러한 사유에서 자연은 "공동 생산자"가 되고 블로흐를 빌어 말하자면, 기술은 단적으로 "세계의 객관적인 생산 경향"[138]에 근거하게 된다.

아무리 자연물의 속성이 인간의 전유에 유용하다고 하더라도—인간의 목적들은 모두 자연법칙들을 사용한다—마르크스와 이 물음에서 기묘하게도 유물론적인 헤겔은 바로 그럼에도 다음 주장을 고수한다. 즉 노동에서 이뤄지는 자연의 공동 생산이 또한 항상 포함하고 있는 사실은, 인간이 자연을 통해 기대하고 있는 것이 자연에게는 대단

136 *Heilige Familie*, S. 258.

137 Walter Benjamin, *Schriften*, Bd. I, a. a. O., S. 501.

138 Bloch, *Das Prinzip Hoffnung*, Bd. II, a. a. O., S. 262.

히 낯설면서도 외부적이라는 것이다. 그것은 사회주의에서도 그렇다.

마르크스가 자연의 "잠자고 있는 활력"[139]에 관해 이야기한다면, 그것은 특정한 인간의 사용가치로 전이될 수 있는 그런 인간의 활력이나 사물들의 객관적 가능성과 관련된 것이다. 이와는 달리 블로흐의 묵시론적 환상이 미결로 남겨 놓는 것이 있다. 즉 새로운 사회라는 조건들 아래에서 방출되는 "자연의 구성 능력들"을 인간의 행위와 매개시키면서 사용가치들로 들어가야 할지, 또는 자연이 인간적 사물들의 올바른 질서를 통해 "궁극적으로 스스로를 선명히 드러내게"하여, 말하자면 인간적인 개입과는 독립적으로 새로운 형태들을 스스로로부터 산출해야 할지가 열려 있는 것이 그것이다. 여기서 특히 물어야 할 것은, 인류 이후 자연사적으로 보다 고차적인 생명체가 도대체 가능한지의 여부이다.[140]

인간관계들의 올바른 형성과 더불어 우주 전체의 근본적인 변화가 야기된다는 이 독특한 사유는 이미 2월 혁명기Vormärz의 초기 사회주의 저자들에게서 찾아볼 수 있다. 벤야민이 상기시키는 푸리에의 다음과 같은 생각은 감동적이다. 즉 이성적으로 조직된 노동은 "네 개의 달들이 지상의 밤을 밝히고, 빙하는 남북극에서 물러나 바닷물은 이제 짜지도 않고 맹수들은 인간을 위해 봉사하게 된다"[141]는 결과를 낳는다는 것이다. 인간들이 올바른 실천을 구현하는 대신 자신과 외부에 있는 자연에 매일 같이 가하는 것들을 고려해 볼 때, 벤야민이 저 기이한 환상들과 그야말로 터무니없는 유토피아들에도 아직 그 긍정적인 의미가 있다고 말하는 것은 적절하기만 하다. 인간의 기술적 가능성들이 옛 유토피아주의자들의 꿈들을 몇 배나 초월해 나가는 오늘

139 *Das Kapital*, Bd. I, S. 185.

140 Horkheimer/Adorno, *Dialektik der Aufklärung*, a. a. O., S. 235. 참조.

141 Benjamin, *Schriften*, Bd. I, a. a. O., S. 501.

날, 오히려 이런 가능성들은 부정적으로 실현되어 파괴적 힘들로 전이되고 말 것만 같고, 항상 인간적으로 제한된 구원 대신에 전면적인 재앙이 초래될 것만 같다. 말하자면 마르크스가 생각했던 저 변혁에 대한 격렬한 패러디, 주체와 객체가 화해하는 것이 아니라 절멸하는 그런 패러디로서 말이다.

참고 문헌: 인용되거나 주석에서 언급된 문헌들

Adler, Max: Lehrbuch der materialistischen Geschichtsauffassung, Berlin 1930.

Adorno, Th. W.: Aspekte der Hegelschen Philosophie, Frankfurt 1957.

– Zur Metakritik der Erkenntnistheorie. Studien über Husserl und die phänomenologischen Antinomien, Stuttgart 1956.

– Theorie der Halbbildung. In: Der Monat, Heft 152, Berlin 1959.

Adorno, Th. W. und Dirks, Walter: Soziologische Exkurse, Frankfurter Beiträge zur Soziologie, Bd. IV, Frankfurt 1956.

Bacon, Francis: Novum Organon, London 1893.

Bekker, Konrad: Marx' philosophische Entwicklung, sein Verhältnis zu Hegel, Dissertation, Zürich/New York 1940.

Benjamin, Walter: Geschichtsphilosophische Thesen. In: Schriften, Bd. I, Frankfurt 1955.

Bergner, Dieter und Jahn, Wolfgang: Der Kreuzzug der evangelischen Akademien gegen den Marxismus, Berlin 1960.

Beyer, Wilhelm, R: Der Begriff der Praxis bei Hegel. In: Deutsche Zeitschrift für Philosophie, Jahrgang VI, Heft 5, Berlin 1958.

Bloch, Ernst: Spuren, Berlin 1930.

– Erbschaft dieser Zeit, Zürich 1935.

– Subjekt-Objekt. Erläuterungen zu Hegel, Berlin 1952.

– Das Prinzip Hoffnung, Band I, Berlin 1954, Band II, Berlin 1955, Band III, Berlin 1959.

– Über Freiheit und objektive Gesetzlichkeit, politisch gefaßt. In: Deutsche Zeitschrift für Philosophie, Jahrgang II, Heft 4, Berlin 1954.

– Differenzierungen im Begriff Fortschritt, Berlin 1957.

Zur Philosophie Blochs: Ernst Blochs Revision des Marxismus, Sammelband, Berlin 1957.

Brecht, Bertolt: Kalendergeschichten, Hamburg 1957.
– Flüchtlingsgespräche, Berlin und Frankfurt 1961.
Calvez, Jean-Yves: La pensée de Karl Marx, Paris 1956.
Cottier, Georges M.M.: L'Athéisme du jeune Marx. Ses origines hégéliennes, Paris 1959.
Deborin, A.: Die Dialektik bei Fichte. In: Marx-Engels Archiv, herausgegeben von D. Rjazanow, 2. Bd., Frankfurt 1927.
Demetz, Peter: Marx, Engels und die Dichter, Stuttgart 1959.
Dicke, Gerd: Der Identitätsgedanke bei Feuerbach und Marx, Dissertation, Wissenschaftliche Abhandlungen der Arbeitsgemeinschaft für Forschung des Landes Nordrhein-Westfalen, Bd. 15, Köln und Opladen 1960.
Diels, Hermann: Fragmente der Vorsokratiker, I., Berlin 1922.
Engels, Friedrich: Die Lage Englands, I, Das 18. Jahrhundert. In: Marx/Engels, Werke, Bd. I, Berlin 1957.
– Umrisse zu einer Kritik der Nationalökonomie. In: Kleine ökonomische Schriften, Berlin 1955.
– Anti-Dühring, Berlin 1953.
– Dialektik der Natur, Berlin 1955.
– Ludwig Feuerbach und der Ausgang der klassischen deutschen Philosophie, Stuttgart 1953.
– Die Entwicklung des Sozialismus von der Utopie zur Wissenschaft, Berlin 1957.
– Der Ursprung der Familie, des Privateigentums und des Staats, Stuttgart 1948. Fetscher, Iring: Von der Philosophie des Proletariats zur proletarischen Weltanschauung. In: Marxismusstudien, 2. Folge, herausgegeben von I. Fetscher, Tübingen 1957.
– Stalin über dialektischen und historischen Materialismus, Frankfurt 1956.
Feuerbach, Ludwig: Kleine philosophische Schriften (1842–1845), herausgegeben von M. G. Lange, Leipzig 1950.

Freud, S.: Die Zukunft einer Illusion, Gesammelte Werke, XIV, London 1948.
Friedrich, Manfred: Philosophie und Ökonomie beim jungen Marx, Dissertation, Berlin 1960.
Fogarasi, Béla: Logik, Berlin 1955.
Garaudy, Roger: La théorie matérialiste de la connaissance, Paris 1953.
– Die französischen Quellen des wissenschaftlichen Sozialismus, Leipzig 1954.
– Perspectives de l'homme, Paris 1959.
Grün, Karl: Ludwig Feuerbach in seinem Briefwechsel und Nachlaß sowie in seiner philosophischen Charakterentwicklung, Leipzig und Heidelberg 1874, II. Bd. Hauser, Arnold: Philosophie der Kunstgeschichte, München 1958.
Hegel, G. W. F.: System der Philosophie, Bd. 8, 9 und 10 der Glocknerschen Jubiläumsausgabe.
– Encyklopädie der philosophischen Wissenschaften, Hoffmeister, Leipzig 1949.
– Die Vernunft in der Geschichte, Hoffmeister, Hamburg 1955.
– Grundlinien der Philosophie des Rechts, Hoffmeister, Berlin 1956.
– Wissenschaft der Logik, II, Lasson, Leipzig 1951.
– Jenenser Realphilosophie, I, Lasson, Leipzig 1932.
– Phänomenologie des Geistes, Hoffmeister, Hamburg 1952.
Heidegger, Martin: Platons Lehre von der Wahrheit, Bern 1954. Darin: Brief über den Humanismus.
Hook, Sidney: From Hegel to Marx, New York 1936.
Hommes, Jakob: Der technische Eros. Das Wesen der materialistischen Geschichtsauffassung, Freiburg 1955.
Horkheimer, Max: Anfänge der bürgerlichen Geschichtsphilosophie, Stuttgart 1930.
– Materialismus und Metaphysik. In: Zeitschrift für Sozialforschung, Jahrgang II, Heft 1, Leipzig 1933.
– Materialismus und Moral. In: Zeitschrift für Sozialforschung, Jahrgang II,

Heft 2, Paris 1933.
– Egoismus und Freiheitsbewegung. In: Zeitschrift für Sozialforschung, Jahrgang V, Heft 2, Paris 1936.
– Traditionelle und kritische Theorie. In: Zeitschrift für Sozialforschung, Jahrgang VI, Heft 2, Paris 1937.
Horkheimer, Max und Adorno, Th. W.: Dialektik der Aufklärung, Frankfurt 1969.
Kautsky, Karl: Die materialistische Geschichtsauffassung, 2 Bände, Berlin 1927.
Kline, G. L.: Spinoza in Soviet Philosophy, London 1952.
Kofler, Leo: Zur Geschichte der bürgerlichen Gesellschaft, Halle 1948.
Konstantinow, F. W.: Grundlagen der marxistischen Philosophie, Sammelband, Berlin 1959.
Korsch, Karl: Die materialistische Geschichtsauffassung, Leipzig 1929.
– Marxismus und Philosophie, Leipzig 1930.
Kosel, Gerhard: Produktivkraft Wissenschaft, Berlin 1957.
Krapp, Gotthold: Marx und Engels über die Verbindung des Unterrichts mit produktiver Arbeit und die polytechnische Bildung, Dissertation, Berlin 1958.
Lange, F. A.: Geschichte des Materialismus, 2. Buch, Iserlohn 1875.
Lefèbvre, Henri: Le matérialisme dialectique, Paris 1949; inzwischen deutsch, Frankfurt am Main 1966.
Lenin, W. I.: Was sind die ›Volksfreunde‹ und wie kämpfen sie gegen die Sozialdemokraten. In: Ausgewählte Werke in 2 Bänden, Bd. I, Stuttgart 1952.
– Die Agrarfrage und die ›Marx-Kritiker‹. In: Sämtliche Werke, IV, 1. Halbband, Wien/Berlin 1928.
– Materialismus und Empiriokritizismus, Moskau 1947.
– Der ökonomische Inhalt des Narodnikitums und seine Kritik im Buche des Herrn Struve. In: Ausgewählte Werke in 12 Bänden, Bd. XI, Moskau 1938.
– Aus dem philosophischen Nachlaß. Exzerpte und Randglossen, Berlin und Stuttgart 1954.
– Marx–Engels–Marxismus, Berlin 1957.

– Zwei Arbeiten zur Gewerkschaftsfrage, Berlin 1957. Übersetzung aus dem XXXII. Bd. der Werke.

Liebig, J.: Chemische Briefe, Heidelberg 1851.

Liebknecht, Karl: Studien über die Bewegungsgesetze der gesellschaftlichen Entwicklung. Aus dem wissenschaftlichen Nachlaß, herausgegeben von Dr. Morris, München 1922.

Löwenthal, Leo: C. F. Meyers heroische Geschichtsauffassung. In: Zeitschrift für Sozialforschung, Jahrgang II, Heft 1, Leipzig 1933.

Löwith, Karl: Ludwig Feuerbach und der Ausgang der klassischen deutschen Philosophie. In: Logos, Bd. XVII, Tübingen 1928.

– Von Hegel zu Nietzsche, Stuttgart 1950.

– Weltgeschichte und Heilsgeschehen, Stuttgart 1953.

Lukács, Georg: Geschichte und Klassenbewußtsein. Studien über marxistische Dialektik, Berlin 1923.

– Der junge Hegel, Berlin 1954.

Marck, Siegfried: Die Dialektik in der Philosophie der Gegenwart, 1. Halbband, Tübingen 1929.

Marcuse, Herbert: Eros and Civilization, Boston 1955; deutsche Ausgabe: Frankfurt am Main 1967.

– Trieblehre und Freiheit. In: Freud in der Gegenwart, Sammelband, Frankfurt 1957.

– Soviet Marxism, London 1958; inzwischen deutsch, Neuwied und Berlin 1964. Marx, Karl: Differenz der demokritischen und epikureischen Naturphilosophie. In: MEGA, Bd. I,1. Halbband, Berlin 1927.

– Kritik des Hegelschen Staatsrechts. In: Marx/Engels, Werke, Bd. I, Berlin 1957.

– Nationalökonomie und Philosophie, Sammlung der Pariser Manuskripte, herausgegeben von E. Thier, Köln und Berlin 1950.

– Thesen über Feuerbach. In: Karl Marx/Friedrich Engels: Über Religion, Berlin

1958.
– Die moralisierende Kritik und die kritische Moral. Beitrag zur deutschen Kulturgeschichte. Gegen Karl Heinzen von Karl Marx. In: Franz Mehring: Aus dem literarischen Nachlaß von Karl Marx und Friedrich Engels, 2. Bd. (Juni 1844–1877), Stuttgart 1920.
– Lohnarbeit und Kapital. In: Ökonomische Aufsätze, Singen o. J.
– Zur Kritik der politischen Ökonomie, Berlin 1951.
– Ökonomische Aufsätze, Singen o. J.
– Briefe an Kugelmann, Berlin 1952.
– Das Elend der Philosophie, Berlin 1947.
– Das Kapital. Kritik der politischen Ökonomie, Bd. I, II und III, Berlin 1953.
– Grundrisse der Kritik der politischen Ökonomie. Rohentwurf zum ersten Band des Kapitals und Zur Kritik der politischen Ökonomie, Berlin 1953.
– Randglossen zu Adolf Wagners Lehrbuch der politischen Ökonomie. In: Marx/Engels: Werke, Band 19, Berlin 1962.
– Brief an seine Frau vom 21.6.1856. Zum ersten Mal veröffentlicht vom Istituto Giangiacomo Feltrinelli in Mailand im Jahrbuch Annali 1959, Bd. 1, zitiert nach: WISO, 4. Jahrgang, Heft 24, Köln 1959.
Marx/Engels: Die heilige Familie, Berlin und Stuttgart 1953.
– Die deutsche Ideologie, Berlin 1953.
– MEGA, Bd. V, 1. Abteilung, Berlin 1932.
– Manifest der Kommunistischen Partei, Stuttgart 1953.
– Über Religion, Berlin 1958.
– Kleine ökonomische Schriften, Berlin 1955.
– Ausgewählte Briefe, Berlin und Stuttgart 1953.
Maus, Heinz: Materialismus. In: Zur Klärung der Begriffe, herausgegeben von Herbert Burgmüller, München 1947.
Mehring, Franz: Gesammelte Schriften und Aufsätze, VI: Zur Geschichte der Philosophie. Mit Einleitung und Anhang von A. Thalheimer, Berlin 1931.

Merleau-Ponty, Maurice: Marxisme et philosophie. In: Sens et non-sens, Paris 1948.

Metzke, Erwin: Mensch und Geschichte im ursprünglichen Ansatz des Marxschen Denkens. In: Marxismusstudien, 2. Folge, herausgegeben von I. Fetscher, Tübingen 1957.

Meusel, Alfred: Untersuchungen über das Erkenntnisobjekt bei Marx, Dissertation, Jena 1925.

Moleschott, Jacob: Der Kreislauf des Lebens, Mainz 1857.

Naville, Pierre: Psychologie, marxisme, matérialisme, Paris 1948.

Paracelsus: Seine Weltschau in Worten des Werkes, herausgegeben von E. Jaeckle, Zürich 1942.

Plechanow, G. W.: Beitrag zur Geschichte des Materialismus, Helvétius-Holbach- Marx, Berlin 1946.

– Grundprobleme des Marxismus, Berlin 1958.

Ramm, Thilo: Die künftige Gesellschaftsordnung nach der Theorie von Marx und Engels. In: Marxismusstudien, 2. Folge, Tübingen 1957.

Raphael, Max: Zur Erkenntnistheorie der konkreten Dialektik, Paris 1934.

Reding, Marcel: Der politische Atheismus, Graz 1957.

– Thomas von Aquin und Karl Marx, Graz 1953.

Redlow, Götz: Lenin über den marxistischen philosophischen Begriff der Materie. In: Deutsche Zeitschrift für Philosophie, Jahrgang VII, Heft 2, Berlin 1959.

Rjazanow, D.: Karl Marx als Denker, Mensch und Revolutionär, Wien–Berlin 1928.

Rosental, M. M. und Schtraks, G. M.: Kategorien der materialistischen Dialektik, Berlin 1959.

Rubinstein, S. L.: Grundlagen der allgemeinen Psychologie, Berlin 1958.

Sabine, G. H.: A History of Political Theory, New York 1953.

Sartre, J.-P.: Matérialisme et révolution. In: Situations, I, Paris 1947.

Sauerland, Kurt: Der dialektische Materialismus, I. Bd. Schöpferischer oder dogmatischer Marxismus?, Berlin 1932.

Schelling, F. W. J. v.: Ideen zu einer Philosophie der Natur. In: Sämtliche Werke, 1. Abtl., II. Bd., Stuttgart und Augsburg 1857.

Schopenhauer, Arthur: Parerga und Paralipomena. In: Sämtliche Werke, herausgegeben von Dr. Paul Deussen, 5. Bd., München 1913.

Schumacher, Joachim: Die Angst vor dem Chaos, Paris 1937.

Sebag, Lucien: Marx, Feuerbach et la critique de la religion. In: La nouvelle critique, Paris 1955, Nr. 64.

Segal, Jacob: Die dialektische Methode in der Biologie, Berlin 1958.

Seidel, Alfred: Produktivkräfte und Klassenkampf, Dissertation, Heidelberg 1922.

Stalin, J. W.: Über dialektischen und historischen Materialismus. In: Fragen des Leninismus, Moskau 1947.

Thalheimer, August: Einführung in den dialektischen Materialismus, Marxistische Bibliothek, Bd. 14, Wien – Berlin 1928.

Thao, Tran Duc: Phénoménologie et matérialisme dialectique, Paris 1951.

Valéry, Paul: Kleine Rede an die Graphischen Künstler. In: Über Kunst, Frankfurt 1959.

Venable, Vernon: Human Nature: The Marxian View, New York 1945.

Wetter, G.A.: Der dialektische Materialismus, Freiburg 1952.

부록을 위한 머리말

다음 논문은 1965년에 벌어진 기억할 만한 논쟁의 독일어판을 위해 집필되었다. 이 논쟁은 1961년 12월 7일 파리의 컨퍼런스 센터 무투아리떼에서 장폴 사르트르와 장 이폴리트를 한 편으로, 로저 가로디, 장피에르 비지에와 장 오르셀을 다른 편으로 해서 개최되었다. 토론의 주제는 변증법적 유물론의 구축과 서술을 위해 중요한 물음으로, 변증법을 오로지 인간적-역사적 실천의 운동 형식으로서만 보아야 하는지 아니면 그것이 자연 "자체"에 귀속되는 것인지에 관한 것이었다. 저자는 원칙적으로 자연의 순수한 객관적 변증법을 주장하는 공산당의 당파적인 관점에 대한 사르트르와 이폴리트의 비판적인 이의 제기에 찬동하면서 그들의 입장을 두 방향으로 발전시키려고 시도했다. 한편으로 인식론적으로 보아, "존재론적인" 변증법의 주요 장애를 밝히고자 하였다. 즉 이는 변증법이 단순히 "세계관적"인 주장에 머무르고자 하지 않는다면, 이것이 정말로 유물론적이려면, 개별과학적으로도 증명이 가능해야만 한다는 것이다. 다른 면으로는, 사르트르와 이폴리트를 넘어 인간적인 역사에 통일적-변증법적 구조가 일괄적으로 대응되어서는 안 됨을 밝혔다.

알프레트 슈미트

변증법적 유물론에서 역사와 자연의 관계에 대하여*

> 변증법적 방법, 그리고 바로 물구나무선 변증법은 개별 현상들을 이미 확정되어 있는 것 그리고 개념의 운동 자체에서 벗어나 있는 것에 대한 설명이나 예증으로 논의하는 것을 내용으로 할 수 없다. 그런 것으로 논구할 때 변증법은 국가 종교로 타락한다.
>
> 아도르노, 『신음악의 철학』*Philosophie der neuen Musik*

마르크스와 마르크스주의에 관한 철학적 토론의 현재 상황에 그다지 익숙치 못한 사람은, 변증법이 오로지 역사의 법칙인지 혹은 또한 자연으로부터도 도출될 수 있는지에 대한 선행 논쟁에 의해 비로소, 여기에 정말 전혀 충분히 사유되지 않았던 문제가 하나 있다는 것에 주목하게 될 것이다. 이 문제는 세계관적 완결성 위에서 사유된 소비에트 마르크스주의에 의해서는 그 자신의 영향권 안에 감춰져 있었고, 이 땅(구 서독–역자)에서는 관영변증법적유물론DIAMAT의 존재론적 요청을 진지하게 받아들이면서 드물지 않게 만족스러움을 시사하고 있는, 상당한 정도로 토미즘적으로 정향된 위 유물론에 대한 비판에 의해 이러한 존재론적 요청이 마르크스의 입장과는 얼마나 공유점이 적은지가 감춰져 왔다.[1] 오늘날의 관영변증법적유물론-존재론은 마르크스

---

* 최초 출판은 in: *Existentialismus und Marxismus. Eine Kontroverse zwischen Sartre, Garaudy, Hyppolite, Vigier und Orcel*. edition suhrkamp, Frankfurt 1965.

1 베터는 그의 기초적 저작에서 이미 1952년에 변증법적 유물론의 소비에트 버전과 토미즘의 스콜라 철학 사이에 놀랄 만한 유사점이 있음을 분명히 밝히고 있다. "다음을 주장할 때 우리가 너무 지나친 것은 아니었다고 생각한다. 즉 오늘날 소비에

의 저작에 대한 어떠한 참조 없이도 토론되고 있으며, 자본주의적 생산양식에 대한 분석과는 근본적으로 더 이상 상관하지 않는다. 세계 일반의 역동적인 구조에 천착하면서 소비에트 철학자들은, 마르크스가 예전에 중요시했던 인간의 역동적인 구조를 점점 더 시야에서 잃고 있다. 사회적 관계들이라는 구상명사는 그들에게는 "물질의 최상의 운동 형식"으로 휘발되고 있다. 이런 원래 비판적인 것의 독단적-세계관적 개념들로의 역번역에 직면해, 파리에서의 논쟁이 시도했던 것 같은, 변증법의 적용 범위에 대한 반성 외에 더 바람직한 것은 아무 것도 없어 보인다. 여기서 이 파리 논쟁은 확실히 그 논쟁 과정에서 그로부터 논쟁이 규정되었던 저 결정적인 관점들을 충분하게 매듭져 표명하지 않았다. 이 논쟁에서는 단적으로 (철학 내적이지만은 않은) 관념론과 유물론의 대립을 떠나 변증법의 "타당성"이 문제가 아니라 다음이 문제였다. 즉 그(유물론적이라는—역자) 용어를 엄밀한 의미로 사용해서, 즉자적으로 존재하는 자연의 변증법이 **유물론적**으로 가능한가? 엄밀한 과학들이 자연에 대해 얻어 내려 하는 것, 그것이 자연으로 이해된다면, 항상 말해 온 것처럼[2] 유물론과 변증법이 상호 거부반응을 일으켜서는 안 되지 않는가? 다음에서 밝히려고 하는 것은, 첫 번째 물음은 부정되어야 하고, 두 번째는 긍정되어야 한다는 것이다.

트의 공식 관점에서 변증법적 유물론은 비록 어떤 헤겔적인 표현과 개념들에도 불구하고, 헤겔적-변증법적인 것보다 스콜라 철학의 사유 방식과 훨씬 많은 유사성을 지니고 있다. 사람들은 이런 헤겔적 표현과 개념들을 가지고는 있지만, '유물론적인 전도'를 통해 그것의 관념론적인 의미를 박탈하고 단순히 건전한 인간 오성에 적절한 의미로 채워 놓았다. 바로 엥겔스가 자연에 변증법을 전이한 것이나 스탈린적 범주들인 "가능성과 현실성"에 부여된 특별한 의미들로 인해 오늘날 소련의 변증법적 유물론은 진짜 헤겔 변증법의 것보다 스콜라적-아리스토텔레스적 현실태와 가능태에 훨씬 더 친화적인 그런 사유 형식과 관계하고 있는 것이 현실이다." Gustav A. Wetter, *Der dialektische Materialismus*, 2. Aufl. Freiburg 1956, S. 576.

2 다음을 참조하라. M. Merleau-Ponty, *Sens et non-sens*, Paris 1948, S. 228.

본 논문은 사르트르와 이폴리트가 가로디와 비지에에 맞서 발전시킨 입장에 원칙적으로 동의한다. 이 가운데 사르트르의 『변증법적 이성 비판』[3]에 의거, 그의 다음 생각을 받아들인다. 즉 자립화된 마르크스 사유의 한 계기로서 실존주의는 진정한 마르크스의 사유에는 이론적으로 아무 것도 제공할 것이 없으며, 소비에트들에 의해 객관주의적으로 축약된 변증법의 개념틀에서 억압된 주체성을 다시 살려냄으로써 기껏해야 오늘날 소비에트 정통주의에 맞서 조정자의 역할을 수행할 수 있을 따름이다.[4] 게다가 사르트르의 논증 방식까지도 전적으로 그의 실존주의 이론에 근거한 것이 아니라, 바로 그렇게 마르크스주의라는 틀 자체에서 오래전부터 도달했지만 다만 정치적인 이유들로 인해 관철되지 못했던 그런 입장들에 근거하고 있다. 변증법을 전-인간적, 인간 외적 자연에까지 확장하려는, 그렇게 광범위한 영향을 미친 엥겔스의 시도에 대립해, 도대체 유물론에서 저 방법을 역사적 사회적 현실에 제한하는 것이 얼마나 중요한지를 최초로 지적했던 공헌은, 물어볼 것 없이 루카치에게 귀속되어야 한다. 그는 이미 1923년 『역사와 계급의식』[5]에서 엥겔스에 맞서 과감히 이를 문제화했다. 또한 이 저작의 약점들이 어디에 있건, 그리고 루카치 자신이 그동안 그것에서 무엇을 버렸던 간에—이 책은 모든 수단을 동원해 본질적으로 역사적인 마르크스 이론의 성격을 끄집어내어 보여준다. 이러한 역사적 성격이야말로 마르크스에게서 인간 외적 현실을 존재론적으로 고정시키려는 모든 경향들을 전복시켜 버린다. "자연은 하나의 사회적 범

3 Paris 1960.

4 마르크스주의와 실존주의의 관계에 대한 사르트르의 현재 해석에 관해서는 『마르크스주의와 실존주의』라는 제호 아래 독일어로 출간된 비판의 서문을 참조하라. *Critique*, Hamburg 1964, S. 142 f.—사르트르의 철학은 그런 수정자의 역할을 정말 지난 몇 년간 폴란드와 특히 체코에서 수행했다.

5 Berlin-Halensee 1923, cf. S. 17, Fußnote 1.

주로, 그것은 특정한 사회적 발전 단계에서 자연으로 유효해지며, 마찬가지로 이러한 자연과 인간의 관계가 어떻게 만들어져 있고, 어떤 형태로 인간의 자연과의 맞겨룸이 일어나는지, 이리하여 자연이 형식과 내용에 의하면, 또 그 범위와 대상성에 따르면 무엇을 의미해야만 하는지 등은 항상 사회적으로 조건 지워져 있다."[6] 확실히 이런 논의에는 다음이 추가되어야 하겠다. 즉 역으로 사회는 항상 자연 범주이기도 한데, 그것은 소위 사회의 그때마다의 형성태 및 사회에 의해 전유된 자연 부문들이 아직 광범위하게 경험되지 않은 채 남아 있는 자연이라는 전체 현실 안에 머물러 있는 한에서 그러하다. 그렇지만 또한 그것(자연–역자)의 개념들도 인간 역사로부터 벗어나지 못한다. 말하자면 자연에 관해서도 오로지 자연 지배가 그때마다 도달한 수준에 상관해서만 언급할 수 있다. 이런 근본적인 숙고, 자연과 역사의 관계에 대한 숙고를 자신 안에 수용하면서 모든 특수한 분석에서 전제하는 사유는 오로지, 독단론적-세계관적 요청 등을 진실로 벗어나서 비판적인 마르크스 이해의 현재적인 요구들에 부응한다. 변증법은 영원한 세계의 법칙이 아니다. 그것은 인간들과 함께 몰락한다.

어떤 역사 변증법 개념의 세분화들

마르크스 유물론에게서 변증법은 오로지 **역사적 방법historische Methode**[7]으로서만 가능하다. 이미 『독일 이데올로기』에서 그렇게 이

---

6 *Ibid.*, S. 240.

7 마르쿠제는 『이성과 혁명』에서 이 사태를 헤겔의 "존재론적" 입장에 대한 반명제로 상세하게 설명한다. 다음을 참조하라. Maruse, H., *Vernunft und Revolution*, Neuwied und Berlin 1962, S. 274–282.

야기한다. "우리는 오로지 하나의 과학, 역사의 과학만을 안다. 역사란 두 측면으로 고찰하면, 자연의 역사와 인간의 역사로 구분될 수 있다. 두 측면은 그럼에도 분리될 수는 없다. 즉 인간이 존재하는 한, 자연의 역사와 인간의 역사는 상호 제약한다."[8] 그 결과 마르크스는 후기 엥겔스와는 달리 자연 "자체"에 관해서 항상 대단히 조심스럽게만 견해를 표명하고 있다. 자연에 대한 모든 언표들은 그때마다 도달한 사회적 전유 단계에 관련되어 있다. 그 가운데 인간들 상호 간, 인간들과 자연 간에 위상 배치가 변화함으로 인해, 인간의 역사에는 단지 하나의 동형의 변증법적 구조가 귀속될 수 없음은 필연적이다. 생산력들과 생산관계들의 변증법은 결코 역사의 **그** 운동 법칙이 아니다. 그것은 마르크스의 적지 않게 공을 들인 표현들이 이런 해석을 뒷받침해주는 것처럼 보임에도 그렇다. 그는『독일 이데올로기』에서 이렇게 말한다. "역사의 모든 충돌들은, …우리의 관점에 따르면, 그 기원이 생산력들과 교류 형식 사이의 모순에 있다. …이런 다양한 조건들은 먼저 자기 활동의 조건들로서, 그 후에는 그와 같은 것의 질곡으로서 나타났는데, 이들은 역사적 발전 전체 가운데 하나의 연관되어 있는 교류 형식들의 계열을 형성한다. 그것들의 연관은 다음과 같은 식이다. 즉 초기의, 질곡이 되어 버린 교류 형식 대신에 보다 발전된 새로운 생산력들과 이와 함께 개인들의 자기 활동의 진보된 방식에 상응하는 것이 정립되고, 이것은 차례로 다시 질곡이 되고 그런 다음, 다른 것에 의해 대체되는 그런 방식이다."[9] "연관되어 있는 교류 형식들의 계열"에서 다음에는『정치경제학 비판을 위하여』의 유명한 서문에서 나오는 경제적 사회구성체의 진보, 즉 아시아적인 것에서 고대를 거쳐 봉건제로 그리고 이로부터 부르주아 생산양식에 이르는 필연적인 순차

8 *MEW*, Bd. 3, Berlin 1958, S. 18.

9 *Ibid.*, S. 73 und 72.

적 연속이 생겨난다. 여기서 마르크스가 너무 쉽게 헤겔 역사철학의 발전 도식을 따르고 있다는 점과, 현실 역사의 도정은 훨씬 더 복잡하다는 것이 어렵지 않게 확인된다. 그러나 마르크스는 자신의 일반적인 구상을 그 때문에 단순히 뒤바꾸지 않고, 이 도식을 그것의 물질적 분석 자체에서 고려한다. 현실 역사의 도정의 이론적 내용은 그가 강령적인 서문, 후기 등에서 언급하고, 사르트르의 것을 포함해 종래 마르크스 해석에서 과대평가되어 있는 것을 훨씬 뛰어넘는다. 이 종래 해석들은 역사 유물론을 정치경제학의 내용들로 교체된 것으로 이해할 수 있다고 생각한다.

엄청난 사회사적 자료들과 마주해, 마르크스는 자신의 역사철학적 구성 원리를 한켠으로 제쳐 놓고 『자본』을 위한 『초고』에서와 자신의 주저에서조차 하나의 역사 변증법의 개념 안에 중요한 차별화를 도입하는 것이 상당 정도 필요함을 인식하고 있었다. 정치경제학 비판이 노동 과정을 일단은 합목적적 활동, 노동 대상 그리고 노동수단 등 오로지 그것의 단순하고도 추상적인 요소들로 서술했다면[10], 그것도 "인간적 삶의 영원한 자연 조건으로, 그렇기 때문에 이런 삶의 모든 형태에서 독립적으로, 오히려 그의 사회적 형태들에 동일하게 공통적인 것"[11]으로 서술했다면, 여기서는 방법론적으로 유용한 추상, 즉 노동 과정 자체를 그것의 구체적-역사적 형성물들에 대립시켜 놓는 그런 추상뿐만이 아니라 동시에 부르주아적 생산 방식의 전前부르주아적 단계들의 구분이 논의 대상이다. 말하자면 특별히 자본주의적인 것으로서의 노동 과정이 받아들이는 구체적인 규정성에 비추어 보면, 그것에 선행하는 형태들에는 고유하게 비역사적이고 자연적인 것이 수반되어 있다. 그것들의 차이들은 불투명하고, 그것들의 상호 이

10 *Das Kapital*, Band I, Berlin 1955, S. 186 f.

11 *Ibid.*, S. 192.

행들은 더 이상 성장하는 생산력들과 정체하는 생산관계들 사이의 모순에 의해 명료하게 규정되지 않음을 보여준다. 변증법은 소위 "기초적/요소적" 성격을 지닌다. 마르크스가 괜히 반복해서 "물질대사"라는 표현을 사용한 것이 아니다. 그는 오로지 인간과 자연 사이에서만 작동하는 노동 과정을 염두에 두고 있을 때, 모든 발전 형태들을 동등하게 특징지을 때에만 이 표현을 쓴다. 이런 과정의 모든 규정된 형태들은 그것의 물질적 토대들을 계속 발전시킨다. 그러나 이것에 동반된 "자연 한계의 후퇴"[12]는 단순히 양적인 것으로 남으며, 인간의 활동은 단순한 자연적 기능으로서 자연 안에 상호 엮인 채 존속한다. 자본주의로의 이행과 더불어 비로소 자연 지배는 새로운 질을 획득한다. 이제야 노동 과정은–이에 관해 마르크스는 일단 다음과 같이 설명한다. 즉 노동 과정은 그것의 보편적인 규정들에 따르면 모든 사회적 단계들에 동일하다–엄밀한 의미에서 **사회적인** 생산과정이 되었다. 마르크스 자신이 말하고 있는 것처럼[13], 그것을 분석하는 데 예의 보편적 규정들로는 충분하지 않으며, 따라서 이 규정들은 바로 그 추상성 면에서 부르주아적 생산 이전의 특별한 단계들에게 특징적임이 증명되었다. 그렇게 노동 과정에서 자본주의적 협업은 역사적으로 그것에 의해 교체된 농업 경제와 독립적인 수공업에 대해서 "협업의 하나의 특수한 역사적 형식으로서가 아니라, 협업 자체가 자본주의적 생산과정에 고유하고 이를 특별하게 구분해 주는 형식"[14]으로 나타난다. 전자본주의적 협업과 관련해서, 이에 관해서는 오로지 자본주의적인 관점으로부터만 말할 수 있을 뿐이다. "그것(전자본주의적 협업–역자)은 한 면으로는 생산 조건들에서의 공동 소유에 근거하며, 다른

12 *Ibid.*, cf. S. 540.

13 *Ibid.*, S. 189; cf. auch S. 533.

14 *Ibid.*, S. 350.

면으로는, 개별 꿀벌이 벌집에서 빠져나오지 못하는 것처럼, 개별 개인이 부족이나 공동체의 탯줄을 아직 끊어 내지 못하고 있는 것에 근거한다."[15] 이에 상응해 마르크스가 부족이나 가족 안에서의 자연발생적 노동 분업이라 부른 것 또한 성차 혹은 나이차, 즉 "순수한 생리학적 기초"[16]에 근거하고 있다. 진실로 사회적인 토대는 노동 분업을 다음 정도로, 즉 개인들이 추상적인, 왜냐하면 "직접적으로 함께 속하는 전체"[17]이기 때문에 추상적인, 특수한 기관들이 서로 교체되어, 말하자면 정말 본래 개인들이 되는 그런 정도로 유지한다. 인간들 사이에서 이루어지는 자연 연관의 이러한 파열,—이에 대한 조직 사회학의 주장들은 자본주의에 대한 것보다 훨씬 잘 부합한다—이 파열을 위한 동기를 형성하는 것은 외부 공동체와의 생산물 교환이 등장하면서부터이다. 이 교환은 여러 공동체가 그들의 "자연 환경"에서 상이한 생산수단과 생활수단(생필품)들을 만난다는 사실에 의해 매개된다. "이런 자연발생적인 상이성, 이것은 공동체와의 접촉에서 상호적인 생산물들의 교환과 때문에 이런 산물들의 상품으로의 점진적인 변환을 발생시킨다."[18] 이를 통해 개인 사이의 연관은, 지금은 역사 사회적인 것으로서 부활한다. 그럼에도 불구하고 고대의 소공동체에서처럼, 예를 들어 인도의 경우처럼 생산물들 대부분이 마을의 자체 수요를 위해 생산되고 거의 상품 생산이 되지 않는 한에서, 한 번 법적으로 고정된 노동 분업은 상당한 시기를 거쳐 "자연법칙의 불가침성"을 갖고 작용하며, 공동체는 흡사 비역사적인 존재를 운용한다. "이런 자족적인 공동체의 단순하고도 생산적인 유기체가 항상 동일한 형태로 재생산되

15 *Ibid.*

16 *Ibid.*, S. 368.

17 *Ibid.*, S. 369.

18 *Ibid.*

며 우연히 파괴될 때에도 동일한 장소, 동일한 이름으로 다시 건설된다는 사실은 아시아적 사회들의 불변성의 비밀을 열 열쇠를 제공하며, 이는 아시아 국가들의 항상적인 해체와 재형성 그리고 부단한 왕조 교체와 뚜렷하게 대조된다. 사회의 경제적 근본 요소들의 구조는 정치적인 구름층에서 일어나는 폭풍들과는 무관하게 존속한다."[19]

이런 자연적-비역사적인 전자본주의적 역사의 성격은 이론적으로 중요한 『자본』을 위한 『초고』[20] 절에서 특히 분명해지는데, 이 절은 자본주의적 생산에 선행하는 형태들을 다룬다. 이 절에서 밝히고 있는 것은, 변증법은 (의도에 따르면 이미 헤겔에게서처럼) 역사 서술로 이행해야만 하며, 공허한 도식으로 퇴락해서는 안 된다는 사실이다.

여기서는 자본 관계의 역사적인 조건들로부터 출발하고 있다. 이 관계는 재생산하고 가치화하기 위해 한 면으로는 자유로운 노동과 그것의 화폐와의 교환을, 다른 면으로는 위에서 이미 짧게 기술한 공동체의 자연적인 직접성으로부터 개인의 분리를 전제한다. 마찬가지로 이를 마르크스는 "노동과 그것의 객관적인 전제들의 통일"[21] 위에 근거하고 있다고 본다. 이런 통일이 이제 소규모의 자유로운 토지 소유 또는 이와는 다른 공동 소유라는 형태 아래 실현되는지는 말하자면 다음과 같다. "두 형식에서 노동자는 자신의 소유로서의 노동의 객관적인 조건들에 관계한다. …개인은 자기 자신에 …그의 현실의 조건들의 주인으로서 관계한다. 그는 마찬가지로 다른 사람들에게 …공동 소유자로서 …혹은 그 곁의 자립적인 소유자로서 …관계한다."[22] 개

19 *Ibid.*, S. 376.

20 출간은 다음 제목으로 이루어졌다. *Grundrisse der Kritik der politischen Ökonomie,* Berlin 1953. S. 375–413.

21 *Ibid.*, S. 375.

22 *Ibid.*

인들은 아직 "노동자"가 아니다. 그 이유는 그들이 한 공동체의 성원으로 활동하되, 이 공동체는 단지 스스로를 유지하려고만 할 뿐 가치 창조를 지향하지는 않기 때문이다. 마르크스는 목축 행위가 "생존 방식의 최초의 형태"라는 생각에 입각해 있기 때문에, 부족 공동체는 결과물이라기보다는 참으로 (확실히 우선은 일시적인) 토지 전유의 전제로 나타난다. 인류가 정주적으로 되면, 이런 본원적 공동체가 변화되는 정도는 극도로 다양한 외부의 자연 요인들 및 부족 자체의 자연적-인류학적 특성에 좌우된다. 인간들이 목축인이나 사냥꾼 혹은 농부로 활동하든 간에, "짐승 떼, …피, 언어, 습속에서 공동성"[23]은 항상 그들이 "자신들 삶의 객관적 조건들"을 전유하는 데 가장 중요한 전제이다. 거기서 결정적인 것은, 언급한 바대로, 인간들은 이런 조건들에 무반성적으로 그 자신의 연장된 신체로서 관계하는 것이다. "대지는 거대한 실험실이요, 무기고로 노동수단과 노동 재료를 제공하고, 공동체Gemeinwesen의 거처와 **토대**를 내어 준다. 그들은 그와 같은 것들에 소박하게 **공동체**의 **소유물**로서 그리고 산 노동에서 스스로를 생산하고 재생산하는 공동체의 **소유물**로서 관계한다. 모든 개별자 각각은 이런 공동체의 …성원으로서 **소유자** 또는 **점유자**로서만 관계한다."[24] 이런 근본 관계는 동양적 전제주의에서처럼, 적든 많든 자급자족하는 소수의 공동체는 "총괄하는 하나의 단위"에 종속되고, 이 단위는 보다 상위의, 혹은 유일한 소유자로까지 등장해서, 지역 주민들은 상속되는 점유자들로 전락하는 가운데에서조차 그대로 남는다. 비록 법적으로 보면, 이를 통해 개인은 무재산 상태, 말하자면 재산은 그에게는 매개된 것으로 나타나기는 하지만, 이는 "특수한 공동체를 매개하여 전체통일자Gesamteineheit를 개별자에게서 분리해냄을 통해서 이뤄지는데, 여

23 *Ibid.*, S. 376.

24 *Ibid.*

기서 이 전체 통일자는 많은 공동체의 아버지로서 전제 군주에게서 실현된다."[25] 하지만 그것과는 관계없이 부족 재산, 마을 재산 등은 스스로 자신을 부양하는 공동체의 토대로 남아 있는데, 이 공동체는 확실히 그것의 잉여 생산 가운데 한 부분을 궁극적으로는 인간으로서 현존하고 있는 "보다 상위의 공동사회"를 섬기기 위해 내놓아야만 한다. 이와 같은 것은 조세에서 표현되거나, 마르크스가 뒤르켐 이론을 생각나게 하는 방식으로 말하고 있는 바, "부분적으로는 실제의 전제 군주들, 또 부분적으로는 사유된 부족체Stammwesen 즉 신이라는 통일자Einheit를 기리기 위한 공동의 작업들에서" 표현된다.

소규모의 자유로운 토지 소유, 따라서 원시 부족들의 불안정한 역사적 삶으로부터 출발할 때, 마찬가지로 첫 번째 전제는 공동체Gemeinwesen이다. 그럼에도 이 경우 실체로서는 아니다. 즉, "이것으로 인해 개인들이 단순한 우연자에 지나지 않거나, 순수히 자연발생적인 구성 요소들을 형성하게 되는, 그런 실체로서"[26]는 아니다. 여기서는 오히려 더 이상 농촌이 아니라 도시가 토지 소유자들의 거처요 중심으로 등장한다. 한편 원시적인 공동 소유제에서 마을은 농촌의 단순한 한 부속물인 반면, 여기에서 경작지는 도시 영역에 해당된다. 대지 그 자체는 그것을 가공하려는 인간들의 모든 노력에도 불구하고 어떤 장애가 되지 않기 때문에, 그것에 공동체가 스스로 직면해 있는 것으로 보이는 어려움들은 오로지 다른 공동체에 의해서만 생겨난다. 이 다른 공동체는 부동산을 이미 점유해 왔거나 이를 지역사회와 싸움거리로 만들어 놓았다. 그렇기 때문에 전쟁은 "거대한… 공동사회적인 작업으로, 이 작업은 살아 있는 현존의 객관적 조건들을 정복하기 위해서든 그와 같은 것의 정복을 수호하거나 영속화하기 위해서든, 꼭 필요하다. 가족

25 *Ibid.*, S. 377.

26 *Ibid.*, S. 378.

들로 구성되어 있는 지역사회는 때문에 일단 군사적으로 전쟁체와 군사체로 조직되며, 이것은 소유자로서 가족들이 현존하는 조건들 가운데 하나이다."[27]

개인 재산이 더 이상 오로지 공동 노동에 의해서만 가치 증식되지 않으면 않을수록, 점점 더 많은 부족들이 사회적 노동을 통해 자연발생적 질들을 상실하면 할수록, 더더욱 "부족의 공동적 성격이 부정적인 통일 이상으로 나타나고, 나타나야만 할수록", 더욱더 개별자가 부동산의 사유재산가가 되고, 이 가운데 국가로서 조직된 지역사회가 이 사유재산을 외부로부터 보호하고 내적으로 보장하는 그런 전제가 주어진다. 단지 자연발생적인 부족 관계들 아래에서 개별자가 자신의 삶을 생산할 때 전자와 바로 그런 방식으로 관계한다면, 즉 그 가운데 개별자가 자신의 타자와 같은 방식으로 토지와 관계한다면–양자의 경우는 생산의 자연 조건들과 관련된 것이고,–이제 이 개별자의 자연과 사회적 연대에 대한 관계는 보다 커다란 변증법적인 생동성을 획득한다. 이때 이 관계의 "본성"natur은 이미 보다 고차적인 정도로 생성되어 있는 어떤 것이다. 개별자가 자신의 부동산 관련 사유재산에 관계함으로써 그는 동시에 자신의 "지역 공동체 성원으로서의 존재"[28]와 관계하는 것이며, 그는 자신을 부양함으로써 지역 공동체를 부양하는데, 이것의 역도 성립한다. 이것(지역 공동체–역자)은 "여기서 이미 **역사적 산물**이기 때문에, 사실에 따라서뿐만 아니라, 그런 것으로 의식되고 때문에 **성립되었기에**" 재산의 전제는, 노동하는 주체의 자연에 주어진 그의 노동의 전제들에 대한 관계이며, 이제 "국가의 존재에 의해" 매개되며, 역으로 국가는 객관적인 노동 조건들에서 재산의 특정한 형태를 통해 매개된다.

---

27 *Ibid.*

28 *Ibid.*, S. 379.

여기서 마르크스에게 중요한 것은, 전부르주아적 단계의 변증법적 구조에 대해서 질문할 때 본질적인 다음 통찰이다. 즉, 1. 그 안에서 토지 소유와 경제가 경제적 토대를 제공하는 모든 형태에서 개인은 대지와 "그의 주체성의 비유기적인 자연으로서"[29] 관계한다.—스스로가 노동의 산물로 나타나지 않고, 선행해 주어져 있는 하나의 조건, 그리고—2. 개인의 이런 실천적인 태도는 나중의 프롤레타리아와는 달리 한낱 추상 속에서도 결코 노동자로서 등장하지 않고 하나의 "객관적인 생존 양식"[30]을 지니며, 그가 대지를 마음대로 처분할 수 있는 한에서, 역사에 이미 다소간 복속된 전체의 성원으로서의 그의 현존을 통해 처음부터 매개되어져 있는데, 그럼에도 이 현존은 궁극적으로는 자연과의 연관에서 빠져나올 수 없으며 그런 한에서 "비역사적"이다.

그렇기 때문에 마르크스는 생산하는 인간들이 자연과 수행하는 물질대사의 조건들과의 통일에 별다른 설명을 필요로 하지 않는다. 말하자면, 아무리 전자본주의적으로 발전하면서 수정되어 왔을지라도 그것은 역사의 결과물이 아니다. 즉 그것들의 다양한 국면들은 그것의 자연적 본질에는 외적으로 남아 있다. 정치경제학 비판이 관심을 가지고 설명하고자 하는 것은, 부르주아 사회에서 전형적인 "인간적 현존의 비유기적 조건들과 이런 현존 사이의 분리, 임노동과 자본의 관계에서 완전하게 최초로 정립된 그런 분리"[31]이다. 이런 단계에서 노예제와 농노제는 활동적인 주체에게는 마르크스가 말한 바대로 "하나의 객관적인 생존 방식"이 주어진다는 사실로 인해, 노동과 노동의 비유기적인 조건들의 분리를 인식하지 못한다. 두 계기는 오히려 노예주 또는 봉건 영주의 무차별적-통일적인 **자연 토대**로 융해되며, 이

29 *Ibid.*, S. 384.

30 *Ibid.*, S. 385.

31 *Ibid.*, S. 388.

들 주인은 "대지의 유기적인 부속물"[32]로서의 노예와 농노를 땅과 함께 점령해서 비유기적인 생산 요인들로 전락시킨다. "노예는 그의 노동의 객관적인 조건들과 어떠한 관계조차 맺지 못하고 있다. **노동** 자체는, 노예의 형태로든 농노의 형태로든, 생산의 **비유기적인 조건**으로서 가축과 더불어, 혹은 대지의 부속물로서 일련의 다른 자연체 계열에 배치된다…."[33] 이에 비해, 자본주의적 생산에서 노동자는 말 그대로 탈자연화되어 "객체 없는, 순수히 주관적인 노동 능력"[34]이 되는데, 여기서 이 능력은 그에게는 소외된 물적 노동의 조건들에서 "대자적으로 존재하는 가치"[35]로서의 자신의 부정을 읽어 낸다. 노동자는 자본에게는 한번도 생산 조건 이상인 적이 없었으며, 교환을 거쳐 전유되는 노동의 수행자일 뿐이다. 그리고 바로 개인들 상호 간의 완전한 고립에 근거하는, 교환을 매개로 다시 산출되는 전체 이것은—이 개인들의 상호 연관이 없다는 "객관적인 연관"[36]—국지적으로 제한된, 자연과 인간적인 의존 관계들에 근거하고 있는 총체성과 대비해 보면 하나의 진보를 의미한다.

그렇기 때문에 마르크스에게는, 전前산업적인 단계들의 자연적인 삶의 과정을 신낭만주의 이데올로기들처럼 비합리주의적으로 미화할 의도가 없었으며, 또한 그는 노동이 이 단계들에서 필연적으로 드러내는 것과 같은, 그러한 계기들의 "기초적인" 상호작용, "자연의 자기 매개" 등을 세계관적으로 포착하는 자연일원론으로 실체화하는 것을 생각하지도 않는다. 전적으로 자연에 구속된 노동 과정에 대한 그

32 *Ibid.*, S. 391.

33 *Ibid.*, S. 389.

34 *Ibid.*, S. 396.

35 *Ibid.*, S. 397.

36 *Ibid.*, S. 79.

의 기술에 말할 것도 없이 포함되어 있는 자연 사변적 계기[37]는 때때로 헤겔과 그리고 셸링의 자연철학조차 생각나게 만드는데, 이것은 거의 철두철미하게 미결로 남아 있다. 자연 변증법 개념 일반이 의미있게 사용될 수 있는 한, 그 개념은 토지 소유의 역사와 결합된 전자본주의적 과정들에 대해서도 유효하다. 이 과정들은 구조적으로 전자, 자연 변증법과 비슷하지 않은 것은 아니며, 이 전자본주의적 과정을, 이미 식물적 혹은 동물적 유기체는 인간의 주체성이 보다 고차적인 자연의 진리임을 만방에 고지하면서, 자신의 환경과 맞서 싸우며 거쳐 나왔다. 노동하는 주체와 가공되는 주체로 양분된 자연은 이렇게 양분된 속에서도 전자본주의적으로 편안히 존재한다. 인간은 자연의 유기적 현존의 한 방식으로서 등장할 뿐만 아니라, 또한 자연도 처음부터 "인간 자신의 비유기적 현존"[38]으로 등장한다. 인간과 자연의 추상적 동일성은, 그것이 노동의 "단순한 자연 현존"[39]에 존재하는 바와 같이 모든 사회적인 것에서 벗어나 있다. 즉 노동이 "삶의 표현과 삶의 증명"으로서 또한 도대체가 아직 사회적이지 않은 그런 인간에 의해서도 수행되어야만 한다는 방식으로 벗어나 있다. 또한 "비정상적으로 고립된 인간"[40]도 그것에 의존할 것이리라. 그런 이는 땅에 어떠한 소유권도 갖고 있지 않을 것이다. 하지만 그는—동물들처럼—"실체로서 그것들에… 힘을 소모할"[41] 수 있을 것이다.

여기서 마르크스가 지향하는 것은 이것이다. 즉 동물적인 배아 형

37 마르크스가 인간과 자연 사이의 물질대사로 이해하는 것의 사변적인 측면에 대해서는 본서 2장 B절을 참조하라.

38 *Grundrisse*, l. c., S. 763.

39 *Das Kapital*, Band III, Berlin 1953, S. 869.

40 *Ibid.*, S. 940.

41 *Grundrisse*, l. c., S. 388.

태들을 넘어서는 인간과 자연의 대결 모두가 각각 특정한 사회 형태라는 틀 안에서 일어나기는 하지만, 이런 형태들의 모든 것이 부르주아적 사회라는, 바로 정확히 그러한 의미의 "사회"는 아니다. 그렇기 때문에 마르크스는 이런 개념을 전부르주아적인 관계들(그는 이를 우리가 보았던 것처럼 "자연발생적인 공동체", "부족", "족"Tribus(트리부스: 고대 로마의 씨족제 사회의 최대 단위-역자) 등으로 표현하고 있다.)에 대한 관점에서 피하거나, 그것을 비본래적으로 이해하여 사용하고 있다. 아무리 자연 소여태와 역사적 생성태 사이의 차이가 전자본주의적 역사의 개별 국면들에서도 유효하다 할지라도-마르크스는 거듭, 모든 자연발생적 형태들은 항상 "역사적인 과정들의 결과물"[42]임을 지적한다-아시아적 전제제, 고대 노예 경제 그리고 중세적 봉건제 사이의 차이는 증발한다. 이들의 차이는, 그것의 등장이 하나의 세계사적 전환점을 이루는 그런 부르주아 사회에 대비해 보면, 특정한 관계들의 토지 소유제를 통해서 생겨난 것이다. 때문에 마르크스는 『정치경제학 비판을 위하여』에서 간결하게 다음과 같이 말할 수 있었다. "토지 소유가 지배하는 모든 형태에서 자연 관계는 여전히 지배적이다. 자본이 지배하는 곳에서는 사회적, 역사적으로 만들어진 요소가 그렇다."[43] 자연적인 것과 역사적인 것의 관계가 전자본주의적으로 커다란 자연 연관에서 구성된다면, 부르주아적인 것의 경우 그 관계 자체는, 채 전유되지 않은 자연과 관련한 것도 같이 그 역사에서 구성된다. 이에 따라 마르크스도 토지 소유제를 연구하면서 다음과 같이 작업을

42 자본주의적 생산에 선행하는 사회화의 형태들은 시간 속에서 자신을 생산하고 재생산하며 그런 한에서 역사를 갖지만(바로, 선인간적 자연이 그들의 본질에 외적으로 남아 있는 그런 역사를 갖는 것처럼), 그러나 그것들은 역사가 아니다, 왜냐하면 그것들의 주관적이며 객관적인 생존 조건들이 자연적인 전체로부터 빠져나와 인간적-역사적 생산물들로 생성되지 않기 때문이다.

43 *Zur Kritik der politischen Ökonomie*, Berlin 1951, S. 264 f.

수행하고 있다. 즉 그는 지리학적으로 서로 떨어져 있는 일련의 형태들을 대략 동양적, 남아메리카적, 슬라브적, 독일적, 고대적인 것으로 놓고 상호 비교하는데, 이 가운데에서도 **시간적인** 연속에 대한 물음은 완전히 뒷전으로 밀어 놓아 둔다. 전자본주의적 공동체의 다양한 형태들은—헤겔에게서 자연의 형태들처럼—서로 무관하면서도 구속력이 없는 실존으로서 병렬적으로 존재하고 있다. 후자로부터 생겨났다고 볼 수 없는 그런 형태 변화는 이론적 관점에서야 비로소 보다 고차적인 발전임이 보인다. 이리하여 마르크스에게 역사의 도정은 보통 받아들여지는 것보다도 훨씬 덜 직선적이게 된다. 그것은 어떤 통일적-의미 부여된 이념을 따르지 않고 끊임없이 새롭게 투입되는 개별 과정들로 짜여 구성된다.

부르주아 사회구성체로부터 과거와 미래의 가능성을 규명할 수 있는 한, 변증법적 유물론에서 방법론적으로 결정적인 역할은 부르주아 사회구성체에 부여된다. 마르크스는 단순한 진화론자와는 완전히 다르다. 그때마다 역사적으로 상위자 자체가 하위자 안에 근거하기는 한다. 말하자면 하위자부터 성립하는 상위자에 비견해 하위자의 질적인 타자성은 그럼에도 불구하고 후자가 만개하고 이미 내재적 비판의 대상이 된다면, 그럴 때에야 비로소 파악될 것이다. "인간의 해부는 원숭이 해부를 위한 하나의 열쇠이다. 하위의 동물 종류에서 상위자에 대한 암시들은 이와는 달리 오로지, 상위자 자체가 이미 잘 알려져 있어야만 이해될 수 있다. 부르주아 경제학은 이리하여 고대 등등에 대한 열쇠를 제공한다. 그렇지만 모든 역사적 차이들을 지워 버리고 모든 사회 형태에서 부르주아적 형태들만을 보는 그런 경제학자들의 방식에서는 결코 그럴 수 없다. …소위 역사적 발전은 다음에 근거한다. 즉, 마지막 형태가 과거의 것들을 자기 자신을 향한 단계로 고찰하고, 그리고 그것이(마지막 형태—역자) 거의 스스로를 비판할 능력이 없기 때문에 그것은 항상 일면적으로 파악된다. …이리하여 부르주아 경제학은 부르주아 사회의 자기 비판이 시작되고 나서야 비로소 봉건제, 고대, 동양 경제의 이해에 도달했다."[44]

자본주의를 그런 예외적인 방식으로 과거와 미래 역사의 설명 원리로 만든 것은 다음의 상황, 즉 역사 자체가 자본주의와 더불어(설명 원리/자본주의) 그것의 "최초의" 자생성을 궁극적으로 벗어던지고 "생성의 절대적인 운동"[45] 안으로 이행하는 그런 상황이다. 전자본주의적 발전에서 고유한 비역사적인 것이 다음을 통해 성립되었다면, 즉 그것에서(전자본주의 발전에서–역자) 노동의 즉물적인 조건들–그 도구와 재료–자체가 이미 노동의 **산물**이 아니라 선행해 존재하는 대지-자연이고, 이 자연으로부터 또한 활동하는 주체와 이 주체가 소속된 공동체도 근본적으로는 빠져나올 수 없는 그런 상황을 통해 발전이 성립되었다면, 이런 주관적 그리고 객관적 생산 조건들은 이제부터는 역사의 행위자들 자체에 의해 만들어진 어떤 것이 될 것이다. 모든 관계들은 더 이상 자연에 의해 규정된 것이 아니라, 사회에 의해 **정립된 것**으로 서술된다. 이렇게 농업도 산업 부문으로 변환된다. 자본가가 되어, 토지 소유자 자신은 "그 본성에 따르면 직접적인 존속의 원천으로 나타나는 대지의 노동을, 매개된 존속의 원천으로, 사회적 관계들에 순수하게 의존적인 것으로 변화시킨다."[46] 비로소 부르주아 경제학에 의해 중요해지는 노동 과정의 **사회적 형태**는 그것의 물질적 내용을 물리치는데, 여기서 그 내용은 모든 형태에 동일하게 고유한 것으로 나타나며, 지금 그것의 추상적-자연적 규정성에서 특히 전자본주의적임이 입증된다. 역으로–그리고 말하자면, 가상은 그 나름으로도 가상임

---

44 *Ibid.*, S. 262 f.

45 *Grundrisse*, l. c., S. 387.

46 *Ibid.*, S. 187.

을 드러낸다—예의 모든 생산 형태에 공통적이며 추상적인 생산과정의 물질성은 그것의 **내용을** 형성하는 자본의 자기 운동과 동일해진다.[47]

마르크스는, 언급한 바대로, 전자본주의적 생산양식들의 주관적 및 객관적 자연 구속성을 상찬하지 않는다. 그는, 전자본주의적 생산양식들이 "단지 제한되고 원칙적으로 제한된 인간 생산력의 발전"에 대응함을 꿰뚫어보고 있다.[48] 자본주의적 체계의 모든 부정성에도 불구하고 마르크스는 이를 바로 간과하고 있지 않은데, 이 체계가 의미하는 것, 그것도 이러한 부정성 안에서 의미하는 것은 실로 "바로 똑같이 하나의 총체적 혁명과 물질적 생산의 발전이다."[49] 이에 대한 대가는 자연이 "자신을 위한 힘"으로 인정됨을 그치는 것이요, 자연이 "인간을 위한 순수 대상이요, 순수한 유용성의 대상"이 되는 것이다.[50] 상론한 대로, (개인으로서나 공동체로서나) 매개하는 주체가 직접적으로 자연적인 것의 한 부분으로 남는 한에서, 자연 매개의 초기 방식들이 근본적으로는 그것들의 "자기 매개" 방식이었다면, 자연의 매개성은 이제 하나의 엄격하게 역사적인 것이 된다. 그 이유는 사회적이기 때문이다. 비록 자연은 인간 노동의 자기 규정적 물질로서 또한 지금 아직 (사회적인) 주체성으로 환원이 불가하지만, 그것의 즉자태는 오로지 아직 생산 도구를 위한 어떤 것일 따름으로, 이 도구는 자연과정을 하나의 과학적으로 유도된 기술적인 것 안으로 넘겨주며 이를 알아볼 수 없을 정도로까지 변형시켜 기계 장치 안에 녹여 넣어 버린다. 이

47 정치경제학 비판을 구축하는 데 결정적인 형식-내용의 이런 변증법에 관해서는 다음을 참조하라. *ibid.*, S. 211–213.

48 *Ibid.*, S. 396.

49 *Ibid.*, S. 188.

50 *Ibid.*, S. 313.

런 것의 결과로 노동생산성은 탁월하게 성장하게 된다.[51] 주관적 측면으로 이런 발본적인 자연의 탈격화에 대응하는 것이 노동자의 다음으로의 환원 축소이다. 즉 오로지 생산자라는 교환가치로서만 존재하는 것인데, 그것은 "그의 자연적인 생존의 전적인 부정"을 포함하고, 이것은 그가 "전적으로 사회를 통해서 규정된다"[52]는 사태를 의미한다. 노동은 그저 "비대상적인 것"이 될 따름으로—노동자의 "직접적인 육체성"과 만나면서—그것은 "객관적 형태로 존재하는 비대상적인 것 자체"이다.[53] 말하자면 이러한 "절대적 빈곤"은, "자기 관계하는 부정성"sich auf sich beziehende Negativität이요, 인간의 소질과 욕구들의 보편적인 계발이다.

자본은 자신을, 그 자신에 의해 산출된 토대 위에서 확대 재생산한다. 자본은 일찍이 역사적으로 발전되어 왔으며, 이제는 자기의 전제들과 지나간 "그것의 생성의 역사적 선행 단계들"[54]로서 관계한다. "그것의 현존에서는 지양되어 있는"[55] 그런 단계들, 원래 그의 생성의 토대들로 나타난 것은 이제는 "그에 의해 정립된 것으로서—그것의 발생 조건으로서가 아니라, 그 자신의 현실의 결과물로서"[56] 나타난다. 이와 같이 자본주의 체계에서 그것에 역사적으로 선행하는 체계들이 사라지고 전자가 그 자신의 토대 위에서 발전함으로 인해, 고전파 부르주아 경제학자들은 아주 간단하게 자본을 인간의 생산의 영원한 자연 형식으로 고찰한다. 자본의 역사적 제약성이 그들에게 현재적인 한

51 이에 대해서는 다음을 참조하라. *Das Kapital*, Band I, l. c., S. 404 f.

52 *Grundrisse*, l. c., S. 159.

53 *Ibid.*, S. 203.

54 *Ibid.*, S. 364.

55 *Ibid.*, S. 363.

56 *Ibid.*, S. 364.

에서, 이들은 자본의 성립 조건들을 그것의 즉각적 실현 조건으로 소개한다. 다시 말해 그들이 자본가가 형성된 부르주아적인 상황에서 모범적인 존재로서 행동할 수 없는 그런 조건을 가정한다는 것이다. 이러한 점에서 그 상황에서 지배적인 실천이 그것의 이론적인 자기 이해와 화해해야 하는 어려움이 표현된다. 그럼에도 이러한 연관에서 마르크스가 특히 관심을 갖고 있는 것은, 이미 언급했으며 또 방법론적으로 중요한 사태, 즉 그 등장이 하나의 질적인 비약을 의미하는 기성의 부르주아 체계로부터 출발하면서도, 진자적 사유 운동에서 과거와 미래의 역사가 해명된다는 사태에 있다. 사르트르는 실로 부당하지 않게, 확실히 이미 헤겔에게는 존재하는, 마르크스의 "진보적-퇴행적"[57] 방법에 관해 언급한다. 주어진 상황을 그 뒤에 존재하는 과거와 관련 있는 것으로 규정하는 이러한 분석이 밝혀 주는 것은, 그 상황이 동시에 자신을 넘어서는 "-로 되어 가는 운동"[58]과 관련되어 있다는 것이다. "한편으로 전부르주아적 시기들이 **오로지 역사적으로**, 즉 지양된 전제들로서 나타난다면, 지금의 생산 조건들은 **자기 자신을 지양하는 것**으로서, 그리고 그렇기 때문에 새로운 사회 상황을 위한 **역사적 전제들을** 만들어 가는 것으로서 나타난다. 종합하면, 엄밀하게 말해서 인류의 역사 전체를 구성하는 것을 최우선 과제로 삼지 않고 근대 사회의 경제 운동 법칙을 찾아내려는 저 마르크스 이론에는 오로지 두 가지 참된 역사 변증법이 존재할 따름이다. 즉 그때마다의 국가적 여건에 좌우되는, 고대 봉건 시대에서 부르주아 시대로의 다소간은 혁명적인 이행의 변증법 하나와, 부르주아 시대로부터 사회주의적인 것으로의 파국적-해방적 이행의 변증법이 그것이다. 말할 것도 없이 방점은 마지막 것에 찍힌다.

57 *Marxismus und Existentialismus*, a. a. O., cf. S. 70–131.

58 *Grundrisse*, 1. c., S. 365.

그 자체로 이미 부르주아적으로 규정된 "근원적 축적"의 세기들에서는 봉건 사회라는 품 안에서, 나중에는 절대주의적으로 기능이 전환된 봉건 체세의 품 안에서, 화폐와 상품의 자본으로의 변환과 더불어 역사적 삶의 형태로서 부르주아 사회에서 특징적인 자본 관계가 형성된다. 여기서 이 관계는 (계급으로서의) 노동자의 생산수단들, 노동의 물적인 전제들로부터의 추상적인 분리에 근거하고 있다. 분리, 이는 한 번 들어서면 "자본의 생성과 나아가 현존 자체"[59]를 위한 지반을 제공하는 그런 분리인데, 이는 마르크스가 밝히려고 하는 것처럼 그것이 "끊임없이 성장하는 단계들의 사다리"[60] 위에서 재생산되기 때문이다. 역사철학적으로 말하면, 최상의 추상적인, 전 산업적 발전의 "기초적" 변증법은 마르크스주의에서는 궁극적으로 결정적인 생산력들과 생산관계들의 변증법으로까지 구체화된다.[61] 역사적 변증법, 그것이 자본주의를 어떻게 세부적으로 구조화하는가는 다른 말로 하면, 그 자체 장기적인 역사에−하나의 "생성"Werden에 기인하는데, 그에 관해서는 다음 경우에서야 비로소 "현존"Dasein으로 이행했다고,

59 *Ibid.*, l. c., S. 945.

60 *Das Kapital*, Band I, l. c., S. 753.

61 확실히 다음은 이런 변증법을 순수 역학으로 이행시키는 것을 의미했다. 즉 로베르트 하이스의 논의(*Die großen Dialektiker des 19. Jahrhunderts*, Köln-Berlin, 1963, S. 402.)와 더불어 주장해 보면, 마르크스에게는 "불변적이고 긍정적인 요인들인 생산력들과, 불변적이고 부정적인 요인들인 생산관계들이 존재한다". 전체의 어떤 계기도 추상 동일적으로 유지되지 않는다. 마르크스는『정치경제학 비판을 위하여』에서 생산력과 생산관계의 개념들의 변증법은 규정 가능한 한계들 아래 있으며, 이를 통해 그것의 "실제 차이"는 제거되지 않음을 시사하고 있다.(S. 267. 참조.) 바로 발전하는 자본 관계가 생산관계로서의 시장 관계들과 교환 관계들을 특별하게 확장하고 생산과정들의 과학화를, 질적으로 새로운 협업을 만들어 내어 촉진하게 되면, 생산관계는 그 안에서 생산력들이 펼쳐질 수 있는 "발전 형태"로서만이 아니라,−그것은 동시에 생산력이요, 그것도 하나의 본질적인 생산력이다−역으로 그 생산관계가 한번 자리를 잡으면, 그 생산관계에는 사실상 예의 마르크스에 의해서 강조된, 생산력들의 성장을 방해하는 역할이 할당된다.

정말로 말할 수 있을 것이다. 즉 그것의 내용을 이루는 객관적 대립들이 자라나 그것의 지양의 현실적 가능성이 그려지고, 헤겔 논리학의 의미에서 최상의, 즉 "그 안에서 그것의 몰락이 시작되는" 그런 "성숙과 단계"[62]에 도달했을 때에야 그럴 수 있다는 것이다. 이런 시각에서야 **정치경제학 비판**이 소외 비판으로, 상품물신주의와 이데올로기 비판으로 성립 가능해진다. 다시 말해 (그 자체로 이미 자본주의적인) 자본관계의 생성은 이제 그것의 순수한 내재성에서 고찰될 수 있는 그러한 한 체계 안으로 사라졌다.[63] 마르크스는 『초고』에서 확실히 좀 불투명한 곳인 이 부분에 "변증법적 서술은 오로지 그것이 자신의 한계를 알 때에만 올바르다"[64]는 사유를 결합시키고 있다. 우리가 "서술" 개념을, 마르크스가 그것에 부여한 엄격한 의미로 받아들인다면, 다시 말해 문학적으로만 받아들이지 않는다면, 그것이 마땅히 의도하고 있는 것은 다음, 즉 역사적-유물론적으로 파악된 변증법 개념은 전면적으로 발전된 부르주아 사회에 대해서만 유효하고 전자본주의적인 사회에 대해서는 그것이 교환 관계들을 선취하고 있는 한에서만 타당하다는 것이다.

---

62 G. W. F. Hegel, *Wissenschaft der Logik, II*, Lasson, Leipzig 1951, S. 252.

63 현재 실로 경제학적인 자본주의 비판에서 결여된 불충분한 단초들 몇몇을 제외하면, 그것은 특히 다음으로 환원된다. 즉 마르크스에게서 연구된 그것의 체계 내재성은 공산주의 세계가 존재함으로 인해 그 순수성이 손상된다는 것이다. 오늘날에 와서는, 동구 체제를 하나의 단순히 수정되어야 하는, 기계적으로 작용하는 외부 요인으로 바라보는 것은 더 이상 문제가 아니다. 마르쿠제가 소비에트 마르크스주의에 관한 연구에서 했던 것처럼, 서구 사회의 "정의" 안으로 동구 사회의 것이 받아들여지고 있으며, 또 그 반대도 이뤄지고 있다.

64 *Grundrisse*, l. c., S. 945.

자연, 인식 그리고 역사적 실천

동시대 소비에트 마르크스주의에 이르기까지, 독립적으로 받아들여진 자연을 그 자체가 변증법적으로 구조화되어 있는 것으로 입증하려는 모든 시도들의 연원인, 저 엥겔스의 사유를 사태에 맞게 제대로 평가하려고 할 때 겪게 되는 커다란 어려움은 다음에 근거한다. 즉 엥겔스에게는 구체적으로 사회적으로 매개된 자연 개념과 형이상학적-유물론적 자연 개념이 부분적으로 결합되지 않은 채 병렬적으로 존립하고, 또 부분적으로 불투명하게 상호 이해되고 있다는 사실이다. 그렇기 때문에 처음부터 강조되어야 할 점은, 엥겔스에 대해 어떻게 비판하더라도 그것이 단순히 그의 개념틀을 마르크스의 것에서 제거하는 것이 되어서는 안 된다는 것이다. 이미 그것은 오로지 제한된 정도로만 가능한데, 엥겔스에 대한 비판이 또한 항상 공동으로 다듬어 놓은 저자들의 입장에 기인하는 논증들에 의지해야만 하기에 그렇다.

확실히 그들의 길은 보통 생각하는 것보다 훨씬 일찍부터 갈라져 나간다. 양자는 1840대 초에는 18세기의 프랑스 유물론에 깊은 관심을 갖고 있었다. 그럼에도 『신성가족』의 마르크스가 엘베티우스의 유물론에서 그가 유물론을 "곧 사회적 생활과 관련해" 포착하고 있음을 칭찬할 만하다고 생각한[65] 반면, 엥겔스의 무게중심은 처음부터 형이상학적 측면에 놓여 있었다. 1844년 출판된 논문에서 엥겔스는 유물론을 "18세기 과학의 정점"으로, "자연철학의 최초의 체계"로, "자연과학의 완성"의 결과로 기술한다.[66] 엥겔스는 실로 그의 자연 변증법 문건들, 『포이어바흐 테제』, 『반 뒤링』 그리고 『자연 변증법』 등지에서 돌바크의 **자연의 체계**가 상세히 발전시킨 자연 현상의 빈틈없는 연관

65 Marx/Engels, *Die heilige Familie*, Berlin 1953, S. 261.

66 In: Marx/Engels, *Werke*, Band I, Berlin 1957, S. 551.

에 대한 이념을 고수한다. 물론 엥겔스는 이런 연관들을 더 이상 협소하게–기계론적으로 규정하지 않으려는 의도에서 그렇게 했다. 엥겔스의 개념틀의 이해를 위해 중요한 것은 나아가 낭만주의적 자연철학으로 특히 청년 셸링의 것인데, 한편 헤겔 철학은 더 설명되어야 할 여러 이유들로 인해 그 의미가 존재론 주변으로 후퇴한다. 엥겔스에게는 결국 (부분적으로 낭만주의적 자연 사변에 배태되어 있는) 진화론적 이론들, 특히 라마르크-다윈의 "자연사" 개념이 중요해졌는데, 이 개념은 부퐁과 다른 18세기 프랑스 지식인들에게는 이미 잘 알려져 있었다.

마르크스와 엥겔스가 1850년대 말, 두 번째로 헤겔 철학에 관심을 기울일 때, 이것은 마르크스에게는 엥겔스의 헤겔 수용과는 매우 상이한 방식으로 일어났다. 정치경제학을 주제로 다뤘던 마르크스는 "이를 변증법적으로 서술할 수 있기 위해 헤겔 철학을 비판하여… 비로소 정확하게 표현하려고 하였다."[67] 그러면서 그는 우리가 본 것처럼, 그런 서술의 객관적-역사적 한계들을 잘 의식하고 있었다. 이와는 달리 엥겔스는 변증법적 범주들을 이용하여 기존의 근대 자연과학의 결과물들을 해석하는데, 그것의 전문적인 문제 안으로는 그 자신도 깊이 들어가지 못하고 있다. 그는, 마르크스가 정치경제학에 하듯이 자연과학들에 새로운 내용을 부여할 수 없었고, 후자가 제공한 자료들을 체계화하는 것에 만족해야만 했다. 이런 사정을 엥겔스는 다음과 같이 강령적으로 표현한다. "경험적 자연 연구는 엄청난 양의 실증적 인식 재료들을 축적한다. 그것을 모든 각각의 개별 연구 영역에서 체계적으로 그리고 그것의 내적 연관에 따라 정리해야 할 필연성은 전적으로 피할 수 없는 것이 되어 버렸다."[68]

그로부터 엥겔스가 자신의 프로그램에 보조를 맞추려고 노력했

67 Marx an Engels, Brief vom 1. 2. 1858, in: Marx/Engels, *Werke*, Band 29, Berlin 1963, S. 275.

68 *Dialektik der Natur*, Berlin 1952, S. 31.

던 그런 정신사적 상황은 철학으로부터 자연과학의 궁극적인 해방으로 특징지워진다. 당시 이 해방은 그것이 실증주의적인 것이든 통속적-유물론적인 것이든, 역학 관련 문헌들에서 부박하게 표현되어 있었다. 마찬가지로 그것은 1850년대 중반 즈음 소위 "유물론 논쟁"이 진행되면서도 대단히 널리 퍼져 나간다. 이제 엥겔스가 아무리 원칙적으로 유물론적 입장을 긍정한다 하더라도, 바로 그렇게 그에게 실로 문제가 되었던 것은, 자신을 뷔흐너나 포크트와 몰레쇼트 같은 통속적인 저자들과 비판적으로 분리하는 것이었다. 그것이 엥겔스가 변증법을 자연의 유물론적 관점 안으로 끌어들임을 통해서 하는 것이었다. 여기서 그 동안 파리 논쟁에서 당연히도 결정적인 것으로 보아 온 문제, 즉 도대체 추상적인 물질로 환원된 자연에 "총체성", "모순", "생산성", "내재적인 부정" 등의 변증법적 규정들이 귀속될 수 있는지, 모든 각각의 변증법적 이론에 의해 주관적 반성이 (그리고 계기로서만이라도) 무조건적으로 필요하다고 정립되는 것은 아니지 않은지 하는 문제들이 제기된다.

헤겔이 『정신현상학』 서언에서 싹은 꽃이 피어날 때 사라지고, 다시 그것의 더 높은 진리로서 열매가 맺힐 때 그를 위해 길을 비켜 준다고 말할 때[69], 사람들이 여기 묘사된 과정을 식물의 직접적인 변증법으로 이해하려고 할 수도 있을 것이다. 진실로 거기서는 그것의 사유되지 않은 삶이 문제가 아니라, 그것의 **개념의** 삶이 문제다. 자주 그렇듯, 헤겔은 자신의 변증법을 자연적-유기적 과정들로 일목요연하게 설명한다. 다른 면으로 그는 보다 하위의 것인 이 과정들의 개념의 운동을 위한 구성적 역할을 인정하지 않는다. 직접적으로 존재하는 바로서 식물은 하위의 것을 대자태Fürsichsein로 끌고가지 않는다. 그

69 G. W. F. Hegel, *Phänomenologie des Geistes*, Hoffmeister, Hamburg 1952, S. 10.

것은 "그저 개인성의 한계를 건드릴 뿐이다."[70] 그것은 유일하게 "이성적" 사유에게는 변증법적으로 구조화된 것으로 나타난다. 즉 그 사유는 식물을 추상적 오성을 통해 싹, 꽃, 그리고 열매 등으로 이미 분절된 것으로 존재하게 만들고 이런 단순히 오성적인 개념들을 "유기적 통일의 계기들"[71]로 만든다. 즉 개념으로 번역한다. 그러나 자연을 이성적으로 파악함은 자연을 물질성 안으로 가라앉은 **이성으로** 파악하는 것을 의미한다. 왜냐하면 "자연의 내적인 것이 보편자와 다른 것이 아니기 때문에, 우리가 사유를 하면, 우리는 우리 자신 자체 안에 들어 있는 이러한 자연의 내적인 것 안에 존재하기 때문이다.[72] 헤겔의 자연철학은 다음 확신, 즉 자연 안에서 개념이 개념에 관해 말하고, 무한히 많은 형성물들의 뒤죽박죽 아래 감춰져 있는 개념의 참된 형성물은, 자연에게 자신을 입증하게 된다는 그런 확신에 의해 연명해 나간다."[73]

자연과학적 방향의 유물론자로서 엥겔스는 바로 이러한 확신에 복종하지 않는다. 그는 완전히 헤겔의 "합리적 물리학"[74]처럼 이 확신을 경험적으로 획득한 자연과학들의 소견들과 관계하는 것이 아니라, 그의 "자신의 고유한 내재적인 필연성"에서 하나의 전체로 서술되어야 하는, 그런 보편자와 관계한다.[75] 그러나–그리고 그것은 본질적 차이이다–엥겔스가 헤겔과 달리 엄밀하게 자연과학적으로 머무르려고

70 *Ibid.*, S. 187.

71 *Ibid.*, S. 10.

72 G. W. F. Hegel, *Sämtliche Werke*, Band 9, Glockner (System der Philosophie 2), Stuttgart 1958, S. 48.

73 *Ibid.*, S. 722.

74 *Ibid.*, § 244, Zusatz, S. 32.

75 *Ibid.*, § 246, S. 37.

할 때, 그는 이런 소견들을 그것의 변증법적인 "개념"으로 만들 수는 없었다. 왜냐하면 그것은(보편자—역자) 궁극적으로는 이러한 소견들의 신적인 로고스로의 환원을 포함할 것이기 때문이다. 그렇기 때문에 엥겔스에게 중요한 것은, 사태의 본질에 따르면 오직 다음, 즉 경험과학들의 가장 보편적인 연구 결과물들을—이리하여 사유적으로 이미 가공된 어떤 것을, 역사 상태에의 의존자를, 따라서 자연의 "즉자태"와는 완전히 상이한 것을—실증주의적 "개별과학" 풍으로 체계화하면서 완성 가공하는 것이다. 엥겔스가 이 가운데 변증법적 범주들을 사용하는 것은 별 영향이 없는 단순한 보증일 수밖에 없었다. 오성에 의해 고정된 사태들은 다시 오로지 외적인 반성 연관에 넘겨야 한다. 그것의 사변적 함의들에 대해서는 전혀 걱정하지 않고, 엥겔스는 자연 현상들에 변증법적 운동 형식들을 "적용한다." 이 이전에 그는 이것에(변증법적 운동 형식들—역자) 하나의 유물론적 기호를 붙이는데, 이 기호는 마르크스에게 있고 또 **있을 수 있는** 것과 같은 그런 현실적 개조를 대체해야 한다는 것이다. 이렇게 엥겔스는 다음과 같은 방식의 건조한 정의들에 다다른다. "세포는 헤겔의 즉자태Ansichsein이며, 이는 그것의 발전에서 헤겔적인 과정을 두루 겪어 가는데, 이는 결국에 가서 '이념', 매번 완성된 유기체가 이로부터 발전되어 나올 때까지 지속된다."[76] 혹은 엥겔스는 지질학을 거두절미하고 "일련의 부정된 부정"이라고 표현하는데, 이와 같은 것은, 지질학이 옛 암석 형성물들의 일련의 계기적 붕괴와 새로운 암성 형성물들의 퇴적이라는 것과 동일하다고 한다.[77] 자신과 바로 헤겔의 의식적 관념론적 자연철학이 악명을 얻는 데 공헌한 그러한 여러 가지에서 인위적인 것, 잘못 구성된 것, 기묘한 것 등은 엥겔스에게는 어쩌면 더욱 기괴하게 나타날지도

76 Engels an Marx, Brief vom 14. 7. 1858. In: Marx/Engels, *Werke*, Band 29, l. c., S. 338.

77 *Anti-Dühring*, Berlin 1953, S. 167.

모른다. 여기서 엥겔스의 유물론적 경향은 개별과학적 경험과의 접촉을 유지하면서 헤겔의 변증법적 자연철학을 가지고 자체 내 구조화된 전체임을 입증해 내려 하는데, 이는 조정될 수 없는 갈등 속에 존재한다. 헤겔이 자신의 시도의 명백한 결함을 여전히 자연 자신에 떠넘겼을 때 자연의 "무기력"은 "외면성"[78], "풀리지 않은 모순"[79]에 존재했고, 비록 모순이 자연의 "내적 형성자"[80]라고 해도 이 모순이 개념의 엄밀함을 벗어나 있었다면, 엥겔스는 이런 후퇴의 가능성을 더 이상 갖고 있지 않다. 경험적인 것을 사변적 물리학 안으로 지양하려는 노력에서, 또한 항상 그것의 상이성을 고수하는 헤겔과는 다르게, 엥겔스는 모든 자연철학에 통행증을 발급하고 자연 안에서, 그것이 이론적 사유와는 독립적인 것처럼, 변증법을 확립하려고 노력한다. 그는 자연과학 자체의 전前철학적 움직임을 변증법적인 것이라고 설명하지 않을 수 없었다. 자연 안에서 발견된 과정들과 법칙들은 엥겔스에게는 그의 도그마적인 세계관으로 향하는 이론의 "실증적 모델"의 지위를 차지한다. 이리하여 그에게 "자연 안에서 모든 운동의 통일은… 하나의 자연과학적 사실"[81]이다. 엥겔스가 이러한 자연의 운동을 개별적으로 어떻게 규정하는지를 보다 자세히 들여다보자. 즉 엥겔스는 자연의 운동에 관해서 주장하기를, 자연이란 "단순한 위치 변화가 아니라", "초역학적인 영역들에서의 또한 질적 변화"[82]라고 하는데, 즉 그가 그것의 변증법적인 상대화를 다룰 수 있기 위해서는 바로 저 역학

78 Hegel, *Sämtliche Werke*, Band 9, l. c., § 247, S. 49.

79 *Ibid.*, § 248, Zusatz, S. 54.

80 *Wissenschaft der Logik, II*, l. c., S. 231.

81 *Dialektik der Natur*, l. c., S. 31. 이 점에서 소비에트 정통주의자들은 오늘날까지 엥겔스를 따른다.

82 *Anti-Dühring*, l. c., S. 467.

을 상당한 정도로 승인해야만 했다는 사실이 밝혀진다. 하지만 은밀하게는 그에게 변증법이란 기껏해야 매끄럽게 해석된 발전의 역학으로 퇴화한다. 왜냐하면 변증법이 "모든 지그재그 운동과 당분간의 후퇴들을 두루 거쳐 아래에서 위로 관철되는… 진보의 근원적인 연관을 넘어서지 못하기 때문이다."[83] 이제 소위 **자연 변증법**은 단순한 인과 연관을 넘어 "보편적인 상호작용"[84]을 향해 간다. 이 안에서 엥겔스는 넘어설 수 없는 하나의 인식을 본다. "왜냐하면 바로 그 뒤에는 아무 것도 인식되는 것이 없기 때문이다."[85] 하지만 이를 통해 그는 스스로, 자신의 자연 고찰이 궁극적으로는 선-변증법적임을 인정한다. 상호작용은 역학적 인과성과 비교하면 보다 고차적이기는 하다. 왜냐하면 보다 풍부한 범주이기 때문이다. 그렇지만 또한 그것은, 헤겔이 언급한 대로, "말하자면 개념의 경계에 존재한다. …이 가운데 주어진 내용을 오로지 상호작용의 관점으로만 고찰하는 데 머무른다면, 이것은 사실, 철저히 무개념적인 태도이다. 그렇게 한다면 어떤 메마른 사태와만 관계할 따름이며, 매개의 요청은… 충족되지 못할 것이다."[86] 엥겔스가 "인간의 자연에 대한 반작용"[87]을 의식적으로 외면함으로써, 즉 그와 같은 상호작용이 자연 연관 안에 들어섬을 외면함으로써, 사회적 노동이 의미하는 것과 그것이 지닌 역사적으로 변화 가능한 욕구들로부터 또한 다음 상황도 설명된다. 즉 인식은, 개별적 자연 현상들의 인식을 보장하기 위하여, 그것의 포괄적 연관들을 분해해 항상

83 *Ludwig Feuerbach und der Ausgang der klassischen deutschen Philosophie*, Wien-Berlin 1927, S. 51.

84 *Dialektik der Natur*, l. c., S. 246 f.

85 *Ibid.*, S. 246.

86 *Sämtliche Werke*, Band 8, Glockner (System der Philosophie 1), Stuttgart 1964, S. 346 f.

87 *Ludwig Feuerbach*, l. c., S. 55.

다시 고립된 인과관계로 복귀해야만 한다는 상황이 설명된다. 오로지 그렇게 해야만 자연의 필연적인 진행들이 인간의 목적들과 매개된다. 바로 하나의 유물론 이론이라면 다음, 즉 인과성에서 상호작용으로의 사변적 이행 및 현실적 이행과 그 역을 정립하고 또한 후자로부터 목적론으로의 이행을 정립하는 사회적 생산 행위와 더불어 구체적 변증법이 작동하게 된다는 것을 주장할 것이다. 엥겔스가 하려는 것처럼 기계적 해석 방식의 한계를 통찰하는 사유 자체가 변증법적이지 않은 것처럼, "역사적 자연관"[88]과 변증법은 동일시되지 않는다. 자연사적 유물론은 라마르크에게서처럼 생물학적 종들의 진화가 환경 요인들의 기계적 발전과 변화에 제약된다고 생각한다. 생명체들의 계열은 오로지 순수한 양적 단계들, 미세한 이행들을 알 뿐으로 급격한 비약들은 모른다. 질적 차이라는 인상은, 과학에 특정한 연결 고리가 결여될 때 생겨난다. 다윈의 이론도 근본적으로는 이에 따른다.

그러나 경험적 연구 자체보다 훨씬 더 낭만적인 사변은, 엥겔스가 떠올리는 바와 같은 그런 자연 변증법의 불가능성을 입증하고 있다. 1799년 나온 셸링의 『하나의 자연철학 체계의 첫 번째 초안』은 명백히 자연사를 가르치고 있다. 이 『초안』은 이를 "역동적인 등급"[89]으로서의 "절대적 행동"[90]으로서의 자연으로부터 연역하려고 한다. "역동적"이라 함은 여기서 자연을 죽은 기계론으로부터 구원해 자유롭게 발전할 수 있도록 해 주는 어떤 철학을 의미한다. 자연은 절대적으로 생산적인 동시에 원래 대립된 경향들이 그 안에서 작용함을 통해 무한히 제어된다. 자연의 산물들 그 어떤 것에서도, 그 안에서 저 경향들이 쇠락하지는 않는다. 그렇기 때문에 그 산물들 각각은 항상 또한 자

88 *Ibid.*, S. 35.

89 F. W. J. Schelling, *Werke*, 1. Abtlg. III, Stgt. u. Augsb. 1858, S. 6.

90 *Ibid.*, S. 13.

신들을 넘어서는 충동이요, 무한한 생산성으로—"항상 생성되어 가는 것이지 결코 그냥 있지는 않는, 절대적 생산물이다."[91] 그 점에서 셸링은 위에서 언급한 자연 연구자들에 가깝다. 셸링이 그의 관념론에도 불구하고 그의 시대에 존재했던 개별과학적 소견들에 의지하고 있었기 때문에, 생산성과 생산물, 유동성과 응고의 긴장은 그에게서는 좀 더 반성철학적으로 외부로부터 기술되어 내재적-변증법적 결론에 이른다. 그렇기에 하나의 질로부터 다른 질로의 비약적 이행은 말할 필요조차 없다. "사람들이 연속성의 결핍이라는 가상에 의해 어리둥절하고 있어야만 하는 것은 아니다. 자연 단계의 이러한 중단은 오로지 반성을 위한 산물들의 관점에서만 존재하지 직관을 위한 생산성의 관점에서 존재하지 않는다. 자연의 생산성은 절대적 연속성이다. 때문에 우리는 예의 조직의 등급들을 기계적이 아니라 역동적으로, 즉 생산물들의 등급으로서가 아니라 하나의 생산성의 …으로 제시할 것이다. 그것은 하나의 산물로, 모든 생산물 속에 살고 있다. 폴립(산호류의 한 형태—역자)에서 인간으로의 비약은 확실히 엄청나 보이며 전자로부터 후자로의 이행은, 그 사이에 양자의 연결 고리가 들어서지 않는다면 설명할 수 없을 것 같아 보인다."[92]

이러한 셸링의 자연 개념틀의 관점을 헤겔의 해당 관점과 간단히 비교해 보는 것이 유용할 것이다. 그 이유는 이 비교가 엥겔스에게서 부활하고 있는 이러한 자연철학이 빠져들어 있는 나쁜 모순을 명료하게 해 주기 때문이다. 다시 말해 이 자연철학은 자연 형태들의 시간적 성립에 근거해 자신을 구분하기에 자신의 변증법적 성격을 상실하거나, 또는 변증법적이어서 헤겔처럼 자연사의 실존을 논박하지 않을 수 없다. 헤겔에게서 그것이 의미하는 바는 다음과 같다. "자연은 단

91 *Ibid.*, S. 16.

92 *Ibid.*, S. 53 f., Fußnote.

계들의 체계로서 고찰되어야 한다. 자연에서 한 단계는 다른 단계로부터 필연적으로 생겨난다…. 그렇지만 하나가 다른 하나로부터 **자연적으로** 산출되는 것이 아니라 자연의 근거를 마련해 주는 내적인 이념 안에서 산출된다. …한 자연 형태에서 보다 고차적인 것으로의 이행을 외적-현실적 생산으로 간주하는 것은 보다 옛, 그리고 새로운 자연철학의 서투른 표상으로, 이 생산을 사람들은… 과거의 어둠 속에 남겨 놓았던 바이다. 자연에게 바로 외면성은 고유한 것으로, 이는 차이를 와해시키고 그리고… 관련 없는 실존들로서 등장시킨다. 저 **단계들을** 계속 이끌어 가는 변증법적 개념은 그와 같은 것(단계들–역자)의 핵심das Innere이다."[93]

헤겔의 변증법이 전체적으로 논리적인 것과 발생적인 것의 통일을 아무리 가르친다고 해도–실로 다름아닌 논리학의 "외화"라고 하는 자연에서, 이러한 발생적인 것은 무시간적-논리적 생성Werden이다. 형태 변화는 개념에 국한되는데, "그것의 변화만이 발전이다."[94] 개념이 자연에서 생동하는 개인으로서 존재하는 한, 후자(개인–역자)는 발전하지만 유는 아니다. 자연의 변증법은 헤겔에게서는 하나의 내적인 질서를 표현하며 실제 역사를 표현하지는 않는데, 정신적 지반에서야 비로소 이 역사에 도달한다. "우리가 발생의 표상을 사용할 때, 그런 건조한 순서들을 역동적으로 혹은 철학적으로 또는 보다 개념적으로 또는 사람이 그것을 부르고자 하는 대로 만든다"[95]고 생각해서는 안 된다. 이제 헤겔이 사변 변증법을 위하여 자연사를 바로 예의 순간에 부정했다고 조롱하는 것보다 더 값싼 행위는 없을 것인데, 이때는 발전에 대한 사유가 생물학에서 또한 철학에서조차 어디에서나 관철

93 *Sämtliche Werke*, Band 9, l. c., § 249, S. 58 f.

94 *Ibid.*, S. 58.

95 *Ibid.*, S. 60

되기 시작하던 순간이었다. 어쨌든 헤겔은, 자연적 세계와 역사적 세계 사이의 질적인 차이를 평준화 앞에서 보존하고 있다. 엥겔스에게서도 이 평준화는 상당한 정도로 일어나지 않을 수 없었다. 그의 발전론은 셸링의 의미에서는 "역동적"이기를, 헤겔적 의미에서는 "변증법적"이기를 원하고 있었다. 그 가운데 위에서 기술한 나쁜 모순에 빠져들면서, 엥겔스는 스스로를 다음과 같이 도우려고 한다. 즉 그는 헤겔의 『자연철학』보다는 『**논리의 학**』에 경도되어 있는데, 특히 헤겔이 **예비학**에서 눈에 띄게 "존재론적 논리학"이라는 제목 아래 다루고 있는 존재의 논리학을 향하고 있다. 엥겔스는 바로 "척도 관계들의 매듭"이라는 명제에 고무되어 이를 따른다. 왜냐하면 이것이 그에게는 실재적인 과정을 하나의 동시에 연속적이면서도 분산된 것으로 파악하는 것을 허용해 주는 것으로 보였기 때문이다. 『**자연철학**』에서는 무시간적인 질서의 것들로 나타나는 여러 단계들은, 『**논리의 학**』에서는 양적인 계열 안에서의 질적인 비약들로 나타난다.[96] 여기서 헤겔이 자신의 자연론에서와 아주 똑같이 구조적이면서 그리고 우선적으로 발전사적 연관 일변도는 아닌 그런 연관들을 떠올리고 있음이 부분적으로는 다음 사실을 통해 은폐되고 있다. 즉 헤겔은 여러 주석에서 질양/양질 전이를 설명하기 위해 보통 그에게서는 금기시된 수많은 "예"를 사용하고 있는데, 이 가운데 헤겔이 특히 자기 시대의 화학을 고려하고 있다는 사실이 그것이다. 특히 엥겔스는 이에 동조하는데, 그의 관심은 처음부터 진화론적인 것이지 논리적인 것이 아니다. 그러나 "더 많이, 더 적게라는 등급 위에서 척도들의 매듭"[97]이 직접적으로 자연사적으

96 엥겔스를 통한 이런 식의 헤겔 이론 수용에 관해서는 특히 엥겔스가 마르크스에게 보낸 1858년 7월 14일 자 편지를 참조하라. In: Marx/Engels, *Werke*, Band 29, l. c., S. 337–339.

97 Hegel, *Wissenschaft der Logik, I,* l. c., S. 380.

로 이해된다면, 양적인 것에서 질적인 변화로의 이행이 "보편적인 발전 법칙"으로 이해된다면, 하버마스가 올바르게 지적하고 있는 바대로 그것은 "양적인 증가의 기계적인 사이비 변증법"이 될 것이며, 이것은 셸링에게서 중심이 되는 이원론과 대립성들 너머로 자신을 고양시키는 그러한 현실적 변증법보다는 "차라리 셸링의 자연철학에서의 양적 차이의 어떤 것과 관계한다."[98] 엥겔스가 세계의 물질적 통일성을 **실천적**으로가 아니라 형이상학적으로 파악함으로써, 그의 후기 이론은 헤겔이—확실히 스스로 이런 관점에서 부담을 지고 있다—셸링을 "자연철학적 형식주의"로 비난하고 있는 것과 어떤 유사성을 가지게 된다.[99]

엥겔스가 헤겔『논리의 학』1부 '존재론'을 수용한 방식에 대해서는, 헤겔과 그의 관계 전체에 대해 언급된 부분이 유효하다. 엥겔스의 수용은 헤겔의 범주들에 곳곳마다 부여되고 있는 관념론적 의미들을 거부하고 있다. 헤겔이 "객관 논리학"에 관해 이야기하면, 엥겔스는 곧바로 이런 객관성을 자연과학적으로 해석하는 쪽으로 기운다. 반면 헤겔에게 객관 논리학은 존재의 논리학으로서만 존속한다. 이는 후자가 그 자신의 근거로서 본질 안으로 되돌아가서는 자신이 결국 "개념"임을, 즉 절대적 주관성임을 입증하는 한에서이다. 헤겔적 범주들을 구체적-유물론적으로, 이리하여 사회적으로 새로 규정하는 대신 엥겔스는 이 범주들을 외적 개별과학적 사태들에 적용한다. 그 가운데 이 사태들은 헤겔적 범주들이 변증법 안에 포함하고 있는 것, 즉 역사적 실천으로부터의 추상에 힘입고 있다. 그것은 세계 일반에 관해서 유효해야 마땅한데, 이 가운데 엥겔스는 소박하게도 세계에 관한 연구

98 Jürgen Habermas, *Theorie und Praxis*, Neuwied am Rhein und Berlin 1963, S. 272, cf. auch S. 270–272.

99 Cf. *Phänomenologie des Geistes*, l. c., S. 41 f., besonders auch *Werke*, Band 9, l. c., § 359, S. 629 f.

가 해내는 것은 그것의 순수한 즉자태에 관련된 것이라고 본다. 사실, 이폴리트가 본질적인 어려움을 묘사하고 있는 것처럼, 엥겔스에게서 자연의 역사화는—그러나 완전하게는 소비에트 마르크스주의에서 이뤄진다—인간 역사의 자연화로 진행된다. 이는 확실히 그 사회적 기능과 기원이 마르크스와 엥겔스에게서 똑같이 통찰되었던 사회다윈주의 식은 아니다. 여기서 역사의 자연화는, 엥겔스가 역사를 자연의 보편적 운동 법칙과 발전 법칙의 특수 전용 영역으로 끌어내렸다는 것을 뜻한다. 그는 이를 통해 스탈린주의적 이데올로기에서 특징적이며 마르크스의 관점들 아래에서는 의미가 없는, 변증법적 유물론과 역사유물론이라는 이론의 제도적인 분류로의 길을 닦아 놓았다. 인간의 역사가 의식을 타고난 존재에 의해 만들어진다는 사실은 다름아닌 사태를 좀 복잡하게 만드는 요인으로, 엥겔스는 이를 간결하게 다음과 같이 표현한다. "지금 또한 자연 전체는 역사로 해소되고, 그리고 역사는 오로지 자기의식적 유기체들의 발전 과정으로서 자연사와 상이하다."[100] 마르크스가 사회의 "자연법칙들"에 대해 언급할 때, 즉 정치경제학 비판은 사회구성체의 발전을, 이 안에서 인간들이 "경제적 범주들의 인격화"[101]가 되어 있는 그런 "자연사적인 과정"으로 파악한다고 말했을 때, 그것은 다음의 비판적 의미를 지닌다, 즉 인간들은 통제되지 않는 물적 조건들의 체계 아래 포섭되어 "2차적" 자연으로서, 자연과 마주해 자신을 관철해 나간다는 것이다. 이런 비판적 동인은 엥겔스에게서 사라지지 않았다. 특히 그것은 『반 뒤링』에서 뚜렷하다. 그러나 엥겔스가 "가치와 무관한" 자연의 발전 법칙으로부터 출발하여 사회의 발전 법칙으로 이행한다는 그러한 상황, (비록 그가 마르크스와 40년 동안 바로 반대 방향의 길을 갔음에도 불구하고) 그의 표현들의

100 *Dialektik der Natur*, l. c., S. 252.

101 *Das Kapital*, Band I, l. c., S. 8.

많은 것이 긍정적으로 해석됨은 실로 필연적이다. 엥겔스가 한 면에서 아직 역사적 법칙들의 객관성이란 하나의 가상이며, 이 객관성이 오로지 항상 인간의 "고유한 사회적인 행위"[102]의 객관성일 수 있을 따름이라는 명료한 의식에 지배되었다면, 이러한 비판적인 통찰은 다른 면으로는 다음을 통해 약화된다. 즉 그가 사회주의에서 이러한 법칙들이 "완전한 세부 지식을 가지고 응용되고 이를 통해 관리 통제"되어야 한다고 생각했다면, 반면에 마르크스에게서 중요했던 것은, 이것들이 해방된 개인들의 이성적인 행위들 가운데 해소되면서 **소멸한다**는 것이었다. 자연주의적으로 엥겔스는 인간에 의해 산출된 법칙들을 물리적 자연법칙들과 동일시한다. 물론 인간들은 이 물리적 자연법칙들을 오로지 응용하고 관리할 수 있을 뿐이다.

스탈린이나 스탈린주의 모두로부터 역사적 법칙들의 범할 수 없는 객관성에 대한 미신이 생겨난다. 이 객관성은 인간의 의지와는 독립적으로 작용하며 자연법칙과는 어떤 점에서도 구별되지 않는다.[103] 오랜 세월 동안 공식 이데올로기에서도 이런 무개념의 객관주의가 가장 거친 주관주의와 일치한다는 것을 알고 있었다는 사실은, 소위 스탈린에 대한 개인 숭배에서 표현되는 것처럼 우연이 아니다. 양 측면은 상호 보완적이다. 마르크스에게서 비판 대상인 것이 스탈린주의에서는 과학적 규범의 지위로까지 고양되었다. 주체들은 기껏해야 이런 법칙들을 연구하고 자신들의 행위에 이를 고려해야 하는 상황에 처해 있다는 것이다. 사실적으로 수행된 관계들의 물화를 지배의 관심에서 "모방할" 궁리만 하는 교리는, 인간 일반의 행위 없이 이런 법칙들이 존재할 수 없으리라는 것에 대해서는 **이미 더 이상 안중에도 없다**.

다음의 사실, 즉 엥겔스에게서 항상 자연과학적 개념 형성을 매개

---

102 *Anti-Dühring*, l. c., S. 351.

103 Cf. J. W. Stalin, *Ökonomische Probleme des Sozialismus in der USSR*, Berlin 1953, S. 4 f.

로 하여 그대로 존재하고 있던 변증법적 발전 법칙들과 범주들은 자연, 사회 그리고 사유에 대해서도 동일하게 타당해야 한다고 하는데, 그 후 이것이 특히 스탈린과 마오쩌둥에게서, 또한 자연과학적인 문제들에서도 벗어나 직접적인 존재 언표로 설명되었다는 사실은, 원래는 비판적이면서도 발본적 역사적인 이론이 존재론화하는 방향으로 또 한 걸음 더 내딛었다는 것을 의미한다. 그리하여 세계 안에 있는 모든 사물처럼 대상에는 모순들이 내재한다는 주장은 하나의 대상에 대한 모든 특별한 연구에서 공리적 확신을 가지고 관철되었다. 스탈린 이후 시기에서도 여전히 강력했던 경향. 투가리노프 같은 저자에게서 "존재론" 개념은 긍정적으로 수용되었고, 하르트만의 철학을 연상시키는 범주들의 체계가 추구되었다. 보편적 세계관으로까지 실체화되어[104] 변증법은 일상의 정치적 시국들에 따라 변화하는 원칙들의 범주로 수축되었는데, 이것은 공허한 껍질들과 도식으로서의 내용들에 덮어씌워졌다.

이제 마르크스가 변증법 문제에 접근하는 방식을 살펴보기로 하자. 우선 눈에 띄는 것은 엥겔스와는 달리 마르크스는 변증법을 법전화하거나 그것의 운동 형식들을 자연과 역사를 분리된 것으로 생각하는 그러한 대상 영역들에 편입시키지 않는다. 그는 처음부터 변증법에 대해 정말로 비판적으로 관계한다. 비록 한평생, 변증법을 "무조건적으로 모든 철학의 맺음말"로 인식하고 있었음에도, 마르크스는 항상 "이를 헤겔에게서 가져온 신비적인 가상에서 해방시켜야 할"[105] 필연성을 강조하고 있다. 그러는 가운데 마르크스에게 분명한 것은, 이

104 마르쿠제가 이를 보다 상세하게 기술한 사례로는 다음을 참조하라. Marcuse, H., *Die Gesellschaftslehre des sowjetischen Marxismus*, Neuwied am Rhein und Berlin 1964, S. 136–155.

105 Marx an Lassalle, Brief vom 31. 5. 1858, in: Marx/Engels, *Werke*, Band 29, l. c., S. 561.

과제는 사람들이 변증법을 세계관적 보증들의 잡동사니로 이행시켜서는 해결되지 아니하고, 오로지 개별적으로, 그것이 인간 세계의 역사적 과정들에 어떻게 내재해 있는지를 보여줌을 통해서만 성취될 수 있을 것이라는 사실이었다. 그렇기 때문에 마르크스가 "역사적 과정을 배제하는 추상적이며 자연과학적인 유물론"[106]을 거부하는 일이 일어나는데, 그에게서는 이 역사적 과정의 관점에서야말로 그때마다의 연구의 문제 제기들과 결과물들이 비로소 전적으로 파악될 수 있다. 자연은 항상 오로지 역사의 지평에서만 현상하며 이 역사는 힘주어 말하자면, 오로지 인간들에게만 귀속될 수 있다. 그러나 일단 역사는 직접적으로 실천이다. 실천 개념은 1845년의 「포이어바흐에 관한 테제」에서 도달한 바처럼, 바로 **이론적으로** 가장 중요한 마르크스의 개념이다. 마르크스에게서 유물론이 무엇을 의미하는지 그리고 어떤 권리로 유물론을 변증법적이라고 부를 수 있게 되는지에 대해 명료하게 알고자 한다면 이 실천 개념으로 항상 되돌아가야만 할 것이다. 모든 소비에트 마르크스주의적 해석과는 달리 진정한 마르크스주의는 자연화된 헤겔주의가 아니다. 이런 류의 헤겔주의는 존재론적인 기층, 정신을 다른 것, 물질로 단순히 대체하는 것을 넘지 못한다. 마찬가지로 진정한 마르크스주의는 플레하노프가 정신사적으로 정리하려고 했던 것처럼, "헤겔 변증법과 포이어바흐의 자연주의의 종합 Synthese"이 아니다. 그것이 블로흐에게서 동일철학적으로 발전된 바와 같은 신비적인 우주론과는 어떤 것도 공유하고 있지 않다는 것은 자명하다. 마르크스 유물론의 본질은 그렇게 오랫동안 소홀히 되어 왔다. 사람들은 그것을 관념론적 성격에 대한 단지 철학 내적인, 세계관적인 대안으로 해석해 왔다. 그렇지만 유물론은 매우 똑같은 정도로 철학으로서 철학의–확실히 스스로가 여전히 철학적으로 동기부여

106 *Das Kapital*, Band I, l. c., S. 389.

된–비판과 지양이다. 유물론은 전 사회적-역사적으로 방향을 잡고 유물론이 철학 내적 물음을, 바로 그 때문에 그 즉물적 내용을 부정하지 않은 채, 도출되고 매개된 것임을 통찰하는 한에서 철학 너머로 자신을 고양한다. 엥겔스가『포이어바흐…』에서 "철학 전체에서 최고의 문제"[107]라고 표현한 것, 즉 "사유와 존재, 정신의 자연과의 관계"에 대한 질문이 그 중요성을 크게 상실했을 때 사람들이 일찍이 분명하게 했었던 것은 "사유"와 "존재", "정신" 그리고 "자연"과 같은 개념들 및 자연과학적인 설명 방식들은 실천에서 연원하는 산물들로, 인간들이 그것들을 가지고 역사적으로 제한된, 어떤 영원한 문제들을 풀려고 시도하지 않았다는 것이다.[108]

물질적 존재가 외연적, 내연적 무한성으로서의 역사적 실천의 모든 형태에 선행하기는 한다. 그러나 그것이 인간들에게 의미 있어지는 한, 물질적 존재는 그것의 이론에 대한 발생론적 선차성 측면에서 유물론적인 것으로 가정되어야 하는 그런 예의 추상적-물질적 존재가 결코 아니라, 2차적인 것으로 역사적 노동에 의해 전유된 것이다. 그때마다 마르크스는 자연을 의미하는 어떤 것이 지닌 사회적으로 매개된 성격을 자신의 전체 발전 가운데 고수하는데, 그러는 가운데 그에게는 자연상의 변천하는 내용보다는 그것의 변화의 역사적 조건이 문제였다. 여전히 마르크스는 자신의 마지막 작업들 중 하나인 「아돌프 바그너의 정치경제학 교과서에 대한 방주」에서 조롱조로 그저 "학자연하는 교사"에게서만 "인간과 자연의 관계가 처음부터 실천적인 것, 따라서 행위에 의해 정초된 관계들이 아니라 이론적인 관계

107 *Ludwig Feuerbach*, l. c., S. 28.

108 게다가 엥겔스 자신은 그런 고찰 방식을 권유하고 있다. 엥겔스는 예의 물음들을 던지면서 동시에 덧붙이기를 그것들을 "모든 종교들보다 적지 않게, 그 뿌리를 편협하고도 무지한 원시 자연 상황에 관한 표상"에 두고 있다.

다."[109]라고 단언한다. 그럼에도 일단 인간들이 그들의 욕구들을 만족시키기 위한 외적 수단들에 그저 "외부 세계의 물들"로서, 즉 인식론적인 입장으로 마주하고 있는 것은 아니다. "인간들은 하나의 관계 안에 '있는' 것이 아니라, 모든 동물처럼 먹고 마시는 등등을 하기 시작한다. 능동적으로 태도를 취해서 외부 세계의 **어떤** 물들을 행위를 통해 자기 것으로 만들어 자신의 욕구를 만족시킨다. 인간들은 이리하여 생산을… 시작한다."[110] 이러한 마르크스의 표현이 이론에 적대적인 실천주의적 의미로 이해되어서는 안 된다. 역사적 실천은, 확실히 최종심급에서는 지知의 한 방식으로 규정되는 헤겔에서처럼 이미, 이론으로서 자체 안에서 "이론적 실천"이다. 그것은 주체와 객체의 매개를 항상 이미 수행하고 있는 바—그것도 그것이 성찰의 주제가 되기 이전에 그렇다. 이 자리에서는 다시 한 번, 엥겔스가 변증법의 문제에 너무 늦게서야 접근했다는 것이 밝혀질 것이다. "유물론적 자연관"이 계속 "자연이 아무런 외적 첨가물 없이 스스로 제공하는 바와 같은 것이라는 단순한 자연관"[111]이라고 한다면, 그것은 엥겔스가 마르크스와 함께 『독일 이데올로기』에서 펼쳤던 포이어바흐에 대한 논박에서 이미 도달했던 입장 뒤편으로 소박실재론적으로 후퇴했다는 것을 의미한다. "자연이 스스로에게 제공"하는 것 같은 자연은 일단 결코 모든 의인화를 벗어던진 추상적-양적인 실험실의 산물이 아니라, 질적으로 풍부한, 집단 작업에 의해 전유해내는 물질 세계이다. 확실히 진전되는 산업화와 더불어 모든 질의 양으로의 자연과학적 환원은 기술론적으로 결정적으로 중요하며, 자연과학 자체는 생산력이 되고 만다. 그렇기 때문에 오로지 자연의 인식 과정만이 변증법적일 수 있으며,

109 Marx/Engels, *Werke*, Band 19, Berlin 1962, S. 362.

110 *Ibid.*

111 *Ludwig Feuerbach*, l. c., S. 80.

자연 자체는 아니다. 대자적 자연Natur für sich에는 어떤 부정성도 결여되어 있다. 부정성은 노동하는 주체와 더불어 비로소 자연에 등장한다. 오로지 인간과 자연 **사이**에서만 변증법적인 관계가 가능하다. 엥겔스가 대표하는 그 자체로 이미 비변증법적인 객관주의의 관점에서 그 자신의 물음, 즉 자연의 운동 법칙이 기계적인가 아니면 변증법적인가 하는 물음은 현학적으로 배제된다. 벌써 헤겔이 다음과 같이 말한 바 있다. "이미 동물은 더 이상 이런 현실주의적 철학을 갖고 있지 않다. 왜냐하면 동물은 사물을 먹어 없애서 이를 통해 그것들이 절대적으로 자립적이지 않음을 증명하기 때문이다."[112] 직접적으로 주어진 것을 그렇게 먹어치우는 것도 인간 노동이지만, 마르크스에게는 (헤겔에게서와 마찬가지로) 그것은 동시에 그 이상이다. "먹어치우는 것 자체를 먹어치우기. 다시 말해 이런 지양의 물질적인 지양의 지양 가운데에서, 그리고 그렇기 때문에 동일한 것의 **정립**."[113] 이로부터 특히 토미즘 계열의 마르크스 연구서에서 자주 만나게 되는 언급 방식, 즉 마르크스가 인식론적 현실주의자라고 말하는 것이 얼마나 불충분한지가 분명해진다. 모든 생산적 활동이 인간으로부터 독립적으로 존재하는 자연물을 전제하는 한에서 마르크스는 현실주의자이다. 그는 현실주의자가 아니다. 왜냐하면 생산 활동이 직접적인 것의 포이어바흐적인 직관에 머물지 않고, 직접적인 것의 법칙이라는 틀 안에서 끊임없이 직접적인 것을 형태 변화시키기 때문이다. 노동은 중단 없는 직접인 것으로서의 사물의 절멸이며, 매개된 것으로서의 그것의 부활이다. 왜냐하면 항상 이미 역사적 노동에 의해 걸러져 의식과는 독립적으로 존재하는 사물들은 바로 이런 독립성 **가운데** 존재하는 어떤 생성된 것이며, '우리에 대한 것'Für-Uns으로 전이된 즉자태이기 때문이

112 *Sämtliche Werke*, Band 7, Glockner (*Philosophie des Rechts*), Stuttgart 1964, §44, Anm., S. 98 f.

113 *Grundrisse*, l. c., S. 208.

다. 이를 통해 반영으로서의 인식이라는 원래 표상도 탈각된다. 이런 표상에서 인식과 대상은 상호 날카롭게 대립되며, 후자에게서 구성적인 실천의 역할은 고찰 밖에 머무르게 된다. 대상적 세계는 단순히 모사되는 즉자태가 아니라, 상당한 정도로 사회적인 생산물이다. 이런 생산물의 측면에서 "정지해 있는 속성으로서, 존재의 형태로"[114] 나타나는 것은 다음, 즉 생산물은 원래 주어져 있던 자연에 첨가된 것이기 이전에, 노동자 측면에 "쉬지않음Unruhe의 형태로" 즉 합목적적 행위의 형태로 나타났었다. 항상 의식은 활동하는 정신으로서 그에 의해 재생산된 현실 안으로 들어간다. 돌로 만든 장벽처럼 인간을 둘러싸고 있는 현실 앞에서 항복하지 않는 것은 인식의 과제이다. '움직일 수 없는 사실'들 앞에 꺼져 버린 인간적-역사적 과정들에 인식이 다시 생명을 불어넣어 줌으로써, 인식은 현실이 인간들에 의해 산출된 것이고 결과적으로 변혁 가능한 것임을 입증한다. 즉 실천은 가장 중요한 인식 개념으로서 정치적 활동으로 전환된다.

114 *Das Kapital*, Bd. 1, l. c., S. 189.

1971년 추신

본서는 1957-60년 호르크하이머와 아도르노의 지도 아래 철학 박사 논문으로 탄생했으며, 1962년에 최초로 출판되었다. 그것은 『프랑크푸르트 사회학 논문집』*Frankfurter Beiträge zur Soziologie* 11권으로 출판되었고, 1967년 수정 없이 재인쇄되었으며, 지난 몇 년간 여러 버전의 해적판이 등장한 바 있다. 본 판본은 이탈리아어와 영어 번역에서 가해진 수정과 보충을 참작했다. 또한 이 판본에는 1965년 경 집필된 논문 「변증법적 유물론에서 역사와 자연의 관계에 관하여」를 보충해 넣었다. 이 논문은 저자의 이후 모든 논문 중에서도 이 주제에서 학위 논문에 가장 근접해 있다.

만일 오늘날 본서를 쓴다면, 지금과는 다른 것이 되었으리라는 점은 자명하다. 논의의 국제적 상황은 본질적으로 변화했다. 그렇기 때문에 오늘날의 독자들에게 간단히 저자를 그 당시 규정했던 동기들에 대해 알려 드리는 것이 좋을 듯해 보인다.

본서가 중기 그리고 후기 마르크스의 정치경제학적 작업들, 특히 『자본』과 1857-59년에 성립된 광범위한 『초고』(『정치경제학 비판 요강』*Grundrisse der Kritik der Politischen Ökonomie*이라는 제목으로 출판됨.)를 마르크스의 인생작의 철학적 해석을 위해 끌어들이는 최초의 시도에 해당되었기에, 그 안에는 논쟁적인 요소가 들어 있었다. 저자는 이를 통해 서유럽에 만연한 실존주의적, 또한 신학적으로도 채색된 1950년대의 경향들, 즉 마르크스 이론을 하나의 (결과적으로) 비역사적이면서도 초기 저작들의 소외 문제틀에 집중되어 있는 "인간학"으로만 환원하려는 경향들과 대립하고 있었다. 청년 마르크스의 철학적 깊이를 칭찬하면서, 그 당시 사람들은 부르주아 경제학에 대한 비판을 멀리하고 있었다. 이에 맞서 저자는 또한 1850년 이후 성립된 작업들의 철학적 (혹은 실로 철학적으로 상당한) 내용들도 적시하기를 원했다. 저자에게 중요했던 것은 지금까지 불충분하게 혹은 아예 주목받지 못한 텍스트들을 토론에 도입하는 것이었다. 그렇기 때문에 저자에게는 문헌학적 세밀함이 필요했다. 마르크스의 연구 영역을 잘 아는 이는—저자에게 보낸 한 편지에서 루카치는 이렇게 이야기했다—무엇보다도 후기 저작들을 보다 강조했던 점에서 본 학위 논문의 진보를 보고 있었다.

오늘날, 저자는 루카치, 코르쉬, 메를로퐁티와 사르트르 이래 단절된, 이들에게서 반복해서 언급된 마르크스주의와 철학의 관계를 다르게 보고 있다. 그 당시 저자에게, 1장 A절에서, 많은 해석자들에 의해 부정된 마르크스와 철학적 유물론 일반과의 객관적인 연관을 재구성해내는 것이 관심사였다면, 오늘날 저자는 (책에서는 단순히 암묵적으로만 언급되었던) 다음의 관점, 즉 마르크스의 유물론은 오로지 두 번째 선상에서 관념론과의 "철학 내적" 대립에서만 이해되어야 한다는 관점에 흥미를 갖고 있다. 즉, 마르크스의 유물론은 일단 하나의 (확실히 스스로 아직 철학적으로 오염되어 있는, 즉 "규정적인") 철학의 부정(유물론적인 것을 포함하는)을 형성한다는 관점이다. 그런 한에서, 당시 1장에 포함된 마르크스의 발전에 끼친 포이어바흐의 역할의 특성은 오늘날에는 더 긍정적으로 보인다. 저자는 포이어바흐 연구 『포이어바흐의 새로운 독해를 위하여』*Anthropologischer Materialismus*(Frankfurt am Main/Wien 1967. 1권에 수록.)에서 다음을 입증하려고 노력하였다. 즉 "매개하는 실천"이라는 개념을 마르크스와 엥겔스는 논쟁적으로 포이어바흐의 직접성들에 반대해 사용했는데, 이 개념이 포이어바흐 자신에게 엄청나게 많은 것을 빚지고 있다는 것이다. 인간중심주의적-발생론적인 포이어바흐의 방법, 일상 세계의 인식론적 문제들에 정향된 그의 감각주의와 실재론은 보편적이며 그때마다 역사적으로 제한된 지평으로서의 실천의 유물론적-변증법적 교의를 선취하고 있다. 한편 이 지평안에서 모든 인간적 및 인간 외적 현실이 나타나는데, 그것은(실천은—역자) 동시에 중요한 계기들을 둘러싼 이런 교의를 풍부하게 만드는데 적절하다. (이것은 마르크스와 엥겔스에 의해서는 그들이 포이어바흐에 대해 갖고 있는 너무 근소한 시간적 간격 때문에 간과되었고, 그러함에도 플레하노프와 레닌에 의해서 그 단초가 포착되었다.)

세계관적-도그마적으로 이해되지 않은 비판적 유물론은 다음의 불가능성을 강조한다. 즉 사회를 통한 대상적 세계의 실천적-정신적 "전유"를 벗어나, 바로 그 때문에 우리의 앎의 객관성을 역사적으로, 회의론적으로 또는 불가지론적으로 논박하지 않고 대상적 세계에 대해 어떤 것을 논의하는 것은 불가능하다는 것이다.

예나 지금이나 정통 측의 항변들은 저자를 설득시킬 수 없었다. 이들은 1장 B절에서 전개된 저자의 (후기 엥겔스에 의해 단편적으로 기초된) 자연 변증법에 대한 비판을 반대하고 있다.[1] 저자에게는, "현실적 인본주의"의 이념을 (추상적-개별과학적으로 파악된) "물질"의 자기 운동에서 도출하는 것이 불가능해 보일 뿐만 아니라, 저자는 그것에 더해

1 이런 류로는 다음 총서를 참조하라. Die "Frankfurter Schule" im *Lichte des Marxismus*, Frankfurt 1970. 여기서 저자는 반영론을 위한 한 토론문(S. 134-140.)에서 반영론 비판가들에 대한 비판의 동기들을 스케치하고 있다.

자신의 인식 비판적인 숙고들을 고수하고 있다. 저자는 「변증법적 유물론에서 역사와 자연의 관계에 관하여」라는 논문에서 이를 보다 더 구체적으로 발전시켰기를 희망하고 있다.

이 논문을 본 판본에 수록하는 것은 다음 이유 때문에 추천할 만했다. 왜냐하면 저자는 마르크스의 "인간과 자연의 물질대사" 개념을 본서의 해당 부분(2장 B절)에서 보다 더 정교하게 규정하려고 시도했기 때문이다. 그 부분에서 저자가 모든 역사적 변증법의 "자연적으로 주어진" 경계, 즉 인간 노동의 "구체적"이며, "추상적"이지 않은 형식은 지양 불가능하다는 상황을 서술하려고 노력했다면, 그는 여기서는 "기초적인" 고유하게 비역사적인, 물질대사의 변증법 자체를 여전히 역사적으로 제한하고 싶어 했으며, 그것도 전부르주아적인 사회구성체들 위에서 그렇게 했다.[2] 이 가운데 저자는 다음 모순을 의식하고 있는 바, 즉 일단은 마르크스 유물론의 "비-존재론적" 성격을 강조한 다음에 그럼에도—확실히 "부정적인"—존재론에 관해 말하고 있다는 것이다. 다시 말해 모순은 다음 사태에 있다. 말하자면 그것은 용어적으로 극복된 것도 아니며, 논리적 불일치에 대응하지도 않는다.

그것에 대해 특별히 인식론적인 숙고를 하고 있는 3장과 관련해서 말하자면, 저자는 그것을 현재 도달한 수준에 맞춰 제시할 수 없는 것을 특별한 결함으로 느끼고 있다.[3] 저자가 3장 C절을 마르크스에게서의 인식론적 구성을 위하여 확장하는 것에 몰두하고 있다는 지적으로

---

2 저자가 이 논문에서—초기 루카치에 기대—마르크스의 변증법을 본질적으로 "역사적 방법"(본서 268쪽 이하 참조.)으로 보고 있다면, 그것은 저자가 자신의 책 『역사와 구조』*Geschichte und Struktur*, München 1971, S. 39 ff.에서 서술한 유보를 통해 유효하다.

3 인식론으로서의 역사 이론에 관한 (1966년과 1970년 사이에 출간된) 저자의 논문들을 참조를 위해 소개할 수 있으리라. 이 논문들에서 본서의 입장을 더 발전시키려고 노력했다. 저자가 편집한 논문집(*Beiträge zur marxistischen Erkenntnistheorie*, Frankfurt am Main 1969.) 서문에 들어 있는 문제틀의—명제 식—요약도 참조하라.

만족해야만 하겠다. 본서에서는 오로지 암시만 한, 칸트와 헤겔 사이에 선 마르크스의 입장은 타당하다. 즉 좀 더 정확하게 규정하면, 마르크스는 이를 통해 피히테와 관계한다. 이 입장은 다음으로부터 생겨났다. 즉 마르크스는 헤겔을 따라 구체적 내용을 연구하기 **이전의** 인식론적 반성들을 비난하는 동시에 그렇지만 유물론자로서 인식론에 대한 예의 거부로부터 얻어진 헤겔적인 귀결, 즉 주체와 객체의 동일성을 수용할 수 없었다. 이리하여–객관적으로–마르크스에게 대상들의 "구성 요소들"에 대한 칸트의 물음이 부활한다. 이는 초험철학으로 단순히 귀환했다는 의미가 아니라, 헤겔의 칸트 비판이라는 토대 위에서 궁극적으로 도달했던 그곳으로의 귀환을 의미했다.

결국에는 과학들도 근거하고 있는 "보통"의 일상 경험 세계를 "구성하고 있는 것", 상호주관성을 성사시키는 것은 마르크스에게서는 초개인적인 "의식 일반"의 경험 이전에 존재하는 질서 기능들의 총괄 개념이 아니라 "대상적인 활동"-집단적 실천이다. 이것은 그때마다 생산관계들 전체를 형성한다. 이 전체는 이미 구성된 것들 내부에서의 개별적인 자연과학적, 기술적 그리고 정치적 실행 방법과도 구별되어야만 하며, 마르크스가 "변혁적 실천"이라고 부르고 세계의 질적으로 새로운 기획을 목표로 하는 그런 것과도 구별되어야 한다.

본서에서는 원하는 만큼 그렇게 항상 고려하지는 못하고 있는 실천 개념에서의 차별화들. 그것은 4장 유토피아 개념틀의 관점에서 유고슬라비아 논평자들이, 마치 마르크스가 다만 자연 지배의 기존 형태들이 양적으로 증가하는 데에만 관심을 가지고 있다고 생각하고 있는 듯, 기술 관료적, 과학자적 오해로 오도하고 있다. 반면 저자는 그와는 반대로 질적으로 새로운 것, 즉 자연 지배의 전全 사회적인 지배를 의도하고 있다. 마르크스가 추구하는 상황이 아직 도구적 이성의 기능들을 필요로 한다는 그런 저급한 낭만주의는 잊는 것이 더 좋으리라. 그러나 이를 "목적화"하여 참된 인간적 목적들에 복속시킴으로써, 이 낭만은―이것이 마르크스의 희망이다―그것의 제한적 특징을 상실한다. 말하자면 자연에 대한 지배는 인간들에 대한 지배인 동시에 맹목적인 자연사를 영속화하는 그런 저주로부터 해방될 것이다.

마르크스의 유토피아에 관한 물음에서―물론 본질적인―한 가지를 더 언급해야만 하겠다. 사회의 자연적인 생활 토대의 파괴가 점점 더 위협적으로 확대되는 현재 상황에서, 마르크스의 초기 저작들은 다르게 읽힌다. 그것은 마르크스의 정치경제학으로의 이행과 그것에 대한 비판을 반박하는 것과 관련된 것이 아니다. 그러나 오늘날, 그 이행이 비싼 희생을 치르고 얻어진 것이라는 사실이 분명해지고 있다. 모든 직접태의 매개성이라는 사유를 그것의 관념론적 행태에 대립시키고 이를 고수하는 것이 그렇게 중요했다면, 바로 그렇게 마르크스에게서는 한 조각의 관념론적 오만이 계속 작동해야만 했다. 즉 존재자는 그 자체로는 아무 것도 아니며, 실천을 위한 한갓 재료일 뿐이라는 오만이 그것이다. 또한 마르크스가 그것에서 부정태를 언급하는 것도 그렇다.―본서는 때때로 이런 시각을 부각시키기는 했지만, 전체적으로는 다음을 간과했다. 즉 후기 마르크스(언급한 바대로, 그 당시 정력적으로 지적되었다.)가 스스로를 부분적으로 원치 않게도 자신의 저작이 대변하는 것과는 대립하는 그런 경향의 공범으로 만들고 있다는 것을 지나쳐 버렸다.

"자연의 부활", "자연의 인간화, 인간의 자연화"―이와 같은 것은 더 이상 종말론의 소산이 아니다. 인류가 보다 이성적인 어떤 상황에 들어서는지, 실로 인류가 살아남는지 여부는 이것에 도달 여부에 달려 있다―오늘날 마르크스의 자연 개념을 연구하는 사람들은 청년 마르크스의 사유에서 인간적 자연의 해방적 역할, "감성"의 해방적인 힘에 주목해야 한다. 이런 시각에서도 포이어바흐에 대한 새로운 독해가 추천될 만하다. 포이어바흐의 "감각주의"는 비판적이고 논쟁적인 개념이지 우선적으로 인식론적 개념이 아니다. 포이어바흐 유물론이 단지 직관적인 성격만을 갖고 있다고 1845년의 **테제들**이 질책하는 것 속에는 그의 유물론의 이론적 정치적 후진성이 표현되어 있을 뿐만 아니라 동시에, 호르크하이머와 아도르노가 "포이어바흐의 평화를 향한 현존재의 열망"이라고 부른 것이 포함되어 있다.

여기서 단지 암시할 수밖에 없었던 물음들, 그것의 해결은 다음에 달려 있다. 즉 청년 마르크스의 포이어바흐적인 요소를 그가 후기 저작에서 집행한 이론 안으로 들어가 구원해내어, 유의 전면적인 해방을 개인들의 생명에 매우 중요한 이해들과 화해시키는 그런 합리성의 개념을 발전시키는 것이 어느 정도까지 성공하는가에 달려 있다.

1971년 10월,

A. S.

5판 후기_ 미카엘 에스케*

실천이라는 요소로 본 유물론
알프레트 슈미트의 철학적 마르크스-해석의 새로운 독해를 위하여

알프레트 슈미트의 『마르크스의 자연 개념』은 호르크하이머와 아도르노의 지도 아래 박사 학위 청구 논문으로 1950년대 후반에 작성되었으며, 1962년에 최초로 출간되었다. 1971년에는 저자의 추신이 추가되었고, 본 판본으로 이제 5판째가 되었다. 첫 출간 이후 이 책은 여러 번 해적 출판되었으며, 18개 언어로 번역되었다. 거의 20년 전에 책이 프랑스어로도 번역되고 프랑스 파리 대학 출판사Pariser Presses Universitaires de France에 의해 출간되었을 때, 저자는 새롭게 서문을 쓰고 그 표제를 고유의 관심사를 더 폭넓은 한 해석의 관점과 결합시키려고 노력했다. 즉 "생태학적인 유물론에 대하여"가 그것이다.

본서의 형태로 수행된 슈미트의 철학적 마르크스-해석은 1960년대 후반에 이론적 자기 이해를 희구하고 있던 신좌파들에게 하나의 필독서가 되었다. 이들에게 본서는 특히 "역사적-변증법적 유물론으로의 입문으로 받아들여졌다."[1] "근본적으로 변화된 문제 상황"(본서

* 필자는 텍스트의 구성을 위해 몇 가지 귀중한 지적을 해 준 괴어리히Bernard Görlich에게 감사드린다. 그는 필자와 지금까지 10년 동안 대단히 생산적인 협업을 통해 우호적으로 서로 결합되어 있다. 나아가 본 논문을 교정해 준 킬리치Sinem Kilic(마인츠 대학)에게도 감사드린다.

22쪽, 이하 쪽수만 표기하겠다–편집자)에 직면하여 지침이 되었던 이 책에 대한 새로운 독해가 요구되었다. 이 책은 미출간된 마르크스 저작의 논의 지평들을 보여주고 있다. 이는 동시에 새로운 문제들을 제기하기 위해서인데, 오늘날의 독자들이 이런 문제를 취급하기에는 우선 어느 정도 수고와 노력이 요구된다. 처음부터 개념적 긴장을 비껴 가지 않으려는 독자라면 슈미트-독해를 통해 풍부한 내용을 담은, 그 어떤 마르크스-토론에서도 공식화되지 않았던 그런 관점들로부터 보상을 받을 것이다. 실로 슈미트는 "위대한 철학 의식"의 발전 과정에 공헌하고 있다. 이 철학은–슈미트가 강조하는 호르크하이머에게서 유래한 전환인–"우리가 만들어 나가는 역사의 한 구성 요소요 계기로서" 이해되어야 하며, "더 이상 현실과 동떨어진 교양과 같은 그런 관심사"[2]로 파악되어서는 안 된다.

슈미트가 1950년대 후반 이 주제에 관심을 기울일 당시, 마르크스는–특히 서독에서는–거의 완전히 금기시되어 있었다. 그 당시 마르크스에 대한 공식적인 논의가 품고 있었던 의심할 바 없는 정치적 폭발력을 슈미트는 반어적으로 다음과 같이 이야기한다.

> "아직 1950년대, 내가 프랑크푸르트에서 공부하고 있을 때, 마르크스가 오로지 드물게만 그리고 비밀리에만 언급되었던 것을 기억한다. 그것은 정말 매우 기묘한 풍토였는데 플레스너Helmut Plessner가 아도르노에

---

1 알프레트 슈미트와의 대담. "Die Geschichtsphilosophie ist gescheitert", Gesprächs partner Matthias Jung und Norbert Seitz). In: *Die Neue Gesellschaft*. Frankfurter Hefte 38. Jg., Juni 1991, S. 557–562, hier S. 557.

2 Alfred Schmidt: Die Kritische Theorie—Denkmotive von Horkheimer, Adorno und Marcuse. Referate, gehalten auf der Tagung am 23. Juni 1973 in Bad Boll, zitiert nach einem Typoskript aus dem philosophischen Nachlass Alfred Schmidts, Abschnitt überschrieben mit »3. Marcuse«, S. 15, eingesehen in: Universitätsbibliothek J. C. Senckenberg, Archivzentrum, Bestandssignatur Na 62–Nachlass Alfred Schmidt (unerschlossen).

게 '헤겔이 탄생한 도시에서 인사를 전합니다.'라고 농담조의 엽서를 트리어에서 보낼 정도였다. 다시 말해 사람들이 어떤 헤겔주의를 구실로 삼고 있다는 것은 그러나 실제로는 좀 다른 것을 의미하고 있었다. 시류는 비우호적이어서 이런 이솝우화적 이야기가 추천될 정도였다. 그 시대의 정신적 기류는 외부로부터의 엄청난 압박 때문에 오염되어, 마르크스를 그저 긍정적으로 언급하는 사람이라면 모두, 스탈린주의자로 매도되는 위험을 무릅써야만 했다. 그렇기 때문에 비판 이론의 대변자들이 이런 물음에서 부담해야 했던 극도의 위축도 아마도 이것에 기인할 것이다." [3]

그럼에도 바로 그것이 비판 이론의 기여였으며, 여기서 특히 호르크하이머와 아도르노의 제자 슈미트 자신이 이를 담당했다고 할 수 있다. 이는 특별히 '서구 마르크스주의' 발전을 위한 결정적인 자극을 제공했다고 할 수 있는 그런 공헌이었다.[4] 전체적으로 보아 슈미트는 1950년대 "서유럽적 새로운 단초들을" 개괄하고 있다. 그것의 "가장 중요한 관점은… 아마 마르크스와 엥겔스가 소위 프랑스에서 다시 원래의 것, 즉 정치경제학 비판"[5]으로 재발견된 것에 있다. 바로 사르트르, 르페브르, 가로디 그리고 알튀세르 등이 그랬다.

이미 제1차 세계대전의 쓰라린 경험들 이후로 이전에는 특히 쇼펜하

---

3 *ibid.*, S. 9f.

4 유감스럽게도 알프레트 슈미트가 비판적 유물론의 관점에서 비도그마적 마르크스 수용을 위해 수행해 온 기여는 항상 충분히 고려되고 있지 않다. 페리 앤더슨은 『서구 마르크스주의에 대하여』*Über den westlichen Marxismus*(Frankfurt a. M. 1978)에서 오로지 프랑크푸르트 학파 제1세대만을 중요히 다루고 있는데, 거기서 그는 슈미트가 시도한 역사 유물론적으로 적용된 개념의 노력을 간과하고 있다. 그러나 문제되는 주제를 진지하게 탐구하려는 사람이라면 그의 노력을 지나칠 수는 없을 것이다.

5 Alfred Schmidt: Nachwort des Herausgebers: Zur Idee der Kritischen Theorie. In: *Ders.* (Hrsg.): *Kritische Theorie. Eine Dokumentation*, Frankfurt a. M.[2] 1968, S. 338.

우어를 지향했던 호르크하이머의 시각은 점점 더 마르크스 이론으로 방향을 바꿨다. "프랑크푸르트의 지향"에 항상 마르크스의 수용이 부족했다고 질책하려는 사람은 『역사철학으로서의 비판 이론』*Die Kritische Theorie als Geschichtsphilosophie*(1976)에서의 슈미트를 깊이 생각해 봐야 한다. 즉 "1930년대의 반복 불가능한 조건들 아래"에서 성립한 비판 이론의 역사적 상황적 성격을 감안하면서 당시 사회조사연구소의 "마르크스-이해"에는, 도달했던 "역사적 상태"라는 척도에 비춰볼 때 "항상 그리고 골고루 전통적인 이론의 모든 구성 요소들이 그 안에 존재"할 수는 없었다는 점에서, "선택적으로 누락"되어 있었다는 점을 고려해야 한다는 것이다.[6] 슈미트가 발전시킨 유물론적 이해는 이러한 사고 방식에 근거하고 있는데, 이에 따르면 유물론적 사유는 철학사에서 "확고한 '입장' 혹은 폐쇄된 세계상"[7]으로 등장하지 않고, "사회 문화적, 또한 정치적으로 변천하는 위상"[8]들에서 "항의, 교정책, 또는 비판"[9]으로 나타난다.

슈미트는 마티아스 융과 노베르트 자이츠와의 대담에서 "사람들이 어떤 사유상의 동기가 마르크스의 박사 학위 논문 뒤에 숨어 있는지 이해하고자 한다면" 오늘날의 독자들에게 다음을 숙고해 볼 것을 권한다. 즉 그 논의의 출발 상황을 상기해야만 하며 "학구적인 논의에서는 1844년의 마르크스가 본래적인 마르크스라고 평가되고, 특히 신학적 방향의 인간학적, 실존주의적 마르크스 해석이 현장을 지배하던 그런

6 Alfred Schmidt: *Die Kritische Theorie als Geschichtsphilosophie*, München 1975, S. 14; 15.

7 Alfred Schmidt: Materialismus. In: Theologische Realenzyklopädie *(TRE)*, Bd. XXII, Berlin/New York 1992, S. 262–268, hier S. 267.

8 Alfred Schmidt: Materialismus. In: Helmut Reinalter, Peter J. Brenner (Hrsg.): *Lexikon der Geisteswissenschaften. Sachbegriffe, Disziplinen, Personen*, Wien/Köln/Weimar 2011, S. 507.

9 Alfred Schmidt: Materialismus. In: *TRE*, a. a. O., S. 267.

시대를 되돌아보아야 한다는 것이다. 그 당시 (슈미트는-에스케) 다음에 가치를 부여했다. 즉 마르크스에게서 철학적인 것은, 그가 철학의 전통적인 언어를 사용하는 곳에서 찾아져야 할 뿐만 아니라, 경제 저작들도 철학적 내용의 관점에서 연구되어야 한다는 것이다."[10]

"독자가 처음부터 책이 지닌 논쟁적인 국면들을 염두에 두고 읽는다면"-알프레트 슈미트는 영어판 서문 초고에서 이렇게 말한다-"책의 이해"에 도움이 될 것이다. "이 책은 그 시대에는 중기와 후기 마르크스의 정치경제학적 문헌들, 특히 『자본』과 소위 1857-1859년의 『초고』(『정치경제학 비판 요강』이라는 제목으로 출간됨.)를 마르크스 인생작의 '철학적' 해석을 위해 원용하려고 시도한 최초의 것들 중 하나였다."[11] 1930년대에 비판 이론이 "특별한, 반복 불가능한 조건들 아래 정식화된 마르크스 해석으로" 발생하였기에, 그것은 "시간이 흐르면서 스스로가 비판적이며 분화된 논쟁들의 대상이 되었어야만 했다." 그 과정에서 알프레트 슈미트는 "그의 입장에서 중요하지 않지는 않았던 몇 가지 사항들을 정교화할 필요를 보았다."[12] 1판 이후 지나간 8년 동안 슈미트는 "루카치, 코르쉬, 메를로퐁티와 사르트르 이래 반복해서 언급된 마르크스주의와 철학의 관계를 여러 관점에서" 다르게 평가하고 있다. 1판에서, 여전히 우선적으로 1장 A절에서 마르크스의 것과 철학적 유물론 일반과의 객관적인 연관을 찾아 만들어 내는 것이 슈미트의 관심사였다면, 1970년 11월에 오면 그는 "결정적으로 다음의 (본서에서는 단지 함축적으로만 언급된) 관점, 즉 마르크스의 유물론

10 Gespräch mit Alfred Schmidt: »Die Geschichtsphilosophie ist gescheitert«, a. a. O., S. 557.

11 Zitiert nach einem siebenseitigen, "Vorwort zur englischen Ausgabe"라는 제목으로 되어 있는 7쪽짜리 육필 유고에 따라 인용했다. Frankfurt am Main, im November 1970, S. 1, eingesehen in: Universitätsbibliothek J. C. Senckenberg, Archivzentrum, Bestandssignatur Na 62 – Nach lass Alfred Schmidt (unerschlossen).

12 *ibid.*

은 오로지 2차적으로만 관념론에 대한 '철학 내적인' 대립이라는 관점을 갖게 되었다. 말하자면, 그는 먼저 하나의 (확실히 스스로 아직 철학적으로 구속되어 있는, 즉 '특정한') 철학의 부정 일반을 표현하고 있다." 그것을 이어받은, 그것과 관련된, 마르크스의 발전에서 "포이어바흐의 역할의 평가절상"에 대한 지적은 매우 중요한 것이다.[13] 유물론적 구성 이론과 인식론의 아종을 그동안 심화시켜 유물론의 역사 안으로 천착해 들어갔던 슈미트는 다음을 지적하고 있다. 즉, "매개하는 실천"이라는 개념은 바로 마르크스와 엥겔스가 포이어바흐에 반대하여 논쟁적으로 제기했던 것이지만, 포이어바흐 자체에 대단히 많은 것을 힘입고 있다는 것이다."[14] 이를 통해서 슈미트의 사유 운동의 역동성이 결코 약화되지는 않으니, 4판 서문과 또 4절에서 말하기를, 또 한 번 변화된 문제 상황의 관점에서 "철학적 시도"는 새롭게 "숙고되어야" 한다. 슈미트는 특히 "마르크스의 현실에 대한 이해"를 서술하는 가운데 나타나는 "불균형"이 수정되어야 한다고 생각했다. 그가 생각하기에, 이 서술에서의 불균형은 인간적 자연 관계와 세계 관계를 거의 철저히 노동 이론적 그리고 인식론적인 주체-객체 도식의 시야로부터 주제화하고, "경제적 사회구성체의 발전"은 "자연사적 과정으로 파악"되어야 한다는 두 번째 층의 당연한 "객관적 중요성"을 강조하지 않음으로 인해 생겨날 수밖에 없었다는 것이다.(23쪽) 간단히 말해, 마르크스의 전 저작을 철학적으로 해석하기 위한 슈미트의 기여를 적절하게 이해하기 위해서는 그때마다의 연구들을 역사적으로 생성된, 궁극적으로는 비종결적으로 남아 있는 인식 과정의 연결점들로 파악하

---

13 *ibid.*, S. 2.

14 *ibid.*, S. 3. 이에 대해서는 상세한 알프레트 슈미트의 다음 연구를 참조하라. Für eine neue Lektüre Feuerbachs. 이 연구는 그가 작업해서 1967년 *Anthropologischer Materialismus* 라는 제목으로 EVA에서 출간한, 포이어바흐 판 제1권에 수록되어 있다.

는 것이 추천된다.

그동안 비판 이론을 "마르크스를 둘러싼 보다 폭넓은 국제적 토론 속으로 인도"하기 위해 특히 소위 프랑크푸르트 학파 제2세대에 의해 수행된 노력으로 열린 "1967년 9월의 프랑크푸르트 콜로키움"이 "상황 돌파"에 도움을 주었는데, 이런 사정은 "그것의 경전화된 형태에 대립해 있던 마르크스 이론의 계기들이 다시, 혹은 처음으로 시야에 들어왔다는 점에서 그러하다."[15] 슈미트는 강연 「정치경제학 비판의 인식 개념에 관하여」에서, "그 당시 새로운 종류의 집중적이면서도 야심에 찬, 마르크스 경제 비판에 대한 연구 작업의 일종의 '출생증명'에서", 얀 호프가 최근 전문가 세계에 제출한 서독의 마르크스-논쟁에 대한 회고에서 높이 평가하고 있는 것에 도달했다. "중요한 주제들을 특징짓는 것, 그것은 『자본』-해석이 현재에 이르기까지 몰두하고 있는 것이다. 이것은 가치가 있다." 호프는 이를 다음과 같이 구체화한다.

> "한 면으로 마르크스의 초기 저작과 후기 저작의 관계에 대해 슈미트는 다음과 같이 규정한다. '마르크스의 인생작 자체에 마르크스의 방법론적 근본 명제가 사용되어, 우리는 원숭이의 해부를 인간의 해부로부터 설명하고 그 반대로는 하지 않게 된다. 마르크스와 엥겔스의 초기 저작들, 그 안에서 사람들은 오랫동안 본래적인 철학적-인본주의적 마르크스주의의 형태를 보려고 해 왔는데, 이는 전적으로 오로지 자본의 역사적-경제적 분석으로부터만 이해되어야 한다.'[16] …다른 면으로 슈미트는 정치경제학 비판이라는 프로젝트의 관점을 통해 마

---

15 Alfred Schmidt: Die Kritische Theorie als Geschichtsphilosophie, a. a. O., S. 14.

16 Alfred Schmidt: Zum Erkenntnisbegriff der Kritik der politischen Ökonomie. In: Walter Euchner, Alfred Schmidt (Hrsg.): *Kritik der politischen Ökonomie heute. 100 Jahre Kapital*, Frankfurt a. M. 1968, S. 33.

르크스의 비판 개념을 강조한다."[17]

마무리하면서 호프는 마르크스-연구에 깊은 영향을 미치고 있는 슈미트의 다음과 같은 사유를 강조한다. 즉 "마르크스-해석을 '구성하면서' 마르크스의 텍스트들의 직접성을 넘어 그리고 이 텍스트들에 대한 문헌학적 작업을 넘어 나아가야 한다."[18]

호프의 평가는 정당하다. 지금까지 알프레트 슈미트에게서 오로지 철저하게 작업하는 문헌학자를 보았거나 또 보고자 했으며, 현재화되고 있는 비판 이론에 대한 그의 독창적인 기여를 오인하고 있는 모든 이들은 이런 평가와 맞설 수 있어야 한다. 그 당시 차라리 암묵적이었던 사회조사연구소의 마르크스-해석들의 직접적인 발전 선상에 서서, 슈미트의 작업은 비판 이론의 진정성을 체현하고 있다. 슈미트의 마르크스 수용과 비판의 본질적인 차원이 프로이트의 통찰들을 통해 단절된 마르쿠제의 마르크스-이해라는 지평에 서 있음을 유념해야 하는 바, 슈미트는 이 지평을 확실히 더 벗어나 있다. 마르쿠제처럼, 슈미트는 "전통적 마르크스주의"를 비판하고 있다. 즉 그는 전통 마르크스주의가 희구된 변화의 기술적-경제적 토대와 비교하여 그 변화의 '자연적 토대'의 근본적인 의미를, 다음과 같은 정도로 오인하고 있다고 비판한다. 즉 전통 마르크스주의가 "인간들이 그들의 세계와 그와 같은 것을 가장 직접적으로 경험하는 영역들"인 "그들의 욕구 구조와 충동 구조들"을 사유 운동에 포함시키지 않고서 "대중들을 정치

---

17 Jan Hoff: Marx global. Zur Entwicklung des internationalen Marx-Diskurses seit 1965 (Diss.), Berlin 2009, S. 85. 알프레트 슈미트는 호프의 학위 논문을 *Marx-Engels Jahrbuch* 2009, S. 216–219에서 Schicksale der Marx'schen Theorie, betrachtet im Weltmaßstab.라는 제목으로 논평하였다.

18 Jan Hoff: Marx global. Zur Entwicklung des internationalen Marx-Diskurses seit 1965 (Diss), a. a. O., S. 85.

적으로 계몽해야 할 필연성"[19]을 강조하는 오류를 범했다고 비판한다. 빌렘 반 레이젠은 앞서 암시된 보편적으로 당연히도 역사적으로 필연적인 강조점의 변화에서 남아 있는 계기로서 비판 이론의 원래 대표자들에 의한 "활동적 주체의 강조"[20]를 부각시켰다. 비판적 유물론이라는 슈미트의 이념은 반 레이젠이 강조하듯, "자연과 역사"가 보다 올바른, 즉 보다 인간적인 세계의 창조에 "어떤 의미를 지니는가 하는 물음"[21]에 집중하고 있다.(39-41쪽)

사실상 여기서 알프레트 슈미트가 지닌 관심사의 핵심은 다음과 같이 파악된다. 즉 그의 마르크스 해석은 순수히 마르크스의 역사적-변증법적 유물론의 인본주의적 내용을 열어 보여준다. 여기서 이 유물론은 현실 전체를 상대적으로 인간과 인간의 역사 위에서 파악하고 있다. 서문에서 슈미트는 자신이 쓴 저작의 내용을 "자연과 사회의 상호 침투, 그것이 양 계기를 포괄하는 현실Realität인 자연 내부에서 어떻게 일어나는지, 이를 그 주요 측면에서 서술하려는 시도"라고 기술하고 있다.(35쪽) 이런 역사 유물론적 의미에서 슈미트는 "역사적 운동"을 "인간과 인간, 인간과 자연 간의 상호적 관계"로 이해하고 있다.(55쪽) 그렇지만 자연은—슈미트는 자신의 근본 사유를 강조한다—"항상 오로지 역사의 지평에서만 현상하며 힘주어 말하자면, 오로지 인간들에게만 귀속될 수 있다. 그러나 일단 역사란, 직접적으로 실천이다."[22] 자본주의적 시스템과 함께, 막스 베버의 말 한마디로 말하자면, 세계

---

19 Alfred Schmidt: *Emanzipatorische Sinnlichkeit. Ludwig Feuerbachs anthropologischer Materialismus*, München 1973, S. 60.

20 Wilhelm van Reijen: *Philosophie als Kritik. Einführung in die Kritische Theorie*, Königstein im Taunus 1984, S. 190.

21 *ibid.*, S. 188.

22 Alfred Schmidt: *Geschichte und Natur im dialektischen Materialismus. Eine Interpretation der Grundrisse*, Den Haag 1973, S. 49f. (본서 303쪽)

의 탈마법화와 그것과 더불어, 마르크스가 『정치경제학 비판 요강』에서 말한 바처럼, "물질적 생산의 발전"[23]은 하나의 새로운 질에 도달한다. 이 도달한 질은, "자연이 그 자신을 위한 힘으로서 인정되지 않게 되고, 자연은 인간을 위한 순수한 대상, 유용성을 가진 순수한 사물이 되도록 작용한다."[24] 마르크스는 먼저 "노동 과정에 대해, 그것은 그것의 보편적인 규정들에 따르면 모든 사회적인 단계에서 동일하다고 설명"[25]했는데, 그것은 "자본주의로의 이행과 함께"[26] "하나의 엄밀한 의미에서의 사회적인 생산과정이 된다."[27] 이전에 "자연의 매개 방식들이 근본적으로 자연의 '자기 매개' 방식이었다면, 즉 매개하는 주체가 (개인으로서 또한 공동 존재로서) 직접적인 자연적인 것의 한 부분인 한에서의, 자연의 매개성"은 슈미트가 명시한 것처럼 "이제 하나의 엄격하게 역사적인 것이 될 것인 바, 왜냐하면 이것은 사회적이기 때문이다. 자연은 인간 노동의 자기 규정적인 재료로서 또한 지금 여전히 (사회적) 주관성으로 환원 불가능하기는 하지만, 그것의 즉자태An-sich는 오로지 여전히 생산 장치를 위한 것으로, 이 장치는 자연과정을 과학적으로 만들어진 기술적인 것 안으로 넘겨줘 그것을 알아볼 수 없을 때까지 변형하여 기계 장치 안에 녹여 넣는다."[28]

알프레트 슈미트의 저작들은—그 중심에서—질적으로 새로운 역사 유물론적으로 기초 지워진 자연 개념에 대한 지치지 않는 정열적인 희구로 특징지을 수 있다. 이 개념은 그에 의해 문화사적으로 정확히 재

23 Marx: *Grundrisse der Kritik der politischen Ökonomie*, Berlin 1953, S. 188.

24 Alfred Schmidt: *Geschichte und Natur im dialektischen Materialismus*, a. a. O., S. 25.

25 *ibid.*, S. 10f.

26 *ibid.*, S. 10 (더불어 다음도 참조하라. S. 197 f.).

27 *ibid.*, S. 11.

28 *ibid.*, S. 26.

구성된 주체와 객체의 상황들을 포괄하는 응집력을 제공한다. 그때마다 문화사적으로 변천하는 조건들 아래에서 자연이 무엇을 의미하는지에 대한 적절한 이해는, 변화하는 동기들에 대한 성찰적인 추체험을 요청한다. 이 동기들은 곧 범신론적으로, 곧 사변적으로, 곧 자연과학적으로, 곧 역사적-유물론적으로 규정된다. 슈미트가 항상 지적하는 바, 마르크스에 따르면 역사 유물론적 이론과는 상반되는 자연 개념틀들의 내용들—그것들은 변화한다—이 중요한 것이 아니라, 오히려 그 아래에서 자연상이 그때마다 변화되는 그런 실재적인 사회적 조건들을 발견해 내는 것이 중요하다. 유물론이 마르크스의 사유에서 처음으로 "사회적 차원에 도달했다면, 즉 그곳에서 철학 자체를 넘어서 나가, 철학이 또한 관념론과 유물론 사이의 철학 내적 논쟁을 여전히 하나의 역사적으로 매개된 것으로서 통찰하고 하나의 영원한 인류의 문제의 신비적인 성격을 제거할 그런 가능성을 제공하는 한 차원에 도달했다면"[29], 본서에서 슈미트에게는 특히, 고전적인 철학적 유물론과 마르크스의 변증법적 유물론의 연관"[30]을 상세히 논하는 것, 즉 "역사 유물론과 마르크스 경제학의 내적 연관"[31]의 결합 아래에서 연구하는 것이 중요했다. 이 부분에 대해서 프로이트로부터 배운 그의 절박한 통보는 다음과 같다.

"역사 유물론으로 넘어가는 사람, 그는 이를 통해서 결코 인간의 육체성에서 생겨나는 문제들에서 해방되지 않는다. 사회와 역사에 대한 마르

29 Alfred Schmidt: Nachwort. In: *Henri Lefébvre: Probleme des Marxismus*, heute, dt. von A. Schmidt, Frankfurt a. M. 1965, S. 139.

30 Willem van Reijen: *Philosophie als Kritik. Einführung in die Kritische Theorie*, Königstein i. Ts. 1984, S. 189.

31 Alfred Schmidt: *Materialismus* (2011), a. a. O., S. 509.

크스의 강조는 헤겔과 비교하면 유물론적이다. 그러나 그것을 생물학의 실재로부터 추상하여 개진한다면, 그것은 손쉽게 관념론적 모습들을 갖게 된다. 그렇기 때문에 사람들은 마르크스의 범주들의 기능 안으로 옛 관념론이 다시 잠입해 들어오지 않도록 주의해야 한다. 육체적 물질성이 무시된다면, 유물론의 개념은 제대로 규정된 것이 아니다."[32]

슈미트의 독창적인 철학적 마르크스-해석은 그 출발점을 인간으로부터 얻는다. 이 가운데 그의 해석은, 실천을 통해 매개된 인식론과의 연관에서 그리고 유물론적으로 정향된 구성 문제성을 재수용하면서 인간을 육체적으로 정향된 감각적-활동적 주체로서 이해하고 있다. 이를 수행하면서 슈미트의 해석은 무엇보다도 다음을 지적한다. 즉 1950년대의 마르크스-논쟁을 주도하던 관점, 철학적인 초기 저작을 엄격하게 후기 마르크스의 경제 저작들과 분리해야 한다는 주장은 궁극적으로 계속 고수되거나 유지될 수 없다는 것이다. 슈미트는 앙리 르페브르를 이어받아 1850년대 이루어진 마르크스와 엥겔스의 새로운 헤겔 수용과 헤겔 비판의 진가를 상세하게 평가하면서, 비판적 사회 이론의 철학적 범주들과 사유 모델이 사용될 때 그것들은 특히 마르크스의 유물론적으로 전환된 변증법—이것은 그에게는 "오로지 역사적 방법으로서만 가능"(268쪽, 311쪽 각주 2번)하다—에 빚지고 있다고 지적한다. 슈미트는 다음과 같이 말한다. 마르크스가 "오로지 인간과 자연 사이에서 벌어지는 노동 과정을 염두에 두고 인간의 모든 발전 형식들을 동등하게 특징지을 때, 그에게 변증법은 하나의 '기초적 성격'을 지닌다. 그것은 특히 '물질대사라는 표현'을 반복해서 사용하는 곳에서 명백하게 드러난다."(271쪽)

---

32 Alfred Schmidt, Bernard Görlich: *Philosophie nach Freud. Das Vermächtnis eines geistigen Naturforschers, Lüneburg* 1995, S. 53, Text S. 30도 참조하라.

그저 "마르크스의 주된 저작을 잠시만 훑어보아도", "여기서는 철학적 범주들이 근본적인 역할을 수행하고 있음"을 알 수 있다. "대상적인 것은", 정치경제학 비판에 의해 "연구되고 있는 현실은"—슈미트는 그런 생각을 이렇게 계속 전개한다—"자연과 역사에서 얻은 하나의 모자이크이며, 그 안에는 영원한 것과 지나가는 덧없는 것이 서로 직조되어 있다. 노동, 인간과 자연의 물질대사는 영원하다. 지나가 덧없는 것은 경제적 범주들인데, 그 아래에서 물질대사가 일어난다."[33] 이제 마르크스의 역사 유물론적 범주들, 경제적 범주들에 대해 수행된 비판의 결과물들과 관련해서는, 호르크하이머가 『역사와 심리학』에서 개진한 독법이 슈미트에게 구속력이 있는 것이었다. 이 독법에 따르면 그것들은 "총체성의 종결적인 관점"을 향해 진행하는 것이 아니라 "후속 연구들을 위한 지침들을 포함하고 있으며, 그 연구의 결과는 그것 자신에 역작용하는 것이었다."[34] "부르주아 경제학자들에 의해 단지 경험적 결과로서 제공된 범주들을 참으로 그것의 내적인 연관에서—체계로—개념파악하고 이를 비판적으로 넘어서기 위해서 그

33 알프레트 슈미트는 자신의 121쪽짜리 육필 원고에 의거해서 인용하고 있다. 이 원고는 2009년 4월 20일 자 미출간 초고의 발췌본으로 슈미트는 이를 당시 프랑크푸르트 대학에서 조교로 근무하고 있던 필자에게 복사해 넘겨준 바 있다. 필자는 2012년 8월 28일부터 유산 상속자로부터 인정받은 슈미트의 철학 유고들에 대한 접근권을 갖고 있다. 복사본 30쪽. in: *Universitätsbibliothek J. C. Senckenberg, Archivzentrum, Bestandssignatur Na* 62 – Nachlass Alfred Schmidt (unerschlossen). Cf. hierzu *Karl Marx: Das Elend der Philosophie*, Berlin 1971, S. 111, cf. ferner auch A. Schmidt: Zum Problem der Marxschen Historik. In: W. Oelmüller (Hrsg.): *Wozu noch Geschichte?* München 1977, S. 149. 슈미트의 해석에 대해 그 이상으로 참조하려면, 특히 "경제적 범주들의 객관성을 위해" 역사 유물론적으로 기초된 "주관성의 이론을 발전시키는 그의 포이어바흐-문건을 찾아보라. 이 저작은 1973년에 『해방적 감성』 *Emanzipatorische Sinnlichkeit*이라는 제목으로 출판되었으며, 이 책은 이러한 연관에서 기억되어야 한다.

34 Max Horkheimer: Geschichte und Psychologie. In: *Gesammelte Schriften*, Band 3, S. 58.

것이 필요로 하는" 것은 슈미트가 재구성하듯, "변증법적 방법"이다.[35] 변증법적 역사관 안으로 깊이 들어가, 변증법은 마르크스에게 "경제학적 범주들이 비판"에 힘입어 "부르주아 경제학의 체계"[36]의 비판적인 서술을 가능하게 해 주었다.

유물론적 범주들로의 이행을 뒤쫓아갈 때 주의해야 할 점은, 마르크스에게서 "범주들"이 그저 단순히 유물론적인 '부호'를 단 헤겔적인 것이 아니라는 것이며, 여기서 중요한 점은 어떻게 논리적 범주들이 동시에 물질적인 현실 구조의 계기와 표현인지를 세부에 이르기까지 추적하는 것이다.(196쪽 각주 142번) 유물론적-변증법적 범주들은 근대 부르주아 사회의 내적인 지절들을 나타내는데, 그것들은 "살아 움직이는 실천"에서 나온 것으로, "이론적인 자연 전유의 단계들과 교차지점들을 나타내며 그리고 항상 동시에 물질적인 현실의 구조들과 그것들의 정신적-실천적 형태 변화의 단계들을 표현한다."(196쪽) 이미 1장에서 슈미트는 "마르크스 유물론의 비-존재론적 성격"을 서술한다. 즉 "인간들이 이런 현실의 한 구성 부분을 차지하고 있는 한, 마르크스의 자연 개념은 현실 전체와 동일하다. 현실 전체라는 자연 개념은 그럼에도 어떤 종결적인 '세계관' 또는 교조적인 형이상학을 지향하는 것이 아니라 다만 그 안에서 새로운 유물론이 태동하는… 그런 사유 지평을 바꿔 쓴다. 이런 자연 개념은, 마르크스에게서 신비주의 또는 이데올로기가 의미하는 것 모두를 이론적 구성으로부터 배제하기에 충분할 만큼 '교조적'이다. 동시에 마르크스는 비-교조적이며, 충분히 열려 있어 자연이 이제 그 나름에서는 하나의 형이상학적 서품을 획득하

35 Alfred Schmidt: Henri Lefèbvre und die gegenwärtige Marxinterpretation. In: *H. Levèbvre: Le Matérialisme dialektique (1940)*, dt. von A. Schmidt: *Der dialektische Materialismus*, Frankfurt am Main 1966, S. 159.

36 Marx an Lassalle, Brief vom 22. Februar 1858. In: Marx/Engels, *Werke* (fortan: *MEW*), Bd. 29, Berlin 1963, S. 550.

거나 또는 하나의 궁극적인 존재론적인 원칙으로까지 굳어지는 것을 피할 수 있다."(53쪽) 간단히 말해, 슈미트의 철학적 마르크스-독해는, 어떻게 이상적인 것과 현실적인 것의 관계를 역사 유물론적으로 "'실천이라는 요소에서'"[37] 변증법적으로 파악할 수 있는가 하는 문제에 해법을 제안하고 있다.

마르크스의 유물론을 특징짓는 것은, 그가 "주체와 객체의 변증법"을 "자연의 구성 요소들의 변증법"으로 파악하고 있는 것이다.(35쪽) 슈미트는 이런 사유들을 더 심화한다. "변증법의 유물론적 관점이 헤겔에게서 자연법칙과 목적론의 관계 뒤에서 필연성과 자유의 보다 보편적인 요소를 인식한다는 점 등을 배웠기는 하지만, 그것은 다음과 같은 점에서 문제에 대한 헤겔의 파악을 넘어선다. 즉 충동들, 욕구들과 목적들 따위의 자연에 대한 인간적 관심의 종류들 일반이 그때마다 사회적으로 매개된 것이라는 사실을 유물변증법이 입증하고 있는 한에서 그렇다."(152쪽) 이와는 달리, 물질적 외부 세계에 대한 인간의 작용과는 독립적으로 자연에서 작용하는 변증법을 증명하려고 노력하는 엥겔스에 대해서 슈미트는—초기 루카치와 일치하여[38]—논증적으로 이를 거부하면서 대립하고 있다. 왜냐하면 변증법은 궁극적으로 "어떤 영원한 세계의 법칙"이 아니라, "인간들과 함께 몰락하기" 때문이다.(268쪽) 슈미트는 이런 생각을 다음과 같이 바꿔 강조하고 있다. 마르크스 이론에서 "변증법적인 것"Das Dialektische은 피할 수 없이 다음 통찰에 존속하고 있다. 즉 "물질의 운동 형태들은 유일하게 매개하는 실천을 두루 거쳐야만 인간들에 의해 인식되고 합목적적으로 전용될 수

37 Alfred Schmidt, Bernard Görlich: *Philosophie nach Freud*, a. a. O., S. 8.

38 Alfred Schmidt: Henri Lefèbvre und die gegenwärtige Marxinterpretation. In: *H. Lefèbvre: Le Matérialisme dialektique* (1940), dt. von A. Schmidt: *Der dialektische Materialismus*, Frankfurt am Main 1966, S. 153.

있다는 것이다. 인간과 자연 사이의 생산에서 일어나는 변증법적 운동은 유물론에서 헤겔에게서와 같이 자연법칙들을 배제하지 않고 포함한다."(155쪽) 호르크하이머는 이를 통해 기술된, 유물론의 역사에서의 질적인 비약을 슈미트의 박사 학위 논문의 심사 의견서에서 논문의 저자 슈미트와 함께 강조하고 있다. 이 논문은 원래 호르크하이머에게 1960년에 「마르크스의 사회 구상에서 자연의 역할」이라는 제목으로 제출된 것이다. 호르크하이머의 강조는 다음과 같다. 즉 "기계적 유물론의 지양에서, 이 유물론은 자연법칙들이 의식과 인간들의 의도와는 독립적으로 그 밖에 존재한다고 말하고, 변증법적 유물론에게는 인간들이 이런 객관적인 법칙들을 그것의 사회적인 노동 과정들의 형식을 통해서만 의식하게 된다는 것이 문제이다."[39] 호르크하이머는 계속 말한다. 이로부터 슈미트는 "마르크스의 인식론을 설명하고, 어떻게… 인식론적 실재론과 주관주의가—역사적 실천에 의해 매개되어—마르크스에게서 두루 삼투하는지"를 진술한다. 이는 그것에 의지하여 다음을 서술하기 위해서이다. 즉 "어떤 식으로 총체성으로서의 인간들의 '실천'이, 주관적-인간적 인식 능력뿐만 아니라 그때마다의 감성적 세계라고 하는 것과 논리적 통일을 구성하는지 서술하기 위해서이다."[40]

슈미트의 마르크스-해석에는 특히 포이어바흐 이래 구속력 있는 모든 체계 철학으로부터의 결별이 반영되어 있는데, 그것을 행하는 방식은 다음과 같다. 즉 여기서는 마르크스의 범주들이 되돌릴 수 없는 것으로 간주되지 않고, "인식이 역사의 과정을 따라간다"[41]는 의식

---

39 Max Horkheimer: Gutachten über die Inauguraldissertation »Die Rolle der Natur in der Marxschen Konzeption der Gesellschaft« von Alfred Schmidt, 23. Juli 1960, S. 4 f. Nachlass Max Horkheimer: Signatur Na 1, 651.

40 *ibid.*, S. 5.

41 Alfred Schmidt: *Zur Idee der Kritischen Theorie. Elemente der Philosophie Max Horkheimers*, München 1974, S. 14.

가운데에서, 이 범주들이 자연과 역사의 그때마다의 적절한 배치 상태에 들어가게 된다. 이는 그것의 잠재적인 의미 내용을 해명하기 위해서이다. 이때 이 의미 내용은 유일하게 현재를 형성되어 나가는 역사로서 개념파악하는 것을 허락해 준다. 슈미트는 마지막까지 자신의 평가를 고수한다. 이에 따르면 "호르크하이머 주변 그룹에 의해 1930년대 동안 『사회 연구 저널』*Zeitschrift für Sozialforschung*에서 기초된 비판 이론"은 마르크스의 범주들을 "20세기의 "문제 타래" 안에 "도입"하기 위한 "가장 생산적인 시도들에 (해당된다.)"[42]

해방적 동인은 슈미트에게서는 맹동주의 쯤으로 연소되어 사라지는 것이 아니라, 역사적인 의미로 무장한 사상가들을 유물론적으로 전향하게 하는, 그런 개념의 긴장을 향해 움직이게 만든다.

슈미트는 자신의 마르크스-해석의 최정점으로부터 유물론적 철학사를 과학적으로 재구성하려 한다. 그렇기 때문에 슈미트가 도달한 그 결과들은 정통 마르크스주의의 위기에 직면하여 진보적인 인식에 방향을 알려 주는 등대에 비견된다. 마르크스에 의해 제기된 "지구 전체를 포괄하는 보편적인 문제"는, 적지 않게 "긴급하게 해결을" 필요로 하는 그런 생태학적인 문제를 함축하고 있다.[43]

현실적 인본주의라는 관점에서 슈미트는 비판적 유물론의 이념을 비판 이론의 현재화된 형태를 위한 독창적인 기여로서 기초한다. 이 이론은 1845년 「포이어바흐에 관한 테제」가 그것에 도달했던 것처럼 "실천 개념"의 변증법적 서술에 집중하고 있다. 왜냐하면 이 실천 개념은 "바로 이론적으로 가장 중요한 마르크스의 개념"이기 때문이다.

---

42 Alfred Schmidt: Die in Naturgeschichte verstrickte Menschheit. Überlegungen anläßlich des 100. Todestags von Karl Marx. In: *Gerhard Schweppenhäuser, Dietrich zu Klampen*, Rolf Johannes (Hrsg.): *Krise und Kritik. Zur Aktualität der Marxschen Theorie,* Lüneburg[2] 1987, S. 10.

43 *ibid.*, S. 11f.

"그것으로"-이에 대해 슈미트는 분명하게 지적한다-"항상 다시 되돌아올 수 있어야 한다, 마르크스에게서 유물론이 무엇을 의미하는지, 그리고 어떤 권리로 후자가 변증법적이라고 언급되어야 마땅한지를 규명하려 한다면 말이다."[44] 마르크스의 유물론을 "단지 철학 내적인 것으로, 어떤 종류의 것이든 관념론에 대한 세계관적 대안으로까지 해석"하는 것이 아니라, 그것을 "확실히 그 자체로 여전히 철학적으로 동기부여된, 철학으로서 철학을 비판하고 지양하는 것으로 파악할 때, 오로지 그럴 경우에만 "마르크스 유물론의 본질"을 잃지 않게 될 것이다."(303-304쪽)

슈미트의 철학적 마르크스 해석은 무엇보다도 어떤 자리에서도, "마르크스가 자신의 시대의 역사적 조건들 가운데, 모든 사변들을 낡은 것으로 생각"하는 경향이 있었음을 오인하지 않는다. 그럼에도 그것은-그것에도 불구하고-현실적인 세상의 형편에 의해 수정된 의식에 의거한다. 이 의식에 따르면 "올바르게 조직된 인류라는 이념에 부적절하게 복무한 것이 입증되었다면, 철학은 물러나야 한다. 그것은 오로지 철학에게 자신을 실현시키는 것이 허용되지 않았기 때문이다."[45]

연구에서 독자적인 길을 걸어가는 알프레트 슈미트 같은 사람은 곧바로 정통주의 논쟁가들을 분주하게 만들었고, 그 추종자들의 저항을 감수해야만 했다. 특히 슈미트는 스스로를 결코 지치게 놔두지 않았다. 뿐만 아니라 슈미트는 역사에 대한 구조주의적 공격에 대항하여 마르크스와 엥겔스에 의해 『신성가족』에서 가동된 현실적 인본주

44 Alfred Schmidt: *Geschichte und Natur im dialektischen Materialismus. Eine Interpretation der Grundrisse*, a. a. O., S. 50.

45 Alfred Schmidt: Nachwort. In: *Henri Lefebvre: Probleme des Marxismus, heute, dt. von A. Schmidt*, Frankfurt a. M. 1965, S. 143f.

의라는 이념을 동요하지 않고 변호했다.[46]

이러한 근본적으로 "실존적인 개념은" 사회 윤리적인 태도를 목표로 하는데, 이 태도야말로 연구자에게 "현실적으로 개인적인 인간들"을—이것이 마르크스와 엥겔스에게는 본래 중요했다—"자기의식과 정신 같은 철학적 범주"들을 통해 축출해내지 못하게 방어한다. 이런 이해에 따르면 현실적 인본주의는 "이론적인 단초 자체에 내재한다. 말하자면 바로 이미 밝혀진 것처럼 경제학의 중심적 범주들—상품, 화폐, 가치, 자본—… 전체와 특히 인간적 관계들에 관련된 것과 같은 정도로 내재적이다."[47] 슈미트에 따르면 바로 이런 "내재적인 경제적 인본주의"에 아도르노가 "매우 깊은 인상"을 받았으며 "그렇기 때문에 인간학적으로 국한된 모든 철학에 대한 그의 거부"[48]가 나타났다.

"'주체 안에서 자연을 고려함'에"[49] "집중하고" 있는 아도르노의 인본주의를 받아들이면서, 슈미트는 "인간 주체성의 유물론적 이론에 대한 마르크스의 숙고"[50]를 다시 다룬다. 이는 그것(마르크스의 숙고—역자)을 특히 포이어바흐와 프로이트로의 비판적-반성적 복귀로 계속 발전시키기 위해서이다. 포이어바흐와 함께 슈미트는 비판적 유물론의 이념을 위해 중심적인 "물음, 즉 어떻게 '세계 구성'이라는 개념

---

46 Alfred Schmidt: Der strukturalistische Angriff auf die Geschichte. In: *Beiträge zur marxistischen Erkenntnistheorie*, Frankfurt a. M.² 1970, S. 195–198. 참조.

47 Die Kritische Theorie–Denkmotive von Horkheimer, Adorno und Marcuse. Referate, gehalten auf der Tagung am 23. Juni 1973 in *Bad Boll, zitiert nach einem Typoskript aus dem philosophischen Nachlass Alfred Schmidts, Abschnitt überschrieben mit »2.* Adorno«, a. a. O., S. 1.

48 *ibid.*, S. 2.

49 Alfred Schmidt: Adorno – Philosoph des realen Humanismus. In: *Neue Rundschau 80(4)*, 1969, S. 654–673; hier S. 671.

50 Alfred Schmidt: Diskussionsbeiträge. In: J. H. v. Heiseler, R. Steigerwald u. J. Schleifstein (Hrsg.): *Die »Frankfurter Schule« im Lichte des Marxismus. Zur Kritik der Philosophie und Soziologie von Horkheimer, Adorno, Marcuse, Habermas*, Frankfurt a. M. 1970, S. 136.

을 관념론의 폐허들로부터 구원해낼 것인가?"[51]라는 물음에서 나아갈 방향을, 구조주의적 "역사의 부정"[52]의 규정적 부정을 통해 구체화된, "변혁적인 실천을 목표로 하는 역사철학"[53]에서 얻으려고 노력한다.

슈미트적 기원을 가진 유물론적-변증법적 세계 구성론Konstitution과 인식론은 "주체와 객체의 관계"를, 역사에 존재하고 있는 (그리고 바로 초월적으로 고정되어 있는) 상호관계라는 방식으로 개념파악하며, 마찬가지로 그 이론은 의식 대상들의 통일을 "실천을 통해 (그리고 따라서 또한 의식을 통해) 기초"된 것으로 인식한다.[54] 나아가 신체에 구속되어 있는 의식의 통일은 초월적 인식 같은 것이 아니라, 그 자체 사회적 노동의 발전을 통해 조건 지워진 것이다.

순수한 자연에 대한 언표들은 마르크스의 포이어바흐-비판 이래 유물론적 관점에서는 더 이상 가능하지 않다. 왜냐하면 "사회적 실천은 자연을 변화시키며, 인간화된 자연의 대상적 존재를 낳기"(184쪽) 때문이다. 이런 배경에서 무엇 때문에 마르크스에게서 "세계의 인식 가능성에 대한 물음이… 오로지 그것이 인간의 '산물'인 한에서만 의미 있게" 제기되고 대답될 수 있는지 분명해진다. 그럼에도 자연은 마르크스에게는 "인간적 실천의 계기"일 뿐만 아니라, "동시에" 언제나 또한 "존재하는 것의 총체성"임이 증명된다.(50쪽) 대상적 세계가 주체를 통해 매개된다는 인식은 관념론에서는 참이다. 그러나 그것의 오류는, 물질적 세계가 어디에서도 "인간의 사회적 역사적 삶의 과정"(52

---

51 Alfred Schmidt: E*manzipatorische Sinnlichkeit. Ludwig Feuerbachs anthropologischer Materialismus*, München 1973, S. 127.

52 Alfred Schmidt: *Struktur und Geschichte. Fragen einer Marxschen Historik*, München 1971, S. 137.

53 *ibid.*, S. 141.

54 Alfred Schmidt: Nachwort. In: *Henri Lefébvre: Probleme des Marxismus*, heute, a. a. O., S. 138f.; 139.

쪽)과 다르게 산출되지 않는다는 것을 오인하고 있다는 것이다.

슈미트가 볼 때 마르크스의 본질적인 통찰, 즉 "역사적으로… 노동의 필연성"이 "인간의 자연과의 통일에 맞서… 관철된다."(55쪽 또한 162, 215쪽)는 통찰은 다음 조건 속에서는 여전히 구속력이 있었다. 즉 슈미트가—1993년의 신판본을 위한 서문에서 그렇게 말한다—변증법적으로 보존되어야 하는 포이어바흐의 관조적 유물론의 계기와의 분명한 연관과 함께 지금까지 경시되어 온 "왜곡되지 않은 자연-접근"(25쪽)의 실제적 가능성을 지적했을 때 그렇다. 인간 노동의 원료로써의 단순히 도구적인 자연 접근 앞에서 자연미의 구원은 역사적-변증법적인 것의 생태적 "유물론"으로의 확장에 갈 길을 가르쳐 준다. 자연을 미적으로 "아름다운 객체"로 직관하고 감각적-육체적으로 기초지워진 해방적으로 작용하는 환상에 힘입어, 기술적 인간Homo faber은 자신의 "'실용적 이기주의'"에 그 한계들을 적시할 수 있다. 감각적-활동적 주체가 미적으로 관조하면서 자신의 유한한, 자연을 이용하려는 목적들에 대해 자연의 고유 권리를 깨닫게 됨으로써 비로소, "자연은 스스로가" 참으로 "자기 자신과 일치할 수 있다."(168쪽) 포이어바흐의 동기에 의해 매개된, 1844년 『경제학철학 초고』에서 얻은 초기 마르크스의 통찰, 즉 인간은 또한 "미의 법칙들에 따라 형태를 만든다"[55]는 인식을 계승하여, 슈미트는 마르크스와 엥겔스의 역사관과의 내재적-비판적 대결을 하는 가운데 유물론적으로 전환된 "'세계 구성'의 구상"[56]을 미적-생태학적 실천 형태에 대한 기획 같은 것으로 확장한다.(25쪽) 이 책의 1993년 서문 3절에서 슈미트는 실로, 변화된 시대 상황에서 적절하게 예의 "마르크스와 엥겔스의 충고"를 강조해야 함을

55 In: *MEW*, Bd. 40, S. 517.

56 Alfred Schmidt: *Emanzipatorische Sinnlichkeit. Ludwig Feuerbachs anthropologischer Materialismus*, a. a. O., S. 127.

유념하고 있었다. 여기서 이 충고는 역사 유물론의 기초자들의 "생태학적으로 날카로왔던 의식에 의해 산출되었을 뿐만 아니라, 마르크스-엥겔스의 저작이, 전체적으로 보면, 결코 빈틈없는 자연 지배에 복무하고 있지 않음을 입증하고 있다."(서문 3장, 14-22쪽, 여기서는 14쪽 이하) 외적 자연의 파괴로 향하는 역사적-경제적 경향에 대한 이러한 성찰은 마르크스와 엥겔스의 저작들 속에 담겨 있는 소수의 구절들을 강조하는 것으로, 이 구절들은 인간 노동을 위한 원료로서 합목적적으로 축약된 자연의 이해를 넘어서 나가라고 명령하고 있다.

슈미트의 통찰들을 우리는 우리 시대를 위한 메시지로 읽을 수 있다. 자연 토대를 무시하는 행위자들의 실천은 인류를 실존적으로 이중의 의미에서 위협한다. 다시 말해 외부적으로는 인류의 주거지의 파괴를 통해서, 내부적으로는 주체성의 파괴를 통해 위협한다. 슈미트에 의해—또한 쇼펜하우어, 포이어바흐와 프로이트에 의해—고취된, 육체를 망각한 생명의 억압에 대한 개입은 가속된, 그러나 궁극적으로는 맹목적인 자기 파괴적 실천의 수행에 대항해 잡는 "비상브레이크… 손잡이"(벤야민)임이 분명하다. 인간에 의해 산출된 이런 현실이 궁극적으로는 이를 포괄하는 "대지와 인간의 기초적인 변증법" 안에 구속되어 있음을 상기시키는 것이 이 책의 의도이며 슈미트로부터 기원하는 비판적 유물론의 운동 근거이다. 이 유물론은 주체성 이론을 목표로 하는 바, 이 이론은 "노동 과정과 인식 과정의 주체-객체 도식에 의해 설정된 인간과 자연의, 분리를 넘어서 있다."(같은 곳) 이것을 수행하고 이런 통찰로부터 나아가 사유하는 것, 그것을 위해서는 알프레트 슈미트가 그것을 발전시켰던 것과 같은 철학적 출발점이 필요하다. 그의 유산이 가장 인상적으로 드러나는 곳은 아마도 다음과 같은 한 사유일 것이다. 이를 그는 베르너 포스트와 했던 대화 "유물론이란 무엇인가?"에서 몇 마디 안에 담아 놓았다. "어쩌면 하나의 허약한, 사물 세계의 극도로 제한된 한 조각으로서 인간은 관념론적 구상들에서보다 유물론자에게서 훨씬 더 진지하게 취급되고 있는지도 모른다. 유물론에 의해 저 이론들보다 더 정직하게, 또한 더욱 겸허하게 표현되는 허약함과 궁핍함. 예의 저 이론들에서는 인간을 숭고한 정신적 존재로 규정하고 있기는 하지만, 실천에서는 그럼에도 드물지 않게 우둔하고 억압적인 상황들의 정당화에 협력한다."[57] 슈미트의 결론은 다시 한 번 비종결적인-개방적인 그의 사유의 지평을 입증한다. "인간이 정신의 독재를 그의 육체의 자연성과 대결시켜, 인간 그 자신이 얼마나 하찮은 존재인지를 알게 된 바로 그 정도에 따라, 바로 그런 정도에 따라 진보적 사유는 새롭게 적확한 표현 형식을 얻게 될 것이다."[58]

57 Werner Post, Alfred Schmidt: *Was ist Materialismus? Zur Einleitung in Philosophie*, München 1975, S. 11.

58 *ibid.*, S. 77.

역자 후기

본서는 2012년 별세한 알프레트 슈미트의 『마르크스의 자연 개념』*Der Begriff der Natur in der Lehre von Marx*(Hamburg, 2016)을 완역한 것이다. 원래 이 책은 프랑크푸르트 대학 철학부에 제출된 슈미트의 박사학위 청구 논문으로 작성되어 1962년에 최초로 출간되었으며, 그후 2016년에는 5판을 찍어 내기에 이르렀다. 발간될 때부터 서구에서 이 책은 특별한 주목을 받았는데, 특히 마르크스의 자연 개념에 관해서는 독보적인 위치를 지닌 고전적인 연구서였다. 더군다나 그의 자연 개념에 대한 논의가 당시 마르크스주의 관련 논의에서 지배적 영향력을 행사하고 있었던 구소련-동독의 관영철학의 자연과 역사에 대한 변증법적 해석DIAMAT, HISTOMAT을 정면으로 비판하고 있었기에, 이 연구는 출간 당시부터 대중적인 주목을 끌 수밖에 없었다. 그리하여 이 연구는 그 탄생 시점에서부터 서구 마르크스주의자들의 필독서가 되어 버렸다. 또한 그의 작업은 마르크스의 자연 개념 자체를 철학 비판 성격의 초기 문헌들뿐만 아니라, 후기의 정치경제학 비판 작업에 이르는 전 저작에 걸쳐 천착해 재구성했기에 당연히 현대의 생태학적 논의에도 중요한 출발점이 될 수 있었다. 슈미트는 자신의 본 연구를 이런 방향으로도 손쉽게 이해할 수 있도록 1993년 신판 서문으로 "생태학적 유물론에 대하여"를 새로 집필하여 첨부 수록한 바 있다. 이런 서술 너머 작업이 지닌 마르크스/마르크스주의 연구에 대한 영향사 및 이 작업이 지닌 현재적 의미는 그의 마지막 연구 조교였던 미카엘 에스케의 5판 후기에 학술적으로 자세하게 서술되어 있기에 독자들께서는 이를 참조하시기를 부탁드린다.

한편 에스케의 후기가 알프레트 슈미트의 연구의 서구적 수용과 영향사에 해당된다면, 본 후기에서는 그의 논의가 한국에서는 어떤 의미를 지닐 것인가를 간단히 네 가지 측면에서 서술하겠다.

먼저 이 연구는 마르크스의 변증법 개념에 대한 해묵은 오해들을 풀어 줄 수 있다. 1980년대 한국에 광범위하게 유포되었던 마르크스 변증법에 대한 이해는 주로 마르크스-레닌주의의 해석으로 그것도 스탈린에 의해 교조화된 관영철학 풍의 역사 유물론, 변증법적 유물론이었다. 한국에서 이 문제에 대한 비판적인 학문적 성찰은 마르크스와 엥겔스 자체와의 이론적 대결을 통해 이뤄지기보다는 1990년대에 들어 구 사회주의권의 붕괴 이후 주로 프랑스의 현대 사상가들의 사상을 대안적으로 수입/연구하는 가운데 이뤄졌다. 그렇기에 마르크스와 엥겔스 자신이 어떠했는지는 여전히 오리무중 지경에 남아 있다. 1960년대에 이루어진 슈미트의 연구는 이미 형이상학화된 교조적 마르크스주의의 철학적 관점들을 마르크스-엥겔스의 저작에서 재구성해 날카롭게 비판하고 있다. 이런 연구를 통해서라면 프랑스 현대 사상들에서 자주 언급되는 '변증법이 자행하는 폭력들'의 상당 부분은 그 근거가 박약함이 입증될 수 있을 것이다.

둘째, 노동 개념에 관한 것으로, 슈미트는 이를 인간과 자연의 물질대사 일반의 핵심 매개 고리로 이해하면서 산업과 사회 형성, 역사 형성 일반의 핵심 개념으로 이해한다. 1990년 전후 사회주의권의 몰락 이래, 그리고 2010년대 이후 한국의 경제 상황이 1980/90년대와는 비할 수 없이 좋아진 것에 비례해 노동에 대한 관심도 비할 바 없이 위축된 상황에서 볼 때 이 노동 개념에 대한 새로운 관심은 충분히 주목할 만하다. 더구나 그는 이 노동 개념을 인간과 자연의 물질대사를 가능하게 해 주는 거의 존재론적 가치를 지닌 것일 뿐만 아니라, 인간으로 하여금 자연과 더불어 세계사 자체를 구성해 나가는 핵심 고리로까지 고양시키고 있다. 2000년대에 들어서서는 디지털 혁명으로 인해 노동의 개념도 많이 바뀌어 혹자는 '비물질 노동'을 개념화하고 있기도 하지만, 본질적으로 이 노동도 결국은 인간과 자연 간의 물질대사라는 유 개념 아래의 종 개념으로 이해해야 디지털 시대의 이전 시대와의 연속과 불연속이 뚜렷이 개념파악될 수 있다.

셋째, 생태학적 접근에 가지는 중요성이다. 1972년의 『성장의 한계』라는 제목으로 로마클럽의 보고서가 발간된 이래 경제성장 일반과 전지구적 생태계 파괴가 상호 연관되어 있음은 꾸준히 경고되어 왔다. 그 출발점에서 진보 정치의 전유물이었던 생태 위기 담론은 적어도 지금 유럽에서는 보수 정당들조차도 수용하는 기본 담론이 되었다. 2020년 한반도 주민들을 놀라게 한 기록적인 수효의 태풍과 긴 장마는 다름아닌 지구온난화로 인해 현실화된 극지 지방 빙하들의 해빙이 그 주요 원인으로 꼽히고 있다. 이런 생태학적 위기를 극복해 나갈 때, 이것의 가장 핵심적인 작업 중의 하나는 바로 이런 위기를 초래하는 인간의 존재론적/준-존재론적 구조를 밝혀내는 것이다. 이것의 출발은 노동을 매개로 한 인간의 자연과의 물질대사의 근본을 이해하는 것이며, 이를 통해 성립되는 사회와 산업의 성장, 유통의 역사의 본질을 밝혀내는 일이다. 이런 일들을 슈미트는 고전들에 대한 엄밀한 문헌학적 작업을 통해 재구성해내고 있다. 독자들은 이런 작업을 통해 현 시대를 지배하는 자본주의적 발전의 본질을 이해하고, 또한 이를 통해 그의 출발 지점 너머로 이 논의를 생산적으로 발전시킬 수 있는 그 어떤 영감을 얻어 낼 수도 있을 것이라고 생각한다.

넷째, 마르크스의 유토피아 담론에 대한 이해이다. 이것 역시 궁극적 노동해방이라고 자주 교조적으로 이해되거나, 터무니없는 완성된 공동체의 도래 등으로 잘못 이해되어 마르크스가 지닌 비판적 활력의 손상을 자주 가져왔다. 이것 역시 슈미트는 원전의 재구성을 통해 그것이 지닌 원래 논의를 복원하고 있다. 이런 논의를 통해 우리는 마르크스의 자본주의 비판이 지닌 부정성의 본래의 의미를 인식할 수 있을 것이며, 또한 마르크스의 논의가 천년왕국설 류의 유토피아 실현 운동이 아닌, 현실에 대한 빈틈없는 비판으로부터 유래하는 현실적 운동임을 알아차릴 수 있을 것이다.

이상으로 알프레트 슈미트의 논의가 현재 한국에 지닐 의미를 간략히 서술해 보았다. 책이 출간된 지 이미 60년이 되어 가고 있지만, 위에서 서술한 여러 논점들에서 그의 논의는 여전히 현재적이다. 물론 그의 논의는 출발점이지, 종착점은 결코 아니다. 그 이상으로 넘어갈 수 있는가는 오로지 독자 자신에게 달려 있다.

역자가 이 책을 처음 접한 것이 1980년 초반으로 어느덧 40년 가까이 되어 간다. 역자는 당시 이제는 이미 고인이 되신 임석진 선생님의 소개로 처음 읽게 되어 마르크스주의와 마르크스의 변증법 일반의 이해에 많은 계발을 받은 바 있다. 임 선생님 생전에도 이 책은 물론 선생님으로부터 받은 많은 가르침과 후의에 대해 여러 사정으로 충분히 감사함을 표하지 못했었다. 여기서라도 고인의 영전에 그 감사함을 표시하고자 한다. 또한 첫 독서로부터 거의 40년 가까이 지난 시점에서, 뜻밖에도 이 책을 번역할 기회를 마련해 준 출판사 두번째테제의 장원 대표에게도 감사의 인사를 전한다.

북한산 향로봉을 마주 보며
2020년 10월 김경수

색인

* 마르크스와 엥겔스, 헤겔의 이름 및 『자본』, 『초고』 등의 저작명과 유물론, 변증법 등의 개념어는 이 책에서 지속적으로 등장하기에 색인 목록에서 제외했다. _ 편집자